本书从属于《西北民族大学民族学学科建设丛书》

世界民族学史
（1800—2000）

虎有泽　贾东海◎主编

中国社会科学出版社

图书在版编目（CIP）数据

世界民族学史：1800－2000 ／ 虎有泽，贾东海主编 . —北京：中国社会
科学出版社，2017.6
ISBN 978－7－5161－9646－5

Ⅰ.①世… Ⅱ.①虎… ②贾… Ⅲ.①民族学—历史—世界
Ⅳ.①C95－091

中国版本图书馆 CIP 数据核字（2016）第 315796 号

出 版 人 赵剑英
责任编辑 郭 鹏
责任校对 周 昊
责任印制 李寡寡

出 版 中国社会科学出版社
社 址 北京鼓楼西大街甲 158 号
邮 编 100720
网 址 http://www.csspw.cn
发 行 部 010－84083685
门 市 部 010－84029450
经 销 新华书店及其他书店

印刷装订 北京明恒达印务有限公司
版 次 2017 年 6 月第 1 版
印 次 2017 年 6 月第 1 次印刷

开 本 710×1000 1/16
印 张 21
插 页 2
字 数 345 千字
定 价 78.00 元

目　录

第三编
第二次世界大战后世界民族学的发展变化

第四编
马克思主义民族学的创立、发展、现状及未来

绪　　论

　　民族学是一门以民族为研究对象的科学，世界民族学史就是指这门科学在世界各国、各地区的形成与发展的历史。在我们生活的这个星球上，目前已有2000多个大小不同的民族。所有这些民族，由于各自的社会历史、地理环境、种族来源、语言系属、宗教信仰、经济类型、发展程度等的不同，其生产、生活方式和文化、习俗特征也各有异，而民族之间的相互关系或有关的民族问题也是异常复杂和十分突出的。民族作为一种普遍存在的社会历史现象，很早就已引起人们的注意。那么，什么是民族？其根本特征是什么？其形成与发展变化规律如何？不同民族间的各种差异是怎样出现的？等等，人们一直在试图回答这些问题。民族学作为一门以民族为研究对象的科学，便是专门回答这些问题的。

　　从世界范围看，以民族为专门研究对象的这种科学是存在的，但其名称却不一样。有英国的"社会人类学"（Social Anthropology）、美国的"文化人类学"（Cultural Anthropology）以及当前合称的"社会文化人类学"（Sociocultural Anthropology），等等，不一而足，中国称"民族学"。就世界范围而论，这门科学是在19世纪中叶形成的，它作为一门独立学科，当然不会以对民族资料的收集、整理、记述或描写为满足，而以理论性规律研究为其主要特征。这一研究还要求全面性、系统性和完整性，涉及民族的方方面面。因此，民族志、民俗学等从不同方面专门对民族进行研究的学科，也应当属于民族学范畴。同时，它在民族研究的其他科学如宗教学、地理学、考古学、人口学、社会学交叉渗透的基础上，又形成了一系列边缘学科。

　　为了对世界民族进行民族学研究和论述，大体上需要一个科学分类，通过分类，把居住在同一地域、处在同样经济和社会发展水平并具有共同文化特点的民族和民族集团区分出来。一般分类的重要标志可以归纳为地域、人种、语言、经济文化四个方面。此外，还有一些次要的民族分类标志（如宗教等）。主要分类方法有地理、人类学、语言、经济文化和历史民族区等分类法。而地理分类法和历史民族区分类法较少被用于民族研究。从人类学种族成分的角度看，世界各民族通常被区分为三大人种（及各种混合类型）。在现今全球人口中，欧罗巴人种约占43%，过去主要分布在欧洲、非洲北部、亚洲西部和印度北部，16世纪后逐渐扩散到美洲、大洋洲和南非；蒙古人种约占41%，主要分布在东亚、东南亚、欧亚的西伯利亚和美洲；尼格罗澳大利亚人种约占16%，主要分布在热带非洲、大洋洲、南亚及东南亚部分地区，16世纪后，一部分被欧洲殖民者强运至美洲。从语言系属的角度看，世界各民族的语言通常被区分为十多个语系。在全球人口中，印欧语系的民族约占45.5%，属于汉藏语系的占25%，其次为尼日尔—科尔多凡语系、南岛语系、闪含语系、达罗毗荼语系、阿尔泰语系和南亚语系。从宗教信仰的角度看，现在已有一部分是无神论者；但在绝大多数民族中，宗教仍具有很大影响。在全球人口中，信奉基督教、伊斯兰教和佛教这三大世界性宗教的人占50%左右；信奉印度教、犹太教、耆那教、锡克教、拜火教和神道教等地区性宗教以及各种原始宗教的人约占25%。

作为民族学的史前史，我们首先应该注意的是，自古以来长期积累的世界民族资料与民族知识。

随着人类社会的发展，人们对周围世界的认识范围日益扩大，对邻近和远方各民族情况的了解逐渐增多。作为科学的民族研究，或者说民族学作为一门科学，至今只有100多年的历史，但是，在历史上，以民族为对象所作的观察和记述以及由此而形成的知识积累，则是源远流长。古埃及第19王朝的金字塔中绘有埃及人、亚洲人或闪米特人、南方黑人、西方白人等族的图像。巴比伦、亚述、波斯等古代帝王的铭文，也有许多关于民族情况的记载。上古时代，人们除了因好奇心和军事、政治、经济的需要而进行民族学考察外，还试图对考察积累所得的事实材料进行理论综合。例如，在古希腊、古罗马时代，就出现了关于经济发展的"三段论"假说，即"从采集和狩猎发展到畜牧业，再从畜牧业发展到农业"。这种假说流传很广，并对19世纪末很多学者的观点产生了影响。在被西方称为"历史之父"的古希腊历史学家希罗多德所著的《历史》中，就以大量的篇幅叙述了古希腊、波斯与西亚各国的地理、历史和风俗习惯，是研究这些地区民族学的重要资料。雅典历史学家色诺芬的《希腊史》一书，也有关于小亚细亚和外高加索各民族的论述。古代罗马独裁者凯撒的《高卢战记》和古代罗马史学家塔西佗的《日耳曼尼亚志》两书，都有大量的关于古代高卢人和古代日耳曼人的记载。公元1世纪初，古希腊学者斯特拉博的《地理学》一书，曾提到从不列颠到印度，从北非到波罗的海这一广大地区的多个民族。到了中世纪，在一些学者、旅行家、僧侣和商人的著作中，就有关于欧洲、地中海沿岸、东亚和南亚各民族的记述。这期间的意大利旅行家马可·波罗的游记尤为突出。他较详细地记载了中亚各国、中国各民族人民的情况。

在中国，有关民族学知识的积累很早就散见于各种文献和铭文中。早在殷代甲骨卜辞和周代金铭文中便有了近邻民族的零星记载，《尚书》《山海经》等先秦古籍中也有关于周边民族的片断资料。西汉司马迁的《史记》，开创了为各民族作"传"的先例，系统地记录了各民族人民的生活情况，对中国史学产生了深远影响。此后的官方编史，诸如《汉书》《三国志》等，代代相沿，从而使民族资料在《二十四史》中占有重要地位。除此之外，一些学者早就开始撰写各类有关民族的著作，如地理文献《禹贡》《水经注》和《吴越春秋》《越绝书》《华阳国志》《蛮书》《桂海虞衡志》《满洲源流考》等。历代的地方志、族谱家传以及文人的游记、笔记和文集、碑铭，也包含许多关于民族社会结构、政治状况、风土人情、宗教信仰的生动记载。此外，中国各民族人民很早就同四邻各民族人民有着友好往来，对于北方、东邻、南部以及西陲丝绸之路上的国外各民族，史书文献都有所披露。东晋僧人法显于公元399—412年遍访印度、斯里兰卡、爪哇岛等地，游历30余国，写成了《佛国记》；唐高僧玄奘出行印度、尼泊尔等地，钻研佛学10余年，撰写了《大唐西域记》；明代郑和7次下西洋，远航到非洲东海岸、红海、伊斯兰圣地麦加以及南亚、东南亚30多个国家，随行人员马欢撰写有《瀛涯胜览》、费信著有《星槎胜览》、巩珍著有《西洋番国志》。此外，还有《经行记》《诸蕃志》《禹夷志略》《真腊风土记》《四洲志》《海国图志》等一类的著述，更详细地记录了中亚、南亚、东南亚乃至非洲、欧洲地区众多民族的生活状况，可以说，在中国古籍中所保存的极其丰富的民族资料，在世界上是罕见的，绝无仅有的。

在15世纪末至17世纪西方所谓的"地理大发现"时代，各国的旅

行家、航海家、探险家、历史学家、地理学家、传教士等，对所见到的各
地区各民族的风貌作了研究和记载，大大丰富了世界民族资料的宝库。18
世纪开始出现了一些民族学先驱的著作，如法国天主教神父拉菲托所著的
《美洲野蛮人的习俗与古代习俗的比较》（1724），认为当时的印第安人与
亚、欧一些古代具有高度文化的各民族之间，在生活方式和风俗习惯上有
许多相近的地方。18 世纪中叶至末叶，随着启蒙运动的开展，一些先进
的启蒙思想家，如伏尔泰、孟德斯鸠、卢梭、狄德罗等代表人物，为了论
证他们对于人类社会原始状况的见解，广泛地利用了美洲、非洲和大洋洲
的各民族人民的民族学材料，对教会经院学派的观点进行了猛烈抨击。这
些启蒙学者和有识之士的观点，对民族学的产生乃至后来发展为一门独立
学科发挥了很大的推动作用。

综合以上所述，人类关于民族知识的积累，经历了一个由传说到实
证、由粗略到翔实、由感性到理性的漫长的发展过程。这一过程，从最早
见于文字记载到 19 世纪中叶，经历了两三千年的时间。[①]

世界民族学史不仅研究世界民族学的起源，而且还研究它的发展史及
学科流派、代表人物和主要观点，从而总结世界民族学史的发展规律和这
门科学在总的社会科学中的地位、作用及其影响等。

世界民族学之所以能在 19 世纪中叶开始形成，与当时资本主义经济
的发展水平和要求，与当时的自然科学的成就，以及当时进步学者用以反
对教会虚幻教义的进化论学说是相联系的。在当时反对神学观点的斗争
中，进化论的奠基者拉马克和达尔文以及其他学者创立了一种理论，认为
世界上一切事物都在发展，从简单向复杂转化，而且这种转化不是偶然
的，具有一定的普遍规律性，因而，历史的发展就意味着进步。这一学识
就奠定了新兴学科——民族学的基石。从此，一些资产阶级的民族学的进
步学者开始引用进化论的理论原则，采用拉菲托的比较方法来研究原始社
会的历史和人类文化。当时称得上进化派开创人和奠基者的学者主要是巴
斯典、巴霍芬、麦克伦南、泰勒、拉伯克和摩尔根。在这一学派中居首要
地位的是摩尔根。文化进化论学派的学者们认为，各民族社会和文化发展
的程度尽管不同，但都遵循着相同的途径向前发展，都经历过或将经历大
体相同的发展阶段。摩尔根在其名著《古代社会》一书中，详细论证了

---

① 《中国大百科全书·民族卷》，中国大百科全书出版社 1986 年版，第 5 页。

以上观点。

摩尔根在原始社会史领域所作的研究，证实和丰富了马克思主义唯物史观，受到马克思和恩格斯的高度评价。马克思在读过《古代社会》后，写了详细摘要和批语，这就是马克思的名著《摩尔根〈古代社会〉一书摘要》。恩格斯以后写了《家庭、私有制和国家的起源》。同时，马克思、恩格斯为了论证他们的唯物史观以及人类成文历史以前的社会状况，曾仔细阅读过瑞士、英国、美国、俄罗斯等国的民族学家如巴霍芬、麦克伦南、梅因、拉伯克、泰勒、科瓦列夫斯基等人的著作，引用了关于美洲、亚洲、大洋洲等地的大量资料，使他们对人类历史早期阶段的推测得到了充分的实证。恩格斯称赞摩尔根"以他自己的方式，重新发现了 40 年前马克思所发现的唯物主义历史观；在原始历史的研究方面开辟了一个新时代"。他们运用辩证唯物主义和历史唯物主义原则，依据大量的民族学资料写成的民族学论著，为马克思主义民族学的建立奠定了基础。

应当看到，民族学中进化思想的发展和进化论理论的出现，对当时整个学术界产生了重要影响并在客观上帮助唯物主义战胜了教会邪说。承认历史过程和文化发展的规律性，承认整个人类文化的共同性，这是文化进化论学派的最大功绩。但是，摩尔根也像其他大多数文化进化论学派代表人物一样，在某些方法论问题上陷入了唯心主义的泥坑。例如，其关于家庭和婚姻史的某些观点显然是错误的。特别是到 19 世纪末期，进化论在理论和方法上的缺陷完全暴露出来。最明显的是，大批新的材料同进化论的公式并不完全相符，甚至往往相反。于是，在 19 世纪末 20 世纪初，有人在理论和方法上全面展开了对进化论观点的批判。发动和参与批判的不仅有反动学者，而且也有进步的学者。在很多方面批判是正确的，指出了文化进化论学派的缺点，可是，通常也否定了该学派所提出的很有价值的正确观点和思想。在批判的过程中，开始产生了一些新的民族学学说和流派。这些学说和流派不仅在理论上没有任何突破，而且其方法论基础比文化进化论学派还落后，有的流派甚至完全是为圣经学说恢复名誉效劳的。

最初出现的是传播学派。他们认为在某种程度上必须承认传播是文化发展的主要因素；而民族学正是一门研究文化的学科。这个学派又分成德奥文化圈学派和英国传播学派，前者以德国的格雷布纳、奥地利天主教神父施密特等人为代表。他们认为每一种文化都是在一个中心地区一次产生，然后传播开来。后者以英国的埃利奥特·史密斯及其学生佩里为代表。他们宣称各种高级文化因素都是从世界文明的发源地和中心尼罗河传播出去的,宣传泛埃及主义。最早与传播思想有联系的派别之一是人类地理学派。这个学派的创始人是拉采尔等人。他们认为:传播和地理环境在文化和社会发展中起决定性作用。上述传播学派的论点,大都来自主观臆测,这一情况也时常表现在他们实地调查的方法上和所收集材料的可靠性上。由于传播学派的这种理论缺乏科学事实根据,因而没有被继承下来,其在第二次世界大战期间早已失去作用,但与传播现象有联系的某些观念,在现代民族学研究中仍起着一定的作用。

继传播学派而起的是美国的历史学派。其创始人为博厄斯及其学生,如克娄伯、罗维、萨皮尔、威斯勒、哥登卫塞等人。博厄斯主张单纯地描写具体的文化和传播过程,不作理论概括,他的门徒公开打出反对进化论的旗帜,攻击摩尔根的进化论学说和恩格斯关于国家起源的论述。该学派虽对传播学派采取批评态度,但基本上接受传播理论。这个学派进步的一面是反对种族主义和殖民主义制度。

大约在同一时期,产生于法国的社会学年刊学派与传播学派差不多同时出现。主要代表人物有迪尔凯姆和莫斯,其哲学思想是新实证主义。尽管这个学派不像历史学派那样激烈地反对进化论和马克思主义,但其理论基础是孔德的实证主义和社会学观点,因而还是与马克思主义相抗衡的。迪尔凯姆及其学生选择社会为其所研究对象,研究社会中的心理联系,亦即民族心理学。同时,他仍把每一个社会当作一个孤立现象来研究,从而否定历史发展的规律性。

第一次世界大战后,英国资产阶级民族学中出现了影响颇大的功能主义学派。这个学派的哲学思想是历史过程不可知性的新康德主义。功能主义学派的创始人和代表人物是英籍波兰学者马林诺夫斯基和拉德克利夫—布朗等人。他们认为民族学的任务首先是研究文化现象的功能,研究文化现象的相互关系和相互制约。他们主张把每个社会的文化当作一个单独现象来研究,其中各个环节之间与所承担的一定功能相联系。这个学派不重视研究各民族人民的历史,强调深入民族社区实地作全面的现状调查。他们大量训练和派遣学生分赴各殖民地作田野工作,由此收集了大量的、很有价值的第一手材料。不过,总的来说,功能主义学派的理论是极端反历史主义的,是为大英帝国殖民政策效劳的。

20世纪30年代,美国历史学派中分化出心理学派,主要代表人物是博厄斯的学生本尼迪克特和米德。这个学派主要是在弗洛伊德及其门徒的影响下形成的。他们认为个人的心理活动决定文化和社会状况。他们宣称每个社会都有自己的"文化模式"，而且有些"模式"质量高些，另一些则低些、落后些。他们还认为"美国生活方式"所赖以形成的基础就是高级的心理类型和"文化模式"。这一学派虽然口头上反对种族主义，但在学术观点上却主张心理上隐存着民族的优劣差别。这实际上也是一种种族主义观点，因而该学派又被称为种族心理学派。

第二次世界大战后，西方民族学出现了一些新的变化和发展。其原因有两点：一是在第二次世界大战后世界局势发生了深刻变化，两大敌对的阵营形成了，马克思主义得到了进一步的广泛传播。这种世界格局的变化在国际学术研究中一定有所反映。二是由于民族运动的深入发展，摆脱殖民统治而独立的亚、非、拉国家和民族越来越多，他们反对曾为帝国主义殖民政策服务的民族学家对他们进行再调查，使西方民族学遇到了困难和挑战，不得不采取对付危机的应变策略和措施。

自第二次世界大战后，西方民族学的新变化和发展主要表现在以下两个方面：其一是在对待马克思主义和进化论的态度有所变化，出现了研究马克思主义著作和用马克思主义的观点来论述民族学问题而产生的新思潮和派别，诸如德国的以马库塞为代表的"法兰克学派"，法国以戈德莱厄为代表的"结构马克思主义学派"，美国以哈里斯为代表的"文化唯物论"思潮和以墨菲为代表的"社会生活辩证法"思潮，等等。在美国还出现了维护进化论的新学派，美国民族学界为摩尔根恢复名誉，甚至捧他为"美国民族学之父"。马克思、恩格斯（简称马恩）有关民族学的著作大量出版，这一切正是马克思主义越来越深入人心的表现。其二是第二次世界大战前的那些老民族学派大多衰退下去，代之而起的是新的没有定型的学派或思潮。主要有以法国列维—斯特劳斯为代表的结构主义学派，英国学者利奇也是这个学派的代表人物之一。他们把结构语言学的音位分析法运用到民族学研究领域。以美国的怀特和斯图尔德为代表的新文化进化论学派，为摩尔根等人的进化论学说进行了辩护。怀特还提出了普遍进化论和能量说，斯图尔德提出了多线进化论等。以美国赫斯科维茨为代表的文化相对论学派，认为一个民族的文化，离开了自己的民族和时代，就失去了任何意义，任何文化现象都是孤立存在的，各具特点，不会重复，不同民族的文化都无法比较，没有任何共同之处，谈不上共同规律，一切民族文化的价值都是相对的。在 20 世纪 60 年代美国又出现了一个新心理学派，其代表人物有怀廷、柴尔德、莱文等人。他们在老心理学派的基础上又有了一些新发展，提出了所谓"认识人类学"。必须指出的是，上述这些学派、思潮，除法国的结构学派有很大影响外，其他学派都是短命的、暂时的，它们赶时髦地流行了一些时间，影响不大，而且每个人的观点又不一致。这种不一统、短命的现象也正是第二次世界大战后西方民族学界的一大特点。

中国民族学史是世界民族学史的一个重要部分。西方民族学在中国传播是 20 世纪初叶的事情。民族学作为一门学科始被引进中国，译名很不统一。蔡元培是第一位倡导在中国开展民族学研究之人。他在任"中央研究院"院长之后，曾组织力量多方面地开展研究工作，实地进行民族调查并取得了一定的成果，当时也出现了一批著名的中国民族学家。西方民族学最初介绍到中国的主要流派是文化进化论学派，随后，传播学派、历史学派、社会学年刊学派等相继传入。英国的功能主义学派传入较晚，但却对中国影响最大。20 世纪三四十年代，许多学者曾分别深入民族地区作实地调查研究，出版了一些专著和报告，迄今仍有参考价值。1934年冬成立了中国第一个民族学会。抗日战争期间，又有一批民族学者对西南各民族进行考察，办了刊物，发表了不少有关民族学的文章和专著，对中国民族学的发展作出了一定的贡献。

新中国成立前，马克思主义民族学已传入中国。1924 年，蔡和森编写出版的《社会进化史》，实际上是介绍恩格斯《家庭、私有制和国家的起源》一书的全部内容。此后，又陆续翻译出版了马克思主义奠基人的一些著作，有的学者试图用马克思、恩格斯的观点解释中国的古代社会和民族问题。但总的来看，新中国成立前西方资产阶级民族学居于优势，马克思主义的民族学遭到压制和排挤。中华人民共和国成立之后，马克思主义民族学如鱼得水，迅速成长并发展起来。从长期的科学实践中，新中国的民族学形成了一些鲜明特点：第一，它以马克思主义的唯物史观和辩证方法作为研究工作的指导思想和方法论基础，理论联系实际，直接为革命实践服务，为各民族的发展进步和广大人民群众的利益服务，为祖国的统一和民族团结服务；第二，它继承的是马克思主义的科学的民族学，强调实地调查，注意多学科的综合研究，同时对西方资产阶级民族学也全面加以研究，批判地吸取其中有益的东西；第三，民族学的学科建设随着社会主义革命和建设形势的发展而发展，在此基础上，除各个研究机构的各类专业人员紧密配合外，还与广大实际工作者密切合作，为新中国的民族学的研究在实践中的茁壮成长作出了自己的贡献。

自新中国成立后，民族学研究的各个方面均有突破性的进展，做了不少工作，取得了比较丰硕的成果。在党和政府的关怀下，20 世纪 50 年代民族学工作者和其他科学工作者紧密协作，先后参加了在全国范围内开展的三次大规模的少数民族调查工作，即民族识别、少数民族语言调查和少数民族社会历史调查。通过民族识别，确定了中国有 56 个民族，国务院还公布了中国 55 个少数民族的称谓。到 1959 年，少数民族语言调查已查清 15 个省和自治区 42 个民族近 60 种语言的情况。16 个少数民族社会历史调查组 1000 多人，通过 3 年的深入工作，整理出数千万字的调查资料，约 300 多种，搜集了大批民族文物，拍摄了一批反映中国少数民族社会历史的科学纪录影片。总之，这三次大规模的系统的民族调查，充分反映了新中国成立初期民族学工作的概貌和特点，为民族学的进一步科学研究打下了基础。必须指出，新中国民族学对以下诸问题的理论研究取得了重要成就。这些问题是：少数民族的社会性质，存在不同社会制度的少数民族向社会主义直接过渡的措施和政策；对少数民族上层人物的方针；原始社会史、民族经济和物质文化史、民族宗教史、民族区域自治的理论，等等。自 20 世纪 60 年代后，民族问题理论、民族历史和民族语言等几个方面的研究工作开始向纵深发展。

当然，新中国的民族学研究也走过一段令人心酸的曲折道路。在"十年浩劫"中，遭受摧残，陷于停顿。党的十一届三中全会以后，始得恢复并进入了一个新的发展时期。1979 年，由国家民委领导，组织了《民族问题五种丛书》编辑委员会，卷帙浩繁，共达数百册、数千万字，现已陆续出版。广大民族学研究者陆续发表了大量研究论文和专著。与此同时，在民族研究学术领域，许多群众性的学术团体纷纷成立，多种形式的学术刊物陆续出版，各种国内外的学术交流活动经常举行，学术空气空前活跃，民族学研究呈现一派朝气蓬勃的景象。尤其值得一提的是，进入 20 世纪 80 年代后，广大民族学专家学者和部分民族工作者参加了由包尔汉任主任委员总负责的《中国大百科全书·民族》卷的编写工作，还编写了《中国历史大辞典·民族史》卷。《当代中国的民族工作》《民族词典》和《中国少数民族》丛书的撰稿和编纂工作，现已陆续出版完毕，这无疑是进入新时期以来中国民族学研究成果的最重要的表现。

自第二次世界大战后，由于民族解放运动的蓬勃发展和殖民体系的崩溃，西方国家的民族学者已不再局限于对于殖民地落后民族的研究，而开始转向发展中民族和发达民族，从而导致民族学与民俗学、社会学的合流。第二次世界大战后世界民族学的发展还有一个显著的特点，即许多第三世界国家也开始进行本国的民族学研究，过去西方民族对他们国家所做的调查、所写的著作尽管在理论上和观点上有不同的错误和偏见，在政治上曾被殖民主义国家所利用，但在资料积累上，对这些第三世界国家的民族研究和有关学科的发展则是有益的，并在不同程度上有助于我们对世界各国民族学情况的了解。[①]

自第二次世界大战后，在相互关系较为密切的各学科间，不断形成和正在崛起了一些边缘学科，如现在已出现的历史民族学、政治民族学、社会民族学、经济民族学、语言民族学、宗教民族学、地理民族学、比较民族学、历史人类学、体质人类学、分子人类学、文化人类学、哲学人类学，等等，这就使民族学的研究领域不断扩大，这就要求民族学的研究者需要学习"百科知识"，不断提高接受新知的灵敏度。如果只有纵向知识没有横向知识作纽带，或只有横向知识没有纵向知识作后盾，都难有建树。为此，我们各类学者要共同合作，集体攻关，综合研究，"立体作战"，这已成为当代民族学或今后发展的必然趋势之一。

对于民族学的研究方法，历史上的民族学家、思想家、科学家、哲学家们进行过有意义的探索，留下过具有方法论意义的珍贵著述。但是，随着新科技革命的到来，民族学的实践方法和认识方法从来没有像今天这样深刻和有效。其中有综合归纳法、社会分析法、追踪法、类比法、还原法、田野调查法、比较异同法、立体思考法、扩大功能法、语言结构分析法、数理统计法，等等。总之，民族学的开放性研究使各种具体方法的应用及方法论的研究十分活跃，许多具体方法的新探索，又进一步促进了民族学方法论的新发展。

作为一门世界性的科学史来说，《世界民族学史》30多万字，恐难称"学术力作"，然而，我们却就世界民族学的发展史勾画出一幅轮廓图，

---

① 参引《中国大百科全书·民族》卷，"总论"，中国大百科全书出版社1986年版，第6页。

这在中国学术界尚属首次。为了帮助学生和广大读者开阔视野，把握这门古老而又年轻的学科的脉络，我们应该立足于民族学的现代化，放眼世界，放眼未来，虔诚地、艰辛地去探索、去研究，"必须以保卫和增进那些作为传统研究对象的民族利益为目的"，这才是民族学的真正的光明前途。

第一编

民族学史前史：世界民族资料与民族知识的积累

第一章 19 世纪前西方民族资料与民族知识的积累

民族学作为一门科学出现较晚，但民族资料与民族知识的积累则很早就有了。所谓"民族资料"，是指人们在历史上搜集和整理的各种"有关各民族及其生活和文化的材料"（托卡列夫语）；"民族知识"，则是人们在历史上对有关各民族及其生活与文化的了解和认识的总和。民族资料与民族知识的积累是与各民族间长期的社会交往分不开的，其日益丰富和发展，更直接推动了近代民族学的形成。

第一节 古典时代西方民族资料与民族知识的积累

一 古希腊时代的学者及其代表作

西方文明最早起源于古希腊和古罗马，西方民族资料与民族知识的积累也最早始于古希腊、古罗马。

从古希腊和古罗马的有关文献中可以看出，希腊人和罗马人从荷马时代起，就积累了有关爱琴海地区和比较偏远地区的各民族的知识。这些知识最初同神话故事联系在一起。在进入公元后的几个世纪里，希腊人和罗马人已经拥有关于欧洲、西亚和北非的广大地区的民族资料与民族知识。

古希腊民族资料，最早见于荷马的《奥德赛》（又译《奥德修纪》）。法国天主教神父拉菲托说："荷马的《奥德赛》是民族学的第一部著作。"约在公元前 12 世纪至公元前 8 世纪，是古希腊从原始社会向阶级社会的过渡时期。《奥德赛》是古希腊荷马时代的一部史诗，是欧洲最早的口头文学创作之一，最初，它是由盲诗人荷马领衔演唱的，后人将这种口头文学写成文字。它描写的是希腊英雄奥德赛在打败特洛伊后，在归国途中所遭遇的种种经历。其中，就反映了原始社会解体时的家庭关系和社会生活。

第一，希罗多德（约公元前484—公元前425），是古希腊著名的史学家，被誉为"历史之父"。

他出生于小亚细亚哈利卡纳索斯城一个名门望族之家。自幼受到良好的教育。30岁时，因参加反对僭主的斗争失败而流亡外地，大约从公元前455年开始，希罗多德进行了一次广泛的旅游，东达两河流域、南抵埃及、北至黑海沿岸、西到意大利南端。所到之处，考察当地地理环境、名胜古迹，搜集民间传说、历史故事，并作了记录和整理。游历10年，他大大地扩充知识，积累了大量的有关民族学的资料。他根据这一时期及后来搜集到的丰富的资料，写成了《历史》一书。

《历史》又名《希腊波斯战争史》，《历史》一书因描写的是希腊波斯战争，故又称《希波战争史》。它原来并不分卷，后来，亚历山大里亚的校注家们把它分为9卷，并以缪司（Muse）女神的名字冠之，故《历史》又称《缪司书》。在这部著作中，希罗多德除记载希波战争外，还以大量的历史资料和引人入胜的故事，生动地介绍了古代西亚、北非近20个国家和地区的历史、地理、民族分布、经济生活、政治制度、宗教信仰、科学文化。他还特别注意描写各地的名胜古迹、风土人情。他发现了东方人直发和卷发两种类型，并以此作为人类种族的分类标准书中的资料。希罗多德除从史诗、档案文献、石刻碑铭、宗教记录以及前人的著作中大量获得资料外，主要采用他亲身采访和实地调查的资料。希罗多德十分注重东方各国的文化以及东方文明对希腊的影响。

希罗多德的《历史》不仅是西方史学史上的一座丰碑，还是一部民族资料十分丰富的世界通史，现在，希罗多德的《历史》被译成多种文字，在世界范围流传，希罗多德本人也被西方学者视为民族学之父。

第二，亚里士多德（公元前384—公元前322），是古希腊伟大的思想家，百科全书式的作者。

亚里士多德出生于爱琴海北岸斯塔基拉城，是古希腊斯吉塔拉人，是世界古代史上伟大的哲学家、科学家和教育家之一；还是柏拉图的学生，亚历山大的老师。公元前335年，他在雅典创办了一所名叫吕克昂的学校，被称为逍遥学派。马克思曾称亚里士多德是古希腊哲学家中最博学的人物，恩格斯称他是古代的黑格尔（17岁时，他进柏拉图学园，钻研各科知识达20年，曾被柏拉图称为"学园的精英"）。亚里士多德是古希腊最博学的思想家。他对哲学、逻辑学、历史、政治学、数学、动物学、医学、心理学、伦理学、诗学、修辞学等学科都进行过有意义的探索，曾提出过自己的卓越见解，是古希腊集大成的学者。

在《政治学》中，亚里士多德有一句名言："人是政治的动物。"人从来没有也不能以单独的个人而存在。他认为人是万物之灵，否定了上帝造人的说法；他认为人们为了能过自足而且至善的生活，必须结为城邦（希腊人普遍的国家形式）；他认为游离于城邦之外的如不是神灵，就一定是野兽。他所指的政治，就是城邦社会，"人是政治的动物"，即"人是社会的动物"，这是人类的一个特征。他的研究已经注意到人在自然界中的位置以及人的社会属性。所以，我们讲民族学的起源，要讲亚里士多德的思想。而人类学这一名称，也是在亚里士多德的著作中最早出现的。因此，有些西方人类学家把亚里士多德看成是"人类学之父"，德国的弗雷斯还编译了一本《亚里士多德的人类学》。

第三，德谟克利特（公元前460—公元前370），是古希腊伟大的唯物主义哲学家。他是原子论学说的创始人之一，还是奴隶主民主政治的拥护者。

德谟克利特出生于色雷斯沿岸的希腊殖民地阿布德拉的一个贵族家庭。他曾经游历过世界各地，到过埃及、巴比伦、波斯、印度等许多国家和地区，获得了古代东方的许多知识。

德谟克利特在哲学方面的主要成就是原子论，其深刻阐述了世界本原的问题。他认为地球上的一切生物包括人在内，都是由于原子运动而形成的。他说："人是从地里生出来的，就和虫豸之类产生的方式一样，并不是被创造出来的，也没别的理由。"这就否定了上帝创造人的说法，这是有关他的人类学思想的知识积累。

同样，德谟克利特在社会历史观点方面也提出了一些正确的见解。他注意到社会生活的起源和发展问题，认为人类曾过着原始的群居生活，他们没有住所、衣服和工具，主要以偶然获得的食物充饥，后来在需要的影响下靠"双手、智慧、机灵"逐渐改变了生活方式，学会了烹调食物、修盖房屋，战胜了饥饿和寒冷，从而走向了文明的生活。

第四，斯特拉波（公元前64—公元23），希腊著名的地理学家和历史学家。

斯特拉波出生于希腊阿马西城的一个贵族家庭，受过良好的文化教育。他到过科林斯、罗马。从公元前23年开始，他到非洲埃及进行地理考察，游历了埃及的主要城市，并到了西恩纳（今阿斯旺）和埃塞俄比亚边境，又在亚历山大里亚城长期居留，收集了大量资料，编著了《地理学》。《地理学》在斯特拉波去世前不久完成，除第 7 卷外全部被保存下来。该书第 1、第 2 卷为绪论，主要内容为：讨论了以天文学和几何学为基础的数理地理以及研究地表和大气圈的自然地理学，评论了埃拉托色尼、喜帕恰斯、波西东尼斯等前人的著作，提出了地理学家首先应确定地理学的研究对象等一些原则，描述了海洋、大陆和气候带等。第 3—第 17 卷分论了当时欧洲人已知的世界各地区，按政治单元进行区域描述，内容包括自然特征、物产、城市、居民及其生活方式、风俗习惯等。其中第 8 卷写欧洲，第 6 卷写亚洲，第 7 卷可能写利比亚（今非洲）。

《地理学》这部著作描述了从不列颠到印度、从北非到波罗的海这一广大地区的 800 个民族。描述了欧洲的西班牙、高卢、不列颠群岛、意大利、日耳曼、斯基泰、巴尔干半岛等地区；描述了亚洲包括美索不达米亚、小亚细亚、印度、波斯、亚述、巴比伦、叙利亚、巴勒斯坦和阿拉伯等地区；还描述了埃及及整个北非地区。

斯特拉波的《地理学》一书，既包括自然地理的内容，又阐述了居民和经济活动等人文地理的内容。并且，斯特拉波着重揭示了它们之间的相互关系和相互作用。

斯特拉波把居民及其生活方式作为重要的研究内容之一。他广泛搜集居民经济活动的情况，探讨了经济和自然、物产和环境、人和自然环境之间的相互关系。他认为，不同自然环境中的人们过着不同的生活，有着不同的生产活动，如城市生活、农村生活、游牧生活、山地生活、渔民生活，等等，都不相同。

这些内容都是有关民族学的宝贵资料。说明了各民族之间文化上的异同是由于地理环境的影响造成的。

二 古罗马时代的学者及其代表作

在古罗马的一些历史著作中，对于人类学、民族学的有关史料也有不少记载。

第一，卢克莱茨（公元前 99—公元前 55），是古代罗马共和时代末期杰出的诗人和唯物主义哲学家。他的代表作是长诗《物性论》。全诗共 6 卷。作者把科学和哲学的深刻内容，以瑰丽的诗的形式表达出来。

在《物性论》中，卢克莱茨用唯物主义观点，说明宇宙万物起源于物质。他认为整个宇宙都是受自然支配，而不是受神的支配。他确认一切物体不是神创造的，而是由原子的各种结合与凝聚形成的。

对于人类社会的历史，他认为，人类是生物界长期发展的产物，社会只是在向自然界发展到一定阶段才出现的，人类社会的发展是一个不断进步的过程。他认为最初的人类和兽类差不多，一样过着野蛮的生活，没有工具，靠采集自然果实为生。经过漫长的岁月后，人类才渐渐组成社会，学会了用火，也有了语言，然后学会了制造工具，发展了技术和工艺。由此才有国家、城市、私有制、法律的出现，社会历史进入文明时期。人类最初的工具是石头，后来才会制造铜工具，最后才会用铁。从石器发展到铁器是逐渐进化过程。他认为，原始人的生活不是黄金时代，而是石头时代，是自然界的奴隶。他最早描绘出了原始社会史的情景。《人类学史》一书称赞他是第一位进化论派的人类学家，即第一位进化论派的民族学家。

第二，凯撒（公元前100—公元前44），是古罗马共和时代末期杰出的政治家、军事家。

凯撒出生于罗马一个古老的贵族世家，从小就受到良好教育，很有大志。在苏拉独裁时期，他曾受到元老贵族的迫害。公元前60年，凯撒与庞培、克拉苏结成同盟。公元前59年，凯撒被选为执政官，并在任期满后，出任高卢总督。高卢包括今天的法国、比利时、瑞士、卢森堡以及荷兰和德国的一部分。

从公元前58年到公元前49年，凯撒曾8次发动过对高卢的远征。《高卢战记》这部著名史书就是他根据所见所闻而写成的。

《高卢战记》是政治斗争的产物，也是一部军事著作。同时，这部著作中有许多珍贵的有关民族学的资料。作为历史见证人，凯撒是罗马共和时代第一个亲身深入外高卢西部和北部，到达不列颠和莱茵以东的日耳曼地区的人。他目睹过当地的山川地势和风土人情。书中记述了这些地区最古老的历史文献。凯撒对高卢人、日耳曼人从氏族公社向萌芽状态的国家过渡时期的政治、社会、经济、宗教和风俗作了大量的叙述。《高卢战记》是研究古代社会的第一手资料，是我们研究原始社会和民族学的重要依据。恩格斯在自己的著作中就多次引用过凯撒记载的资料。

第三，塔西佗（55—120），是罗马时代著名的历史学家、文学家和演说家，是古代杰出的三大历史学家之一。他出生于意大利贵族家庭，从小受过良好教育。

塔西佗的主要著作是《编年史》《历史》《阿古利可拉传》《日耳曼尼亚志》。

《编年史》和《历史》是塔西佗最重要的历史著作，在这两部著作中，塔西佗对公元1世纪的罗马史进行了首尾一贯的叙述，因而它们是研究罗马帝国初期最珍贵的史料。

《阿古里可拉传》是塔西佗为他的岳父所写的一部传记。阿古里可拉是罗马的一位征服不列颠的将领。塔西佗的这部传记中有很大篇幅是叙述不列颠的情形，描写了不列颠的风土人情，是研究不列颠的一部文献和民族学资料。

《日耳曼尼亚志》详细地报道了罗马帝国时代莱茵河和多瑙河以外大日耳曼尼亚以及居住在该地区各部落的情况，描述了有关日耳曼人的经济生活、政治组织和社会生活，以及日耳曼人各部落的分布情况、风俗习惯和宗教信仰等，是一部全面记载日耳曼人的文献。对于研究日耳曼人的历史，尤其是德国的古代史来说，是一部必不可少的历史文献。

在这部著作中，有关民族学的资料十分丰富。当时，日耳曼人的政治生活尚处在军事民主制阶段，父权制刚刚取代母权制，到处充满了母权制的残余。当时的社会尊敬女性，甥舅关系与父子关系是相等的。塔西佗还生动记述了古代日耳曼人的婚姻制度，其婚姻形式已过渡到接近一夫一妻制的对偶婚制。该书还记述了日耳曼人的彪悍好战的性格，以及好饮、好客的生活习俗，记述了日耳曼人重视卜筮，实行火葬，等等。它是一部历史文献，也是一部古代日耳曼人的民族学知识宝库。

第四，普鲁塔克（46—120），是罗马帝国早期的希腊传记作家和伦理学家。他出身于希腊中部波奥提亚地区查罗尼亚城一个有文化教养的家庭。年轻时，他游学雅典，还曾广泛游历过希腊本土的历史名城、爱琴海诸岛，并且访问过埃及、小亚细亚、意大利等地，他到处搜罗文献资料和口头传说，留下了一些民族学的资料。关于日耳曼人的生活特点，普鲁塔克也有过记载："人们既不善于耕作，也不善于航行，更不会利用畜产品，他们只关心一件事物，一种技艺，就是不断战争和打倒一切抵抗。"这反映了古代日耳曼人彪悍善战的特点。

由于普鲁塔克生活的时代是罗马帝政时代初期，这时，希腊并入罗马帝国已有200年的历史，希腊文化与罗马文化融合在一起，形成希腊—罗马文化。在普鲁塔克身上就体现着希腊文化与罗马文化相融合的特点。他留下来的著作有《希腊罗马名人传》和《道德论集》。

在《希腊罗马名人传》中，普鲁塔克对相似的希腊、罗马的名人作了比较叙述，以表达希腊人与罗马人都是伟大的民族，有许多共同之处，可以借鉴。这体现了民族的异同与历史文化上思想的相互影响。

第五，波里比阿（公元前204—公元前122），是著名的史学家。波里比阿生活的时代，正是罗马称霸地中海的时代。他看到罗马征骑四出，把地中海变成罗马内湖的大一统局面，于是立志著一部《通史》。他在罗马到处寻访古迹，进行实地调查，并从罗马国家的档案库看到了许多第一手的文献资料。他的40卷的《通史》，综述了公元前264—公元前146年希腊、罗马以及地中海东部各国的历史。在他的著作中，地中海沿岸各国、各民族的历史都占有应有的地位。波里比阿本人说道："我所叙述的历史，始自第140届'奥林匹亚德'……从这时候起，各国的历史开始成为一个有联系的整体，意大利、利比亚、希腊以及亚洲，各地所发生的史事都是互相影响的，而有那些史事的发展倾向，最后定要归于一统……"

波里比阿很注重实地调查。他为了弄清楚事实真相，曾经不辞辛苦地到西班牙、高卢、利比亚等地进行访问，积累了许多民族学资料和知识。他认为，各民族间的异同，是由于地理环境的作用，各民族间是相互影响和相互作用的。

古希腊、古罗马的哲学家、史学家、诗人所积累的民族学资料都不是僵死的、呆板的。他们都试图用事实说明各民族间的异同。他们给后世留下了宝贵的民族学历史资料。

第二节 中古时代西方民族资料与民族知识的积累

中世纪的西方是基督教神学占统治地位的时代，受其影响，世俗的、人间的知识则受到了冷落。因此，在中世纪前半期，不仅科学受压制，而且民族资料、民族知识的积累也显然不如从前，只有过去罗马帝国东半部的拜占庭，还在某种程度上保持了古希腊罗马的传统。因为拜占庭是席卷欧洲的民族大迁徙运动中保留下来的东方的罗马国家。在西方世界工商业凋敝、文化停滞时期，这成了保存和发展欧洲古典文化的中心，同时，它的地理位置又使它成为汲取和融合东西文化的基地，其民族资料与知识的积累也得以保存下来。

6 世纪拜占庭历史学家普罗科比（500—565），早年曾受到古典教育，熟悉古代历史学家的著作，学识渊博，曾亲身参加过对波斯人、汪达尔人和哥特人的战争。他给后世留下了 3 部著作：《查士丁尼战争史》《论查士丁尼时代的建筑》《秘史》。其中《查士丁尼战争史》叙述了拜占庭帝国与汪达尔人、哥特人及波斯人的历次战争。他详细记载了查士丁尼政府对外征战的过程。由于他记载的是当代史，其中有很大一部分是他亲身经历过的。在他的叙述中保存了许多真实的、宝贵的民族史料，尤其是记载了早期拜占庭帝国所属各地的社会经济状况，对各民族人民的物质生产和精神文化、地理、风俗、科学和军事技术均有涉及。如书中记载了中国育蚕、制丝技术西传的故事，还记载了斯拉夫人、日耳曼人的社会生活和宗教生活，等等。

在地理学方面，6 世纪重要的著作是旅行家西姆·印吉科普所著的《东方各国旅行记》，其中有许多民族学资料。

8 世纪，大马士革的约翰以佛教素材写了一本传奇小说《巴拉姆和茹色芬》，成为表现当时东西方文化联系的一个明显的证据。

10 世纪，皇帝君士坦丁（913—959）曾亲自参加写作，组织收集古典文献、编纂百科全书及抄写名著。在他编写的《帝国行政》和《宫廷礼仪》中可以找到一些可靠的民族学资料，但他们大部分只有实际的用途，这似乎是一种军事和商业手册。

11 世纪至 12 世纪的西欧教会历史学家（如亚当、季特马尔、赫尔莫尔德），在他们的著作中记载有东北欧各民族，特别是波罗的海沿岸斯拉夫民族的资料——因为传教的目的引起了他们这方面的兴趣。13 世纪，欧洲僧侣卡尔波尼、鲁布鲁克和威尼斯商人马可·波罗曾游历远东，记录了许多东方民族的知识，其中就以马可·波罗最具代表性。

马可·波罗（1254—1323），是中世纪意大利的一位大旅行家。他出生于意大利古老的商业城市威尼斯，他的家庭也以商业为生。1271 年，马可·波罗随父亲和叔叔一起旅经小亚细亚、亚美尼亚、伊朗高原、帕米尔高原来到中国，并于 1275 年夏抵达元代上都。马可·波罗旅居中国达17 年之久。他很快就熟悉了中国的风俗和语言，懂得蒙古语、突厥语、阿拉伯语和波斯语。在中国期间，他不仅到过中国许多地区，还奉命访问过东南亚国家，去过印度尼西亚、菲律宾、缅甸、越南等国家。1291 年，他回国时，又旅行经过苏门答腊、斯里兰卡、乌拉巴海岸、霍尔木兹、伊斯坦布尔。

马可·波罗留给后人的最宝贵的财富，就是流传至今的《马可·波罗游记》，书中记载了中亚、西亚、东南亚等地区许多国家的情况，重点叙述了中国的情况。

《马可·波罗游记》共分 4 卷，第 1 卷记载了马可·波罗一行东游的沿途见闻；第 2 卷描述了忽必烈本人及其宫殿、都城、朝廷、政府、节庆、游猎等事，还有他出访云南时沿途见闻和从元大都到缅甸沿途见闻；第 3 卷记述了日本、越南、东印度、南印度、印度洋沿岸及诸岛、非洲东部的情况；第 4 卷记载了蒙古诸汗之间的战争和亚洲北部的情况。

书中记述国家、城市的地名达 100 多个，记载了这些地方的山川、地形、物产、气候、贸易、居民、宗教信仰、风俗习惯，等等。这部著作，不仅对中古时代的地理学史，亚洲历史、中西交通史有着重要的价值，也不失为一部民族学资料的好书。这部书在国际上先后被译成几十种文字出版，享有"世界第一奇书"的美誉。

和德里（1265—1331），也是一位伟大的旅行家，他在中世纪中西交通史上，是一位可以和马可·波罗齐名的人物。他出生于意大利波尔德诺内小城，曾从君士坦丁堡出发，开始了自己的东方之行。途中，他旅经土耳其、伊朗大不里士、巴格达、苏门答腊、爪哇、加里曼丹等地，于 1322 年到达中国广州。后又旅经泉州、福州、杭州、南京、扬州到达元帝国国都汗八里（今北京）。

和德里在北京居住了 3 年之久（1325—1328），他除了传教之外，还广泛考查中国的地理、风土、民俗人情。1328 年，和德里离京西行，于 1330 年返回意大利。

和德里回国后，把东方的见闻写成《和德里游记》。书中涉猎内容广泛，记载了西亚、南亚和中国各地的地理形态、城市都会、名山大川、风俗习惯。书中提供了大量的民族学资料，对增进中西方人民间的相互了解作出了贡献。

自 15 世纪开始至 17 世纪的中世纪后期，欧洲社会本身的社会政治生活开始了一个新的转折。由于世界航路的开通、新大陆的发现、西方殖民主义体系的建立以及资本主义世界经济体系的形成，西方人逐渐接触和了解了亚洲、非洲、拉丁美洲、大洋洲等地区的许多民族，尤其是许多当地的土著民族。他们的生活和文化引起了西方人士的极大兴趣。于是便出现了大量的关于这些民族的记载和描述，因而推动了西方民族资料与民族知识的迅速发展。最初出现的是航海家和旅行家的简短报道，然后是有关新发现的各民族的简略资料，后来便发展为对新发现国家、地区或民族的综合性描述。如俄国商人阿·尼基丁对印度各民族的有关记载；波雅科夫、哈米罗夫所搜集的有关远东和中国黑龙江等地区各民族的资料；荷兰人威廉·伊斯布兰茨·邦特库（1587—?）的《东印度航海记》，等等。

中世纪后期，西方民族资料与民族知识的积累，其对象主要是西方世界以外的落后地区或民族，并且受到西方殖民主义活动的极大影响，这种情况对西方民族学形成后主要以研究落后民族或原始民族为己任的倾向，是不无关系的。

第二章 古代东方民族资料与民族知识的积累

第一节 古代中国民族资料与民族知识的积累

古代中国，是一个多民族的国家。中国著名的历史学家翦伯赞曾写道："由于我国是一个多民族的国家，在很古的历史文献上就有关于国内各民族或种族的历史记录，最早的记录可上溯到殷商时期。殷契卜辞、周金铭文和先秦时期的许多古典经籍，或多或少都留下了一些关于民族史料的简单记载。"

从出土的殷商甲骨文中（公元前 14 世纪—公元前 11 世纪），可以约略了解到当时的一些民族名称，以及他们的生活礼仪、祭祀和战争等情况。

春秋、战国时期（公元前 770—公元前 221），关于各民族的传说和风俗记载更为丰富，如《诗经》中的《国风》，其中记载了当时中国各地的风俗习惯，包括图腾崇拜、家族制度、婚姻制度，等等。因此，它不仅是中国古代的民间文学作品，也是中国古代民族学资料的著作。

《山海经》记载了当时民族的族源、山川地理、经济生活、社会组织、婚姻制度、部落战争、文化和宗教信仰等方面的内容，有丰富的民族学资料。此外，《尚书》《禹贡》，屈原的《楚辞》，《左传》等也保存着大量的古代民族学资料。

秦汉对期，中国成为统一的多民族国家，民族学资料更为丰富。司马迁的《史记》除了大量记载社会经济情况外，还以列传的形式系统地记录了各民族人民的生活情况，开创了为各民族作传的先例。《史记》中为周边民族立了六个传，《匈奴列传》《南越列传》《东越列传》《西南夷列传》《朝鲜列传》《大宛列传》。后来，历代官方都按此范例编纂，从而使民族资料在《二十四史》中占有重要地位。

其他的有关民族学资料的著作还有不少。北魏郦道元的《水经注》采录了不少民谣、谚语、方言、传说，是研究民族学的可贵史料。东汉赵晔撰的《吴越春秋》中有许多民间传说和吴、越两国的史事。东晋常璩的《华阳国志》12卷，包括巴、汉中、蜀、南中等12志，记载了从远古到东晋穆帝永和三年期间巴蜀史事，是研究中国西南少数民族的重要资料。唐朝樊绰著的《蛮书》，又叫《云南志》，共10卷，对南诏情况进行了研究，他参考前人著述，系统地记载了当时云南的山川地理、交通情况，还有六诏的历史、各民族概况、物产、风俗民情及政治经济制度，是研究云南各民族历史地理的重要史料。宋代范成大的《桂海虞衡志》，是作者由广南（广西）到四川的途中所作，记载了宋代广南地区的风土、物产、民族。

《蒙古秘史》，又称《元朝秘史》，全书12卷，在13世纪中叶成书。它是中国蒙古族最早用蒙古文写成的历史文献和文学作品，记述了蒙古族的起源和成吉思汗、窝阔台汗时期的事迹，是研究蒙古早期历史、社会的宝贵作品。《蒙古秘史》《蒙古黄金史》《蒙古源流》是研究有关蒙古民族的三大历史著作。11世纪中国维吾尔族语文学家马赫穆德·喀什噶尔编写的《突厥语大词典》，不仅研究了突厥语言学，而且还研究了当时民族历史、地理、文学、社会经济、民俗风情等，为民族学研究提供了宝贵的资料。清代官修的《满洲源流考》共20卷，于1778年完书，主要叙述了部族、疆域、山川、国俗；记载了满族自肃慎以来，挹娄、勿吉、靺鞨、完颜诸部和索伦等部的兴衰史，是研究东北地区历史地理、民族的重要资料。

以上都是些有关民族学资料积累的主要的参考书。以后历代的地方志、文集、游记、族谱和碑铭，也描述了各民族的社会结构、政治状况、风土人情、宗教信仰等。可见，中国古代史籍中保存的民族资料是十分丰富的。

古代中国，为民族学资料积累做出贡献的主要代表人物有如下几人。

第一，张骞（？—公元前114）。西汉汉中人，杰出的外交家。他一生曾两次出使西域，沟通并加强了汉朝与中亚各民族人民的友好关系。

张骞在出使西域途中，到达了一些沿途的西域国家，了解了西域的地理、物产和各民族人民的生活情况，也了解到西域各民族希望同汉朝往来的愿望。张骞以其亲身的经历纠正和充实了过去对西域各国的传说和零星记载，使中原地区的人们第一次对西域有了清楚的了解，增强了汉朝与西域各民族的联系。从此，中原与西域的政治经济关系进入了一个新的阶段。张骞还把第一次出使西域的见闻，写成了《出关记》一书，介绍了西域各地的风土人情。司马迁根据《出关记》撰写了《史记·大宛列传》，这是现存最早的关于西域地区的历史资料。

第二，甘英（生卒年不详），字崇兰，东汉人。甘英是继张骞之后，中西交通史上另一位杰出人物。

公元 97 年，甘英奉命出使大秦（罗马）。他的西行，是中国使节达到波斯湾的最早记录。他虽未到达大秦，但他把西行的探险事业继张骞之后又向前推进了一步，对"丝绸之路"西段的探索做出了贡献，促进了中西各国的友好关系，其影响一直达到马其顿、色雷斯一带。永元十二年（100），这些国家纷纷来华交往。甘英的西行，尤其促进了中西经济文化的交流。公元 2—3 世纪，希腊文化艺术（绘画、雕刻、建筑技术）传入中国，中国的工艺技术、经济作物西传，也增加了东汉与西方世界的交往。此外，甘英西行的许多地区（阿蛮、斯宾、条支），都是前人所未到的。

甘英也为后世留下了许多宝贵的民族学资料。他西行时，一边走一边调查、搜集西方各国资料，了解其山川地势、物产珍品、社会制度、风土人情，积累了大量可信的资料。中国史书中有关葱岭以西各国情况的记载，一部分来自外国使商；另一部分来自甘英出使大秦后的报告。这些报道，由班勇（班超之子）的《西域记》、范晔的《后汉书·西域传》记载下来。

第三，法显（334—420），山西临汾人。原姓龚，"法显"是其出家后的法号。为矫正僧伽制度不健全，确立完整的戒规，寻求三藏（经、律、论）经典，法显专门去国外求法取经。

从公元 399 年到 412 年，法显行程 4 万余里，先后到达中国大西北、阿富汗、克什米尔、巴基斯坦、印度、尼泊尔、斯里兰卡、印度、印度尼西亚和中国东南沿海等地。在中古时代开创了一次横贯中亚、南亚，渡过印度洋等的旅行壮举。

回国后，法显把旅途见闻，写成《佛国记》，又称《法显传》。《佛国记》着重记述了中古时代中国西域地区和印度等国的佛教发展情况，保存了许多重要的原始资料。从 19 世纪开始，《佛国记》被译成法、德、英、日等国的文字，流传全世界。

第四，玄奘（602—664），俗名陈祎，河南人，是中国著名的佛教宗师、大旅行家、翻译家、学者，中印文化交流的伟大使者。玄奘通称为三藏法师，俗称唐僧。

玄奘于公元 629 年起程经西域去印度"取经"，17 年后回到唐都长安，主持佛经翻译，译出经、论 75 部，1335 卷，并经他口述，由弟子记录整理了《大唐西域记》。

《大唐西域记》中有丰富宝贵的民族素材。书中记述了玄奘游历的 10 个国家和传说的 28 个国家的见闻，详细描述了大唐帝国西北边境以至印度的疆域、民族风俗、物产文化、历史地理、佛寺古迹、山川河流等各方面的资料。该书记叙真实，是研究印度、尼泊尔、巴基斯坦、孟加拉国、中亚各国及中国西北等古代国家和地区政治、经济、宗教、文化、民族关系的珍贵文献。

此外，北魏宋云的《宋云家记》、惠生的《行纪》；蒙元耶律楚材的《西游录》、丘处机的《长春真人西游记》；明代陈诚的《西域行程记》和《西域藩国志》；清代图理琛的《异域录》等作品，也大都以作者的亲身见闻，记载了中亚各国和中国新疆、蒙古等地区的民族、民俗资料。

第五，文子方，名矩，字子方，元时长沙人。元朝时，曾出使安南（越南）并写了《安南行记》，记载了中国与越南的往来及越南的风土民情。

此外，1295 年周达观出使真腊（柬埔寨），详细地考察了当地的风土、国情，写成《真腊风土记》，书中对真腊的地理、历史、风俗习惯、社会制度作了详细介绍，有不少民族学资料。

第六，汪大渊（1311—?），元朝时江西南昌人，著名的航海家。他曾先后两次下东西洋，历游数十国，到达了非洲的层拔罗（今坦桑尼亚）。

汪大渊航行回国后，著有《岛夷志略》，分上、下两卷，于 1350 年成书。《岛夷志略》近代注本有沈曾植的《岛夷志略广证》，藤田丰八的《岛夷志略校注》和柔克义《岛夷志略英文选译与附注》三种。《岛夷志略》是上承《岭外代答》与《诸番志》，下接《瀛涯胜览》和《星槎胜览》的一部重要著作。书中涉及的国家和地区达 220 余个。绝大部分与其游历有关。《四库全书总目》评价："诸史外国列传秉笔之人，皆未尝身历其地……大渊此书，则皆亲历而手记之，究非空谈无征者比。"

汪大渊在书中大量记载了印度与欧洲的通商情况以及非洲东海岸的地形，描述了东非地理位置、出产物品、土壤、民俗风情、民族生活、社会组织，等等。

第七，郑和（1371—1435），回族，明代宦官，大航海家，由于其祖父与父亲都到过伊斯兰教圣地麦加，郑和自幼就对外洋情况有所了解。

1405 年至 1433 年，郑和曾八次奉诏出使，七下西洋，航程约 7 万海里，在长达 28 年的时间里，他的船队驰骋于太平洋西南部、印度洋西部，历经亚洲、非洲的 30 多个国家和地区，大大促进了中国同各国人民之间的友好交往和国际经济贸易的发展，打开了中国通往南洋群岛、印度洋、西亚和东非各国的航路，促进了中外交通，实现了中国与东南亚、南亚、西亚、东非及东北非各国的大规模的直航贸易。

郑和所率领的船队，每次航行，都在沿途作了确切可靠的记录，标示了郑和出使西洋各国的航程和经历的地名、方位并附有航线和指南针。《郑和航海图》"是 15 世纪以前留下的唯一的一部中国所绘包括亚、非两洲在内的航海图"[①]，描述了东起中国沿海、西至东非沿海的海洋形势。

跟随郑和一同出使的马欢、费信、巩珍等人，根据自己的亲身经历和所见所闻，分别撰写了《瀛涯胜览》《星槎胜览》《西洋番国志》等书，详细记载了郑和访问过的亚非各国的山川地理、物产资源、民族风俗、气候风土，以及居民的生活、生产及社会组织情况，这些著作大大地开阔了中国人的眼界，丰富了世界民族知识和地理知识，是我们研究这些地区历史、地理、文化、民族的重要史料。

第二节　古代东方其他国家民族资料与民族知识的积累

世界四大文明古国主要在东方，古代中国（黄河流域）、古代埃及（尼罗河流域）、古代巴比伦（两河流域）、古代印度（恒河流域）的文明比古希腊罗马早得多，所以讲到科学和文化的来源，应从古代东方讲起，民族资料与民族知识的积累也是如此。

---

① 向达：《整理郑和航海图》"序言"，中华书局 1961 年版，第 15 页。

　　除中国外，早在公元前 3000 多年以前，古埃及就建立了王国。古埃及第 19 王朝的金字塔中有许多不同民族情况的记录。金字塔中的壁画绘有埃及人、亚洲人（或闪米特人）、南方黑人、西方白人的图像。他们穿着不同的服装，具有不同的体质类型。这是世界上最早的民族资料。

　　在古巴比伦、亚述、波斯帝国的铭文中也有许多关于周边各民族情况的早期记载。古巴比伦王国是公元前 2000 年亚洲乃至世界著名的商业文化中心。世界各民族，特别是它的周边民族经常来此经商和旅游。早在公元前 200 年，这里已有波斯人、大月氏人、匈奴人和印度人的石刻像。公元 1 世纪左右诞生的基督教就发源于巴勒斯坦，从其经典性的著作《圣经》的描写中，能看到各民族的大量材料，从中可以找到古代诺亚、阿弗拉马等族长后裔的系谱。

　　在古印度的宗教及其史籍中，我们可以看到它对南亚次大陆的土著民族的原始生活的描写，特别是从印度的种姓制度中，我们能了解到不同居民以及不同种姓的政治、经济地位。

　　除古代中国外，古代埃及、古代巴比伦、古代印度也产生过许多伟大的旅行家、宗教家、思想家，他们到周边各民族中传教布道，宣传自己的主张和思想，从他们相关活动的记载中，可以看到许多民族资料和民族知识的积累。

　　到了中世纪，摩洛哥产生了伟大的地理学家、旅行家伊本·白图泰。他记下了最真实的各国民族的资料和知识。

　　伊本·白图泰（1304—1377）出生于摩洛哥的丹吉尔，21 岁时，他去麦加朝觐，开始了周游各国的旅行。以后，他曾三次出游世界各地、四访麦加，行程 12 万公里，历时 28 年，足迹遍布穆斯林各国，东至远东中国，西至欧洲法国。1377 年，伊本·白图泰去世。摩洛哥苏丹的秘书将伊本·白图泰的口述记录成书，这就是《伊本·白图泰游记》。

　　《伊本·白图泰游记》是研究中世纪穆斯林世界的历史，尤其是研究印度、中国、中亚各国、西亚各国、非洲各国的历史及民族、宗教、民俗、地理等各方面的一部很有价值的名著。书中对各民族生活状态的记载，尤为详细。

　　此书现已被译成 15 种文字，对我们研究民族学史有很大的帮助。

　　此外阿拉伯的其他旅行家的游记里也有关于民族学的资料。

　　阿拉伯商人苏莱曼到印度、中国经商，著成东游见闻《苏莱曼游记》。它是我们所知的最早的阿拉伯人来中国的游记。游记中详细记载了阿拉伯半岛东部至中国各地见闻，尤其详细描述了当时阿拉伯商人在中国的聚居地广州的情况；记述了中国的船舶、风土民情、宗教、经济生活、商业往来、生产等有关民族资料的内容。

马苏迪（？—957），是阿拉伯旅行家，地理学家与历史学家，出生于巴格达。自幼就周游列国，到过很远的地方。公元912年到印度北部，后又到东非洲桑给巴尔及哥模罗岛，公元915年马苏迪来到印度、锡兰、占婆及中国广州诸地，后来又到爪哇岛及中亚细亚土耳其斯坦各地。其《黄金草原》记下了埃及、叙利亚、伊朗、印度和东南亚等地的情况，叙述了这些地区历史、地理及民族的大量资料。

9世纪后期，阿拉伯的地理学家和旅行家伊本·法德兰随哈里发使节到伏尔加河流域的保加尔国旅行。所著游记记载了有关伏尔加河地区的情况。

另外，还有著名的阿拉伯哲学家、历史学家伊本·加尔顿（1332—1406），他认为，历史的对象应是社会生活。气候、地理、经济、生活方式、宗教等因素对于历史的发展起着决定性的影响。他的著作，反映了人类、民族、社会生活受地理环境及其他因素影响的思想。他游历过亚洲，写有游记。

中世纪时，东北亚的朝鲜高僧慧超和日本的许多遣唐使等都曾在唐朝留学考察。慧超还由中国经南海到印度，巡礼北印度五国佛迹，后经中亚回到长安，卒于五台山。他著有《往天竺五国传》，记述了沿途旅行见闻，是研究中亚和印度历史、民族的重要资料。

总之，古人留下的浩如烟海的史籍，都是研究亚洲、非洲、欧洲的古代国家史地和民族情况的重要资料。

第二编

西方民族学的形成与截止到
第二次世界大战前的发展

第三章　第二次世界大战前英国民族学的形成与发展

在世界范围内，英国是一个较早进入资本主义的国家，在海外殖民浪潮中，它又是一个老牌的殖民主义国家，拥有着庞大的殖民地；盛行于西欧的近代文化进化论思想对英国社会有很大的影响，这一切便为在英国率先发展民族学创造了条件。实际上，英国不仅是民族学较早形成的国家之一，还是后来西方民族学不断获得重大发展的推动者之一。英国民族学由于与西欧的其他国家关系密切，不仅接受了西欧大陆的许多理论和观点，还将自己的影响扩大到欧洲大陆，并通过它们进一步扩大到其他地区。英国民族学内部又分为许多流派，其中主要有古典进化论学派、文化圈学派、功能主义学派等。下面主要根据这三个流派来叙述一下英国民族学的形成与发展过程。

第一节　古典进化论学派

民族学或西方民族学的古典进化论学派，因受文化进化论的影响而得名，又名文化进化论学派，或曰民族学的人类学派，这一得名又与人类学关系密切有关。这一学派的形成与发展均不能忽视英国有关学者的贡献。

一　形成背景及其特征

在民族学史上，人们最早用来阐述民族学资料的意义的最一般的理论，就是文化进化论。当人类历史进入近代以后，这一理论曾对西方社会产生过全面影响，人们曾称它是 19 世纪尤其是 19 世纪后半期普遍的时代精神。

那么，文化进化论是什么时候出现的呢？进化论发源于 18 世纪的启蒙思想家黑格尔（1770—1831）、康德（1798—1857）和圣西门（1760—

1825）等。实证主义的文化进化论和启蒙思想一样，在概念形成的基础上，都把人类的同一性看作是文化和社会的前提。但前提的同一性不是说内容的同一性，在人类同质的一般环境的历史条件下，可以认识文化与社会的合理性。

作为独立学科的人类学是和文化进化论一起产生的，而文化人类学正式问世以前，它就潜伏在人类学这一学科领域中。例如，18世纪的拉菲托（1671—1746）和迈纳斯（1747—1810），19世纪的普利查德（1786—1848）等，这些人物因为关心博物学和人类文化的变化而开始受到人们的注意。

此外，以生物学领域为例，早在18世纪初就已经出现了进化论的萌芽。但给进化论以明确描述的却是法国博物学家拉马克（1744—1829），而进化论获得广泛认同的市民基础则要等到达尔文出现以后。在1800年左右，开始兴起了以人类作为科学研究对象的倾向。不过，文化进化论产生的背景有两点应引起特别注意：一是民族志知识的增多和比较法的确立；二是伟大的史前科学的来临、丰富的民族资料和民族知识的积累及在地质学、古生物学和考古学等领域中的新发现。文化进化论正是以这样的方法论作为核心而确立的。

具体地说，到了19世纪中叶，从原来叫作博物学的广阔领域分化出了新兴的生物学、地质学和考古学，随之出现了一场知识飞跃，人们逐渐认为把人类的本质视为一成不变的18世纪文化观，是一个单纯而朴素的不完整的思想观。正是在以史无前例的速度进行产业化和社会激烈变化的欧洲，需要一个能够克服现实生活中全面不安感的新的世界观。这种时代潮流，一方面产生了近代社会主义和民族主义，另一方面也迎来了进化思想的盛行。以此为背景，文化进化论也以浓厚的自我意识来充任领导时代的先锋。文化进化论的旗手们都确信自己的能力，并具有很高的社会使命感。泰勒是这样结束《原始文化》一书的："尽管这一事业还很不成熟，但人类的幸福仍然非常需要它。"

这种使命感是在大规模的殖民地化过程中，由于直接同异国和野蛮社会的接触而产生的。当时，社会非常需要对非西欧世界的再解释和理论化，以代替在18世纪流行的哲学。在率先进行海外扩张的英国，早在19世纪初就创立了专门培养殖民地行政官的"东印度大学"，其后又成立了民族学会和人类学会。

　　文化进化论学派代表人物的理论基础的根本思想可以用几句话来表达：人类本质的一致性和由此产生的文化发展的一致性，又称"单线进化论"。①

　　那么，文化进化论学派使用的方法是什么呢？

　　其一，就是已经提过的比较法。比较法是形成启蒙思想的"进步"概念的一个要素。在18世纪社会学家中，已经有这样的萌芽，他们认为欧洲文明是从原来的野蛮状态发展而来的。到19世纪中叶，这一观点从古生物学、地质学、史前考古学等成果中得到证实，并在文化进化论学派中得到了更加具体的发挥。这样，人们就有理由认为：在现在落后民族的社会中存在的生活方式，同过去的旧石器时代或新石器时代，同古代国家形成时期的社会生活有密切关系。例如，麦克伦南（1827—1881）认为：现有野蛮人的状况相当于人类发展进化的最初阶段；历史科学的实质在于划分简单的年代上的前后关系，它同发展进化的人类进步之间是有别的；必须根据发展进化程度的高低来分类社会。

　　当时，有的学者把欧美近代文明看作是进化的顶峰，并由此依次排列了世界各个民族的不同文化。然后，用这一方法来比较各类文化，从而确定其高低。文化进化论者则把进化发展的各个阶段及其序列看成是演绎性的现象，并且认为：在理论上完全可以构筑起已经过去的进化发展历史。在启蒙思想家看来，进步是自然理性的逐步实现，而文化进化论则把文化和社会看作是一种物质关系。也就是说，在文化进化论看来，所谓人类同一性的原理并不是自然的理性，而是表明技术知识的普遍性。它把文明理解为近代商品生产的狭隘思想。这种狭隘的思想把文明同产生社会的欧洲等同起来，从而以技术知识的水平作为唯一尺度，提出了一个所谓蒙昧、野蛮和文明社会的类型论观点。

　　其二，就是使用"残存"概念。一般认为，最先把"残存"这一名词同概念规定一起使用的是泰勒（《原始文化》，1871）。但是，在此以前，麦克伦南已经提出过同样的研究方法（《古代史研究》，1865）。斯宾塞也很早在《物理学原理》（1864）中以"适者生存"的语言使用过它。可见，早在泰勒以前，就已经有人提出了基本的研究方法。但是，从心理

---

　　①　［俄］托卡列夫：《外国民族学史》，汤正方译，中国社会科学出版社1983年版，第28页。

学的角度把原始宗教加以系统化，并把"残存"概念运用到文化领域，在这一方面的主要功绩仍属于泰勒。关于这个概念，泰勒说："残存是在现实生活中已经失去其意义的习惯。从前，它有实际的，至少也是礼仪上的目的。但移植到新的社会环境则完全丧失了原来的意义，成为一种愚蠢的墨守成规……不过，决不能根据这些习惯已经失去了意义，就认为再能从其他方面考虑它们，进而把这些习惯解释为完全疯狂的现象。"

由此可见，"残存"理论通过蒙昧、野蛮和文明的差别，在它们相互间重新确认了相似的关系，充分肯定了蒙昧人、野蛮人的社会习惯和宗教信仰的合理性。这样，文化进化论以实证的分析提出了 18 世纪理论的愚昧性和迷信性，向丢失了的东西赋予一个新的意义。这也是文化进化论被当时的知识阶层广泛接受的一种魅力，从而有可能改变人类本质的同一性为定式性，人类本性的普遍同一性被进化发展过程的同一性所代替。人们称这种过程为进步，从而使之浸透到更加广泛的理智统治。

古典进化论学派最著名的代表有：英国的赫伯特·斯宾塞、约翰·弗格森·麦克伦南、约翰·卢伯克、爱德华·泰勒、詹姆斯·弗雷泽、赫胥黎；德国的阿道夫·巴斯蒂安、西奥多·魏茨、奥斯卡·佩舍尔、尤利乌斯·利珀特、亨利克·舒尔茨；法国的查尔·勒图尔诺；美国的路易斯·亨利·摩尔根。

以下主要谈谈英国的几位著名学者及其观点。

二 代表人物

第一，约翰·弗格森·麦克伦南（1827—1881），是英国民族学进化论思想的第一位代言人，他原是学习法律的。在 1865 年，他出版了一本小书《原始婚姻》，提出了婚姻和家庭形式在人类历史上的发展问题，并在书的"前言"中提出了进化论的人类历史和文化观的基本原则。"随着我的研究延伸到早期的社会现象领域，我在通常认为是不同种族的生活形式中，（到处）找到了许多的相似性、一致性和同一性，因而人类家庭之间的民族学差异性同它们所具有的共同性比较，在我看来，是不大重要或者是根本不重要的。这种差异的意义，至多不过是影响到（人类）家庭发展的速度，在某些次要方面也影响到这种发展的性质本身。"①

---

① ［英］J. F. 麦克伦南：《古代史研究》，伦敦 1876 年版，第 14—15 页。

麦克伦南从这个观点出发研究落后的各民族婚姻家庭习俗，第一次使世界学者注意到这些习俗的某些奇异特点。他还为进一步作出解释提出了一些假说，当然，这些假说现在许多已经过时，甚至可以说是天真的，但在当时是新颖的、重要的。尤其是，他试图通过因果联系，把相继出现、流行较广的习俗——如把姑娘劫走成婚（抢劫婚姻）、外婚制、一妻多夫、依母系算世系等，联系在一起。根据麦克伦南的结论，这四种现象是同一个原因造成的。具体结论就是：原始部落的妇女不够，而这种缺少本身又是杀婴习俗造成的。

由于妇女的缺少，部落的年轻男子有时一起向同一位妇女献殷勤，并且共同以她为妻。这就是所谓的一妻多夫。一妻多夫本身是依母系算世系的主要原因（因为一个妇女有几个丈夫，就无法确定谁是这个孩子的父亲）。麦克伦南对依母系算世系的广泛流行作了这样的说明：妇女的缺少迫使单身男子采用暴力抢劫别的部落妇女为妻。后来这种抢亲习俗消失了，但在婚姻仪式中还留下了它的痕迹（象征性的或假装性的抢亲等）。

麦克伦南还认为，由于从别的部落抢劫妇女习俗的确立，逐渐形成了本部落内部男女比例的平衡，不再感到妇女缺少了，于是外婚制不再遵守，甚至在一些最强大和为自己的势力自豪的部落中已被内婚制所取代。这样，依母系算世系逐渐让位于依父系算世系。

麦克伦南的婚姻、家庭发展理论及其著作在当时是对科学的显著贡献。提出依母系算世系，麦克伦南不是第一个人。先于麦克伦南的是瑞士学者巴霍芬，他于1861年提出了同样的论点，但巴霍芬的论据仅仅是古代的神话和文学资料，他把自己的历史思想同神秘的宗教理论联系起来，文字写得难懂。麦克伦南本人看到该书，是在他自己的著作问世之后的1866年。对广大读者来说，"发现"母权制（依母系算世系）的不如说是麦克伦南。但是，麦克伦南对母权制起源的说明，以及他把母权制同一妻多夫和妇女缺少等联系起来的看法，是不够确切的。麦克伦南对抢劫婚姻和外婚制所作的说明，也是不当的。

恩格斯在《关于原始家庭的历史》一文中写道："麦克伦南的功绩就在于他指出了他所谓的外婚制的到处流行及其重大意义"，但他本人根本不了解外婚制的含义和来源；他从纯粹书斋的臆想出发，把外婚制同设想的杀婴习俗联系在一起，这就把问题搞乱了。恩格斯还说："他那纯粹出于误解的外婚制'部落'与内婚制'部落'对立理论所造成的害处。要多于他的研究所带来的益处。"在英国,麦克伦南的观点在一段时期里是很受欢迎的,按恩格斯的话说,他本人甚至是"官方任命的英国原始历史学派的创始人和领袖"。① 后来,他的观点不时髦了。在其他国家内,很少有人承认他的观点。

麦克伦南试图解释摩尔根发现的亲属制度,把亲属称谓看成是"社交礼仪的名词"或"互致敬意的制度"(同样不恰当)。1869—1870年,麦克伦南又出版了一本重要著作《论动物和植物崇拜》。该著作所搜集的大量资料,引起了民族学家对图腾崇拜现象的重视,由此,第一次推动了原始宗教史对这种有趣现象的研究。

第二,赫伯特·斯宾塞(1820—1903),是英国实证主义哲学家、生物学家、心理学家和社会学家,纯粹书斋学者,是资产阶级进化论经典作家之一。在一切进化论学者当中,斯宾塞是最高的理论家。他虽不是民族学家,但对民族学文献资料了解很多。为了说明自己的思想,他广泛利用了这些资料。可以说,进化论思想贯穿了斯宾塞整个世界观和全部科学理论:他试图从这种思想得出一个包罗万象的宇宙规律,借以支配各个存在领域。他的代表作之一的《社会学基础》(1876—1896),是他无所不包的著作《综合哲学体系》(1862—1896)的一个组成部分。在这部著作中,他运用了大量的民族学资料。斯宾塞认为,社会的发展是不同于非生物界的"非有机发展"的"超有机发展"。斯宾塞力图把这些不同物种的进化牢固地联成一体,其从在动物界过着原始人群生活的高级脊椎动物中,看到了上述"超有机发展"的"萌芽形式"。他想在"超有机发展"和"有机发展"之间找到一种类比,即把社会随意比作动物机体。例如,交通是社会的脉络,商品流通是"营养液"的运动,等等。在斯宾塞看来,社会是在"外部"和"内部"因素的影响下发展的。"外部"因素是地理环境以及相邻社会的影响;"内部"因素是人类的自然本质、种族分化、心理特质。斯宾塞试图把落后的各民族人民描绘成似乎是由体质上、道德上和智力上都不发达的人们组成的。② 由此看来,所谓斯宾塞的

---

① 《马克思恩格斯全集》第22卷,人民出版社2004年版,第252、253—254、257页。

② [英]斯宾塞:《社会学基础》第1卷,圣彼得堡1876年版,第5、42—103页等,转引自[俄]托卡列夫《外国民族学史》,汤正方译,中国社会科学出版社1983年版。

进化论，其实是种族主义和大国殖民沙文主义的孪生兄弟。

斯宾塞特别注意宗教信仰的产生和发展问题，并且同泰勒一道力求论证万物有灵论（虽然还没有使用"万物有灵论"一词）。他从原始的灵魂思想——笃信灵魂在死后的存在和崇拜死者出发，描绘出全部宗教。斯宾塞的这种理论，比泰勒更为直率、片面和简单化。

作为英国的一位伟大思想家，斯宾塞的理论曾对其他国家的知识界产生过巨大的影响。但是，斯宾塞的著作对民族学本身并没有产生过特别显著的影响。即使在个别问题上（如宗教起源），赞成他观点的民族学家，往往也不引用他的言论。[①] 由于民族学与社会学的界限很难划分，故一般也认为斯宾塞是一位民族学家，但说他是一位社会学家和哲学家更为确切。

除《社会学基础》外，斯宾塞的著作还有《社会学研究》（1873）、《社会静力学》（1850）和《叙述社会学》三种。

第三，爱德华·伯纳特·泰勒（1832—1917），是英国人类学的奠基人，英国文化史和民族学进化论派的创始人。他出生于英国伦敦富有家庭，早年就学于托特纳姆教友会学校园林书院。1865 年，随英国热心研究史前时期的 H. 克里斯蒂到墨西哥旅行，写出《阿纳霍克，或墨西哥与墨西哥人》（1861）一书。其主要著作还有《人类早期史研究》（1865）、《原始文化》（1871）和《人类学》（1881）。

泰勒的进化理论可分为三阶段：即蒙昧、野蛮和文明。19 世纪后半期，泰勒建立了一套文化进化的序列，他通过搜集欧洲政府官员、传教士和旅行家记录的大量资料，分析全世界数百个不同社会的情况，最后得出了一个结论：即人类社会的进化与人类体质的进化相似，经历了一个由简单到复杂的过程。他抽出一些文化因素来排列——如居住方式、宗教信仰等，并且相信这些因素进化的步骤都是和整个社会的步骤相一致的，即经历过了蒙昧、野蛮和文明三个阶段。

泰勒的研究及著作，对后世影响较大的有以下几点。

其一，泰勒的万物有灵论。在各种范畴的文化现象中，泰勒注意的主要是精神文化，首先是宗教信仰的发展。他创建了宗教起源的万物有灵论，这使他在科学界极为著名。泰勒用"万物有灵"一词来表示"对宗

---

① 转引自［俄］托卡列夫《外国民族学史》，汤正方译，中国社会科学出版社 1983 年版。

教本质的信仰"。他还以独特的努力，在"文化"体系中成功地塑造了
"语言""神话""宗教""巫术"等概念。

其二，泰勒的文化残存说。为了确定各种文化现象之间相互的历史联
系，泰勒广泛地运用了另一种科学方法，即所谓残存法。他认为，"残
存"是"这样一些礼仪、习俗、观点等，它们既由于习惯以它们所属的
一个文化阶段移植到另外一个较晚的文化阶段，同时又是过去的活的见证
和纪念碑"。① 对于这些旧有文化，我们说并非一成不变地保留下来，虽
然从形式来看，也许无多大变化，但其性质和功能却是随着社会的发展而
变化的，这些无疑是民族学研究的重要内容。

其三，泰勒提倡文化科学。他指出："在最广泛的民族志意义上，文
化或文明是指包括知识、信仰、艺术、道德、法律、习惯以及社会成员的
其他能力和习惯等的总体性的复合物。在人类各种社会中存在的文化条
件，如果以普遍原理作为基础而进行探讨，研究的主体就是人们思考和行
动的法则。另一方面，普及较广的文明之单一性一般也在于具有单一原因
的单一的行为。也许，文明的各个程度被看作是发展或进化的一定阶段。
换言之，它们的各个阶段既是过去历史的结果，也是起构造未来历史的固
有作用的。"泰勒从进化论立场出发，提倡文化科学。其还以丰富的民族
志资料，运用文化比较作为其文化研究的基础。

其四，泰勒主张使用统计研究法。1888 年，他在《论研究制度发展
的方法》一文中试图运用另一种方法，即对几种不同习俗分布的吻合点
进行统计的方法，以确定它们之间的内部联系。在民族学调查上，泰勒是
最先主张使用统计法的。

由上可见，泰勒的进步之处在于：他并不将当代人类社会的差异归之
于种族的原因，他提出了人类"心性的一致性"观点，认为全世界人类
的心性和智力大致都是相同的。但是，他的研究也存在一些缺憾：过于偏
重人类心理方面的研究，从而忽视了人类社会和个人心理之间的本质差
别。他"把发展看作成减少和增加"，却始终没有摆脱纯粹数量的简单公
式化的理论。

第四，弗格森（1723—1816），是英国文化进化论学派的一位先驱，
主要著作有《市民社会史》 （1767）和《道德与政治科学的原理》

---

① ［英］泰勒：《原始文化》，连树声译，上海文艺出版社 1992 年版，第 6—7 页。

（1790）。他主张用进化的观点来观察现实社会，从各个不同角度，多方面地进行研究，重视社会现象之间的相互作用。他提倡民族学的比较法。他认为文化是人类社会的产物，也是人类的特征，动物是没有文化的。所以，他反对把人类社会和动物社会做比较研究。

第五，赫胥黎（1825—1895），是英国一位伟大的自然科学家、医生兼体质人类学家，还是进化学说的积极倡导者。主要著作有《就动物学的证据，论人类在自然界的位置》（1863）、《进化和道德》（1893）。赫胥黎同达尔文一起为进化论的创立、传播奋斗过。1863年，赫胥黎根据研究、对比人和猿猴身体构造的大量比较解剖学的材料，作出了"人猿同祖"的科学论断，有力地支持了达尔文关于人类起源于猿猴的思想，并用科学研究成果给当时宗教界和反动学者以回击，捍卫了达尔文主义。

第六，卢伯克（1834—1913），是英国著名的民族学家、考古学家。主要著作有《史前时期》（1865）、《文明的开端》（1870）。在进化论学派经典作家中占有显著地位。其主要观点如下：

其一，他认为民族学和考古学这两门科学，是建立人类文化史特别是其早期阶段史的工具。为此，他提倡运用自然科学方法，尤其是地质学方法来研究民族。

其二，他是把资料分类的准确方法运用于考古学并加以分期的创造者之一。他提议将石器时代分为旧石器时代和新石器时代。

其三，在民族学研究中他非常重视婚姻和家庭问题。他认为婚姻生活是由最早的"公共婚"发展为个体婚的，外婚制的习俗也是由此发展起来的。

其四，他注意研究宗教信仰形式的发展问题。他认为许多落后的民族至今仍无任何宗教。

第七，弗雷泽（1854—1941），是英国人类学家、民俗学家，他曾在英国利物浦大学担任社会人类学讲座的教授。他首次使用"社会人类学"一词，此后，英国各大学也将民族学课程叫作"社会人类学"。从此"社会人类学"便成为英国民族学的代名称。

弗雷泽的治学方法深受泰勒的影响，曾对宗教信仰仪式和社会风俗制度进行过广泛的比较研究，并收集了空前丰富的资料。其毕生巨著《金枝》在1890—1915年共出版12卷，1936年另又出版补遗1卷。书中阐明宗教和巫术的起源、进化过程以及两者之间的区别，并论述宗教信仰和仪式与社会政治组织以及各种制度之间的关系，该书被誉为民俗学和原始宗教学的宝库。他所认为的宗教仪式和社会政治组织以及其他各种制度同有密切联系的观点，对今日人类学界仍有很大影响。其主要著作还有：《图腾崇拜和外婚制》（1910）、《不朽信仰和死着崇拜》（1913）、《旧约中的民间传说》（1918）、《自然崇拜》（1926）、《原始宗教中对死的恐怖》（1936）、《澳大利亚的土著种族》（1939）。

除了上述 7 位主要代表人物外，称得上是文化进化论学派代表人物的还有哈登（1855—1940），他是英国生物学家、民族学家，著有《人的研究》（1898）、《民族学实际价值》（1921）、《剑桥大学赴托雷斯海峡人类学考察队的报告》等。哈登的最大贡献是领导剑桥大学去托雷斯海峡进行人类学考查，为英国民族学发展奠定了基础。他特别重视物质文化，尤其是对生产技术的研究。马雷（1866—1945），他是泰勒在牛津大学人类学讲座的继承人，主要从事原始宗教的研究，著有《宗教的起源》（1909）、《人类学》（1912）等书。他曾提出"前万物有灵论"，认为泰勒的"万物有灵论"属于较晚的宗教发展阶段。

三   古典进化论学派之评价

古典进化论学派的形成亦即开创了民族学之先河，它在民族学界具有不可磨灭的重要地位。

就文化进化论学派的代表们而言，虽然他们涉猎的范围有很大区别，在学术研究本身中也有相当的不同，但他们却有共同的灵感，就是确信各自的科学对文化或社会发展的必要性，并认为完全可以发现这种科学。这种信念来自一种乐观主义，它认为科学方法是万能的，并适用于广泛的领域。因此，这一学派当时又被称为"乐观的进步论"或"进步的进化论。"

尽管如此，在历史的长河中不能过高地评价文化进化论的功绩。

第一，围绕着文化与社会发展的历史方向，不能否定以后将获得更加正确的知识。第二，从古典进化论开始，欧洲确认了自己在自然中的位置。处在欧洲文化的中心而敢于承认近代欧洲的习惯和制度根源于野蛮文化，这也只有进步的文化进化论者才能做到。

第二节 英国民族学的传播学派

一 形成背景

"文化传播"这一论题，从 19 世纪末到 20 世纪中叶屡被提及并时常引起研究者的热烈争论。人们对这一问题的最初认识和讨论，则可以追溯到 16 世纪美洲新大陆被发现之时。当时讨论的问题是：欧洲人在新大陆所接触的文化是独立产生的呢，还是源于旧大陆的影响？有一种假设，把这些文化解释为传播的产物。自人类学被作为一门独立的学科确立起来后，这一问题就变得更为重要了。历史证明，不仅仅是在新大陆，即使是在欧亚诸民族迁移过程中，同样也留下了文化传播的痕迹。

虽然，在 19 世纪的人类学者中已经有人逐渐意识到文化传播的存在，但是占主导地位的仍是文化进化论者。他们将人类精神的同一性作为前提，认为无论哪一个民族都经历了基本相同的道路——由简单文化向复杂文化逐渐发展的道路。尽管他们承认，在发展的进程中有一些文化衰亡了，但在原则上，无论哪种文化，其发展方向都是单向并且是直线的。因此，各民族之间都会出现类似的文化现象。这种类似的文化现象，并不是文化传播的结果，而只是文化在平行发展的基础上达到同一水平的征兆。此说从理论上看似乎顺理成章，甚至颇为合理，但它是基于一种先验性观念的推论，因此是缺乏说服力的。人类学家泰勒在其晚年的研究中可能意识到了这一缺陷，他借助统计学的方法，调查了某些文化现象中独具的相互关系，通过对世界各地的资料的分析，注意到诸如婚后居住规则和亲属间忌避之类的习惯存在于独特的相互关系中，即发现一定的居住规则和一定的忌避习惯有联系的倾向。由此，泰勒判断两种现象之间必然有一定的内在关系，同时他认为这种内在关系可能是由黏附产生的，如进一步比较这种现象就能揭示其发展方向。1889 年，泰勒在英国皇家人类研究所的会议上公布了这一研究成果。

从 19 世纪末到 20 世纪初，传播学派的形成和创立实际上是伴随着当时资产阶级民族学研究方法论危机而产生的。"传播"取之于物理学：比如气体的扩散、液体的漫流。当它被应用于人类文化领域，就意味着文化现象通过各民族之间的联系而传布——商业、掠夺、人们的迁徙等的传播。文化传播现象，在民族学中是尽人皆知的，其现实性不引起任何争论。但传播学派作为一种科学流派，就是承认传播是历史过程的主要内容。传播主义者力图把全部人类史归结为文化联系、冲突、借用、转移的现象，由此，传播学派便成为 19 世纪末 20 世纪初西方民族学界中第一个反对进化论的学派。它用文化传播的概念，即文化现象的空间转移概念来取消和代替进化概念和历史进程概念本身。

传播学派最早形成于德国，其创始人为德国民族学家弗里茨·格雷布纳（1887—1934）。虽然格雷布纳批评泰勒的进化论学说，但肯定了泰勒的黏附方法的基本原理。他指出：如果把这一方法应用于研讨文化的地理分布问题，将会事半功倍。这种新的研究方法应运而生。柏林皇家民族学博物馆创始人，首任馆长阿道夫·巴斯典（1825—1905），遍游世界，在实地考察并对文化现象作了研究后，承认人类精神的同一性，并将人类共同的基本观念称为"原质观念"。他的"原质观念"开始把各民族的各自的生活条件（地理环境）包含在内，使泰勒的理论变得更加具体了。

"地理领域"对引出"民族观念"无疑起了重大作用，它引起人文地理学家们的高度重视。他们认为：文化要素是伴随着民族迁移而扩散开的，这种被分割开来的文化要素具有历史上的联系。所以，文化要素的形态本身就对发现各种文化要素在历史上的联系提供了重要的线索。在 1904 年深秋召开的柏林人类学、民族学、先史学协会会议上，格雷布纳和其校友安卡曼（1859—1948）分别就大洋洲和非洲的文化圈及文化层发表了论文，他们的研究开了文化圈研究的先河。

格雷布纳和安卡曼都在柏林民族博物馆工作。他们以那里所收藏的丰富资料为基础，开始研究文化圈即地理空间的文化要素的独特复合。其目的是通过精密的分析工作证实文化要素之间的联系，并最终搞清历史关系，他们试图以此反对先验进化主义，提出忠实于客观事实的实证性方法。其目的是弄清文化扩散所取的方向。在这一点上，研究者们的观点并无重大分歧，但在应该采用何种方法论的问题上，却出现了民族主义倾向。其中最有名的是英国学派、德国—奥地利学派，在北美学者中间，亦具有另一种意义的民族主义色彩，对印第安人的调查经验使他们的研究别具特色，这就是美国学派。

二　代表人物

英国传播学派又称英国播化学派或历史学派。传播论主要形成于德国，英国却发展成为极端传播学派发源地，其主要代表人物有里弗斯、埃利奥特·史密斯、佩里等人。他们认为全世界的文明均起源于埃及。在那里，由于农业的起源刺激了其他一切文化的发展，其中包括艺术、法律、宗教、政府组织等上层建筑，以及陶器、纺织、车轮等物质文化，之后再通过埃及人的航海而将这些文化因素传播到远方。

里弗斯（1864—1922），原是一位心理学家，专攻神经病理学，是英国文化进化论学派主要代表人物。1898 年，艾尔弗雷德·哈登邀请他参加"剑桥考察队"前往托里斯海峡诸岛，负责研究土著心理学方面的问题。他由此对民族学发生了兴趣。此后（1905），他研究了印度南部的托达部落，并写出《托达人》（1906）一书，另有载于《社会学评论》第三卷的《民族学调查的谱系学方法》。1908 年，他完成了美拉尼西亚诸岛之行，在那里专门研究了岛上人的婚姻家庭关系和亲属称谓。在《亲属组织和社会组织》一书中，他继承摩尔根进化路线，深刻分析各种类型的亲属称谓，说明了这些亲属称谓同家庭、同婚姻形式、同亲属的相互关系的联系。

1914 年，里弗斯出版了又一部两卷本著作《美拉尼西亚社会史》，这部著作是里弗斯观点转折的标志。在写这本书时，他认识到了进化主义方法的不足，开始转到了传播主义立场。

里弗斯新的传播主义观点就在于：在大洋洲，可以看到大约来自印度尼西亚的几次相互交替的迁入浪潮，在居民文化的各个组成部分呈现了这些浪潮的痕迹——例如，两次最晚的迁徙浪潮。他根据每次浪潮典型的麻醉剂品种，分别称之为"卡威族"和"枸酱族"。在每一个移民集团的头上，里弗斯都加上了认为是他们带到大洋洲的一定的文化因素。在"卡威族"和"枸酱族"到来之前，生活在大洋洲的居民以双重外婚制组织为特点，因而里弗斯称这些以前的居民为"两合族"。"卡威族"的迁移带来了图腾崇拜，死者崇拜，太阳和月亮崇拜，个体婚，弓和剑，一定的房屋形式，饲养猪、狗、鸡等。尽管里弗斯的理论力图摆脱纯粹公式化的传播主义的片面性，但他所描绘的大洋洲移居史的图景，却完全是由他杜撰的。

里弗斯的主要学术贡献在于他最早提倡"谱系调查方法"。它至今仍是民族学和社会学的重要调查方法之一。他认为：亲属称谓，同社会组织形式，特别是同婚姻形式有密切关系，可用于对婚姻制度的研究。

　　传播主义在英国发展成为"极端传播主义"或"泛埃及主义"，它的代表人物有两位：埃利奥特·史密斯和佩里。他们著作的观点和方向彼此接近，只承认一个将文明传播到全世界的世界文明中心，这就是埃及。

　　埃利奥特·史密斯（1871—1937），是解剖学家、考古学家、人类学家，他出生于澳大利亚，基本专业是解剖学。1909年，他来到英国之后，曾先后在曼彻斯特大学和伦敦大学讲课。他对古代埃及文化，尤其是对安葬仪式和木乃伊制作艺术，非常感兴趣。1911年，他的《古埃及人》一书问世；1912年，出版画册《帝王木乃伊》；1915年，出版《早期文化的移动》，在这本书中他第一次陈述了自己的观点；在《人类史》（1930）则作了最完整的阐述；1933年著有《文化的传播》。

　　史密斯的主要学术观是：古代埃及文明是世界上最古老的文明，而世界其他各地的古代文明全起源于埃及，由埃及传播而来。他还认为，创造文明不是逐渐发展的，而是英雄人物灵机一动的结果，同时，并非每个民族都具有创造文明的内在冲动。而文明的起源是一致的，一经创造之后就只有传播的功能，不能再有同样的创造。他认为，古代埃及文明的传播开始于由古埃及人首先发明的出海的船舶，有了出海的船舶，就有了传播文明的工具。船舶航行到哪个地方就把文明传播到哪个地方。史密斯把从埃及传播于全世界的这种高度文明称为"太阳文明"——由崇拜太阳和建筑史前巨石等文化特征而得名。

　　威廉·詹姆斯·佩里（？—1949），是史密斯理论的直接继承者，他给"泛埃及主义"理论赋予了更完备的内容和更荒谬的形式。佩里最有名的著作是《太阳之子》（1923），还有《印度尼西亚的史前巨石文化》（1918）。

　　按照佩里的意见，人类文化史可以明显地分为两层：一是最初的、原始的"食物采集"文化，这种文化在某个时候曾遍布世界各地，今天在少数最落后的各民族人民中仍然保持着；二是以农业、复杂的石头建筑技术、金属加工等为基础的高级文化。对古埃及的这种高级文化，佩里称它为"古代"文化。这种"古代"文化的代表是，到处寻找贵重金属和其他珍宝并在寻求中不断发现新的国家的人们。他把埃及比作"太阳之子"，从"太阳之子"与野蛮的土著居民——食物采集者的混合中，产生了各种文化，这些文化随着远离原始中心的距离，逐渐变得越来越贫乏。这也是今天地球上存在形形色色文化的原因。佩里同其他传播者一样，甚至以更为极端的形式坚持其观点：即任何文化的提高，不能经过独立发展，只能通过吸收某人从高级文化中带来的东西来得以发展。

传播主义在"泛埃及主义"理论中走到了顶点，达到荒谬的地步。但是，史密斯、佩里这些辛勤且有才华的学者，在人类学研究领域仍然做了些益事：他们的著作重新唤起了人们对新、旧大陆高级文化中某些显著的共同点和类似现象的重视。继史密斯之后，人们对这一问题的研究感觉到了更大的迫切性。

第三节　英国民族学的功能主义学派

一　形成背景

20世纪20年代初，英国人类学界出现了一个西方民族学派别中规模最大、影响最广、持续时间最长的学派——功能主义学派。1922年，英国人类学家马林诺夫斯基和拉德克利夫—布朗分别发表实地调查专刊《西太平洋的探险队》和《安达曼岛人》，最早把功能主义思想贯彻到民族学著作上，人们因而将发表两篇专刊的这一年作为功能主义学派创立的年代。其后，马林诺夫斯基和拉德克利夫—布朗又在其论文和著作中进一步发展了功能主义理论。但是，功能主义学派并非完全由于马林诺夫斯基和拉德克利夫—布朗同年发表调查专刊而偶然产生，它主要是当时英国的历史背景和学术传统的产物。

众所周知，自从资产阶级民主革命和工业革命后，英国逐渐强大起来。资产阶级为了寻求原料和市场，开始向外扩张。在第一次世界大战前夕，英国的殖民地相当于英国本土的100多倍，受它控制的人口近4亿人。在亚洲、非洲、拉丁美洲、大洋洲等地，几乎到处都有英国的殖民地。殖民主义者的统治，激起了各殖民地人民的反抗。第一次世界大战以后，英国在全世界的殖民地受到了民族主义浪潮的剧烈冲击，开始摇摇欲坠。因此，英国政府需要寻找一种新的方式来加强自己的统治，于是便给英国的人类学家们提出了任务，希望他们能弄清殖民地土著居民的社会状况，并进而找到维持其殖民统治的办法。这就是功能主义学派产生的历史背景。

当然，一个新的理论学派的产生还必须具有各种思想条件，主要有以下三点：

第一，西方的实地调查研究的发展。早在 19 世纪中叶以前，欧美各国就已积累了不少关于世界各地土著居民的记述材料。这些材料大部分是由传教士、殖民官员、商人、探险家、旅行家等人撰写的。尽管这些材料还不是民族学的调查报告，但是，这些材料的积累过程毕竟还是为后来的专业民族学调查提供了经验，并且打下了一定的基础。到 19 世纪后期，开始有一些专业的民族学者进行实地调查。到 20 世纪初，实地调查之风更加盛行，开始出现了一些由受过训练的观察家们组成的科学探险队，并从事专门的实地调查。功能主义的方法论也就是在这种专业调查的基础上发展起来的。功能主义学派的两位创始人马林诺夫斯基和拉德克利夫—布朗，都曾参加过这样的科学探险队，并在此基础上写出了他们早期的调查论文。不过，他们把考察与理论上的分析研究结合起来，从而能深一层地认识土著居民的文化面貌。这也是功能主义方法论的一个特点。这种方法直到现在还为英、美各国的许多人类学家所沿用。

第二，民族学与社会学上的文化比较法的盛行。19 世纪末和 20 世纪初，在欧美民族学和社会学中涌现出了不少学派，其中很多学派都使用了文化比较法。如法国的社会学年刊学派、德国韦伯兄弟的文化社会学派，其中以法国的社会学年刊学派影响最大。当时，拉德克利夫—布朗就在其影响下，接受了文化比较法，但也作了些改造。

第三，功能主义思想在欧美的萌芽。自 19 世纪后半叶达尔文的《进化论》问世之后，在欧美思想界引发了一些新的动向。在这之前，人们比较注重对静的组织和不变的形式进行研究，而在这之后，则比较注重对动的模式和冲突过程的研究，从侧重强调事物的"结构"转而侧重强调事物的"功能"。在当时的生物学、心理学、哲学和社会学界都隐隐约约地蕴藏着这种功能主义的思想，但是还没有形成系统的理论。这个任务落到了马林诺夫斯基和拉德克利夫—布朗身上。于是，他们集半个多世纪以来功能主义思想之大成，把功能主义作为社会人类学的理论方法提了出来。

可见，功能主义学派的社会人类学的产生绝非偶然，它是当时的历史条件和学术条件以及马林诺夫斯基和拉德克利夫—布朗个人条件的共同产物。

功能主义学派对文化进化伦学派、历史学派和传播学派都持反对态度。马林诺夫斯基和拉德克利夫—布朗的功能主义理论直接地或间接地为推行英国政府的殖民政策做了许多工作，因而得到官方的支持。从这方面讲，功能主义学派对于英国殖民政府来说的确是很有用处的。

二　代表人物

第一，布罗尼斯拉夫·马林诺夫斯基（1884—1942），是研究社会结构的英国人类学家，是功能主义学派创始人之一。他生于波兰，卒于美国。1914年，他跟随到新几内亚和美拉尼西亚去的蒙德人类学考察队进行实地调查。1915年，去西太平洋的特罗布里恩群岛作民族调查，原打算停留1年，但由于第一次世界大战，他被迫在那里停留了3年。在那里，马林诺夫斯基学会了当地人民的语言，浸润在当地文化之中，记载了土著文化的各种细节，如每日的生活程序、他们的友谊和抱负、他们感到喜悦或感到恐惧以至在不同的情况下发出的不同的声调。战争结束后，他回到英国，从1921年起，依据这些资料，发表了一系列著作，提出了"功能主义"的理论。

1924年，马林诺夫斯基任伦敦大学社会人类学讲师。1927年，任伦敦经济政治学院教授。从此，他先后任波兰、意大利、荷兰科学院院士，1936年获新西兰皇家学会的荣誉会员和美国哈佛大学荣誉科学博士学位。1939年在美国耶鲁大学任教，直到逝世。他去世后，美国人类学界、民族学界专门设立了以他的名字命名的"马林诺夫斯基奖"。

马林诺夫斯基的主要著作有：《澳大利亚土著家族》（1913）、《西太平洋的探险队》（1922）、《野蛮社会的犯罪和习俗》（1926）、《西北美拉尼西亚的野蛮人性生活》（1929）、《巫术、科学与宗教》（1925）、《原始心理的论》（1926）、《科学的文化理论》（1944年，中译本为《文化论》）、《文化变迁的动力》（1945）、《自由和文明》（1944）等。

马林诺夫斯基功能主义理论主要是：

其一，主要原理和需要理论。马林诺夫斯基认为，社会中每一个文化要素都有特定的功能，它产生的目的就在于满足该社会的某种需求。他将人类的需求分为三种基本类型：即生物的需求（如对食物的需求或性的欲求）、作为手段的需求（如对教育或法律的需要）和整合的需求（如人们需要一种"世界观"以促进彼此之间的交往）。为了满足每一类这种基本需求，人们就相应地创造了不同的制度或固定的行为模式，如社会组织、法律、礼节、家庭关系等，以及亲属制、婚姻、巫术等文化现象。在

《文化论》一书中，他解释了功能的概念："我们所谓功能，就是一物质器具在一社会制度中所有的作用，及一风俗和物质设备所有的相关，它使我们得到更明确而深刻的认识。观念、风俗、法律决定了物质设备，而物质设备却又是每一代新人物养成这种社会传统形式的主要仪器。"① 他认为，物质器具和社会思想只有在具有满足人类的生物需要和社会需要时，才能存留和传播，若失去了这种功能，便会在历史上消失。他还认为，尽管人类的基本需求相同，但满足这种需求的方式却并不相同，亦即文化的构成不同。这就是人类社会呈现千差万异区别的原因。

其二，反对"残余"和"吸取"的理论。他对文化进化论学派创始人泰勒提出的"残余"观点进行了尖锐的批评。他认为，"残余"概念本身，给科学带来了巨大危害；研究者不去努力了解所研究现象的现实的、活生生的功能，而是到处寻找"残余"，并且一经得手，就完全心满意足了。其实，根本不存在任何"残余"，只有失去了旧功能、获得了新功能的文化观象。

马林诺夫斯基对于传播学派及其主要概念"文化吸取特征"亦进行了尖锐的批评。他认为，传播论者的根本错误在于，他们把文化看作是一堆僵死的事物，而不是活生生的、有机的整体。马林诺夫斯基曾把格雷布纳的传播主义称之为"头等低能"和"幼稚的文化分析"。

其三，他反对历史主义。马林诺夫斯基在批评过去的民族学流派时，对人类社会及其文化的一般历史观点予以拒绝。公开地反对历史主义是马林诺夫斯基全部科学观最薄弱的方面。

马林诺夫斯基将历史主义排除出自己的理论之后，试图对文化现象作出似乎静止的解释。他以"工具至上""一体化至上""功能分析"和"制度分析"等，给人们造成一种"需要理论"的印象，当然，他的需要理论是出于每一个社会（或者"文化"）是一个统一的和不可分割的整体的思想，因而每种"文化"必须作为一个整体来研究，又不能忘记整体的每一个因素所完成的"功能"。

其四，功能主义的思想来源是马林诺夫斯基功能主义最直接的思想根源，可以认为有两个：一是哈登和里弗斯的"剑桥学派"，这个学派企图把田野研究和室内研究结合起来，并在严格的科学水准上进行田野研究；

①　［波］马林诺夫斯基：《文化论》，费孝通译，商务印书馆1944年版，第41页。

二是法国迪尔凯姆的社会学派，这个学派宣布了每个社会共同体的"社会"的完整性，并从中推论出人的生活和意识的一切方面。当然，应当看到，弗洛伊德的心理分析法对马林诺夫斯基的理论也产生过一定影响。

第二，拉德克利夫—布朗（1881—1955），是功能主义学派的第二个奠基人，英国伯明翰人。他曾在剑桥大学学习，是里弗斯的学生，掌握了许多"剑桥学派"的方法论原则，也受到了迪尔凯姆社会学派的影响，还受到过俄国侨民革命者和学者彼得·克鲁鲍特金思想影响。拉德克利夫—布朗的学术观点在许多方面虽与马林诺夫斯基观点接近，但仍有其独特之处。

拉德克利夫—布朗一生在南非、澳大利亚、美国、英国、埃及等世界各国大学讲授民族学、人类学和社会人类学课程。他反复地进行了民族学的田野研究——在澳大利亚西北部、安达曼群岛、非洲和波利尼西亚。田野研究和室内研究的紧密联系，是拉德克利夫—布朗科学方法的基石。他的主要著作有：《安达曼岛人》（1922）、《澳洲诸部落的社会组织》（1931）、《民族学方法和社会人类学》（1923）、《文化的历史解释和功能解释》（1929）、《人类学研究的目前状况》（1931）、《社会人类学方法》（1958）。

与马林诺夫斯基相比，拉德克利夫—布朗对于功能概念的解释是一致的。他在《人类学研究的新主张》一文中说："所谓制度的功能，就是指本在社会整合的整个体系内算一部分的它占了什么地位。在用'社会整合'这个名词的时候，我假定整个文化的功能是要联合每个人类，使它成为大致巩固的结构，也就是巩固的团体体系，能以决定及节制个人间的相互关系；并对物质环境给以'外界适应'和对个人或团体间给以'内部适应'，而使有秩序的社会生活成为可能。我相信这个假定是任何客观的文化研究或科学的人类社会研究所必不可少的一个初步公准。"①

拉德克利夫—布朗与马林诺夫斯基不同之处在于：拉德克利夫—布朗认为这些功能的主要目的并非满足其成员的需求，而是维持已有的社会结构，即社会上存在的信仰、风俗、组织诸模式。为了强调他对于社会结构的重视，也为了显示其理论与马林诺夫斯基的区别，拉德克利夫—布朗的

① 转引自吴文藻《功能派社会人类学的由来与现状》，《民族学研究集刊》1936 年第 1 期，第 128 页。

理论被学者称为"结构功能主义"。拉德克利夫—布朗借用了法国社会学家迪尔凯姆的观点,认为社会的意义并非个人的总和所能概括。社会有其内部的信仰和实践的结构,此种结构是被一种规范所制约的,而这种规范也决定着每一个成员的行为。根据拉德克利夫—布朗的意见,人类学家的任务并非考察社会成员的个人行为,而是通过这些行为去发现驾驭它们的社会结构。要做到这一点,关键在于发现社会规范。

当马林诺夫斯基集中注意力于社会结构和行为,将之作为社会的主要组织原则时,拉德克利夫—布朗则致力于发现隐蔽于行为之下的规范。根据他的意见,一个社会中每一项社会关系——成人与孩子、男人与女人、丈夫和妻子、公公和媳妇、富人和穷人——均是由这种规范所决定的,规范的目的在于用这些社会关系去制约人们,使其在彼此发生关系时尽量减少冲突。

由于社会规范能减少社会关系中的冲突,所以它最重要的功能就是巩固和加强社会结构。拉德克利夫—布朗将社会看成是一种有生命的组织、一种由不同部分组合起来的有高度秩序的系统,每一部分均为维持整体的存在而起作用。为了社会的各部分——习俗、信仰、行为、社会关系——协调地工作,规范提供了一种稳固的因素,拉德克利夫—布朗称之为每一社会"存在的必需条件"。

拉德克利夫—布朗认为,不同的社会之间之所以产生差异,原因在于各个社会均是用不同的方式来发展自己的结构,用不同的特点来安排社会的各部分。所以,只要人类学家能发现各类社会的结构,最终就足以建立起一套广泛的社会人类学。

第三,利奇(1910—?),是英国功能主义学派的发展者、人类学家。他早年曾在剑桥大学学习工程学和数学,后随马林诺夫斯基和弗思等学习,但深受法国结构主义学派创始人列维—斯特劳斯的影响,并对拉德克利夫—布朗的结构功能理论加以发展和修正,于20世纪50年代末60年代初形成新结构主义学派。这一学派的代表人物除利奇本人外,还有尼德海姆和玛丽·道格拉斯。利奇曾于1940—1945年到缅甸克钦地区调查,于1954年发表博士学位论文《缅甸高地的政治制度》,其他著作有《普尔埃利亚:一个锡兰的村庄》(1961)、《列维—斯特劳斯》(1973)。

利奇的新结构主义学说是处于英国功能主义学派与法国结构学派二者之间的产物。他既采用拉德克利夫—布朗社会划分的概念,但又摆脱了拉德克利夫—布朗的经验主义归纳比较法而赞同列维—斯特劳斯的结构分析法。利奇新结构主义的学术思想，其实就是他说的如下论述："人们模仿自然界来制造人工产品，这种产品就是自然界事物的模式。同样，人类学家也可以模仿他所认识的文化产品建立起模式，然后用这种模式去解释社会。"

三　功能主义学派的变化

功能主义学派自 1922 年形成以来，已有 90 年的历史，在机构队伍和学术思想上都发生了一些变化。在队伍方面形成了三代人：马林诺夫斯基、拉德克利夫—布朗以及他们在 20 世纪 20 年代、30 年代培养出来的部分学生，为第一代人；第二次世界大战后进入人类学专业的领导人，也就是马林诺夫斯基和拉德克利夫—布朗在 20 世纪 20 年代和 30 年代训练出来的另一部分学生，为第二代人；1963 年前后进入人类学专业的，为第三代人。在机构方面形成了 6 个主要教学和科研中心，即伦敦经济政治学院人类学系（马林诺夫斯基的主要基地）、伦敦大学附属学院的本科人类学系、东方和非洲研究学院的社会人类学系、牛津大学的社会人类学系（拉德克利夫—布朗的主要基地）、剑桥大学社会人类学系、曼彻斯特大学人类学系。

伦敦经济政治学院人类学系曾是马林诺夫斯基和他的学生们进行教学和研究工作的主要基地。该学院训练出来的人类学家最多。如第二次世界大战后出名的人类学家、曾任皇家人类学研究院副院长的利奇，在 20 世纪 30 年代初就曾在该院受过训练。该系原由马林诺夫斯基领导，1938 年马林诺夫斯基去美国后，就由他最忠实的追随者弗思主持工作。1944 年弗思正式接替了马林诺夫斯基于 1942 年死后空下来的职位。弗思，可以说是英国较正统的马林诺夫斯基主义者。当拉德克利夫—布朗的影响超过马林诺夫斯基时，弗思及其在该系的助手们力图想复兴马林诺夫斯基的声誉。为此，1957 年，他专门出版了一本题为《人和文化》的宣传马林诺夫斯基作用的论文集，以扩大马林诺夫斯基的影响，但作用不大。该系的实力比较雄厚，一些在第二次世界大战后出名的第二代人类学家都曾在该学院工作过，如理查兹、纳迪尔、利奇等。弗思主要研究个人对政治制度的操纵、经济选择的原因和亲属制度中祈愿的地位等。他和他的学生调查的地区从马来亚地区直到大洋洲。1972 年弗思退休，下一辈中尚未产生有代表性的杰出人物。

伦敦大学附属学院的本科人类学系实际上是福特于 1945 年进入该学院后着手建立的。福特曾跟美国人类学家克娄伯和罗维一起工作过。他的兴趣很广泛，不仅对社会人类学有兴趣，而且对人类生态学、考古学和生物学等都很感兴趣，因此，他着手建立的人类学系也是一个比较全面地进行人类学教育的系。他的学术观点与正统的功能人类学保持了最近的关系。他指导学生进行调查的地区是他过去曾去过的西非。但该学院最成功的毕业生却主要致力于政治发展问题的研究。福特还曾兼任国际非洲研究所所长。

海门道夫主持的东方和非洲研究学校的社会人类学系，比较偏重于对亚洲民族志的教学，是当时英国唯一的把主要兴趣放在对印度进行研究的大学。海门道夫本是英国主要的人类学系中唯一的文化人类学家。该校还对语言学的作用进行研究。在理论上，该校尚未形成独特的学派，在英国的影响也比较小。

牛津大学的社会人类学系有着与伦敦经济学院不相上下的影响。该系原是拉德克利夫—布朗及其学生们进行教学和研究的主要基地。1946 年，拉德克利夫—布朗退休后，由伊万斯—普里查德接任领导职务。伊万斯—普里查德本来是跟从拉德克利夫—布朗的学术观点的，但是在他就职后不久，却发表了一个"造反"声明，背叛了拉德克利夫—布朗的学术观点。这主要表现在对历史主义的态度上。拉德克利夫—布朗一贯是反对历史主义的，他认为对人类文化应强调它的功能，而不是去测度它的历史。而伊万斯—普里查德却认为，对文化进行历史的观察和分析也是必要的。由于伊万斯—普里查德周围的几个同事都是天主教徒，所以他也受到了天主教的影响，他本人也皈依了天主教。不但如此，就连他的学生进入该系后也得举行加入天主教的洗礼仪式。因而，实际上，他已不是传统的功能主义学派了。他们的调查地区主要是苏丹、中东和信奉天主教的欧洲国家。

剑桥大学社会人类学系原是一个人类学教学力量很薄弱的系。1950 年，福蒂斯接任领导职务，他作了很大的努力才改变了薄弱状况。他曾邀请了拉德克利夫—布朗等当时比较著名的人类学家做访问教授，他本人也是拉德克利夫—布朗的结构分析法的继承者。1949 年，他出版了《社会结构：献给 A. R. 拉德克利夫—布朗的研究论文集》，以宣传拉德克利夫—布朗的思想。他指导学生调查的地区也主要是非洲。对亲属关系的研究是该校在现代人类学研究中的特色。1953 年，他又把利奇请去做高级讲师（后提升为教授）。利奇在该校逐渐形成了新的理论主张，这就使得剑桥大学的社会人类学系形成了两个不同思想路线的理论派别。

曼彻斯特大学社会人类学系是格洛克曼于 1949 年来到该校后建立的。成员大多数是他在非洲罗得西亚办学时的校友。格洛克曼在 20 世纪 30 年代时也曾参加过马林诺夫斯基的研究班，但是，后来他没有沿着马林诺夫斯基的路线走下去，而是独自树立了一面旗帜。该系主要研究的地区是中非，研究的问题主要是关于冲突、发展程序和宗教隔离等。这一派人团结得很紧，在英国也很有势力，甚至有人认为："英国北部成了曼彻斯特帝国的一部分。"特别是在 20 世纪 60 年代，该系曾有过与英国当时很有影响的新结构主义学派并驾齐驱的地位。

从以上这 6 位社会人类学的教学和研究中心的情况看，功能主义学派在第二次世界大战后实际上已发生了不少的变化。这些变化最主要体现在功能主义学派第二代代表人物利奇身上。利奇是马林诺夫斯基 20 世纪 30 年代的学生，马林诺夫斯基离开伦敦经济学院后，他在弗思手下工作，1953 年又被福蒂斯请到剑桥大学担任高级讲师。当法国民族学界的列维·斯特劳斯结构主义学派兴起后，利奇深受其影响，他汲取了列维结构主义的理论分析法，在英国形成了"新结构主义"学说。到了 20 世纪 60 年代，这一理论在英国社会人类学界取得了支配性的地位，吸引了不少英国人类学家的注意和追随。由于它在英国的影响比较大，所以后来就有人把利奇的新结构主义理论作为英国社会人类学理论发展的第二时期（第一时期即马林诺夫斯基和拉德克利夫—布朗的时期）。但是，尽管人们把他看作英国新结构主义的领袖和法国列维结构主义理论的宣扬者，他自己至今还是认为他是一个马林诺夫斯基传统的功能主义者。

四　对功能主义学派之评价

功能主义学派的兴起，将文化人类学研究的注意力吸引到了一个新的方面——即文化因素的社会功能及彼此之间的内在联系，将文化视为一个有机的整体，进而创立的"功能分析法"。通过对某个文化元素的功能的研究分析，来论证这一支文化元素与其他文化元素的相互关系，论证它们间的完整性。拉德克利夫—布朗继承并发展了功能主义学说，用社会学方法来研究"功能",提出了空间与时间相贯通的观点。功能主义学派强调长期且细致的田野工作,即"与调查对象共同生活的研究方法"①,这些都是有所建树的。但是,马林诺夫斯基及其追随者所倡导的功能主义,由于是从内部来研究土著民族的状况的,其目的又在于确定各项社会制度存在的价值,所以曾被殖民当局所利用,成为所谓"间接统治"的理论基础(即不触动殖民地原有的机制,由当地的首领来代表殖民当局的利益)。尽管这很难说是研究者的本意,但在第二次世界大战后,这一学派受到了很多学者特别是第三世界国家学者的谴责,也就是很自然的事了。

　　功能主义学派在批判了早期文化进化论学派单线进化的模式以后,又走向了另一个极端,即完全忽视历史的发展和进化。所以缺乏历史观点,可以说是功能主义学派的一大特点。由于它缺乏对文化因素的发生和发展的全面研究,在某种程度上也就难以正确评价文化因素的功能。例如,功能主义学派很难解释为什么在人类基本需求相同的情况下,会发展出如此不同的文化和社会结构。

　　功能主义学派看不到社会文化有其发展的动力和发展的规律,以为只要人类的需求不变,文化的功能也不会改变,完全是从静止的角度去看问题,过高地估计了社会结构的稳固性。很多文化人类学家都公平地指出:社会的进步,固然离不开各个部分的协调,但同时也离不开各个部分的矛盾和冲突。正是在这种矛盾和冲突之中,社会才会由量变走向质变,从而在新的基础之上取得新的协调。

---

① ［英］玛丽—路易斯·拉契、［英］托马斯·海贝勒:《西方民族学概论》,《世界民族》1980年第4期,第39页。

第四章　第二次世界大战前法国民族学的形成与发展

第一节　法国民族学的形成

法国民族学历史悠久，源远流长。早在 18 世纪前，它就从各方面充分准备和积累了民族学方面的知识和资料。法国的民族学，按其正式产生和专门机构成立的时间来讲，在欧美民族学界可谓首屈一指。法兰西传教士拉菲托（1670—1740）在美洲游历和考察后，于 1724 年写下了《美洲蛮族的风俗与上古风俗的比校》一书，记载了他在加拿大传教期间所观察到的易洛魁人和古隆人的生活。就是他，第一次记述了易洛魁人的原始公社氏族制度并首次把易洛魁风俗和古代习俗做对比，认为氏族制度是所有原始民族的共同特点。他还说，在印第安人中——也同其他民族一样——存在分类式亲属制和母权制。因此，有的学者在评价拉菲托这本书时，说它"力图并在某种程度上成功地沿着比较的路线来处理这些新的材料"。正如赫尔特兰茨指出的那样："18 世纪时，欧洲所接受的正是拉菲托对于北美印第安人宗教的说明。"[1] 从以上意义说，拉菲托研究易洛魁人和古隆人的方法，"奠定了比较民族学的基础"。[2] 1724 年，法国学者冯特乃勒（1657—1757）所著的《寓言的起源》一书，被英国民族学家称为人类学派的真正先驱。他的《物神的崇拜》（1760）和《民族风俗之精神》（1776）等有关民族学的著作，"都被视为 18 世纪内比较民族学的古典著作"。[3]

---

① ［英］埃里克·J. 夏普：《比较宗教学史》，吕大吉、何光沪、徐大建译，上海人民出版社 1993 年版，第 23 页。

② 杨堃等：《法国社会学派民族学史略》，《民族研究》1981 年第 4 期。

③ 同上。

拉菲托等人的民族学思想，影响了法国启蒙时代著名学者孟德斯鸠（1689—1755）、伏尔泰（1694—1778）、卢梭（1712—1778）和以狄德罗（1713—1784）为首的"百科全书派"等人的民族学、宗教学、地理学方面的观点。

孟德斯鸠是18世纪法国资产阶级启蒙思想家之一。他的重要著作有三部：一是他以丰富的民族学资料，在他32岁时用匿名发表的《波斯人信札》（1721）；二是1748年出版的《法的精神》；三是在阿姆斯特丹出版的《罗马盛衰原因论》（1734）。在《法的精神》一著中，他认为，一切社会现象全是有规律可循的，全是能用自然科学的方法去探讨的。世界各民族间的一切社会现象，虽说千差万别，但它们都是自然环境和社会环境的产物，他特别强调地理环境决定社会和一切自然现象的发展。孔德曾说，孟德斯鸠是"社会科学之真正的创始人"。英国当代民族学家埃文斯·普利查德曾称，孟德斯鸠所指的一个社会的"本质"和它的"原则"的关系——即一个社会的特殊结构和它的价值体系的关系，就是功能与结构的关系问题。因此，孟德斯鸠"不愧是当代民族理论的一个先驱"。[1]伏尔泰所著的《论各民族的风俗与精神》（1754）指出，"在他看来，孔子与埃庇克泰德一样崇高，一样严谨"。[2]伏尔泰对于中国的民族风俗与艺术风格的论述在欧洲引起了强烈的"偏爱"。

狄德罗是"百科全书派"的代表人物。他在著作中猛烈抨击了神学。他提倡科学，反对专制，主张用科学方法研究社会与政治。他为近代各种社会科学的形成和发展，包括民族学的形成和发展奠定了基础。他是一个战斗的无神论者，曾同情地描写了后进民族的风俗和习惯，指出后进民族也是热爱自由、平等的。

孔多塞（1743—1794）是法国大革命时代一位伟大的思想家，也是一位数学家，是"百科全书派"中的一位"少年"。在他的代表作《人类进化史图解》一书中，他认为每个民族都有自己的发展规律。人类自在地球上出现以来，在知识、道德、生活等方面都是不断进步的。他还发现了社会事实的共存律和连续律，为社会学和民族学的研究，奠定了一定的

---

[1] 杨堃：《民族学概论》，中国社会科学出版社1984年版，第35页。

[2] ［英］埃里克·J. 夏普：《比较宗教学史》，吕大吉、何光泸、徐大建译，上海人民出版社1993年版，第22页。

基础；他还首先倡议把统计方法应用于社会科学研究。

孔德（1798—1857）曾承认自己是孔多塞学术上的继承者，并称孔多塞为"精神之父。"孔德指出，圣西门与孔多塞一样，认为人类社会是向前发展的，是日趋进步的。孔德认为，人类的黄金时代不是过去，而在将来。他对民族学的贡献主要表现在《生理学在社会改良上的应用》一书中。他把用自然科学的方法来研究社会科学称之为"社会生理学"；这一观点对后来社会学和民族学的研究深有影响；他创造了一个"圣西门学派或曰圣西门主义"。他的两个弟子巴扎尔（1791—1832）和昂方坦（1736—1864）合著了《圣西门学说》一书，这是 19 世纪法国乃至世界社会学中的一部名著。孔德的社会学学说有许多来自圣西门。因此，有人认为，圣西门不仅是一位伟大的空想社会主义者，而且也是"马克思主义民族学的一位先驱"。[①] 孔德是资产阶级社会学的开创者和实证主义哲学的创始人。他的代表作《实证哲学讲义》，一共 6 大卷，"社会学"这一名称是他于 1830 年左右所创。[②] 孔德在讲社会学时，运用了许多民族学资料。在谈到摩尔根以前的民族学问题时，不能不提到孔德。因为，他在社会学研究方法上，一方面运用统计方法研究现代社会；另一方面又用民族学资料研究后进民族社会。他的实证论成为后来法国民族学社会学派的理论基础。

在 19 世纪中叶以前，法国在民族学积累方面产生了大批学者并写出了一批专著，在谈到民族学的研究方法时，法国在这方面也有首创，这就是拿破仑的杰作。

在 18 世纪的最后两年，波拿巴·拿破仑对埃及进行了远征。他曾带领一个由 400 多名学者组成的科学考察团。拿破仑命令学者们深入埃及各地搞田野调查和收集资料。布夏德为此发现了罗塞达碑，查姆波利翁成功地译解了古埃及象形文字，奠定了今日"埃及学"的"根基"。[③] 此外，不朽的 20 卷本的《埃及述记》也是在 1809 年至 1813 年期间问世的。这次有组织、有计划的实地考察，为学者们对西方文明和民族宗教中的埃及之源进行各种各样的探讨打开了通道。可以说，这次考察实际上是早期的

[①]　杨堃：《民族学概论》，中国社会科学出版社 1984 年版，第 37 页。

[②]　参引杨堃《民族学概论》，中国社会科学出版社 1984 年版，第 37 页注 27。

[③]　李元明：《拿破仑评传》，中国社会科学出版社 1984 年版，第 103—104 页。

民族学探险队之行。

　　值得一提的是，法国著名冒险家昂居蒂尔·迪·佩龙于1802年发表了约50篇印度教经典《奥义书》的拉丁文译本（译自波斯文）。它远非只是一种翻译：他以真正的18世纪的折中主义风格煞费苦心地论证了所有真正的智慧都是同一的，他借用了许多民族例子来阐明自己的观点，这些例子引自康德之者、亚当·史密斯之者、中国的圣典、拉普人的宗教经典以及"著名的乌普萨拉的斯韦登伯格"之说。大哲学家叔本华对这部《奥义书》给予了极高评价。他说，从这部译作中"不仅看到了最纯粹的印度人的智慧的沉淀，而且还看到了一种可以清洗掉古世人灵魂中的犹太—基督教迷信的手段"。叔本华还曾写了一段著名文字，认为《奥义书》提供了"……世界必须提供的最有教益、最令人振奋的读物（原本除外），它已成为我一生的安慰并且将成为我临终时的安慰"。①1814年，法国人在巴黎首次设立了一个梵文讲座。1822年又成立了"巴黎亚洲学会"。

　　1829年，法国博物学家爱德华（1777—1842）在《人类种族的生理品性及其与史学的关系》一著中首先创出"民族学"一词。1839年，世界民族学第一个学术组织——巴黎民族学会在法国正式成立。1875年，由布罗卡（1804—1880）创办的巴黎人类学学校开设了民族学课程。1878年，由阿米（1842—1908）等人创立了世界上第一所民族学博物馆——巴黎特柔加德柔民族学博物馆。阿米还和在巴黎教过他医学的德·布雷奥合作写了名著《人类头盖骨研究》（1875—1882）。他不仅是第一任民族学博物馆馆长，还以研究墨西哥各民族和南非各民族而闻名。他的研究把霍屯督族与墨西哥人和南非人之间的种族学说向前大大推进了一步。他所写的《墨西哥民族》（1884）以及他所编辑的《洪堡德寄自美洲的书信集》（1905），均有一定的影响。

　　值得一提的是，当摩尔根学派产生之后，法国民族学者给予了积极的支持和论证，布罗卡就是一例。布罗卡（1824—1880）曾于1841年在巴黎开始学习医学，1844年担任外科医师，1867年任外科病理学教授。当时，达尔文的著作曾引起了人类起源一元论或多元论的争论，因此，他把

---

① 转引自［英］埃里克·J.夏普《比较宗教学史》，吕大吉、何光泸、徐大建译，上海人民出版社1993年版，第29—30页。

兴趣集中在比较解剖学上。有些人打算在人与猿的关系上，放弃自己的科学主张，布罗卡则不然，拒绝让步。他指出，类人猿和人类极其相似。后来他仔细加以研究，从而证实了他的主张……他发现了所谓布罗卡中心——大脑两半球皮层的下额脑回的语言运动中心，他的最大功绩是出版了测量活人和人脑骨的专业指南书籍，从而为人类学和脑骨学的发展奠定了基础。布罗卡主要研究的是关于法国现代和古代居民的人类学，以及普通人类学问题。他还发明了一整套人体测量仪器。1859 年，他在巴黎创办了人类学学会。1872 年，创办了《人类学评论》杂志。尽管受到教权派的反对，他仍然于 1875 年开办了人类学专科学校，后来把这所学校同人类学学会和人类学博物馆合并成为人类学研究所。他承认达尔文的进化论是正确的——虽然布罗卡关于人类进化和人种分类学的某些观点已经陈旧，但他的著作整体说来到现在还没有失去意义。他的代表作品主要有：《法国民族研究》（1859）、《杂种动物一般研究与混血人专论》（1861）、《史前人类体质研究》（1869）、《人类学研究》五卷（1871—1883）、《对活人进行人类学研究的一般须知》（1865 年、1879 年再版）、《头盖学和头盖测定须知》（1875），等等。

托皮纳尔（1830—1911），是法国人类学家，和布罗卡有密切关系，先是他的学生，后是他的同事。作为法国人类学的奠基人之一，他具有重要地位。1871 年，他放弃医学而从事人类学的研究。1881—1886 年，他任巴黎人类学会秘书长、《人类学评论》编辑、人类学会收藏品的保管者以及高等研究学院的人类学实验室主任和人类学学院的教授，在这些工作岗位上对人类学的发展发挥了很大的影响。托皮纳尔的研究主要是关于人类各民族、各种族的进化和解剖学上的差异。他把自己的大部分工作都贡献于进化问题上。在人种多元论和人种一元论的论战中，他和前者站在一起，赞成拉马克的变种说，认为是进化机制所发挥的作用。他不排除种族的心理相关物的可能性，但他愿意等待这种相关物在得到科学的证实以后再去接受它们。他是通过解剖学来研究社会学的，他强调社会结构的生物学根源。他认为，社会是各个有机体的有秩序的结合，这些有机体每一个都根据自己的自然本性行动。他主张在每一个自我之中都有从自我中心方向发展到社会中心方向的潜在可能性。认为在个人身上的这两种观点必然要发生冲突，这只能靠坚持遵守一种社会动物的法典才能解决。

奥夫拉克（1843—1896），是法国人类学家，1843 年 11 月 14 日出生于巴黎。他之所以有名，主要因为他是人类学学校的创办人之一。他在那里担任民族语言学教授并于1893年继加伐雷特之后为校长。他在政治方面也很活跃，1888年曾当选为巴黎市长。他著有《语言学和人类学随笔》（1830）、与皮考特和文森合著《人种学》（1882）、与赫维合著《简明人类学》（1887）、《赤道非洲的黑人》（1889）。他也是《语言家和比较语言学评论》的创办人之一。

自古典进化论学派产生后，法国民族学者勒图尔诺写了许多名著，全面论证了进化论的思想和理论。

查尔·勒图尔诺（1831—1902），是法国古典进化论学派最著名和最典型的代表，曾学习医学和生理学，是不寻常的多产作家。在其撰写的《社会学（依据民族学资料）》一书中，他认为民族学可以而且应当成为认识人类及其文化史的基础。他写了大量的有关社会生活方面和文化方面的著作，如《道德的进步》（1884）、《婚姻和家庭的进化》（1888）、《所有制的进化》（1889）、《政治进化》（1890）、《各种人神的法律进化》（1891）、《宗教进化》（1892）、《奴隶制进化》（1897）。勒图尔诺在科学上的主要贡献在于，他广泛地普及了民族学知识，而不是他的结论的新奇和论据的坚实可靠。

19世纪中叶，法国产生了一批民族学家，许多人以探险、考察的方式从事民族学研究，达巴迪兄弟二人就是一例。达巴迪曾在埃塞俄比亚和加勒斯地方进行探险和民族考察12年（1837—1848）。1867年，他被选为法国科学院院士。1882年，他曾在圣多明各观察金星凌日。他的弟弟阿尔诺·米歇尔·达巴迪（1815—1893）曾陪同他一道进行探险和考察。据他们兄弟二人说，他们探险的目的纯粹是为了研究民族学和地理学。达巴迪的主要著作有《埃塞俄比亚高原的测地学》《阿玛里纳语词典》。1860年，他的弟弟阿尔诺为同英国探险队论战，表明他们兄弟二人在埃塞俄比亚进行考察的学术目的，出版了《埃塞俄比亚高原12年》一书。

除到非洲外，法国许多民族学者、人类学家还先后到美洲、大洋洲、亚洲去探险和传教，多方进行学术考察，从事民族学方面的研究。布尔、夏内等人就是其中之代表。他们在美洲布道、考察期间，写下了关于印第安人语言学、考古学、民族学方面的不少著作，

方腊瑟·德·布尔布尔（1814—1874），是法国牧师、人类学家、民

族学家。1814 年 9 月 8 日生于法国布尔布尔，1874 年 1 月 8 日死于法国尼斯。他是一个研究哥伦布以前历史的热心者。1848—1865 年，他的大部分时间在墨西哥和中美洲度过，其中又有很多时间当了印第安人部落中的传教士。他出版了许多有关考古学、语言学和民族学的著作。他的主要著作是一部不朽的《墨西哥和中美文明国家史》（四卷，1857—1859），这部著作概括了哥伦布来到美洲以前的时代。他在 1864 年翻译了基歇印第安民族的圣书《社会之书》。他在 1862 年还写了一本基歇语语法。虽然他的一些著作还缺乏足够的学识，而且他的一些理论还存在问题，但他收集的大量材料对于以后的民族学研究却有很大的价值。1861 年至 1864年，他还编了一部方言文献选集。1864 年，他出任墨西哥、法国远征军的随军考古学家，1861 年。他的《墨西哥古碑》由法国政府出版。1871年出版了《墨西哥—危地马拉书志》。1869—1870 年他在《特罗安抄本—马雅人的语言与绘图系统研究》一书中提出印第安人绘图文字的释义原理，引起很多争论。

　　夏内（1828—1915），是法国旅行家、民族学家和考古学家。他出生于弗勒雷（罗讷），就学于查理曼高级中学。1850 年，他在路易斯安那州新奥尔良作教员。1857—1883 年，他到世界各地旅行，先后到过墨西哥、马达加斯加，南美的智利和阿根廷，以及爪哇和澳大利亚。到1883 年，他再度访问墨西哥城的一些废墟，由于纽约的洛里拉尔资助了他的探险，所以他把危地马拉边境附近一个巨大的城墟命名为"洛里拉尔城"以作纪念。1886 年，他去尤卡坦。他的著作有：《墨西哥旅行记忆和印象》（1863）和《新大陆上的古城》（1885）。他阐明了一种关于托尔提克移民的学说并认为史前墨西哥人属于亚洲血统，因为他在日本建筑、中国装饰、马来亚语言和柬埔寨衣着中看到了同墨西哥的相似之处。

　　由上述可知，法国民族学的产生，民族学的著作和巴黎民族学会的建立以及民族学研究机构的创办都是非常早的。后来，法国著名民族学家莫斯和里韦认为：法国是产生民族学的先驱国。民族学作为一门学科，法国有着较早的研究机构和悠久的研究历史。欧美许多民族学者都曾称颂：建设民族学的功绩应首推法国人文学家和自然科学家，在民族学尚未进入黎明之时，法国的学者们已经给我们勾画出这门学科的大概轮廓。

第二节 法国社会学派

一 形成背景

法国民族学中的社会学派萌芽于 19 世纪中叶，形成于 19 世纪末期。其历史背景是：

其一，法国社会学派来源于法国资产阶级社会学。19 世纪末，当时法国的资本主义经济已由资本主义初期进入垄断时期，这时，法国资产阶级的人文科学中的社会学正处于鼎盛时期。较为特殊的是，法国的民族学一向与社会学、人类学的关系极为密切。按西方民族学界的历史传统，民族学与人类学历来是两门独立的中心学科，然而，当时的法国的一些人类学家都认为：民族学也是人类学的一个分科。所以法国的民族学是在人类学的统辖之下。正因为如此，法国的民族学虽产生得早，但它的影响却不如英、美、德等国的民族学。而法国的社会学派民族学同当时的社会学有着直接的渊源。法国的社会学开创者孔德在《实证哲学讲义》一著中全面建立了社会学体系。孔德的社会学体系完全是以民族学为基础的，可以说孔德是法国社会学派民族学的鼻祖。孔德的弟子及再传弟子如迪尔凯姆（1858—1917，过去有人译为杜尔干）、莫斯（1872—1950）等人所创的社会学派的哲学基础自然是以孔德的实证主义为主的；这个学派在民族学研究中所使用的方法也是孔德学说中的社会学分析法。像迪尔凯姆虽是社会学家，但他非常重视民族学调查资料。他认为民族学是给社会学提供资料的，因而他极为重视民族学的实地考察和方法，并以此来论证社会学问题。1895 年，迪尔凯姆所著的《社会学方法论》一书，可说是社会学派的宣言书。1896 年，社会学派所创办的《社会学年刊》形成了自己的阵地和论坛。因而又称为"社会学年刊学派"或"迪尔凯姆学派"。

其二，除正统的社会学派中的社会学家外，其他派别的社会学家对法国民族学也作出了重要贡献。如以勒·普·累（1806—1882）所提倡的"社会天主教派"。他所发现的家庭类型和所创立的社会调查方法，即"专题叙述法"和"账簿登记法"，都对法国的民族学的研究方法具有参考价值。他的第一部重要著作《欧洲工人》（1855）和最后一部著作《人类的基本政体》（1881），在社会学界都曾产生过重大影响。又如维德尔·德·拉·布拉希（1845—1918）、白吕纳（1869—1930）等人领导的

"法国人文地理学派"，也对法国社会学派民族学的研究起过促进作用。布拉希最初研究历史，后转向人文地理，他的主要贡献在于把区分方法应用于地理学研究，他认为地理学和社会学的资料是不可分割的，人类社会对自然环境的影响同自然因素对社会的影响是同样重要的。他的名著《法国地理全图》（1903）、《东法兰西》（1917）集中体现了他的社会学和人文地理学的观点。白吕纳是布拉希的学生，他在研究自然和人类关系的环境论领域内，非常重视人类的心理现象，创立了心理相对主义的观点。他的主要代表著作《人文地理学》（1910），全面体现了他的观点。布、白等人的学术思想和方法论，对后来的社会学派民族学研究产生过一定影响。他们的方法不但是社会学的研究方法，也可用于民族学实地考察。

其三，法国民族学自诞生以来，一直在社会学和人类学强大势力卵翼之下成长，只是到了 20 世纪初，法国人类学界对民族学的看法才有了较大的改变。当时的一位既是人类学家也是民族学家的学者德尼克（1852—1918），主张人类学与民族学是两门孪生的科学，应处于平等地位。德尼克出生于阿斯特拉罕，他曾游历过克里米亚半岛、外高加索和波斯，之后定居巴黎，任职于自然历史博物馆的实验室和巴黎大学。1888年，他担任该校图书馆馆长。此后，他的兴趣明确地转移到人类学和民族学的研究方面。在他的名著《世界的种族和民族》明确提出了人类学与民族学应处于平等地位。他还创立了人类学类型分类法和原则，概括了人类在解剖学、生理学、心理学、病理学和社会学方面的特征。他的人类学分类法曾被广泛利用。他的人类学和民族学的代表作品有《人种》（1902）、《关于人类人猿的解剖和胎胚的研究》（1886）、《卡尔梅克族的研究》（1883）、《基里亚克人》（1883）和《世界的种族和民族》（1900）等。德尼克的研究和主张曾引起法国民族学者们的注意。在德尼克主张的影响下，1913 年，迪尔凯姆的学生、既是社会学家又是民族学家的莫斯（1872—1950），发表了《民族学在法国与在外国》，疾呼成立民族学专门研究机构，因第一次世界大战爆发未能实现。但终于在 1924 年，他和累维·布律尔（1857—1939）、里韦（1876—?）三人筹划成立并主持了法国民族学研究中心——巴黎民族学研究所，这一切都促进了社会学派的发展壮大。

其四，法国社会学派民族学的学术渊源除来自孔德的实证主义外，还来自 18 世纪以来法国的民主主义思想，如孟德斯鸠、伏尔泰、"百科全书派"等学者的观点，以及 19 世纪初期圣西门的空想社会主义。社会学派的创始人迪尔凯姆以社会进化发展的观点来分析民学学资料，这就使社会学派成为文化进化论学派的一支。尤其是当 19 世纪中叶文化进化论学派兴起的时候，许多学派都反对摩尔根的学说，但形成于 19 世纪 90 年代的法国社会学派不仅不反对摩尔根，而且还拥护他的学说，认为人类社会是由低级向高级逐步发展的，并且还用社会学的分析法和进化论学说来研究民族学问题。这一学派承袭圣西门的思想观点，确信人类社会自有它的真实存在和确实根据，人类社会是随着进步努力而发展的。当迪尔凯姆死后，他的学生莫斯把他开创的社会学派发展为民族学派。虽然社会学派是文化进化论学派的一支，但特别需要强调的是，社会学派在说明社会、文化现象时，反对从心理学的或生物学的角度去解释；社会学派认为，只能从社会内部寻找对社会事实的解释，这是不同于文化进化化学派的重要之处。社会学派出版的主要刊物是《社会学年刊》，迪尔凯姆生前自 1896 年至 1912 年共编 12 卷，迪氏死后，1925 年由莫斯主持又出了两卷。该学派影响很大，可以代表法国官方学派。

二 代表人物

19 世纪末叶形成的社会学派民族学，其创始者为迪尔凯姆，他的学生莫斯、累维·布律尔、里韦是该派的第二代领袖。与此同时，布格累（1870—1940）、余伯尔（1872—1927）、西米昂（1873—1935）、韩瓦特（1877—1945）、莫尼叶（1877—1948），葛兰言（1884—1940）都是与第二代同期的社会学派的著名学者。莫斯及其同辈的学生们，如汪继遒波（1873—1957）、达维（1884—1976）、林哈尔特、戈瑞欧勒（1898—1956）、列维—斯特劳斯（1908—2009）等可以作为社会学派的第三代学者传人。

迪尔凯姆，1858 年 4 月 15 日出生于法国阿尔萨斯的厄尔纳比一个犹太法学家的家庭，1917 年 11 月 15 日死于巴黎。1879 年，在他进入巴黎高等师范学院学习时，校长甫斯太耳·德·库朗日派他到德国专门研究民族心理学和文化人类学等，游学回国后，他便在东波尔多大学文学院任教授，主要讲授社会学和教育学。他的论文《社会劳动分工》（1893）问世七年之后，他被聘请到巴黎大学讲授社会学和教育学。在学术思想上，迪尔凯姆是孔德的实证主义和古典进化论派的理论的继承者。他对道德社会学尤其专攻之至；在哲学上他继承了笛卡儿的唯理主义的思想。他的著作内容充实，富于统计学和民族学的材料。他说，在研究人文之前，必须研究社会。他的第二篇论文题为《献给孟德斯鸠》。他回到孟德斯鸠的传统，区别了各种类型的社会组织，认为每一种类型都有本身的制度体系；研究这些制度的建立和作用应该尽可能保持客观，不要考虑个人在接受社会制度的约束时所服从的或者自以服从的其他制度。综观迪尔凯姆一生之专著，可分为三期：前期主要是由于他在德国游学期间对德国文化感受颇深，所以他最初的著作多是介绍德国的社会学思想；中期的著作除《社会分工论》（1893）、《献给孟德斯鸠》（1894）外，还写了《社会学方法论》（1894）、《论自杀》（1897）等，后来，他把研究的重点转为原始宗教、图腾主义等；后期主要代表作品有《论原始的分期问题》（与莫斯合写）、《宗教生活的原始形成》（1912）等。值得一提的是，他关于劳动分工、自杀和原始宗教的著作，构成了一组具有专题研究经验和材料的大胆而深思熟虑的理论分析。其突出贡献是：关于集体再现的概念；社会中个人的感觉互相反应的综合对个人所产生的作用。根据这个概念，他发展的社会思想稳定就必须具有一个共同的价值规律的观念。

　　迪尔凯姆虽是个社会学家，但他非常重视民族学材料。他认为，民族学是一种叙述的科学，只是给社会学提供资料而非独立学科。他使用社会学分析法来研究民族学，并用社会进化发展的观点来分析民族学资料。他把社会事实看作事件，他说：我们并不是说社会事实即是物质的事件，但社会事实和其他物质的事件一样，不能由心理分析去了解它的意义，亦不能从生物学的个人的需要去做解释。他坚持认为，任何社会现象都必须从社会内部寻找发生的原因。因此，固然社会是由许多个体的人所组成，可是一旦组成了社会，就产生了"集合意识"和社会的规律。集体代表制是迪尔凯姆的理论核心。他认为，必须创立一门特种心理学来研究个体意识相互影响的作用和反应，研究当各种意识结合时所产生的综合现象。他通过这些综合现象解释了宗教信仰，认为这些信仰是集体的，因而有强迫性；他还通过这些综合现象，解释了价值判断的特殊权力，以及教育制度的倾向和道德意识、理智范畴的形成。

　　在《论自杀》一书中，迪尔凯姆对上述观点作了进一步的发挥和阐释。他认为，自杀现象既不能用心理的、民族的与遗传的或地理环境的因素去说明，也不能只用模仿、贫穷、失恋以及其他个人的动机去说明，一切自杀现象都是由于社会的原因。他认为，注重个人主义的人容易感到社会的孤寂，就容易自杀；另外，当一个人完全融于团体或社会时，或者为社会尽职而牺牲，或者因玷辱了社会而自杀，两种情况都常发生。暂不论迪尔凯姆的这种结论是否适用于分析一切自杀行为，这个理论的核心还是有些参考价值的。

迪尔凯姆在民族学的具体问题上有许多值得肯定的成就。他的关于人类社会发展过程和原始社会的社会组织的观点，在法国当时历史条件下是难能可贵的。他提出，各民族人类社会发展的线索是：原始群→氏族（图腾集团）→已进化的图腾社会→部落社会→民族社会、国家。他认为，最早的氏族集团是母系氏族→父系氏族，每个氏族都有自己的图腾。以氏族为基础形成部落。部落是以地域为基础的集团。迪尔凯姆还对于人类家庭婚姻制度发展给予了说明和解释，在这个问题上，他与以摩尔根为首的进化派理论又不谋而合，他不但肯定了摩尔根关于原始社会的论述，而且有所补充和发展。

关于图腾和宗教问题，迪尔凯姆的《宗教生活的原始形成》一书及《宗教现象之定义》《图腾主义》等，均有详细解释和阐述，迪尔凯姆不同意泰勒的万物有灵论，提出图腾主义是最原始的宗教。因为氏族集团是原始社会早期人类的共同组织，而氏族都有图腾信仰，图腾主义是普遍的现象。图腾是某种动物或植物的象征化和宗教化。它是氏族赖以维系的要素，同时它也是有宗教的性质，是圣物的代表。所以最原始的宗教就是氏族的宗教，表现为氏族共同的图腾信仰。迪尔凯姆的这些观点是很有见地的。

关于民族学研究的方法，迪尔凯姆本人虽没有做过民族学调查，可他在运用民族学资料时，却提出了一些正确的理论。他主张从社会调查入手，运用"社会分析法""专题叙述法""比较研究法""数学统计法"及其进化论的学说来研究民族、国家和社会。他的这些主张和见解对其弟子及再传弟子有着深刻的影响。

莫斯是迪尔凯姆的学生，又是他在民族学方面的顾问和学术思想上的继承者。从个人关系讲，莫斯是迪尔凯姆的外甥。迪尔凯姆的许多重要著作都是在莫斯的协助下或共同完成的。莫斯曾在法兰西学院任社会学教授，1925年复刊《社会学年刊》；1926年，他和累维·布律尔、里韦三人成立了法国民族学院并主持工作。他还在巴黎大学高等学术实习学校任原始宗教讲座的导师，培养了一代民族学人才。他的一生没有综合性的代表作品，仅有《民族学概论》以及许多论文。1950 年，他死后，他的学生选编了他的部分论文集，主要有《社会学与人类学》。重要的论文有：《关于爱斯基摩社会季节性变化的研究》（1910），该文提出了社会形态学的观点；《关于原始交换形式赠予的研究》（1925），该文明确指出了在古代社会中特别是宗教的、魔术的现象与各种社会现象有着密切的联系，指出交互原则是人类社会中相互关系的基本形式，他的这一观点受到了学者们的高度重视，被列为西方民族学的新贡献和划时代的标志之一；《宗教史论丛》（1909 年与余伯尔合著）提出了许多宗教方面的研究见解。在莫斯与迪尔凯姆合著的作品中，也反映了他在民族学方面的观点和方法。莫斯认为，民族学的对象不应如传统的那样只局限于落后民族，而是应将史前的、现代文明的民族都包括在其中。因为原始的、落后的民族与文明的民族并无本质上的差别。他认为，可以把初民的心理与文明人的心理互相比较。初民的信仰与仪式无论怎样的奇特，都确实已包含着文明人的理性，而他们在技术上的精巧也足以惊人。他的社会形态学说最能代表法国社会学派的观点。他特别强调物质文化对人类社会生活的决定性作用。应当指出的是，莫斯的社会形态学与马克思主义五种社会经济形态并不是一回事。但莫斯注意从物质经济生活方式着眼并注意人口学的因素，这对资产阶级民族学家来说还是大有突破并应加以肯定的。莫斯所使用的结构概念可分为物质的结构（如人口的分布、城市、道路、住宅等较永久和确定的事物）和社会结构（如社会权力机构和一切社会的和亲族的组织）。他的这些概念给予拉德克利夫—布朗的结构功能论以很大的影响，促进了拉德克利夫—布朗理论的形成。[①]

在民族学研究方法上，莫斯比迪尔凯姆更有进步。他认为，统计方法不仅可以用以研究文明社会，而且也可用来研究落后的民族地区。莫斯十分重视理论的分析与归纳，也重视社会分析法、共变比较法。他知识面广，对语言学、考古学、宗教学都有研究，还懂十几种语言。但他本人未曾亲自到落后民族地区考察过，他只在欧洲和美国的民族学博物馆参观和实习过并到北非参观过，从而积累了一些的民族学知识。总的说来，尽管

① 杨堃：《民族学概论》，中国社会科学出版社 1984 年版，第 47 页。

莫斯是个书斋学者，但他注意培养学生参加实地考察，走向田野，进行社会调查。总之，莫斯对于法国社会学派的组织上的维系、巩固和学术思想上、理论上的发展都发挥关键作用。

累维·布律尔是与莫斯齐名的法国社会学派的第二位领袖人物。他于1857年4月10日生于巴黎。1899年到1927年任巴黎大学文理学院教授、巴黎科学院院士。他是筹办巴黎民族学研究所的三人之一并任该所所长。他的学术观点与迪尔凯姆有些不同，他并不是迪尔凯姆的学术继承人。他不仅通晓民族学，而且是一位著名哲学家和社会活动家以及法国统一社会党的领导人之一。他在西方资产阶级民族学界的声望远远超过莫斯。他在民族学方面的主要著作是关于原始民族思想和原始神话的研究。他的哲学著作有：《从来没有发表过的穆勒给孔德的信》（1899）、《法国现代哲学史》（1899）、《孔德哲学史》（1900），等等。累维·布律尔在原始民族心理之研究上，共发表了6部大作，主要有：《下层社会的思维作用》（1910），在这部大作中他的原始社会学说观点已成体系；此后，他的5部大作是，《原始人心理》（1922）、《原始人之灵魂》（1923）、《原始人心理内之自然或超自然》（1931）、《原始神话学》（1935）、《原始人神秘经验与象征》（1938）。他认为，原始人心理的主要特征为"神秘的"与"先逻辑的"结合。"先逻辑的"之含义不是说在时间上，而是指原始人心理是在逻辑的思想出现以前，另组成一种思想的阶段。它既不是"反逻辑的"也不是"非逻辑的"，表明它与现代人的心理作用不同。累维·布律尔在法国思想界是一位唯理主义者并是一位实证主义者。他在法国社会学界的地位几乎与迪尔凯姆"齐名"。[①] 但他提倡的"先逻辑的"思维，试图论证在原始社会中个别人的逻辑思维和所谓"集体概念"的"先逻辑的"性质共存，由此，他陷入了把社会存在和社会意识混为一谈的马赫主义的错误，因而曾受到许多攻击与有力的批评，他为说明这些攻击之不当及采纳一些友好的、正确的批评起见，在他以后的著作中对此学说也时时有所补充和新的发展。现在，从儿童心理学的角度来看，他的这种"先逻辑的"思维的说法还是可以成立的。

累维·布律尔之后的法国社会学派民族学家是布格累。布格累（1870—1940）也是法国社会学家。先任图卢兹大学教授，后任巴黎大学

---

① 参见杨堃《民族学概论》，中国社会科学出版社1984年版。

教授。他虽属社会学派成员，但在某些论点上，对迪尔凯姆的见解采取批判的态度。他所著《社会学是什么?》（1907）一书是在齐美尔的影响下，把研究社会形式列为社会学的主要课题。但是，归根结底，他的社会学明显是继承了迪尔凯姆的体系。所以，他关于分工的研究和《关于价值进化的社会学教程》（1922）等，完全是以迪尔凯姆的思想为基础的。他还认为，由于以社会形式为中心的人口的增加、移动、集中、社会复杂化等的影响，社会终将从封锁的、不平等的结构，进化成为开放的、平等的结构。他从这种观点出发，著有《种姓制度论》（1908）、《平等思想—社会学的研究》等书，同时还发表了《科学面前的民主主义》（1903）、《连带主义》（1907）等许多关于社会改革的著作。

　　与布格累齐名的社会学派的法国民族学家还有林哈尔特。他是民族研究所培养的从事田野考察的民族学专家。从 1941 年至 1953 年，他是莫斯在巴黎大学高等学术实习学校原始宗教讲座的继承人。此外，还有戈瑞欧勒（1898—1956），从 1942 年起，他就在巴黎大学主讲民族学，他还是在非洲中部横贯撒哈拉沙漠民族学考察队的领队。他所写的《民族学方法》一书至今仍可参考。对于民族学贡献最大的还有莫尼叶教授，他在巴黎大学的法学院任教。他的学说深受达尔德（1843—1904）和沃尔基慕斯（1867—1926）两人的影响。自《社会学年刊》复刊以来，他加入了社会学派，亲身在非洲北部的部族中住过多年，是一位"富有民族学实地经验的社会学家"。[1] 他的代表作品主要有：《"加毕利"住宅之集合的建造》（1926）、《北非洲典礼交换之研究》（1927）、《社会学绪论》（1929）、《北非洲社会学论丛》（1930）、《殖民社会学》（1932）、《"阿尔泽瑞"内的法国法律与土人习俗》（1932），等等。葛兰言作为现代法国社会学派的代表人物，他是研究"中国学"专家，是迪尔凯姆和莫斯的学生，他两次来中国进行考察，他所著的各种社会制度的比较研究著作，至今仍有参考价值。迪尔凯姆的另一名学生，社会学派的另一位著名学者达维所著的《信誓》（1922）一书，用美洲印第安人的材料批驳了美国民族学家罗维在《初民社会》中对摩尔根学说的否定态度，维护了摩尔根进化论观点。莫斯的另一名学生汪继逎波（1873—1957），是法国现代有名的民族学家。他的思想和方法，颇与英国古典进化论学派相近。他的著

---

① 杨堃：《民族研究文集》，民族出版社 1991 年版，第 59 页。

作很多，其中《过路礼》（1909）一书研究人的从生到死全部过程中各种
仪式典礼的意义，曾被列为西方民族学划时代的著作之一。社会学派的第
三代传人或弟子也很多，列维—斯特劳斯就是其中之一，他原在巴黎大学
哲学系学习，深受社会学派的影响，但他研究的是人类的无意识活动的结
构，后来他创立了结构人类学，自 20 世纪 50—60 年代以来开始流行（后
详介）并发展成为一个新的学派。

三　历史地位及其贡献评价

　　法国社会学派诞生于 19 世纪晚期，以迪尔凯姆、莫斯、里韦等人为
其代表。它的形成仅稍迟于文化进化论学派和播化学派。但它的学术观与
文化进化论学派很接近，在同播化学派的对垒中，社会学派基本上属于文
化进化论学派之一。虽然它的理论不如摩尔根学说那样系统完整，但它的
社会分析法比起文化进化论学派的人类心理一致说更为可取。它在某些地
方，还对摩尔根的理论、观点有所发展和补充。第二次世界大战前的法国
社会学界、民族学界，完全以社会学派为主流。它的机关刊物《社会学
年刊》是民族研究"在法文中最可贵的一个宝藏"，又是"最富于批评精
神的一种记录"。① 这是它的最大贡献。但应看到，法国的民族学一直在
社会学的卵翼下生存，因而民族学又作了"社会学的女仆"，未能独立自
由的发展，这也是法国民族学不如美国、英国、德国发达的一个原因。

　　法国社会学派有三个显著的传统特点：一是民族学与人类学和社会学
三者的关系甚为密切；二是法国社会学派偏重理论的研究，但也注重实地
考察；三是它以社会进化学说进行民族研究，成为文化进化论学派的一
支。除了上述三点外，社会学派还非常注意对社会物质结构的研究，重视
人口在社会发展中的作用，这些特点都是应给予肯定的。但在研究中，社
会学派一般不强调经济因素对社会发展的重要作用，这恐怕是社会学派在
理论上的一个重大缺陷。

　　还应指出，社会学派为西方民族学从理论上提供了许多借鉴。比如，
迪尔凯姆的功能理论和比较社会学的方法影响了英国功能主义学派，尤其
是影响了拉德克利夫—布朗的结构功能说。拉德克利夫—布朗坚持认为，
迪尔凯姆是使用功能概念的第一人。他还宣称自己是综述迪尔凯姆学说

---

① 杨堃：《民族研究文集》，民族出版社 1991 年版，第 58 页。

的。另外，莫斯关于互相交换的原则给列维—斯特劳斯提供了考察原始分类制度的出发点。鉴于以上，可以肯定地说，法国社会学派在西方民族学界应占有一定的历史地位。许多学者认为："现代人类学的基础是迪尔凯姆和他的法国社会学派在 19 世纪 90 年代确立的。"①

---

① 参引［美］F. 伊根《民族学与社会人类学 100 周年刊》，张雪慧译，《世界民族》1981年第 2 期。

第五章　第二次世界大战前德国民族学的形成与发展

　　历史上的德国曾经是一个长期分裂的国家。由于受到天主教会的精神统治，其社会文化迟迟难以获得自由发展，这就使得近代德国在社会各方面都落后于英、法等国。虽然席卷西欧的 16 世纪宗教改革最先在德国展开，但这场改革为德国所带来的——用恩格斯的话说，却是引向其灭亡。这是因为，马丁·路德的宗教改革最终还是维护教皇的神权的。后来，当德国终于有所发展而走上殖民主义扩张道路的时候，它也只能吃英国、法国等老牌殖民主义者的残羹剩饭。上述情况便决定了，作为 19 世纪西欧时代精神的文化进化论思想尽管不可能对德国没有影响，但这一影响比起英国等其他西欧国家来却是十分有限的，最起码在民族学领域里是如此。事实上，由于天主教神学的长期影响和近代日耳曼种族优越论的盛行，在德国民族学中占统治地位的不是进化论，而是反进化论的文化圈理论。德国民族学的这一发展特点是有着深刻的社会根源的。

第一节　德奥文化圈学派的形成与发展及其特点

　　德国和奥地利在历史上都曾属于"神圣罗马帝国"，在政治上是一体的，两个民族也有共同的文化和语言，因此，这里所说的德国民族学，实际上是包括今天的德国和奥地利的民族学，其主要学派在历史上便称为德奥学派，即德奥文化圈学派或德奥历史学派。又因其主要代表人物是天主教神父，因此又有德奥天主教学派之名。

　　如前所述，传播学派最早形成于德国，并且以德奥文化圈学派为主体。这一学派的先驱是拉策尔（1844—1904）。拉策尔在 19 世纪后半叶提出三个概念——迁移、借用和分布，为后来的文化传播论学者提供了理论基础，因而，其被奉为该派的先驱。拉策尔于1887年提出了"形式规范"的概念。他认为，必须这样来解释在两个或两个以上古代文物的形式之间的一切细微相似之处：它们起源于同一地方，随后就向我们今天获得它们的许多地方扩散——尽管这些地方可能相隔很远。拉策尔的弟子弗罗贝纽乌斯于1898年最先使用了"文化圈"或"文化区"的概念，他还引进了"数量标准"概念。根据这个"数量标准"，如果古代文物之间重要的相似性（它们不是由于资料的性质或者整理对象的方法造成的）越多，就说明扩散的程度越强。但该派的主要代表人物则是德国民族学家格雷布纳和奥地利天主教神父施米特。

格雷布纳和安克诺门较早地运用文化圈规律来决定文化丛、文化发展的先后顺序和文化散布的情况。德奥文化圈学派与英国传播学派不同的是，他们不承认所有的文化因素均起源于一个中心，而是认为，语言、工具制造以及其他文化的基础乃是四个至五个互相孤立的原始社会发源的。每一个这样的社会，都发展出自己独特的文化模式，然后，随着移民传播到其他的地方，这就形成了一个个各具特点的文化圈。所谓文化圈，是指一群具有相同文化特征的社会集团。

与英国的民族学派相比较，德奥学派不是追踪个别文化因素的传播，而是力图重建此种文化圈并查明全世界范围内的传播序列，他们所感兴趣的，乃是全部文化特质的传播和演变。

文化圈学派对文化圈的划分随学者各自的观点而定，有的是从地理角度划分，有的则是根据某些物质文化因素划分，也有按经济文化来划分的（如欧非草原猎人文化），有的还按社会特征来划分（如图腾、崇拜、异族通婚等）。但无论从什么角度划分，他们的理论都是一致的，即认为文化发展的进程是传播，否认人类的创造力。他们的目的都是一个，即想证明人类自古以来就是一夫一妻制的家庭、信仰上帝、私有制自古存在，反对母权制先于父权制的理论。文化圈理论在其最后两位弟子格尔登和黑克尔先后于1968年和1973年去世后开始削弱，德奥文化圈学派也就逐渐消声，再没有出现过有影响的继承人。

第二节 德奥文化圈学派的主要代表人物

一 传播主义的先驱—拉策尔的人类地理学

拉策尔（1844—1904）生于德国，是一位地理学家兼民族学家。拉策尔最初是慕尼黑大学教授,从 1886 年起任莱比锡大学教授;他又是一位旅行家,还曾研究过动物学。

他的主要著作有《人类地理学》(1882—1891)、《民族学》(1885—1888)、《土地和生活》(1901—1902)等。他试图从地理条件的角度,描绘出一幅人类的地面分布和文化发展的总图景。他十分认真地研究了自然环境对一个民族的内部生活和文化形成以及各民族之间交往的性质产生影响的一切形式。关于这一点,拉策尔在最后一部巨著《土地和生活》中讲述最为详尽。

他的著作还有《政治地理学》(1897)、《德国乡土志引言》(1898)、《地理和生命》(1901—1902)、《幸福岛和梦想》(1904)等。

对民族学界影响最为深远的是他的第一部巨著《人类地理学》。拉策尔认为,自然条件所造成的各民族文化之间的差异将会因为联系而逐渐消除。在考察部落迁徙、掠夺、种族类型的混合、交换、商业、交通发展等各民族之间的各种相互影响时,拉策尔特别强调联系问题。拉策尔第一次注意到各个国家、各个地区文化现象的具体条件和分布规律,这中间包含着许多有价值的东西。在进化主义者看来,每种个别的文化现象是脱离其存在的具体条件而孤立存在的,并且仅仅是抽象的进化链条中的一环,而拉策尔则把文化的研究置于具体的基础之上,不说历史联系,至少也是置于地理联系的基础之上。

拉策尔是把文化现象作为各民族互相联系的标志的先驱。拉策尔特别重视对物质文化现象的研究,称之为"民族学对象",他认为物质文化是各民族之间历史联系的证明。他认为,各民族之间的文化联系导致各种文化现象的转移,而各民族本身迁徙的结果,就是"一个民族相互联系的整个文化财富"的迅速移植。他第一次阐述了文化传播的现象。在他的传播学说中有各民族人民的历史联系的内容,但也有一种倾向,即把物质文化对象的研究搞成一种独立的研究任务。这后一种思想被后来德国传播主义者夸大和歪曲,传播主义在德语国家有三个分支:弗罗贝纽斯的"文化神话学"学派、格雷布纳的"科隆"学派、施米特的"维也纳"学派。

二 格雷布纳的"文化圈"理论

弗里茨·格雷布纳(1877—1934),是德国的民族学家,在科伦民族学博物馆任职，一生几乎都是在博物馆的展品和书堆里度过的，没有做过实地工作。他的"文化圈"理论的源流除了吸收拉策尔和弗罗贝纽斯的理论外，其思想源是新康德主义历史哲学流派。格雷布纳企图把民族学变为严格的历史科学，而且把它同自然科学区别开来。这就意味着他要证明——不论是在民族学中，还是在历史学本身——都仅仅存在个别的、不"典型的"、不重复出现的现象。

格雷布纳的主要著作如下：《大洋洲的文化圈和文化层》（1905）、《美拉尼西亚的弓文化及其亲属关系》（1909）、《民族学方法论》（1911）等。格雷布纳的理论亦反映在这些著作中。

第一，格雷布纳继承了弗罗贝纽斯的"文化圈"观念，并试图把它应用于澳大利亚和大洋洲区域内。1904年格雷布纳在柏林人类学、民族学和史前史协会所作的《大洋洲的文化圈和文化层》一文，第一次阐述了自己的观点及其"文化圈"理论。

格雷布纳把澳大利亚和大洋洲划分成八个文化圈：①塔斯马尼亚文化（早期尼格罗文化）；②布米兰格文化（新尼格罗文化、古澳大利亚文化）；③图腾文化（西巴布亚文化）；④两级文化（东巴布亚文化）；⑤美拉尼西亚弧形文化；⑥原始波利尼西亚文化；⑦新波利尼西亚文化；⑧印度尼西亚文化（按从早期到晚期的顺序排列）。他认为每个文化圈都由5—20个特质（或因素）构成，如两级文化（东巴布亚文化）的组成成分如下：①种植块茎植物的农业；②使用固定网的渔业；③木板制的小船；④房盖为两面坡的小茅舍；⑤火炬；⑥螺旋式编制的篮子；⑦末端加粗的重棒槌；⑧木制或编制的宽大盾牌；⑨依女性计算世系的两等级外婚制；⑩男子秘密结社；⑪化妆舞蹈；⑫死者灵魂和颅骨崇拜；⑬月亮神话；⑭吃人的神话；⑮薄板上的精灵形象；⑯圆形的装饰图案；⑰信号鼓；⑱排箫；⑲单弦乐器；⑳发音的小板。其他文化的特质单与此相类似。但在格雷布纳不同的著作中，特质单上所列的内容时有增减。他在研究美拉尼西亚文化时，想把研究范围扩大到整个地球，力图在包括欧洲在内的世界各地寻找出美拉尼西亚"弧形文化"的特征。[①]

他认为，无论物质文化形式，还是社会生活和精神文化的某些现象，都属于文化因素，而具有相似物质文化和精神文化因素的民族同属于一个

---

①　宋蜀华、白振声：《民族学理论与方法》，中央民族大学出版社1984年版，第75页。

"文化圈"。包括在这些"文化圈"之内的每一种文化现象的分布，格雷布纳都一一标出。结果发现，仅有"文化圈"还不够，因为它只是空间概念，"圈""圈"重叠便形成"文化层"。他认为民族学的研究对象就是"文化圈"和"文化层"。

第二，在具体的研究过程中，格雷布纳痛心民族学还没有一个统一的方法论，于是转而着手建立一种能正确地把握各种事实并能全面地理解它的科学的方法。《民族学方法论》一书即是这方面努力的结晶。该书对以后民族学的研究方法影响甚大。虽然他参考了历史学家贝恩海姆（1850—1942）的方法论，但主要使用了他自己所说的"直接资料"，即实际构成诸文化要素的资料，其中包括不少民族学方面的文字资料。他强调要对资料严格取舍。根据他的理论，民族学的目的与其说是推出有关文化现象的理想模型或一般能适用的规律，不如说是捕捉各种事实，抓住其因果关系。

格雷布纳是在彻底分析资料，对事物逐个进行深入解释的基础上才转向一般现象的。这与进化主义者概括性的一般论述形成鲜明对比。在此阶段，他研究了分散存在于某一空间的类似现象，调查了它的历史上的承续关系。为防止作主观判断，格雷布纳提出若干标准作为方法论的可靠基础：

一是，他提出了"形态之标准"作为主要判别标准来确认文化要素的形态，他认为凡是与此相符的事物的必要条件是，它既非事物本质的必然结果，也不是由其材料或地理、气候上的条件来决定的。格雷布纳列举了拉策尔对非洲和美拉尼西亚的弓箭所作的比较研究。拉策尔发现两地的弓箭不仅制弓材料的截面呈相同的半圆形，而且编织的环都被用于接弦处。因而，可以断定两地的弓箭存在着相互关系。

二是，他确定的第二个主要标准是"量的标准"。这不仅是某地域内像弓箭之类的事物所具有一些特定的类似性，而且同时也必定有其他若干现象或要素并存，构成了量的标准。这就是说，若在一个地域内存在文化要素的复合，那么构成它的诸要素彼此就具有独特的关系。

三是，除了主要通过统计加以确认的这些诸要素外，格雷布纳还加进了另一个重要因素，那就是该地区所使用的共同语言。这是因为，如果在能断定同一起源的要素所分布的整个地域使用的是相同语族的语言，那么，这就是显示这些文化要素产生于同一起源的最确凿的佐证。

第三，他反对文化进化论学派关于人类由于有着共同的心理素质，所以有着共同的历史文化发展规律的学说。格雷布纳反对用进化的眼光看待人类的社会文化现象，坚持民族学研究的唯一主题就是文化现象的传播和借用。他认为，无论哪一种文化事实，如弓、剑、凳、桌、男子结社、图腾崇拜、丧葬习俗、月亮神话等，都是在某一个地方，仅仅一次产生出来并只有少数几个地区的较优秀民族才能创造和发展文化，他们的那些创造发明传播开便形成以他们为中心的文化圈，其他民族的文化都是从这些优秀民族文化的传播和借用而来的。整个人类文化史只是几个文化圈（又称文化综合体）在地球上传播、移动的历史，是他们之间彼此机械结合的历史。依据此说，不管是相邻的民族还是远隔重洋的民族，只要发现类似的文化特质，就可以断定是文化传播和借用的结果，因而也都可以划归某一文化圈。[①]

三　沃尔特曼的种族主义理论

路德维希·沃尔特曼是政治人类学的创始人，又是种族主义理论系统的阐述者，其主要著作就是《政治人类学》（1905）。种族主义思想的早期出现在 19 世纪 50 年代就已经显现，例如 1853 年，法国贵族、政治家约瑟夫·阿瑟·戈比诺出版的《试论人类种族的不平等》一书，就被看成是种族主义者的"圣经"。1893 年，德国社会达尔文主义者奥托·安蒙在他的《人的自然选择》一书中也是赤裸裸地宣扬种族主义思想，沃尔特曼的著作自始至终都认为，人的社会政治制度和文化决定于他们的生物特点——即种族方面的差异，他力图证明"政治法律机关和法律观念是怎样从往物进化中发展出来的这种人类种族的生物历史过程"。他鼓吹日耳曼民族比一切其他种族都要优越的反动理论，并对于非欧罗巴种族采取蔑视的态度。这种反动的种族主义理论，在豪斯顿·张伯伦的《日耳曼的实质》一书中得到了进一步的发挥。

四　施米特的"维也纳学派"和"原始一神论"

威廉·施米特（1868—1954），是奥地利民族学家、语言学家和神学家，曾在维也纳大学、弗里布尔大学任教授，曾担任《人类》杂志主编。

① 宋蜀华、白振声：《民族学理论与方法》，中央民族大学出版社 1998 年版，第 78 页。

他还在维也纳教会创办的民族学研究所任所长，他也是专门培养天主教神父的语言学家和民族学家。罗马教皇曾任命他为拉蒂兰民族学博物馆（驻梵蒂冈）馆长。1935 年，他先后两次到中国访问、考察、讲学。1937年被推选为教皇科学院院士。施米特早年直接受到格雷布纳"文化圈"理论的影响，又吸收了瑞典生物学家科尔曼的俾格米理论及安德雷·兰的历来信仰天父观念，形成了自己的学术体系，被称为"维也纳学派"。施米特早年的著作，主要是关于语言学方面的——即对于美拉尼西亚和东南亚各民族语言的研究论文，其中包括孟—高棉语族的研究。从 1908 年开始，他创立和主编《人类》杂志，因而转向了文化与神学的研究。

他的主要著作有：《神灵思想的起源》（1912—1952，共 10 卷）、《南美的文化圈和文化层》（1913）、《澳大利亚语言的分支》（1919）、《民族与文化》（1924）、《地球上的语系和语圈》（1926）、《人类早期阶段的财产》（1937）等。

施米特的理论观点可分为以下几点。

第一，施米特把格雷布纳的"文化圈"理论作为他立论的基础，并用瑞典生物学家科尔曼的"俾格米"理论加以补充。施米特按照"文化圈"的顺序来划分人类发展阶段，认为最"古"的"文化圈"同最早的历史发展阶段是一致的。他认为，"俾格米"文化（亚洲的西格曼人和安达曼人、亚洲的布西门人和俾格米人本身是最典型的代表）是最古老和最原始的文化，之后才是其他的文化形式。

第二，施米特为了使"文化圈"理论具有文化发展的世界性历史阶段的性质，赋予它更广泛和更普遍的名称，使它摆脱纯地区性标志的特征。施米特得出了他的文化发展图式：

首先，是原始文化圈（即采集经济阶段），包括：

①中央原始文化：外婚制——一夫一妻制文化圈（俾格米人）；

②南方原始文化：外婚制—性欲—图腾文化圈（澳大利亚东南部、塔斯马尼亚各部落和某些其他部落）；

③北极原始文化：外婚制—平权文化圈（北亚和东北亚各民族、古爱斯基摩人和某些其他人）；

④飞去来器文化：原始文化和最古老的母权制文化的混合（澳大利亚、尼罗河上游、南非各部落）；

其次，是第一级文化圈（即生产阶段），包括：

①外婚制—父权制文化圈（男性狩猎谋取肉食）：崇拜图腾的高级猎人（几乎传遍世界各地）；

②大家族父权制文化圈：游牧人、掠夺者（乌拉尔—阿尔泰人、印度—欧罗巴人、哈米特—闪米特人）；

③外婚制—母权制文化圈（即女性采集谋取植物食物）：低级农人、乡村文化（几乎传遍世界各地）；

再次，是第二级文化圈，包括：

①自由父权制文化圈（波利尼西亚、苏丹、印度、西亚各国、南欧各国等）；

②自由母权制文化圈（中国华南、印度支那、美拉尼西亚、南美东北部等）；

最后，是第三级文化圈：包括亚洲、欧洲、美洲古代高级文化。

第三，施米特对原始经济也有研究。在他所写的《人类早期阶段的财产》一书中，对于原始财产的论述没有超出具有绝对的个体形式这个论点的范围。他说："人类的我在自己认识了的身份中是财产的代表者，而且只有他才有财产。""财产是我的意志在外部世界的延伸。""要消灭财产，必须消灭我。"① 他的原始财产观认为，人类一出现，私有财产也随之诞生。

第四，施米特的大部分著作中贯穿着一个基本思想，即证明"文化历史方法"的正确性，从而证明"原始一神论"是正确的，圣经传统是合乎真理的。简要地说，施米特的基本观点为：他给格雷布纳的"文化圈"理论赋予了世界历史性阶段的性质，提出了"文化圈"和"文化层"进一步扩散和迁移的观点，并且认为"俾格米"文化（今天的俾格米人、塔斯马尼亚人、东南部澳大利亚人）代表着"最古老的文化"，此文化的特点主要是"外婚制、一夫一妻制、父权制"和历来信仰唯一的神。施米特在他全部著作中集中主要力量，排除那些在他看来是晚出的、次要的神话杂质，显现出至高无上的创造者——上帝的形象。他搜集了许多民族的神话与图腾崇拜的材料——如安达曼人的普卢加神（破坏性东南季风的化身）、西曼加人的卡列伊神（暴风雨的化身）、布西门人的蠡斯神（查格尔图腾）、加利福尼亚阿楚格维人的银色狐狸神（文化英雄）等，

---

① ［德］施米特：《人类早期阶段的财产》第 1 卷，蒙斯特 1937 年版，第 18、23、283 页。

他都采用同样的方法把多神变为了唯一的神——创造者，还把凶神变为善神。到施米特晚年，"原始一神论"的弱点日益显露，即使在"维也纳学派"内部，亦呈现出一片混乱。①

施米特对中国的学术界也曾有过一定的影响。他于1935年曾先后两次来中国访问。第一次到辅仁大学、燕京大学和清华大学作学术讲演并在辅仁大学办的《华裔学院》上发表过《亚洲最古的文化圈》一文。第二次到南京中央大学作了学术讲演。他的《比较宗教史》（1930）由萧师毅、陈祥春等译成中文，1948年由辅仁书局出版发行。②

施米特死后，他的继承人主要有两个：一是施密茨，二是詹森，但两者都不在德国。20世纪后几十年，德国民族学界比较有影响的学派有数家：第一是"文化圈学派"，主要代表人物是哈贝尔·兰德和那赫提加尔；第二是"心理学派"，主要代表人物是鲁道夫；第三是"法兰克福学派"，即所谓的"新马克思主义学派"，主要代表人物是霍尔克海默（1895—1973）、阿尔诺（1903—1969）和哈贝马斯（1929—　），他们打着马克思主义的旗号，骨子里是把辩证唯物主义与历史唯物主义学说同弗洛伊德的精神分析学拼凑在一起；第四是"行动人类学派"，主要代表人物是施勒西，主张了解落后民族社会，学习落后民族文化，认为落后民族的哲学更利于保护世界的存在和人类的发展，而发达民族的工业社会则是人类社会的一种恶瘤，应当割除。该学派实际上是想用这神"理论"来代替马克思主义学说，因为他们公开宣扬不仅资本主义没有前途，而且马克思主义同样没有前途；第五是"海外猎奇派"，主要代表人物是杜尔，认为西方文化没有了解文明与野蛮之间的关系与本质区别，发达民族力图谋取财富、消费与征服异民族的领土，相反，落后民族的原始社会生活更为纯正，与发达民族的工业社会生活相比较则更为幸福；第六是"日常生活民族学派"，主要代表人物是施雷菲，这一派认为，后进民族在日常生活中往往是抵制先进民族的科学技术与文化，而发达民族则又往往不重视将先进科学技术输出给后进民族。该学派还坚持认为，该派的调查研究获得某种既超越西方民族学传统理论也超越马克思主义理论新的观点、新

---

① 转引自［俄］托卡列夫《外国民族学史》，汤正方译，中国社会科学出版社1983年版，第165页。

② 宋蜀华、白振声：《民族学理论与方法》，中央民族大学出版社1998年版，第101页。

理论，可以解释和改变现存的各种不良社会现象，以推动人类社会的进步与发展。

可以看出，前三个学派都是属于传统理论的继续和翻新，后三个学派都是对于西方现代社会现实的失望而企图返古，把现代科学技术看成是现代社会中各种弊端的根源，而把原始社会看成是美好幸福的境界。十分明显，这既是对现代资本主义社会没落的一种思想反映，也是对那些所谓的改革家与革命派所鼓吹的种种革新方案遭到的失败而产生的一种失望情绪的反映。

此外，德奥文化圈学派的主要代表人物还有弗罗贝纽斯，有关内容见"非洲民族学"部分。

第三节 德奥文化圈学派之评价

传播学派虽然风行一时，但是由于它过分强调了传播的作用并忽视了每一民族都有其独立创造性的一面，因而最终走进了死胡同。他们把文化现象同其创造者——即人和人民割裂开来，无视作为创造力量的社会的人的作用。这一学派，或者把文化完全机械地理解为只能在空间上移动的僵死事物的集成（格雷布纳），或者把文化看作是某种不依赖于人的活生生的独立的机体（弗罗贝纽斯），或者出现全部文化在一个点上一次产生和以后才分布于全球的思想（埃利奥特—史密斯和佩里）。传播主义者各种具体理论的牵强附会和毫无根据，就是这个根本缺陷造成的。他们所主张的一个或数个全世界的发明中心的理论，已经被当代科学所否定。

不过，某些经过修正的观点——如许多文化特质可能起源于数量有限的社会之中，以后再通过模仿和迁徙而扩散——则逐渐被人所接受。除此之外，传播学派对于很多重要问题，均难以回答。例如，为什么某一特殊的文化因素会在某一特定地点产生？为什么会产生传播？为什么人类集团在接受外来的影响时会接受某些文化因素而摒弃另外一些？工具或技术的传播、借用与宗教或风俗习惯的影响能否同等看待？等等。

尽管如此，传播学派仍然有其积极的建树。传播主义理论的出发点是正确的。同抽象地、在时间和空间之外考察人及其文化的进化主义者相反，传播主义者完全合理地提出了各民族间具体的文化联系问题。他们指出了被文化进化论学派所忽视了的一个重要的社会现象，这就是：不同文化之间互相接触、互相作用的模式的区别；人类集团互相适应的方法以及他的适应自然环境的方法之间的区别。正是在这一领域之内，美国学者莱斯利·怀特、朱利安·斯图尔德及其学生们在重建文化进化论的理论时，开始了新的探索，进而形成了新文化进化论学派。

有无文化传播这个问题，曾屡次引起带有感情色彩的争论。正如海涅—格尔德恩（1885—1968）所指出的那样，所谓传播主义并非是必须遵循的教条，而是适合于解释文化的某种现象的一种方法。不应该把所有现象牵强附会地解释为传播的结果。但在照顾到事实的前提下，用文化传播理论可以说明的地方就应该用此方法加以说明。

有关文化传播的研究，基本上是文化史研究的一部分。在此意义上，新维也纳学派和文化形态学派虽然继续着民族研究，但放弃了轰动一时的"文化圈"理论。在美国，人们虽然以越来越精炼的方法继续着文化传播的研究。但把文化理解为机械性复合体的观点已销声匿迹。看一下当今传播研究的动向，可以说它正成为一门注重事实与传播条件的学说，既有以统计学为主的研究，也有把文化传播视为过程并探索其过程的阶段和条件的研究。

最后，让我们以马克思、恩格斯于1895年在《德意志意识形态》一书中的论述来结束对传播学派的评价，在书中，马克思、恩格斯亦提出了这个思想，他们写道："某一个地方创造出来的生产力，特别是发明，在往后的发展中是否会失传，取决于交往扩展的情况。当交往只限于毗邻地区的时候，每一种发明在每一个地方都必须重新开始；一些纯粹偶然的事件，例如蛮族的入侵，甚至通常的战争，都足以使一个具有发达生产力和有高度需求的国家处于一切都必须从头开始的境地。在历史发展的最初阶段，每天都在重新发明，而且每个地方都是单独进行的。"所以，马克思和恩格斯提出了各民族交往的作用及其对生产力和文化发展的意义问题，无疑是对文化传播思想在这一方面的肯定。

第六章　俄国民族学的形成与发展

第一节　俄国民族学的形成及其特点

俄国的民族学源远流长。早在 12 世纪初，俄国就出现了包含民族学资料的文献《往年纪事》。在后来的俄国编年史和其他的游记等各类文献中，也保存有大量的民族学资料。15 世纪中叶，一位俄国商人阿·尼基丁到印度旅行，写了《三海巡游记》一书，被看成是当时具有资料积累性质的"最有名的民族学著作"。

从 16—17 世纪起，沙皇俄国扩张到西伯利亚广大地区，出现了很多包含这一地区及其毗邻国家各民族的民族学资料的著作。其中含有关于中国东北、内蒙古与新疆等地区的资料，这些资料有公职人员的"述职书"、西伯利的"报告书"、17 世纪的税册、西伯利亚及其居民的"通览"等，它们都较为详细地记录了各地有关民族的分布、人口、经济结构、社会制度、风土人情和礼仪。例如，尼古拉·斯帕法利的《西伯利亚游利》、里·克利然尼奇的《西伯利亚史》、尼古拉·斯帕法记的《犹国记述》、格利戈里·诺维茨基《奥羌茨克人简史》等。

18 世纪，俄国组织了大规模考察队到各地进行调查。B. H. 塔吉舍夫于 1734 年拟定的《俄国各民族民族学调查大纲》，是世界民族学史上最早的一个民族学调查大纲。

经过多次科学调查后，出版了柯拉舍尼科夫的民族学著作《堪察加地方志》和格奥尔基关于俄国民族志的第一部综合性著作《俄国国内各民族生活礼节、信仰、习俗、住宅、衣服及其他纪念物的记载》。还有罗蒙诺索夫的《俄语文法》《俄国古代史》《俄国人的繁育及生存》。

18 世纪后期，俄国民族学的传统内容民俗学方面的著作也出现了许多，奇尔科夫的《杂曲集》《民间故事集》和《俄罗斯迷信辞典》，等等。

19 世纪时，随着俄国对外扩张政策的需要，有许多俄国公职人员、商人、传教士和旅行家进行了数次环球考察，他们搜集了大量的有关太平洋诸岛的民族学调查资料，编写了各种调查报告和论著，还有许多传教士、旅行家来到中亚地区和中国，搜集了大量关于民族学的调查资料，写出了《民族学汇编》一书。

1845 年，俄国地理学会成立，学会设有民族学学部。从此，俄国民族学进入了一个重要发展阶段，这是民族学在俄国成为一门独立学科的重要标志。该学部散发了许多民族学的专门调查提纲和征集民族学的通告，形成了广泛影响，从此，民族学资料的收集开始具有系统性。自 1853 年到 1864 年，该学部将大批资料进行整理、校订，并出版了俄国最早的民族学的定期刊物《民族学汇编》。

从 1861 年农奴制改革之后直到 19 世纪 80 年代，西方民族学思想渗透到了俄国。这时，大量翻译西欧和美国的民族学学术文献充分证明了该点。当时，用俄文出版的著作有斯宾塞、卢伯克、泰勒、佩舍尔、利伯特、勒图尔诺和摩尔根的作品。马克思、恩格斯的有关民族学的经典著作也被译成了俄文。

在俄国民族学家中，有不少人赞同文化进化论学派的观点，如 И. Н. 斯米尔诺夫、М. И. 库利舍尔、М. М. 科瓦列夫斯基、Н. Ф. 苏姆佐夫、С. С. 沙什科夫、М. В. 多弗纳尔—扎波尔斯基、Э. Ю. 佩特里、Н. Н. 米克鲁霍—马克莱，稍后的有 Л. Я. 什顿伯格、Н. Н. 哈鲁津、Д. Н. 阿努钦，等等。①

俄国民族学界的民主派和保守派日益分化。俄国民主主义者大力宣传自己的学说，在思想上受到了赫尔岑、别林斯基、车尔尼雪夫斯基等民主主义者的影响，并在一定程度上受到马克思主义思想的影响，出现了大批进步的民族学家，同时也开始形成了以地区为基础的民族学研究中心与对俄国有较大贡献的民族学派，等等——如莫斯科的阿努钦和柯瓦列夫斯基学派与彼得格勒的什捷恩别尔格和波哥拉兹学派；民族研究的其他机构有

---

① ［俄］托卡列夫：《外国民族学史》，汤正方译，中国社会科学出版社 1983 年版，第 63 页。

民族学博物馆；民族学杂志有自 1889 年出版的《民族学评论》和自 1890 年出版的《古风今存》。纵观俄国民族学的发展史，其特点是：

第一，其研究方向主要在于本国民族及其殖民地民族。在 19 世纪 90 年代以前，俄国学者虽受西方民族学各流派的影响，但这种影响不甚明显。也有人认为其受西方各学派理论思想的影响较大，这是我们难以苟同的。如果谈到影响，也仅仅是受文化进化论学派的影响较大一点。而俄国民族学者"采纳外国民族学中某些学术观点，通常只利用其有用的方面，主要是方法论方面"。在"十月革命"前，俄国民族学主要是对俄罗斯民族和沙皇俄国的其他少数民族进行广泛研究，尤其对其民间传说、社会生活、家庭、物质文化和精神文化的研究给予特别重视，并写出了一大批专著。因此，俄国的民族学研究显然具有俄国的"民粹性"。

第二，殖民性。19 世纪中叶，随着世界资本主义由"自由"向垄断的发展，沙俄帝国政府加紧了它的对外扩张。其侵略矛头主要指向亚洲的中亚和远东。俄国首先以考察、探险、旅行、经商、传教为名，派出大批御用学者和传教士到各地活动。正是由于沙皇帝国主义政府所实行的殖民主义扩张政策，推动了俄国民族学走上了独立发展的道路，形成了带有本国特色的民族学流派——如阿努钦和波哥拉兹等学派。勃罗姆列伊认为，俄国民族学具有"彻底的人道主义精神，极端反对任何形式的种族主义"。[1] 这未免过于粉饰和夸大了。实际上，俄国的民族学的发展是伴随着俄国政府对其周边民族的侵略扩张政策的加快而发展的，其殖民性是显而易见的。

第三，俄国民族学的思想理论具有双重性。由于沙俄政府残酷压迫和剥削各民族人民，激起了各民族的强烈反抗。1905 年的革命推动了进步思潮的发展——马克思主义的广泛传播。所以，在俄国民族学中，不仅存在反映保守的乃至殖民扩张要求的、唯心的思想理论，而且也存在反映进步的、科学的、唯物的、马克思主义的思想理论，正是这样两种不同的发展倾向构成了俄国民族学中的两种不同的传统。这种双重性，是由于俄国的地理环境、历史传统、思想影响和现实政策决定的，是俄国民族学特有的，是与西方国家有所相似又有所不同之处。

---

① ［俄］勃罗姆列伊等主编：《民族学基础》，赵俊智译，中国社会科学出版社 1988 年版，第 31 页。

第二节　俄国民族学的主要代表人物

俄国民族学在不同时期出现过不同的代表人物，现按其历史先后和研究方向，分类如下。

一　19 世纪末期前俄国民族学的代表人物

哈内科夫（1822—1878），是俄国民族学家、地理学家，是 Я. В. 哈内科夫之弟，在高加索、布哈拉、伊朗作过多次旅行。他著有《布哈拉汗国记述》（1843）一书。1858—1859 年，他率领考察队前往霍拉桑，考察结果由他发表在《关于中央亚细亚南部的简述》（1861）、《波斯民族学简述》（1866）以及其他著作中。

维尼阿米诺夫（1797—1879），是俄国民族学家、自然科学家。以 1824—1839 年到阿留申人和俄属美洲其他部族中传教闻名。在俄国民族学史中，无论就其观察的深刻和精确，或就其搜集的材料有特殊的历史价值来看，他的著作都具有重要意义。其著有关于阿留申群岛和阿留申人文化的重要专论，研究了印第安部族特林基特人的情况，编写了第一部科学的阿留申语法，其他重要著作还有《乌纳拉作卡诸岛记》。他提出了阿留申人和岛上原始民族的民族起源问题。他描述了阿留申人的社会制度，说明阿留申人保存着相当浓厚的母权继承制残余，而父权社会的形式还不发达。他是翔实地记述甥舅权、母权制婚姻和母系氏族财产继承权的学者之一。他还叙述了一夫多妻制和群婚形式以及人所共知的"互换妻子的风俗"。

波格丹诺夫（1834—1896），是俄国人类学家、动物学家、民族学家，是俄国人类学的奠基人，也是卓越的科学家、社会活动家。俄国早期人类学研究机构的发展和科学知识的普及都和他的名字分不开。根据他的倡议，曾先后建立了自然科学、人类学和民族学爱好者协会（1864），举办了民族学展览会（1867）、综合技术展览会（1872）和人类学展览会（1879），这些展览会为后来莫斯科的综合技术博物馆和人类学博物馆的建立奠定了基础。俄国许多杰出的动物学家和人类学家——如阿努钦、佐格拉弗、明兹比尔、库拉庚等，都出自他的门下。他除了写有动物学专著外，其人类学的著作更为著名，主要论述了俄国古代人类的头骨，有

《莫斯科巨冢时期的人类资料学》（1867）、《关于波尔瓦省西徐亚—萨尔马特时期的墓穴和西徐亚人头骨》（1880）、《人类学中的默里亚人》（1879）、《石器时代人类的颅骨和骨骼》（1881）及其他著作。这些著作是俄国人类学方面最早的学术论著。在这些著作中，他有系统地阐述了关于民族分类和人种类别的单位在原则上的差别，以及他对种族和民族、种族和部族的各种概念的看法。在《论头骨学的任务》（1868）的讲演中，他得出结论说："部族在语言、生活和习惯上的相近，还不能肯定种族是同源。"他在许多著作里还提出这样的假说：同一民族类型一开始可以是不同的人种集团的组成部分，而形成每一个别的人种集团的民族基础可以各不相同。他批判了民族主义和人种集团的民族基础可以各不相同的观点，也批判了民族主义和民族人种多元论的理论。他共著有 40 余种人类学、民族学的著作和 30 多种动物学著作。

　　米克鲁霍·马克莱（1846—1888），是俄国著名的民族学家、旅行家和地理学家，是俄国对大洋洲各民族的研究者，也是第一位研究伊利安东北岸居民和自然界的学者。他出生于一个具有民主思想的家庭，年轻时受到民主主义运动思潮的影响，他的世界观也是在这种运动的影响下形成的。在德国留学毕业后，1869 年，他游历了红海沿岸后回国。马克莱的初期科学活动，先是从事动物比较解剖学的研究，后来，由于多次外出旅行，他对地理学和各地居民的文化与习俗发生了兴趣，开始集中主要精力研究民族学、地理学和人类学。他赞成关于各民族的种族特征和文化特征是自然环境和社会环境影响下形成的看法。为了得到事实论证，他决定到太平洋诸岛去研究"巴布亚人种"。1870 年 10 月，在俄国地理协会的帮助下，他到了新几内亚。最先，他去新几内亚的东北岸，然后，又考察了西南岸居民——这个海岸至今仍叫马克莱海岸，马克莱在巴布亚人中间生活了 15 个月并获得信任与爱戴。自 1873 年起，马克莱先后访问了菲律宾与印度尼西亚并两度到马六甲半岛旅行，考察塞芒和萨开部落。在完成西密克罗尼西亚和北美拉尼西亚的旅行后，他又去澳大利亚访问考察。1882 年，马克莱编写了许多民族学考察报告与论著。他的最大的功绩就在于搜集了大量丰富的民族学资料并坚决地提出了关于人类各种族的人种统一和亲缘关系的问题，驳斥了种族主义者的优等民族与劣等民族的反动理论。他还强烈地揭露了殖民主义者对土著居民的暴行和抢劫。

　　为了纪念马克莱在学术上所做出的贡献，1947 年，苏联民族学研究所改名为"米克鲁霍·马克莱民族学研究所"。

哈鲁津（1865—1900），是俄国民族学家。他是阿列克塞·哈鲁津、米哈伊尔·哈鲁津和薇拉·哈鲁津娜的弟兄，他们在一起做过许多工作。他是自然科学、人类学和民族志爱好协会和考古学会很活跃的成员。在1886—1896年的10年间，他在俄国做了多次旅行，进行了广泛的收集工作。他设法使莫斯科各高等学校设立了民族学课程，之后，第一个（自1898年起）在大学和拉扎列夫东方语言学院讲授民族学。他的著作中意义最重大的有专题学术作品《俄国拉普兰人今昔生活概况》（1890），还有关于住宅历史的著作《劳兰人住宅发展史纲》（1895）和《俄国游牧和半游牧突厥部族和蒙古部族住宅发展史》（1896）。他的大学讲义《民族学》在他死后由阿列克塞·哈鲁津和薇拉·哈鲁津娜编辑出版（4卷，1901—1905）。他的主要学术兴趣是关于习惯法、家庭、民族、信仰等方面问题。在理论观点方面，他是坚定不移的进化论者。他的功绩在于把18—19世纪各个考察家所收集的关于俄国民族的许多民族学资料（其中一部是他自己的）加以系统化。他在自己的工作中切实地运用了后来成为俄国民族学派特点的、符合民族学研究及其相近科学资料的原则。

二 20世纪初至"十月革命"前后民族学界之代表人物

马克西莫夫（1831—1901），是俄国民族志学家、作家、科学院名誉院士（1900），著有许多根据民族志资料写成的随笔和短篇小说。他在俄国作过多次旅行。他研究各民族农民、农工和城市居民的生活习惯，特别注意工人劳动组合以及各种社会集团的语言和民间创作。他对俄国的少数民族抱着沙文主义的态度，但他的作品中的事实材料是根据观察所得的，都具有确实的民族学价值。马克西莫夫所著《北方一年》（2卷，1859）一书包括了许多民族史和经济资料，是对于渔猎场生活的描写以及关于北方民族习俗的典型民间创作。由于这本书，马克西莫夫获得了俄国地理学会的小金质奖章。马克西莫夫的著作《成语——被遗忘的词汇和民间谚语的注释》（1890），也很有名。他所著的描写阿穆尔边区殖民地化的《在东方》（1864）一书和《西伯利亚与苦役》（3卷，1871）一书，都具有民族学和史料价值。

伊万诺夫斯基（1863—1903），是俄国学者、汉学家，1885年毕业于彼得堡大学东语系，1887年通过了硕士学位论文《中国西南部的异族人》

的答辩，1889 年由于《云南的异族人》这本著作而获得了中国文学博士学位。在基于研究中国的百科全书和历史文献而写成的学位论文中，伊万诺夫斯基反驳了西欧资产阶级学者关于中国人类来自西方的论调，并证明了中国各民族历史发展的共同性。他曾于 1889—1891 年到中国考察。自1891 年起，在彼得堡大学从事教学和学术活动。除了汉语之外，他还通晓满语、蒙语和藏语。他还研究俄中关系史、佛教问题，编选了文集和辞典。

潘土索夫（1849—1909），是俄国民族学家、民俗学家、地理学家，是研究中亚和哈萨克斯坦的考古学家。他在谢米列奇作过多次旅行并在该地担任过该州管理局专员一职（1883—1908）。他搜集和整理了关于哈萨克人和维吾尔人生活和民间创作方面极其丰富的民族学资料。潘土索夫的许多论文是关于谢米列奇考古学方面的。他对于中国伊犁地区作了关于经济学和民族学方面的珍贵记录，写了许多历史学、民族学方面的著作。他的代表作有：《吉尔吉斯民间文学范例》（1909）、《科帕耳县古迹》（1899）、《塔姆如洛—塔斯》（1899）、《阿拉伯地理学家关于中亚细亚的资料》（1909），等等。

布拉托维奇（1870—1910），是俄国旅行家、民族学家、俄国地理学会会员。1896—1899 年，曾数次完成埃塞俄比亚西南和西部地区的旅行，对未经考察的地区进行了测量。在他所著的书和未发表的日记中，有许多关于地理学和民族学的知识材料。他对埃塞俄比亚的民族有特别的研究。

柯瓦列夫斯基（1851—1916），是俄国著名的资产阶级社会学家、历史学家和民族学家。其著名作品有《家庭及所有制的起源和发展概论》。

柯瓦列夫斯基毕业于哈尔科夫大学法律系，自 1877 年起任莫斯科大学国家法和法律史教授。1887 年侨居国外，先后在斯德哥尔摩大学、牛津大学、布鲁塞尔大学、芝加哥大学执教。1905 年回国任彼得堡大学教授。

柯瓦列夫斯基早年与马克思、恩格斯有来往。他在学术上的主要贡献是：根据北美印第安部落及印度、阿尔及利亚各地的实例，研究了公社土地占有制的类型和发展过程。搜集了大量历史材料和民族学调查材料，进一步阐述了在原始社会瓦解过程中形成的父权制的家庭公社和农村公社的两种独特形式的社会细胞组织。论证了一条原理，其就是：家庭公社和农村公社不是各民族内部固有的非此即彼的形式，而是公社组织依次的发展阶段；家庭公社是公社的古老的形式。后来，柯瓦列夫斯基在研究了氏族制度之后，放弃了最初的分类，认为农村公社是氏族公社的继承者。

根据柯瓦列夫斯基本人的解释，促使他从事公社及其土地所有制问题研究，进而创作《公社土地占有制》一书的思想动力，主要来自晚年马克思对他的学术影响，特别是对于他的关于探究人类原始公社、原始家族制度等问题的建议和鼓励。关于这一说法，他后来曾在《回忆卡尔·马克思》一文中作了说明。他在该文中写道：他与马克思之间的个人交往是非常愉快的，马克思亲切地把他看成"学术上的朋友"，并经常对他的研究方向提出中肯的建议和意见，这些建议和意见对他确立未来的学术目标，具有非常直接的思想导向作用。他坦言："假如没有和马克思认识，我很可能……不会去研究欧洲的经济发展。"他还证实，在他涉足公社土地所有制研究领域之前，马克思很早就对这一问题有了长期的关注和思考，在两人交往的时期里，这一问题始终是马克思关注和思考的重要问题之一，正是马克思对公社及其土地所有制问题的高度重视，促使了他对这一问题发生兴趣，并进而写出研究这一问题的专著《公社土地占有制》。柯瓦列夫斯基研究公社及其土地所有制问题、创作《公社土地占有制》一书，主要是与他探索原始社会、文明起源问题的理论初衷有关，而不是与探讨什么"东方国家的发展道路、未来前景问题"有关。①

马克思、恩格斯对于柯瓦列夫斯基这些论述，给予了很高的评价。恩格斯在《家庭、私有制和国家的起源》一书第四版中，根据柯瓦列夫斯基的论著作了很多专门的增补。恩格斯说："我们感谢马克西姆·柯瓦列夫斯基（《家庭及所有制的起源和发展概论》），他向我们证明了，今天我们在塞尔维亚人和保加利亚人中还可以见到的那种称为扎德鲁加和胞族社会的家长制家庭公社以及在东方各民族中所见到的那种形式有所改变的家长制家庭公社，乃是一个由群婚中产生并以母权制为基础的家庭到现代世界的个体家庭的过渡阶段。至少对于旧大陆各文化民族说来，对于雅利安人和闪米特人说来，这一点看来已经得到证明了。南方斯拉夫的扎德鲁加是这种家庭公社的现存的最好的例子。在俄国也继续存在着这种大家庭公社。"

罗文斯基（1831—1916），是俄国斯拉夫民族学家、旅行家。为了进

---

① 来源于林峰《柯瓦列夫斯基笔记主题新探》，《人文杂志》2008 年第 1 期。

行民族学研究工作并作为许多出版物的通讯员，他曾经赴捷克和斯洛伐克（1860）、塞尔维亚（1860—1870）、西伯利亚东部（1870）、蒙古国（1874）、波斯尼亚和黑塞哥维那（1878）作过多次旅行。1879—1906 年，他住在门的内哥罗。他的著作《门的内哥罗的过去和现在：地理—历史—民族学—考古学—现在情况》（3 卷，1888—1915）是全面研究这个国家和人民的成果。他发表了许多关于民族学、历史学和语言学问题的著作，以及许多政论性论文。主要著作有：《1867 年塞尔维亚旅行回忆》（1875）、《塞尔维亚的摩拉瓦河》（1876）、《1848—1849 年的捷克人》（1870）、《我在蒙古的漫游》（1874）、《关于西伯利亚方言特点的评论和词汇》和《西伯利亚东部概要》（1875）等。

马尼捷尔（1889—1917），是俄国民族志学家兼语言学家。1912 年毕业于彼得堡大学历史语言和物理学系。1914 年参加俄罗斯第二次南美考察队。在一年半的时间内，他在巴西印第安人部族和城市居民中进行了民族学资料和语言学资料的搜集工作，同时为民族志博物馆搜集了收藏品。他所编巴西四个印第安部族语言辞典以及关于被迫迁入居住区的保托库德人（巴伦人）的生活条件的资料具有科学价值。他的代表作有：《1915 年所考察的保托库德人（巴伦人）》（1916）、《兰格斯多尔夫院士巴西考察队（1821—1828）》。

腊德洛夫（1837—1918），是俄国语言学家、民族学家、突厥语专家、科学院院士（1884 年起）。他先后在西伯利亚、阿尔泰山区和土耳克斯坦各地进行民族学和考古学的发掘达 10 年之久。1891 年组织并进行了鄂尔浑河（蒙古国）流域的考察，1898 年，组织并进行了吐鲁番的考察（后发表了考察材料）。在他的倡议下，成立了俄国中亚和东亚研究委员会，并开始研究中国新疆的古代文物。他曾参与彼得一世陈列馆的复原工作，从这个馆分出了民族学部分，并成立了人类学和民族学博物馆。他还以研究死的和活的突厥语而著名；著有内容丰富的方言集《南西伯利亚和准噶尔荒原突厥部落的方言》（10 卷，1866—1907），还翻译了很多民间创作。曾与扬姆森共同译释《突诚语远古文献—鄂尔浑碑铭》《蒙古境内古代突殷语远古文献》（3 卷，1894—1895）。他是突厥语历史比较研究的奠基者之一。著有《北方突厥语比较语法》（1 卷，1882）、《突厥方言词典试编》（4 卷，1888—1911）及其他著作。

波塔宁（1835—1920），是俄国地理学家、旅行家、民族学家。曾到中国蒙古和西伯利亚进行过考察。1859—1862 年在彼得堡大学求学。1863—1864 年参加了俄国地理学会组织的由俄国天文学家司徒卢威率领的斋桑湖和塔尔巴哈山脉考察队，并同司徒卢威一道对于到过的地方作了详细的记述。受俄国地理学会的委托，他从 1876 年至 1899 年先后对蒙古国西部、中国北部、中国西藏东部、中国内蒙古中部、中国大兴安岭等地进行过考察。由于他的考察结果，搜集了许多民族学、地理学的珍贵的、丰富的资料。其中包括关于为数众多的突厥部落和蒙古部落的资料，还有关于唐古特人、汉人、东干人及其他各民族的资料；他记录了 300 多首东方史诗作品，其中一部分经他整理后发表。

据文献记载，波塔宁曾到过中国甘肃、青海进行考察，这是波塔宁第一次深入中国西北内陆的甘青地区。1884 年 5 月底，波塔宁一行从北京出发，自东北向西南穿越鄂尔多斯东部，经准噶尔王公营地、扎萨克旗、乌审旗、鄂托克旗境，过灵州、靖远、兰州、河州，在今青海民和三川地区过冬并于次年 4 月中旬南下松潘。波塔宁的调查是国内外关于土族历史最早的系统田野调查资料，对土族史研究具有一定的参考价值。①

他的妻子波塔尹娜（1843—1893），是俄国第一个旅行中亚细亚的女旅行家和考察家。她曾历次参加考察队，对民族学和地理学作了有益的研究并著有中亚细亚民族学方面的许多重要著作。由于她所著《布里亚特人》（1891）一书的资料丰富，她曾获俄国地理学会的金质奖章。

约诺夫（1851—1922），是俄国研究雅库特方面的民族学家、民俗家、语言学家。他由于参加民粹派运动而于 1876 年被捕，经过 5 年的苦役后被流放到雅库特州定居。他在那儿收集了介绍雅库特人的生活、习惯、民俗、语言和基督教传入以前的各种信仰的大量相当珍贵的资料。此后，约诺夫参加了对雅库特进行考察的西比里亚科夫考察团和涅耳坎—阿扬考察团，编写了雅库特文初级读本，还参加了编纂有重大价值的、由彼卡尔斯基主编的《雅库特语词典》（1910），约诺夫回到彼得堡后，继续从事搜集民族学资料工作。他的丰富文献现在珍藏在当时的列宁格勒苏联科学院东方研究听。

阿努钦（1843—1923），是俄国著名的人类学家、民族学家、考古学家和地理学家。创立了莫斯科学派。

---

① 来源于《从波塔宁考察资料看土族族源》，《民族研究》2006 年第 4 期。

　　他从 1880 年开始领导了俄国第一个人类学和民族学教研室的工作。在莫斯科大学开设了人类学讲座。1884 年，任莫斯科大学的历史与文学系主任，该系内成立了一个地理学与民族学教研室，从这时起，莫斯科大学民族学开始进入了一个新的发展阶段。1891 年，阿努钦任莫斯科大学教授，1896 年为科学院院士，1898 年为名誉院士。

　　阿努钦写有民族人类学和人类起源学、民族志学、原始考古学等方面的著作数百种。

　　在人类学方面，他倡导并建立了人类学博物馆，主持编辑过《人种学评论》和《俄国人类学》杂志等。阿努钦在担任俄国博物馆学、人类学和民族学协会主席和地理学部主任时，表现出的是一个彻底的达尔文主义者，他是人类学中进步派的代表，认为"种族的界线跟部落和民族的界限……是不一致的，因为在一个民族中可能有不同种族的人们，同一个种族也可能包括许多民族和国家"；并指出，种族特征在时间上是可以变化的，强烈反对那种认为种族特征不可改变的主张。他揭露并批判德国沙文主义者利用人类学材料、证明日耳曼民族比其他民族"优越"的种族主义谬论。阿努钦的许多论述斯拉夫各民族人民的著作至今仍有很大意义，在他的《关于乌克兰人的人类学》一文中，批驳了沃尔柯夫等人关于俄罗斯人和乌克兰人之间存在显著的"人种"差异的理论。

　　阿努钦在国内外科学界都享有极高的威信，由他创立的莫斯科大学人类学民族学博物馆，在当时世界上颇为知名。他用考古学和民族学的材料写了许多历史著作，都具有相当高的价值。其著作的特点，就是善于综合利用人类学、考古学、民族学及其他学科的材料。他指出了拉策尔和"文化圈理论"的反历史主义的观点，对泰勒的进化主义观点也采取了批判态度。

　　阿努钦还培养了一大批民族学、人类学、考古学、地理学、博物馆学的专业人才，后来，这些人都成为苏维埃民族学派的主要代表人物。

　　"十月革命"后，列宁曾经指出，阿努钦是可以参加编纂苏维埃第一个世界地图集的渊博学者。1922 年，在莫斯科大学成立了以阿努钦命名的人类学研究所。1923 年，阿努钦去世。

　　什捷恩别尔格（1861—1927），是俄国著名民族学家。1912 年就担任彼得格勒科学院附属人类学和民族学博物馆馆长、彼得格勒大学教授。由于参加民意党而于 1886 年被捕，被流放到萨哈林岛（1889—1897）。他在该地主要从事尼福赫人的民族学研究。他制定出研究尼福赫人语言的科学方法。他主要研究了萨哈林岛和阿穆尔河沿岸土著民族的家庭—氏族关系、习惯法、信仰、民间创作和语言。他发现了恩格斯在《新时代》（1892 年第 1 卷，第 12 册）的一篇文章中所指出的基立亚克人的群婚和氏族分类体系。自 1900 年起，他任民族学组编辑，并为布罗克豪斯与叶夫仑合编的百科词典等写了许多文章。他曾参加过几次国际科学家会议（1903—1926）。他在一系列贡献中创立了基立亚克语言学，并指出了各种基立亚克语言和美洲语言的密切关系问题。他的专题著作《基立亚克人》（1905）证实了基立亚克族的存在，揭露出基立亚克氏族的本质，并澄清了社会组织的一般问题。他在摩尔根的影响下，认为亲属分类制（他先在基立亚克人中，后在几个通古斯族中发现了这种制度）是土兰—加诺万系的最原始形式，证明了这种制度是在他们的社会关系中合乎逻辑而自然地产生出来的，并且认为这种宗教是这种社会关系的离奇反映。他研究虾夷族，并宣称他们发源于大洋洲。他在理论方面是进化论者。他在俄国的地位相当于美国的摩尔根、英国的泰勒和里弗斯及荷兰的维耳肯。他支持人类一致的假说和社会根据规律单线发展的假说。他把早期进化论者的某些概念加以详细论述，例如，他不同于泰勒而把精灵崇拜分为三个阶段：第一阶段是把自然看成有生命的并人格化；第二阶段是精灵的概念的发展；第三阶段是灵魂概念的发展。由于受古典进化论学派的图解式和机械论方法的限制，他未能把进化看成是辩证发展的。

作为民族学教授和第一个民族学派的创始人（列宁格勒学派），他在苏联民族高等教育的发展方面起了重要的作用。他和腊德洛夫一起，大力改组了列宁格勒科学院附属人类学和民族学博物馆，创立了苏维埃民族学工作者学校。他有许多民族学著作被收入在已出版的《基立亚克人、奥罗奇人、果尔特人、涅吉达尔人、虾夷人》（1933）等书中，没有收进这些文集的只有《关于研究基立亚克语和民间创作的资料》（1908）和一些其他文章。

巴托尔德（1869—1930），是俄国东方学家、民族学家、科学院院士。瓦西里·弗拉基米洛维奇·巴托尔德（俄语：Василий Владимирович Бартольд）（1869 年 11 月 15 日—1930 年 8 月 19 日），生于圣彼得堡一个俄罗斯化了的日耳曼人家庭。1887 年毕业于圣彼得堡第八文科中学，同年秋天进入圣彼得堡大学东方语学系阿拉伯—波斯—突厥—鞑靼语专业学习。1893 年，通过硕士考试。1896 年，接受副教授职衔，开始在圣彼得堡大学任教。1897—1901 年，任圣彼得堡大学古钱储存室保管员。大学时代专攻阿拉伯语、波斯语、突厥、鞑靼语，去德国留学时致力于伊斯兰教的学习和研究，专攻中东、近东及中亚史。为深入探讨中亚民族史，他多次去中亚实地考察。他在钻研阿拉伯、波斯、突厥等文件的原始资料的基础上，写出自己的成名巨著《蒙古入侵时期的突厥斯坦》。1901 年，巴托尔德任彼得堡大学教授；1906—1910 年，任东方语言系秘书；1910 年，被选为科学院通讯院士；1913 年，升任终身院士。

1891—1930 年，他完成了有关中亚、西亚各民族人民的历史、地理、经济、文化以及宗教、民俗方面的论著 400 余种。在 20 世纪 20 年代，他在东方中世纪史领域的主导地位已经取得国内外的承认，他的许多著作有外文译本，他也是国际上声誉很高的《伊斯兰百科全书》第一版的多章的撰稿人、美国哈佛大学教授《剑桥伊朗史》的编委之一。弗赖伊写道："约·马迦特与瓦·巴托尔德的著作都是研究中亚历史的基本读物，前者是伊斯兰教兴起以前时期的基本读物，后者是伊斯兰教兴起以后时期的基本读物。"[①]

"十月革命"后，巴托尔德领导东方学家委员会及其会刊，曾建立东方学图书馆。主要代表著作还有：《1855—1905 年彼得堡大学东方语言学活动概述》《欧洲和俄国东方学史》《七河流域史》《哈里发和苏〈伊斯兰教〉》等，另有文集多卷。

哈鲁津娜（1866—1931），是俄国第一个民族学女教授，著名的民族学家阿列克塞·哈鲁津、米哈伊尔·哈鲁津和尼古拉·哈鲁津的妹妹。自1907 年起，她在莫斯科高等女子学校和考古学院开始教学活动，她的讲义曾经三次出版，其中包括死后出版的《民族学导论》（1941）。她曾随其兄尼古拉·哈鲁津赴奥洛涅茨省和阿尔汉格尔斯克草原、波罗的海沿岸、克里木和高加索旅行。在旅行后她出版了两本书：《在北方（旅行杂忆）》（1890）和《俄国非俄罗斯人的民间故事》（1898），并谈到许多个民族的各种概况。在尼古拉·哈鲁津死后出版的讲义《民族学》4 卷（1901—1905）中，她编制了内容丰富的俄国和外国民族学著作及译本索引，以此作为附录（《民族学著作书目资料》）（1904）。她在革命前俄国

---

① ［美］R. E. 弗赖伊：《奈尔沙希撰布哈拉史译注》，1954 年版，第 162 页。

和后来的苏联为普及民族学作了许多工作。她的理论观点和她的兄长们一样，是在进化论的影响下形成的；后来，在教学法方面则受到了其他学派（以社会学派为主）的某些影响。她的方法论的折衷性特别鲜明地表现在她的讲义《民族学导论》中。她主要研究的是宗教信仰问题（家庭礼仪、对火的崇拜、拜物教）和民间口头创作等。

格鲁姆—格尔日迈济（1860—1936），是俄国最著名的中亚考察家之一，俄国地理学会的积极活动家、民族学家。1884 年毕业于彼得堡大学数理系自然组。1884—1887 年旅行于布哈拉山区、阿尔泰、帕米尔、喀什噶尔山区和天山。4 年的考察结果，促使他写成了《帕米尔一带地区简述》等著作。1888 年，他旅行于中乌拉尔，1889—1890 年，他率领俄国地理学会组织的大规模考察队赴中国的东天山、准噶尔、北山、南山和戈壁考察。他在《中国西部旅行记》（3 卷，1896—1907）一书中总结了1889 年至 1890 年旅行的成果。在这部著作里，他还从历史学和民族学方面论述了所考察的各个地区。从 1903 年至 1914 年，他先后旅行于蒙古国西部、图瓦、远东、土库曼、外高加索、西伯利亚，写了大量关于亚洲地理、中亚民族史和民族学等问题的论文和札记，出版著作共有 200 多种，其中最重要的著作是《蒙古西部和乌梁海边区》（四册三卷，1914—1930）。在这部著作中，他结合该地历史、民族对该地地理学、民族学、地质学作了详细记录。

波哥拉兹（1865—1936），是俄国著名民族学、民俗学、语言学家。由于参加民意党，他被沙俄政府流放到科累马河一带，由此开始了民族学研究活动，后参加楚克奇民族考察队，自 1918 年开始先后任科学院人类学与民族学保管员、保管部主住，列宁格勒大学教授。他曾亲自参与建立北方民族研究所和北方委员会的工作，还是给北方民族创制文字的倡议人之一。他还参加了俄、美合作的由著名美国民族学家博厄斯领导的"北太平洋考察队"，著有《楚克奇人》和《西伯利亚的爱斯基摩人》两种专题调查报告。他的论述亚洲东北部各民族语言的著作，对创制文字起了巨大作用。他兴趣广泛，收集的民族学、民俗学的资料极为珍贵。在学术观点上受美国博厄斯学派的影响，在世界民族学界享有盛名。

马洛夫（1880—？），是俄国及前苏突厥语系学家、民族学家、苏联科学院通讯院士（自 1939 年开始）。写有突厥语系民族的历史、民间口头创作、民族志学、古代语和现代语方面的许多著作。曾师从俄罗斯著名学者卡塔诺夫和腊德洛夫。他研究过中国西部和中部——新疆和甘肃境内的维吾尔族的语言和日常生活（1909—1911、1913—1915）并科学地叙述了中国裕固族的语言，还搜集了有关中国新疆维吾尔语方言的许多材料。他发现了《金色的光辉》这部古维吾尔语独一无二的手稿。他译解、翻译和发表了古代突厥语言的许多文献。他还参加了为许多突厥语系民族创造文字的工作。

马洛夫一生共发表论著 150 余种。对古代突厥语和裕固语研究作出了重要贡献。1928 年，他整理出版了腊德洛夫遗著《回鹘语古代文献》。他在按语和注释中改正了腊德洛夫的许多错误。马洛夫的代表作有：《古代突厥语文献》《叶尼塞突厥文献》《维吾尔语（哈密方言）》《罗布泊语》《裕固语词汇和语法》《蒙古和吉尔吉斯斯坦的古代突厥文献》《新疆维吾尔语方言》《裕固语（长篇材料记录和俄译文）》等。此外，马洛夫还积极参加了苏联各突厥民族文字的创制和改革工作，在培养苏联新一代突厥学专家方面也作出了不少贡献。

第七章　欧洲其他国家民族学的形成与发展

第一节　南欧、东欧各国之民族学

一　意大利民族学概述

意大利的民族资料和民族知识的积累是很早的。1826 年，意大利地理学家阿德里亚诺·巴尔比发表了《民族学地图》，较详细地介绍了民族分布。1871 年，在佛罗伦萨建立了"意大利人类学和民族学学会"，开始系统地研究民族学，同时，在罗马也建立了同样的学会。这一时期涌现出许多旅行家、传教士、民族学家。在这里值得一提的是皮特雷。

G. 皮特雷（1843—1916），是意大利民族学的奠基人之一。曾在巴勒莫工作，是多卷本《西西里民间创作丛书》的作者，他既是浪漫的民粹主义者，同时在学术观点上又受亚历山大·维谢洛夫斯基"历史学派"的影响。晚年，他曾讲授民俗学—民族学的课程。他的学生和继承者是那不勒斯著名的民族学教授拉斐尔·科尔索教授。

第二次世界大战后，一些非专业的人员却在民族学研究中取得了一定的成果：如 L. 西普里安对安达曼人住房进行了研究探索；天主教传教士 B. 贝尔纳迪整理和写出了许多有关非洲社会知识的有价值的文稿；建筑师斯皮尼兄弟二人收集和绘制了许多关于多冈人建筑物的详细图解和符号示例。第二次世界大战后，意大利民族学者的兴趣同过去一样，主要限于对精神文化的研究，对物质文化的研究仍进展不大。在 G. 科基亚拉（巴勒莫）、Π. 托斯基（罗马）、A. 奇雷塞（卡里亚里、撒丁）、K. 加利尼（卡里亚里、撒丁）的著作中，这些特点具有明显的表现。

第二次世界大战后，意大利民族学界出现了两位一流的民族学家：古生物学家 A. C. 布兰克（1906—1960）、史前学学家 E. 德·马尔蒂诺

（1908—1965）。布兰克针对文化史，提出了与扩散论者的臆断相对立的激发论假说；马尔蒂诺主要致力于意大利南部古老风俗和信仰的研究。他是民族学家 A. 欧莫德奥和 B. 克罗塞的学生，他于1941年以杰出的才华抨击了"历史主义"民族学方法和功能主义，后来他扎实从事民族学的田野实地调查，并取得了令人欣慰的成果。

　　接着，意大利民族学的研究项目和范围越来越大。他们从"研究农业社会的现代社会文化的动力学"到研究精神理论问题；列入重点研究的工作项目就有18种之多。老资格的民族学家 B. 贝尔纳迪主要倾向于研究社会人类学，结构主义民俗家 A. M. 契莱塞对意大利文化和个性的研究也取得了卓越成果。他在卡里阿利从事民俗学教学工作近15年，改革了对撒丁人的传统文化及其在近代变化的研究内容。他的大部分成果被收入在《撒丁人口学目录和图册》（内部通讯）七卷本中。他的学生 G. 安基奥尼直接从事于撒丁岛的传统工具、器皿和器械的搜集和研究。另一位民族学家布提塔主编了一本生动活泼的杂志《人类与文化》，其副标题是"民族学研究杂志"。他在西西里人的前途是"统一"还是"融合"问题上，对人类学研究做出了很大贡献。

　　从事欧洲以外社会和文化研究的民族学者主要有：E. 切鲁里和 V. 马可尼（热那亚民族学研究所）。他们主要对非洲象牙海岸安尼人社会结构进行了研究分析。马可尼还在乌干达作过实地考察，对男性的成丁礼予以了特别关注；切鲁里曾几次去秘鲁考察。G. F. 塞尔托里奥（都灵市）是一位官方的社会学家，他对约鲁巴人和其他西非人的土地占有制和政治结构进行过研究；另一位学者是 G. 科斯坦佐—贝卡利娅（比萨）对南美北部民族特别有兴趣，曾多次访问过委内瑞拉的比阿罗阿。V. 格罗塔内利是罗马大学的教授。他指导研究生和青年学者。他的研究活动在非洲，其研究范围是分析靠近加纳—象牙海岸边界、迄今仍很少被人了解的阿肯民族的恩泽马文化的几种结合情况。另外，他还曾指导过1974年的墨西哥的意大利民族学考察团，从事过关于太平洋海岸特旺特佩克地峡的华维人的社会结构和生态学状况的研究。

　　另外，值得一提的是朱塞佩·图奇，他对东方学的贡献是不小的。图奇（1894—1984），是意大利民族学家，是意大利人研究中国西藏的权威。罗马大学毕业后入伍（1915—1919），1933年始任罗马大学教授，讲授印度、东亚各民族的宗教、哲学。他曾屡次到中国西藏、尼泊尔进行学术考察，后到日本讲学。曾任意大利科学院院士，并担任中亚远东协会会长。他曾发表过《古代中国哲学史》（1922）、《道教的辩证》（1924）等著作，后来，倾注全力研究中国西藏古代美术，出版了包括学术考察结果在内的巨著《印度·西藏》（7 卷，1941）、《西藏画卷》（1949）；此外，还著有《曼陀罗的理论与实际》（1949）、《宗教的亚洲》等著作。图奇所著佛教学、西藏学巨著《梵天佛地》（Indo - tibetica）汉译本的问世，是中意学术界的一件大事。与《梵天佛地》同时出版的，还有一本辅助读物《探寻西藏的心灵——图奇及其西藏行迹》（简称《行迹》），收入不少有关图奇生平和著作的权威文章。①

总之，在第二次世界大战前后，意大利的民族学领域，无论研究内容还是研究范围都发生了显著变化。当时，在意大利国内设有人类学研究所，各大学内也设有民族学和人类学研究所等机构，出版有《民族学评论》等刊物，其取得的成果是非常可观的。

二 西南欧及东欧各国的民族学

在巴尔干半岛地区，关于塞尔维亚和霍尔瓦提的民族学研究十分活跃。塞尔维亚的著名民族学家有伊奥万·茨维伊奇、斯莫列尔、博吉希奇等。

伊奥万·茨维奇（1865—1927），是"人类地理学"学派创始人，他同拉策尔齐名。其代表作为《巴尔干半岛》。他所制定的巴尔干半岛各地区即所谓"文明区"的文化地理分类有着巨大的学术价值。对城乡居民点类型、传统建筑物类型分类方面的经验也很有意义。他还发起并编著了一套大型丛书：《居民点和居民的起源》。他的学生和继承者有：伊奥万·埃尔代利亚诺维奇、鲍里沃耶·德罗布尼亚科维奇等人。

斯莫列尔（1817—1884），是塞尔维亚历史学家、民族学家、民俗学家，塞尔维亚—卢齐支的民族复兴活动家、翻译家。1841—1843 年，在斯烈兹涅夫斯基的积极协助下，出版了（与德国学者豪普特合著）有关上卢齐支与下卢齐支的《民间歌曲集》，编纂了德语卢齐支语辞典（1843）。1847 年，他与其他卢齐支民族复兴活动家一起，在布迪申（包岑）创立了民族文化协会"塞尔维亚蜂王会"，1852 年，出版了《上卢

---

① 高山衫：《图奇与民国佛学界的书信往来》，《东方早报》2010 年 6 月 6 日。

齐支语法》。并于 1854 年担任该会机关刊物 *yaconacb* 的编辑。他还编辑过某些在德国出版、宣传斯拉夫人团结思想的出版物。

博吉希奇（1834—1908），是克罗地亚族人，出生于达尔马提亚的腊古扎，在南部斯拉夫社会中成长、成人后，成为南斯拉夫习惯法研究家、民族学家、民族法学家。先后在维也纳、慕尼黑、柏林、巴黎等地学习法律数年，获哲学博士、法学博士学位。自 1868 年起，曾任"军界"地区学校视察员，1869—1870 年，主持敖德萨大学斯拉夫法学史讲座，任教授。1873 年，俄国政府聘用他编撰法典。① 1874 年，他发表了亲自考察南斯拉夫习惯法的材料（萨格勒布）。民族法家梅因曾说："在我看来，这批资料给人的教益超过任何其他资料。"1879 年发表了《俄国习惯法概说》；1882 年完成了《财产法总编》（由达勒斯特和利维埃尔合译为法文，巴黎出版）；1886 年出版了《论门的内哥罗民法：关于制定所采用的原则和方法的浅谈》（1886）；1893—1899 年担任门的内哥罗司法大臣。辞去职务后，他专门从事民族法研究工作，并同伊雷切克合编了原编于 1872 年的、他故乡的著名法律著作《南斯拉夫人习惯法研究》，因而在斯拉夫民族法史中占有显著地位。

关于霍尔瓦提民族学研究，有著名的民族学家米洛万·加瓦兹济，他的著作《霍尔瓦提民间文化的结构》全面考察了霍尔瓦提农民习俗和文化的一切因素，对民俗学、民族学很有参考价值。另一位民族学家布拉尼米尔·布拉塔尼奇在霍尔瓦提民族学研究中起过杰出作用，他是全欧绘制欧洲民族学地图的科学联合会的领导者之一。

早在 19 世纪 80 年代，西班牙就开始建立了"民俗学"（即民族学）协会和小组。西班牙民族学家安东尼·马查多是最早的协会创始人。此后，在该国各地相继建立了一些类似的协会，如"安达卢西亚民俗学学会""托莱达诺民俗学会""加列戈地区民俗学会""瓦尔科—纳瓦罗民俗学会"等。西班牙的民族学主要研究机构叫"西班牙半岛民族学研究中心"，并发行自己的期刊，参与研究南北美洲各民族的活动。

葡萄牙民族学的研究情况与西班牙有点相似，只有地区性规模，而几乎无全国性的记述。研究机构有"葡萄牙文化人类学研究中心"，出版有《人类学和民族学辑刊》杂志。民族学家 ж·迪阿斯（？—1972）和他的

---

① 张紫晨：《中外民俗学词典》，浙江人民出版社 1991 年版，第 515 页。

一些同事在民族学研究方面比较活跃。

在希腊民族学中，当代取得的成果并不显著，只有在雅典科学院（院长曾是斯皮里达斯基教授）的"希腊民族学研究中心"保存了民间音乐的大量记录和民间乐器等。

在民族学研究方面，保加利亚也做了许多工作。其著名民族学家是伊万·希什马诺夫（1862—1928），他号称是该国民族学的"精神之父"，早在1889年，他就提出了民族学的研究任务。他还发起并领导了出版刊物——《民间创作和科学文集》的工作。另一位民族学家是季米特尔·马里诺夫，他出版了《口传古风文集》（第1—7卷，1891—1914）。此书是一部"广泛的民俗学—民族学资料集"。马里诺夫于1906年在索非亚还领导建立了人民民族学博物馆。

在民族学研究方面，匈牙利很早就进行了系统且卓有成效的工作，涌现出一大批著名学者，如物质文化学家别拉·古恩达、民俗学家季尤拉·奥尔图泰等。这些民族学家依靠广泛的地方民族学博物馆网，彻底运用历史方法来研究本民族的物质文化和精神文化（如伊什特万·哲尔菲学派就是代表者）。

在匈牙利的国外方面，匈牙利学者的兴趣主要集中在包括北欧、西伯利亚各民族、东方突厥语系及乌果尔—芬兰语系各民族身上，并涌现出一些著名的学者，如内麦特、索姆洛、库诺什、罗海姆等。

内麦特是匈牙利学者、突厥学家、芬兰—乌果尔学家。自1916年起任布达佩斯大学教授。研究土耳其、克里木、高加索（库梅克人）和伏尔加河流域（楚瓦什人）各地突厥族的语言、民间创作、文学和风俗文化。曾任定期刊物《乔辽希·卓玛档案》的编辑。他的主要著作是研究匈牙利语中的突厥语因素和匈牙利人部族成分，以及研究匈牙利民族的迁移时期和形成的情况等。

弗利克斯·索姆洛，是匈牙利的著名民族学者，代表作为《原始社会物质财富的流通》（1909）。他详细地考察了澳大利亚的土著民族、塔斯马尼亚人、鲍托库德人、火地人、安达曼人、菲律宾群岛的黑人、布西门人、加利福尼亚的印第安人、维达人、史前欧洲人以及某些发展水平较高的部落有关物质财富交换形式的全部资料。在深入考察的基础上，索姆洛得出的结论是，在所有这些部落与民族中都存在过各种各样的物质财富交换与流通的形式——有部落之间的交换、有部落内部的交换，它们同送礼习俗、宗教仪式、分配猎物、婚姻制度、继承习惯等交织在一起。他从原始社会经济活动的研究入手，这比简单的进化论者要深刻得多。

库诺什（1862—1945），是匈牙利科学院院士。他研究民间创作、民族学以及突厥语等各民族人民的语言，还研究匈牙利语言中突厥语成分问题。曾参加小亚细亚、埃及、巴尔干考察队。主要研究小亚细亚、土耳其人的方言，著有一些土耳其语教科书。

盖扎·罗海姆（1891—1953），是匈牙利弗洛伊德主义的追随者、民族学家。他不仅到过北美，而且到过大洋洲、非洲，并对民族学的历史文献很熟悉。他的著作中继承和发展了弗洛伊德学派的思想和观点，主要是：①他依据弗洛伊德关于父子对母亲的色情冲突思想来解释一切原始现象；②他通过对澳大利亚土著民族中的各种神话和习俗的分析，企图证明人类历史是"以爱罗斯为基础的"；③他认为人和动物一样获取食物，只需要自己，不需要与别人合作，所谓人的合作首先就是两性的合作；④他认为社会的分裂和发展，首先是分离出巫师，而后是商人，再后是手工农耕业，最后是驯养业；⑤他认为文化是"心理保护体系"，"色情是文明形成中可利用的材料"。所以，"文明是爱罗斯的产物"。他的代表作有：《澳大利亚的图腾崇拜》（1925）、《月亮神话和月亮宗教》（1927）、《临终的神和发身仪式》（1929）、《万物有灵论、巫术和神王》（1930）、《中央澳大利亚的妇女和她们的生活》（1933）、《狮身人面像之谜》（1934）、《文化的起源和功能》（1943）、《心理分析和人类学》（1950），等等。他的著作的特点是：收集了大量的土著民族的各种资料，但有许多分析是不科学的。

早在 19 世纪中叶，捷克斯洛伐克的民族学研究的基础，就由爱国者、教育家约瑟夫·多布罗夫斯基（1753—1829）及其弟子们奠定。他们创办的《捷克人民》（1892—1932）、《民族学学报》（自 1896 年开始）都含有丰富的民族学资料。1895 年，还成立了捷克—斯洛伐克民族学展览会，它成为欧洲各国建立博物馆式的民族学综合馆的榜样。此后，在民族学研究方面出现了不少代表人物。柳鲍尔·尼杰尔列（1865—1944）是著名的人类学家、民族学家。他的名著多卷本的《斯拉夫古代史》，是一部简要叙述有关各斯拉夫民族的民族起源、民族历史、文化的综合性的巨著。

另外，民俗学家切涅克·齐布尔特（1864—1932）写了一系列民间习俗和文化的著作。卡列尔·霍泰克是一些内容丰富的民族学记述的作者。伊尔日·波利夫卡（1858—1933），其民俗学、民族学观点接近俄国亚历山大·维谢洛夫斯基历史学派。

在古典进化论学派中，捷克的利伯特值得一提。尤利乌斯·利伯特（1839—1909），出生于奥地利（捷克）日耳曼家族，是一位民族学家、历史学家，其主要代表作有：《古代宗教中的灵魂崇拜》《基督教、民间信仰和民族习俗》《家庭史》等。他认为，宗教的产生不是由于观念而是由于情绪，特别是人们的恐惧情绪的作用；人类文化的发展就是人类劳动的发展。他说："文化史是一部劳动史。"他还认为，家庭和婚姻是从原始形式中发展而来的，母系家庭形式是最古老的形式，婚姻纽带开始时不是个体婚姻而是群婚，在向游牧经济过渡的阶段中才出现了父系家庭。

另外，对斯拉夫学研究具有高深造诣者可以首推伊雷切克。

伊雷切克（1854—1918），是捷克历史学家、民族学家。出生于维也纳的一个著名学者家庭，就学于布拉格大学，从 1877 年至 1879 年任该校讲师。他的专业兴趣几乎完全集中在中世纪的巴尔干各民族上。他先是专心于保加利亚民族和塞尔维亚民族的研究，有一个时期又只研究保加利亚人，后来则扩大到巴尔干的西南部分——塞尔维亚人、巴尔干的罗马人、阿尔巴尼亚人和拜占庭人。他的研究范围包括社会、经济、政治、文化史以及地理历史和民族学。他在撰写第一部巨著《保加利亚人的历史》（1876）时年仅 21 岁。当时，保加利亚问题尤受人关注。1879 年，保加利亚政府邀请他到索非亚去，他曾出任教育部秘书长、教育大臣和国立图书馆馆长等职务，5 年间获得了极高的声望。他对保加利亚政府的现代组织，曾提出很有价值的建议，因而获得好评。他通过优越的地位和广泛的旅行，获得了许多关于巴尔干半岛方面的第一手材料，从而写成《保加利亚侯国》（1891）一书，这至今仍然是一本研究保加利亚的重要参考书。在此后的几十年中，他在布拉格和维也纳两地非常活跃，对于腊古札、塞尔维亚和拜占庭的民族历史更感兴趣。他的研究工作对于晚期罗马、拜占庭和中世纪西方的历史学、民族学、地形学以及语言学都具有十分重要的意义——完成了他的杰作《塞尔维亚民族史》（世界通史第 1 部分第 38 号，2 卷，哥达，1911—1918），这本巨著一直叙述到 1537 年为止，现在仍是这方面的最好著作。该著作补充了他的《中世纪塞尔维亚的国家和社会》一书，后者叙述到 1459 年为止。该著作对于巴尔干各国和南部斯拉夫人，尤其是西南部斯拉夫人的文化史、民族史具有同等的重要性。

伊雷切克过去被认为是巴尔干半岛历史地理学和民族学方面的最高权威。由于他用法律、社会经济和历史民族学的资料来证实政治资料，并在文化史方面的著作中把这些资料强调成社会经济和法律的关系，所以，他在巴尔干史料研究方面，就具有独特的见解。与此同时，正是由于这些原因，得以表明，西方的影响和拜占庭的影响在巴尔干民族政府以及社会、经济结构、价值功能等方面发挥了很大作用。

马帖伊卡（1862—1941），是捷克人类学家。1918 年起，他担任布拉格大学教授，在该大学的自然科学系，他创办了人类学研究所和赫尔德里契卡"文化博物馆"。1923 年，马帖伊卡创办了杂志《人类学》，发表了很多反种族主义谬论的论文。他主要是在躯体人类学方面进行工作。他的主要学术著作有《波斯尼亚人的头盖骨》（1891）、《关于各部落的总科学》（1929）、《普舍德莫斯特人》（2 卷，1934—1938）。上述最后一部著作是研究旧石器时代人的重要资料。

三　波兰等国的民族学及代表人物

自 19 世纪中叶以来，波兰民族学已有很大的发展。老一辈著名民族学家奥斯卡尔·科尔伯格（1814—1890）以他富有成果的活动，开创了波兰民族学的研究事业，他一生收集和发表的波兰各地区民俗学和民族学资料有 30 卷以上。以后几代的民族学家和人类学家中的代表人物主要有：扬·卡尔洛维奇、伊西多尔·科佩尔尼茨基、阿达姆·菲谢尔、扬·切卡诺夫斯基，等等。当时，他们把自己的论文发表在民族学刊物《维斯拉》（自 1877 年开始）和《人民》（自 1896 年开始）上，建立起了一个巨大的本国民族学宝库。1894 年，波兰民族学学会成立。1905 年，建立了克拉科夫民族学博物馆。

1920—1930 年，在华沙、克拉科夫、波兹南以及其他城市的各大学里，出现了民族学教研室。在那里工作的列昂·克日维茨基、斯捷凡·恰尔诺夫斯基、佐菲伊·索科莱维奇、维托利德迪诺夫斯基等民族学家、社会学家的著作、论文都是出类拔萃的。

在波兰民族学家中，值得一提的是卡齐米尔·莫斯钦斯基（1887—1958），他本人的科学兴趣和研究范围十分广阔。他的代表作主要有《东波列西耶》《斯拉夫人的民间文化》（1929—1939），《人》（1957）等。
在他的著作中收集了各斯拉夫民族物质文化和精神文化各个方面的广泛的
比较学资料。

菲舍尔（1889—1943），是波兰民族学家和民俗家，利沃夫大学教
授。曾长期担任波兰民族学杂志《人民》的编辑。他写有民族学和民俗
学各种问题方面的许多论文和评论。他的重要著作有：《波兰民族的葬
仪》（1921）、专题学术作品《居住在加里西亚的乌克兰人》（1923）和
《波兰民族》（1926）。这些著作提供了关于波兰人和乌克兰人的物质文化
和精神文化的简要资料。自 1932 年起，他开始出版《斯拉夫民族学》丛
书，一共只出有三集：《波拉勃斯拉夫人》（1932）、《卢齐支人》（1932）
和《波兰人》（1934）。

在乌克兰，著名民族学家应推苏姆佐夫。

苏姆佐夫（1854—1922），是乌克兰民族学家、民俗学家[1]，哈尔科
夫大学教授、乌克兰共和国科学院院士，还是哈尔科夫历史语言学会
（1876）和哈尔科夫大学附属博物馆民族部的创立人之一。从 1901 年开
始，他收集收藏品。他著有很多乌克兰和俄罗斯民俗学和民族学的著作。
他的民族学研究著作主要是研究乌克兰民族的风俗、礼节和民间创作的各
种形式等。这些著作包括大量的历史材料和图书目录，因而很有价值。代
表作有：《欧洲的巫术简史》（1878）、《论婚礼——主要是俄罗斯人的婚
礼》（1881）、博士学位论文《礼仪和歌曲中的面包》（1885）、《文化的
感受》（1889）、《绘有美术图案的鸡蛋》（1891）[2]、《民族生活概论》
（1902）、《乌克兰史拾遗》（1905）、《大村庄的居民》（1918），等等。

波罗的海沿岸国家的民族学家有几下几位。

勃里夫捷姆尼耶克（1846—1907），是拉脱维亚民族语言家、"民族
觉醒"社会活动家。其父亲是农村手艺人。他长期居住于莫斯科，为斯
拉夫派刊物撰稿。根据俄国人类学、民族学协会的委托，他于 19 世纪 70
年代前往拉脱维亚进行科学考察，用俄文编写了第一批研究拉脱维亚民间
创作的科学论文、民歌集《人类学与民族学资料汇编》，成语词汇《拉脱
维亚部落民族学资料》（1881），传说集《拉脱维亚故事——民族学资料

---

① 张紫晨：《中外民俗学词典》，浙江人民出版社 1991 年版，第 266 页。
② 同上。

汇编》（1887）。他用拉脱维亚文写了许多著名作品，反映了拉脱维亚民族的各种生活。在这些作品中他把过去的拉脱维亚加以理想化。

韦斯克（1843—1890），是爱沙尼亚民族学家、语言学家、乌果尔—芬兰语系专家。先在尤里耶夫（塔尔士）大学任教授，后担任喀山大学教授。他是乌果尔—芬兰语学青年语法学派的创始人之一。他搜集了关于马里人、莫尔多瓦人以及其他民族语言、民间创作和民族学方面的大量资料。他的著作有：《关于东累米西语方言研究》（1889）、《根据语言材料论斯拉夫人与芬兰人的文化关系》（1890）和《爱沙尼亚民间歌曲》等。

阿乌耳，是爱沙尼亚民族学家。曾在国立塔尔士大学工作。在研究爱沙尼亚人的民族人类学方面，阿乌耳收集了大量资料（研究过 25000 多人），并指出他们近似于波罗的海沿岸的其他民族：卡累利人、芬兰人、拉脱维亚人和立陶宛人，而且也近似毗邻的俄罗斯人。此外，他还有许多著作，论述了人类特征的年龄变异和爱沙尼亚人的体重，记录了阿尔杜和索彼两地（爱沙尼亚共和国境内）发现的新石器时代的颅骨和骨骼。

第二节　西欧其他各国之民族学

一　荷兰民族学之概述

在荷兰，把民族学作为一种学术来研究的历史不很长。到 19 世纪末叶，荷兰才在莱顿大学设立了民族学的课程。但这个国家对民族资料和民族知识的积累至少要上溯到 16 世纪左右。

荷兰民族学所研究的对象主要是它的原殖民地，特别是东南亚的印度尼西亚。1672 年，传教士巴尔丢到达锡兰和印度尼西亚传教，写了一些关于当地居民的著作。1851 年，荷兰在海牙设立了"皇家语言、地理、民族学研究所"，出版关于荷属印度语言、地理、民族学丛刊。1853 年，巴塔维亚艺术科学协会刊行《印度尼西亚语言、地理、民族学杂志》，提供了丰富的民族学资料。19 世纪，荷兰研究国外的民族学著作很多，其代表作品有：考尔夫著的《1825—1826 年在马鲁古群岛南部及新几内亚西沿岸未知境旅行记》（1828）、缪勒著的《1828—1836 年在印度各岛之调查旅行》及《民族志》、布孟德著的《印度、印度尼西亚群岛地理、民族、考古、历史资料集成》（1853）。20 世纪初，荷兰民族学家又取得了一些优秀成果，如萨赫斯著的《锡兰岛及其居民》（1907）、纳普鸠斯著的《塞兰岛札记》（1912）。荷兰还派出传教士、探险家和探险队进行各种名义的考察，先后写出了一批调查报告，收集了大批民族学资料。

在荷兰，民族学研究主要以莱顿大学为主。截止到 20 世纪初，荷兰的民族学研究取得了一系列成果。其首席代表人物是魏特。他一直在莱顿大学任民族学教授，培养出了一批弟子。1877—1879 年，他担任荷兰皇家地理学会、中部苏门答腊调查团顾问。1881—1892 年，他把这次考察报告著书四卷出版。他的代表作为《爪哇》，并写有许多论文。

魏特的后继人是魏尔肯，他采用泰勒和摩尔根的进化论学说，写了许多著作。他主要以研究印度尼西亚民族的语言、风俗为主。魏尔肯于 59 岁去世，他的业绩由他的学生继承并在此基础上形成了莱顿学派。

莱顿学派的代表人物还有斯坦梅兹、格鲁特、纽温须斯、赫尔格伦吉、约瑟林戎、拉赛尔，等等。这个学派相当于法国的社会学派，人员多、成果多，主要采用社会分析法来研究民族学。

斯坦梅兹强调用演绎的社会学方法做系统的记述，认为民族学要从其功能上来研究。他把人类文化分为两个阶段，第一阶段是文明的和半文明的人类；第二阶段是自然的人类。在学术分类上，他明确划分了社会学和社会学志、民族学和民族学志的区别。这是他的一大功绩。1922 年，莱顿大学的民族学课程由约瑟林戎担任，他曾以 "民族学的研究领域——马来群岛" 为题发表了学术讲演。他演讲的独特观点给莱顿大学的民族学带来了新的学风和新的研究方法，这在荷兰民族学界是件有意义的事情。1926 年，他和他的学生一起创办了《人类与社会》杂志。1947 年，他的《印度尼西亚文化之研究》（2 卷）出版，这是他的另一代表作。他是一名优秀教师，在他的指导下，他的学生写出了很多优秀论文。

此外，拉赛尔也是对荷兰民族学贡献较大者之一，他曾任莱顿国立民族学博物馆馆长。与约瑟林戎在学术观点上较为一致。他的代表作为《文化英雄班吉——对爪哇宗教的研究》，主要从社会组织功能的分析来研究印度尼西亚的宗教观和世界观。

进入 20 世纪，荷兰的民族学研究主要分两个方面：一是国外社会学，专门研究文化变迁与文化传播的问题；二是一般文化人类学，特别是针对非洲民族学问题。这种研究主要受英国功能主义学派的影响。马林诺夫斯基的高足——郝夫斯特拉在莱顿大学主讲非洲文化的组成与社会文化生活的改变问题。另外，阿姆斯特丹大学的考本教授主讲文化人类学。他认为，人类的一切文化都具有普遍的同一性，一切社会结构基本说来都是相同的，各民族的风俗习惯都可以进行相互比较。他称这种方法为"比较功能法"。乌得勒支大学也开设有民族学课程（自 1925 年开始），代表人物为费歇尔，他是功能主义学派的继承者。他著有《荷领印度尼西亚民族学导论》（1940），1955 年该书再版，改名为《印度尼西亚文化人类学导论》，这是一部荷兰民族学概论方面的重要著作之一。另外，在内伊梅根的天主教大学、瓦赫宁根的农业大学、阿姆斯特丹的自由大学、格罗宁根大学均开设有民族学和文化人类学的课程。还有一批学者、教授从事这方面的研究工作。

在荷兰一些城市，建立了不同内容的民族学博物馆。1837 年建立了莱顿民族学博物馆，从 1867 年起出版年报等十几种定期、非定期刊物。德佛特民族学博物馆始建于 1864 年，1931—1939 年曾出版过年报。1883 年鹿特丹建立了民族学博物馆，从 1884 年起出版年报等 23 种定期和非定期刊物。自 1888 年始，荷兰出版了《国际民族学文献》。1904 年，荷兰建立了海牙博物馆。1923 年，建立了不勒达民族学博物馆。1926 年，建立了阿姆斯特丹热带博物馆，出版 5 种至 6 种定期、非定期刊物。1934 年，建立了梯泰陵根民族学博物馆。总之，荷兰的民族学从研究人员、研究机构和研究范围来看，在世界民族学史中都占有一定的地位。

此外，在荷兰民族学家中，值得一书的是胡尔格龙涅和尼伯尔。他们所研究的问题是独特的，其结论是新颖的，成果卓著且他人无可比拟。

胡尔格龙涅（1857—1936），是荷兰东方学家，民族学家。1857 年 2 月 8 日出生于欧斯特豪特。在完成了神学和东方语言学的学业以后，他曾到阿拉伯住了几年，也到过近东的其他地区。他把这几次旅行的结果写成了《麦加》（2 卷，1808—1889）一书。他谢绝了剑桥大学要他继续史密斯担任阿拉伯文教授的聘请，也拒绝了德国和莱顿大学要他去任教的聘请，而宁愿在荷属印度继续他对伊斯兰文化的研究（1889—1906）。在荷属印度，他曾担任过几年政府伊斯兰文化事务顾问。1893—1894 年他发表《荷属印度土人的事历》，该书于 1904 年被译成英文。1906 年间他到荷兰，受聘出任莱顿大学阿拉伯文教授；1907 年他被任命为荷兰和荷属印度政府印度和阿拉伯事务顾问。他还写有《荷兰和伊斯兰教》（1911）等著作。他死于 1936 年 6 月 26 日。

尼伯尔（1873—1920），是荷兰社会人类学家。在他的经典著作

《作为一种工业制度的奴隶制》（1900）发表以前，他是乌得勒支大学法律系学生。他巧妙地运用泰勒和施泰因迈茨的归纳法，从世界各地收集了大量说明事实的材料，然后按照经济发展的阶段，把有奴隶制度的事例和没有奴隶制的事例实行分类，最后从这些比较材料中得出奴隶制存在与否的判断。其结论是：奴隶对于猎人用处不大，这个阶段实际上只有北美北太平洋海岸印第安人才有奴隶，北美洲太平洋海岸的渔业能够提供丰富的、多种多样的食品，这一地带的部落享有定居、贸易、财产的便利；这一地带的部落，其妇女的状况和斗争方法加速了奴隶制的发展。他发现，奴隶制的发展都依靠自由土地的存在。他的总结论是：凡是依赖"有局限性的资源"为生的地方，即资本和土地资源的供应受到限制的地方，均不能长久使用奴隶；而在拥有"取之不竭"的资源的民族中，凡以劳力为生产的主要因素的地方，并且当奴隶的生活需要易于取得时，奴隶制在经济上才有价值。尼伯尔关于原始民族人的问题的研究也有不少著作出版。

二　瑞士、比利时民族学之代表人物

瑞士的民族学家首推著名学者巴霍芬。

比利时的民族学家首推范德坎德尔。

巴霍芬（1815—1887），是瑞士人类学家、文化史学家。曾在巴塞尔、柏林（在这里受了萨维尼的影响）、牛津、剑桥、巴黎等大学学习法律和法学史。回到巴塞尔后，他被聘为该大学罗马法教授。他在旅行中，在访问意大利博物馆时对艺术史产生兴趣，并为了专心研究而于1844年辞职。不久，他接受了巴塞尔刑事法庭法官职位，一直担任到1877年为止，而且忠实地履行了自己的职务。

巴霍芬对希腊古代文物极感兴趣，对原始民俗的研究也有着极大的兴趣。他在这方面的最重要的著作是：《罗马民法理学选集》（1848）、《关于古坟的象征意义的研究》（初版1859年，第二版1925年）、《利基亚族及其对古代文化发展的意义》（1862）、《塔那基尔神话—罗马和意大利的东方学研究》（1870）。不过，他的成名作却是《母权——根据旧世界的宗教和法律性质的旧世界女权制度研究》（简称《母权论》，初版1861年，第二版1897年）；继这部书之后，他又出版有一部两卷的《古信札，特别是对于最古的亲戚关系概念的了解》（1880—1886）。他在研究中，

发现了许多关于极早期的一种母权统治，尤其是关于按母系继承姓氏和财产的说传和报道。为了解释母权统治的起源，他以惊人的毅力，从涉及古代的著作中，把一切有关材料都收集起来，并加以比较。关于在许多古代民族之中都有母权统治这一点，早在希罗多德时代就被注意到了；旅行家和传教士的报道说明，在美洲印第安人中间也有类似的社会组织。虽然以前认为，这种事情是出乎社会常规的异端和文化上的奇谈，但巴霍芬却认为，它在所有原始民族的一定发展阶段中可能是普遍的。他的结论是：人类一度生活在漫无限制的乱交状态之中；在这种社会里，难以建立父系制度，因而要通过母亲来追认后裔并使母亲在社会中起支配作用。

较近的人类学的调查研究已经部分地推翻了这一理论。不过，巴霍芬的历史贡献在于，他指出了在各种婚姻和家庭形式中，都存在着一种演变的程序，他激起了今天对原始民族的家庭风俗的兴趣和研究。

正如恩格斯所指出的，巴霍芬的名著《母权论》（1861）一书，奠定了家庭史研究的基础。巴霍芬第一个认定在古代社会存在着漫无限制的杂交生活时期（他不恰当地称为"淫婚"），存在着与女性占统治地位相联系的"母权"时期（"女权制度"）。但他认为，由于宗教观念的发展才有了家庭和法制的发展。由此，他堕入了神秘主义、唯心主义的推理之中。

巴霍芬本身并不是一位民族学家。他在《母权论》中所引用的材料全是文献材料。但他对摩尔根的《古代社会》是有影响的。他同摩尔根有书信往来，对摩尔根的著作有高度评价，是文化进化论学派的一位先驱。[①]

范德坎德尔（1842—1906），是比利时历史学家、人类学家。他曾先后在布鲁塞尔大学和德国读书。他早期的学术兴趣是在人类学方面。他出版了几本关于比利时民族学和民俗学特征的著作，是布鲁塞尔人类学学会创始人之一。以后，他的兴趣主要集中在历史。他首次提出了佛兰德斯人和布腊邦人的社会史；也正是在这些著作中，他第一次利用德国历史学派的成就来讲述比利时的民族史；他赞成城市起源于农村公社的理论。他的专题论著《阿尔特维耳德的时代》（1879）最有价值。在这部书中，他描写了14世纪佛来米人城市的社会斗争的生动图景，也充满了他对城市下层居民的同情。

---

① 杨堃：《民族学概论》，中国社会科学出版社1981年版，第42页。

第三节　北欧国家之民族学

一　丹麦民族学之概述

在北欧，丹麦民族学研究是比较发达的。有不少民族学家参加过北极洲、非洲、美洲和大洋洲的考察和探险活动并取得了卓著成效，产生过文化进化论学派和传播学派的一大批民族学家。斯塔克就是文化进化论学派的一员。

康拉德·斯塔克，是丹麦民族学家。原是一位中学教师。1888 年出版了他的力作《原始家庭及其产生和发展》。在这部著作中，集中地反映了他对原始民族研究的主要学术观点。他认为，"人类起源于动物"，原始动物在原始社会中确实存在有以血缘亲族为基础的氏族组织，但它们不是原始社会结构的基础。氏族和家庭不同，家庭不是以性爱关系为基础，而是以经济关系为纽带。他认为，原始家庭一开始就是一夫一妻的父系家庭，而母系家庭产生于父系家庭之后。他还攻击摩尔根的亲属称谓划分理论，他是父系家庭制的捍卫者。

被列入丹麦传播学派的民族学家主要有：伯基特·史密斯、古德芒德·哈特、克努特·拉斯穆森、特凯尔·马赛厄森、弗雷德里卡·德拉古纳等。他们当中，以伯基特·史密斯最为杰出。

伯基特·史密斯是渊博、多产的民族学家，是一系列北极"图莱考察队"的积极参加者。他和他的同事企图再现爱斯基摩人（及邻近各民族）文化发展的进程，并得出了在这种文化中存在一些依次发展的"层"的结论。他为此划了四个"层"："原始爱斯基摩层""古爱斯基摩层""新爱斯基摩层""后期爱斯基摩层"。他甚至想用百分比计算出这些层的因素在各个爱斯基摩集团文化中的数量关系。例如，在楚加奇爱斯基摩人（阿拉斯加）当中，他们文化因素的 42% 属于"古爱斯基摩层"文化，只有 12% 的属于"新爱斯基摩层"文化。[①]

伯基特·史密斯承认，由于文化发展的一般进程，文化传播现象是重要的。但他同样承认，文化的进化也是重要的。依据拉策尔的原则，他认

---

① 参阅［丹麦］波基特·史密斯《楚加奇爱斯基摩人》，转引自［俄］托卡列夫《外国民族学史》，汤正方译，中国社会科学出版社 1983 年版，第 173 页。

为，也完全正确地认为，不同的文化因素是以不同的方式传播的，结果可能得出越来越新的组合。①

把伯基特·史密斯纳入传播学派是有条件的。他实际上是以怀疑的眼光来看待"文化圈"理论的，但他也不同意法国社会学派、英国功能主义学派和弗洛伊德学派的某些观点，并同他们划清界限，因而，丹麦传播学派的民族学者又被称丹麦学派。这个学派的学者还研究格陵兰的爱斯基摩人。

20世纪，丹麦有欧洲民俗综合研究所、奥尔胡斯大学史前考古学和民族学研究所，发行有《民族》和《民族学》杂志。在丹麦成立有全欧农具研究组织中心，领导此项工作的是 A. 斯廷斯伯格。

关于宗教方面，有塔尔俾特塞的《爱斯基摩人崇拜之神》（1928）一作。他认为，爱斯基摩人的宗教深受中亚居民的影响。拉斯谟孙在修尔的考察，则完全是被地理与历史的探究精神所激发。他和他一起工作的柏开特·史密斯、马泰阿塞等有多种著作，都是搜集所得的资料，然后再应用历史、地理方法进行处理而成。②

二　瑞典民族学之概况

瑞典的民族学研究在斯堪的纳维亚国家中一直居于领先地位。早在1872年就建立了"北方博物馆"。1891年，由民族学家 A. 哈塞留斯领导建立了欧洲第一个露天博物馆，即著名的斯堪森博物馆。在瑞典的各大学，先后开设了民族学的课程。1937年，出版了《民族生活》杂志。1971年，由《斯堪的纳维亚民族学》所取代。1951—1955年，出版了《民族》研究文集。

瑞典民族学家的主要课题，除了研究本民族的物质文化和精神文化外，还研究爱斯基摩等民族的文化和社会生活。主要的民族学家以诺登舍尔德和埃里克森为首，包括他的学生和继承者。

诺登舍尔德（1877—1932），是瑞典民族学家和考古学家、普通民族学和比较民族学教授、哥德堡民族学博物馆馆长。他是著名地理学家尼耳

---

①　参引［俄］托卡列夫《外国民族学史》，汤正方译，中国社会科学出版社1983年版，第173页。

②　戴裔煊：《西方民族学史》，社会科学文献出版社2001年版，第326页。

斯·阿道夫·艾里克·诺登舍尔德的儿子，曾赴南美洲开展过许多次考察，研究了阿根廷、玻利维亚和秘鲁境内印第安人的物质文化和风俗习惯。晚年主要研究哥伦比亚和巴拿马境内印第安人的宗教。

他在其著作中把"文化要素"制成图表，确定了它们在南美地区的分布状况。虽然他也承认美洲印第安人对世界文化所作的贡献，但由于他唯心主义地理解文化和研究文化的个别因素而不与社会经济基础相联系，从而贬低了其著作的价值。

其所著《埃尔·格朗·查科两个印第安部族物质文化的地理与民族志分析》（1918）、《在新环境影响之下两个印第安部族物质文化变迁》（1920）及《从菩利维阿的摩佐斯部族中所见南美民族志》（1924）等书，虽然没有对德国学派亦步亦趋，但完全采用了地理与历史的方法。[①] 他的另外的一个重要贡献是以《比较民族学研究》（1919—1931）为总标题的9卷英文著作。他的有些著作被译成德文，亦拥有广大读者。

诺登舍尔德记录了神话和社会风俗。其对于土人的态度反映在他对几个部落文化所作的富于同情的特写中。他的另一个重大贡献在于谨慎地判定特征的分布状况，其方法是同时利用历史资料、人种观察和考古发现。他是民族学制图的大师并把这种技术传给自己的学派成员，其中包括蒙特耳、梅特罗、兰内和伊西考维茨。根据这种分布状态，他推论出了历史上的联系；虽然他一般采取谨慎态度，但他并不反对关于南美洲和波利尼西亚之间存在的横断太平洋的文化联系的理论，然而他坚持认为，新世界文化的基本点有其独立性。

西格德·埃里克森（1888—1968），是瑞典著名民族学家，曾主编《斯堪的纳维亚民族学》杂志并出版过《民族》论文集，著有《瑞典传统环境中的技术和公共教育》等名作。他在民族学方面的主要贡献是用他毕生精力来研究北欧的物质文化——建筑、住宅装饰、居民点等。他还是欧洲研究公社和家庭习俗的优秀专家。他力求将北欧民族学的现象和概念列入一般民族术语范围之内。他利用了从西方最新的理论著作中吸取的范畴"社会集团""功能"等，批评了其他民族学家在研究中缺乏历史主义，坚持认为在生活研究中要运用数量统计的方法。

他反复指出，研究本民族——"地区民族学"——只是统一的"民

---

① 戴裔煊：《西方民族学史》，社会科学文献出版社 2001 年版，第 326 页。

族学"的一部分。他认为，民族学的主要任务和目的，就是研究"人民生活"，他把"人民生活"理解为各个个人的生活；后来他强调，"人民生活就是社会生活"。托卡列夫则评价埃里克森为"欧洲民族学中进步派别的鼓舞者和民族学家——欧洲学家公认的领袖"。[①] 总之，他对民族学"两个分裂部门的接近作出的贡献，比欧洲资本主义国家民族学家中的任何人都要多"。[②]

三　挪威民族学之概况

挪威是斯堪的纳维亚国家之中民族学研究走在前列的国家之一。该国民族学家除了研究本民族的物质、精神文化，还特别注意研究斯堪的纳维亚北部地区民族的文化社会生活和农民的农村公社残余等问题。此外，还参与研究南美洲、澳洲、亚洲、非洲后进民族的族源和社会结构及亲属关系。涌现出了一些举世公认的民族学家。代表人物主要有：奥森、海伊厄达耳等。

奥森（1813—1896），是挪威民族学家、语言学家。他出生于挪威西部的农村，很早就对文法产生极大兴趣，不仅对拉丁文和希腊文，而且还对现代斯堪的纳维亚语和挪威的各种方言进行过研究。由于特隆赫姆科学院的资助，他有机会旅行于挪威各地，特别是挪威西部。经过科学考察，搜集资料，他终于发现了一种兰斯莫尔语，也叫新挪威语。这是由他把那些他认为是纯挪威语言的各种方言紧密地综合起来而形成的。他出版过《挪威语法》和一本字典。奥森使用新语言写作诗歌和故事（《埃尔凡根》和《雪姆拉》）也证明了它具有文学价值。奥森在挪威民族主义发展史上发挥了重要作用。在他的推动下，1896 年，挪威议会终于制定了一项法令，所有小学生都必须学习兰斯莫尔语——这种语言已同今天的里克斯莫尔语同等重要了。它增进了挪威人民对本国文化的热爱。

海伊厄达耳是挪威民族学家。他的研究主要是关于波利尼西亚人的起源。他提出这样一种理论：现代波利尼西亚人的艺术、宗教和传统的某些方面，同秘鲁的前期印加族居民的艺术、宗教和传统"有一些共同点"。

---

①　［俄］托卡列夫：《外国民族学史》，汤正方译，中国社会科学出版社 1983 年版，第 399 页。

②　同上。

海伊厄达耳相信，这些南美洲的前期印加人大约在公元前 500 年居住在太平洋群岛。为了证明这些古代的秘鲁人能够乘他们的软木筏航行到波利尼西亚去，海伊厄达耳同其他 5 名船员乘坐一个类似的木筏"康—提基号"，于 1947 年 4 月 28 日从秘鲁卡拉俄随波逐流地飘去，同年 8 月 7 日到达他们的目的地——南太平洋上阿莫土群岛。这一壮举激发了一般公众的想象力，也引起了人类学家和航海家的兴趣。

海伊厄达耳于 1914 年 10 月 6 日生于挪威拉尔维克，他的父亲叫索尔·海伊厄达耳，是一家啤酒和矿泉水厂的总经理，他的母亲叫阿里逊·林格·海伊厄达耳，是拉尔维克博物馆馆长。他的双亲的兴趣——父亲对户外生活的热爱和母亲对民间艺术、动物学和原始民族历史的科学研究，都对年轻的海伊厄达耳的事业的选择发挥了重要作用。最初，他想从事动物学研究。为了达到这个目的，他于 1930 年在拉尔维克中学毕业和于 1933 年在拉尔维克大学预科毕业以后，就进入了奥斯陆大学，后来又进入柏林大学深造。在奥斯陆大学的时候，他的课程包括：数学和哲学（1934）、发生学（1935）、动物学和地理学（三年半）以及波利尼西亚民族学。他在大学预科和本科受教育时期，暑假钓鱼和爬山，寒假乘爱斯基摩雪橇到丛山中去旅行；作为一个自由撰稿人，他曾为挪威的一些报纸撰写过关于户外生活的文章。

他在 1936 年 12 月离开了大学，准备到法属大洋洲马克萨斯群岛去作一次动物学和民族学探险。在这次航行中，陪他一起出发的是同他在 1936 年 12 月 24 日结婚的 20 岁的妻子李夫·海伊厄达耳。海伊厄达耳劝说奥斯陆大学博物馆同他合作，参加他自己出资的探险。海伊厄达耳选择了马克萨斯群岛的法土希伐岛作为他们工作的中心。

在 1941 年 1 月出版的《全国地理杂志》上，海伊厄达耳写了他和妻子于 1937—1938 年在法土希伐岛上的经验。他的文章附图有椰子、水果和鱼。海伊厄达耳踏勘丛林，发现了用红石块雕刻的古代庙宇的废墟和 12 世纪以前的奇形怪状的雕刻像，这些废墟和雕刻像都已被丛林所包围和掩盖，由此致使许多种族湮没无闻。此外，他还调查了岛上的几个禁忌地区（不许人进去的地区）；他得到一个说法语的土人的帮助，这位土人能够用海伊厄达耳听懂得的语言来解释波利尼西亚的词句。海伊厄达尔还编纂了第一部马克萨斯语—挪威语词典。他的发现有助于改变他最初的兴趣——即由动物学转向人类学和民族学；自他从事民族学工作以来，尤其是在"康—提基号"水筏冒险远航中，这些发现是他所做的许多事情的基础。这位挪威学者认为，波利尼西亚古代文化的遗迹，同某些史前南美洲的遗迹相同。他相信，传说也在若干方面同前期印加族时代南美洲的传说相似。

1938年，海伊厄达耳同他的妻子离开了太平洋诸岛，回到了奥斯陆。同年，他在奥斯陆出版《寻找乐园》一书。他在奥斯陆图书馆做了一年（1938—1939）调查研究工作；之后就在英属哥伦比亚斯兰海印第安人沿岸从事实地调查（1939—1940）；并在加拿大、美国的图书馆和博物馆作调查研究工作（1940—1942），这是他的"临时工作"。海伊厄达耳在英属哥伦比亚的时候，写了篇包含若干民族学假定的研究论文《波利尼西亚的文化起源于美洲吗?》，发表于1941年5月号《国际科学杂志》。第二次世界大战期间，这位科学家先在挪威空军服役，接着在挪威武装部队特种降落伞部队服役，从1944年至战争结束在北冰洋的一个突击部队充任中尉。

随着和平的到来，海伊厄达耳开始计划进一步研究波利尼西亚文化的起源。他提出这样一种理论，南太平洋岛在史前时期居住着古代的前期印加族秘鲁人。关于海伊厄达耳的史前乘木筏的秘鲁人于古代在波利尼西亚居住的理论，在科学团体中有许多人进行讨论。哈姆普福特于1947年8月17日在《纽约时报》发表文章，他发现，海伊厄达耳的理论同加利福尼亚大学已故教授刘易斯和一位已故德国工程师波斯南斯基的理论有相同之处。这位德国工程师曾在玻利维亚发现过一个统治南美某些地区的而现在已绝种的金黄色头发的种族，他多少相同地收集并解释了这些材料。

1953年，海伊厄达耳领导了在加拉帕果斯群岛工作的挪威考古学考察团；并且于1955—1956年又领导了太平洋东部（复活节岛）工作的考察团。"康—提基"号木筏现保存在奥斯陆的一个博物馆中。

四 芬兰民族学之概况

芬兰民族学研究非常活跃，广大学者以发达的地方博物馆网络为基础，研究本民族和其他民族的物质和精神的文化并取得了卓著成效。20世纪，在农村公社及其残余的研究方面，芬兰民族学家作了大量的工作。民族学家K.维尔库纳的著作用芬兰语和西欧语言发行，影响甚大。其著作《芬兰民族学地图集》具有很高的学术价值。民族学家马蒂·萨梅拉对农村公社的研究，超过了同辈人的水平。在他的著作中，对农村公社问题的研究给予了全面总结。

在芬兰民族学界，还有其他不同的代表人物，在不同领域里取得了一定的研究成果。主要代表人物有韦斯特马克、伦罗特及其弟子克隆等。

韦斯特马克（1862—1939），是芬兰人类学家。1862 年 11 月 20 日出生于赫尔辛福尔斯，曾就学于芬兰大学，1894 年任该校道德哲学教授。1907—1930 年在伦敦大学担任怀特社会学讲座，后来在土库大学担任教授。他是研究人类婚姻、道德和社会习惯史的权威，著有《人类婚姻史》。在这部巨著中，他反对由摩尔根确立的婚姻和家庭历来的形式和历史的发展原则。他认为，一夫一妻制是由生物学原因决定的，是婚姻家庭的历来形式。至于群婚的各种形式以及母权制等，是离开了婚姻和家庭发展一夫一妻基本路线而出现的比较罕见的现象，而这是由不同地区和个人的原因造成的。在对择偶、结婚和婚姻生活形式的分析和有关道德观念的起源和发展研究中，他运用了斯宾塞和霍布斯的"比较法"，认为这种方法能维护"批判的进化论"。① 他力图依据达尔文学说对婚姻关系和性关系方面的个别事实以及道德概念的发展作出纯生物学的解释，但毫无成就。他的其他主要著作有：《道德观念的起源和发展》（1906—1908）、《摩洛哥的婚礼仪式》（1914）、《婚姻简史》（1926）、《摩洛哥的仪式与信仰》（1926）、《摩洛哥的机智与智慧》（1930）、《早期的信仰及社会影响》（1933）、《西方文明婚姻制度的前景》（1936）、《基督教与道德》（1939）。②

除韦斯特马克以外，芬兰学者罗伦特搜集了许多传说，力图根据某些山歌重新写作一部民族叙事诗。1835 年，他的研究结果《卡雷发拉》出版。但罗伦特等人仍属于自然神话学者和学派，他的弟子克隆为迹寻每一首山歌所流布的途程，对许多变异者作了地理和历史的排列，倡用所谓史地学的方法。克隆之子（K. Krohn）进一步用这种方法进行动物故事的研究并对这种方法加以改善，曾发表名为《民俗学者工作方法》（1926）的专论。③

---

① 张紫晨：《中外民俗学词典》，浙江人民出版社 1991 年版，第 51 页。
② 同上。
③ 戴裔煊：《西方民族学史》，社会科学文献出版社 2001 年版，第 326 页。

　　第二次世界大战后，随着欧共体的成立和欧洲一体化的发展，欧洲民族学界力求进行国际合作的愿望越来越明显，在此情况下，出现了各种广泛的国际联合形式。例如，从 1953 年起，欧洲国家开始进行编制民族学地图的工作。从 1960 年起，欧洲各国民族学家在民族学地图基础上编制全欧洲民族学地图的国际合作已开始进行。

　　1954 年以来，欧洲国际农具研究联合会一直在合作；同时还建立了国际欧洲少数民族研究联合会，出版刊物有《欧洲族体》。

　　1966 年成立了欧洲民族学家联合会，出版刊物《欧洲民族学》。这个杂志的中心任务是：提出具有全欧洲意义的民族学理论问题，开展积极的富有成果的讨论。

　　从 1968 年起，在布拉迪斯拉发行《斯拉夫民族学》，专门阐述斯拉夫各民族民族学问题。1971 年，把于 1951 年成立的"国际艺术和民俗学委员会"改称为"国际民族学和民俗学协会"，并在同年 8 月召开了第一届国际欧洲民族学代表大会。

　　此外，国际人类学和民族学协会常设委员会（驻布拉格）从 1958 年开始在国际协会下辖的"国际人类学和民族学迫切问题研究会"每年出版自己的刊物《通报》，刊登具体研究的头等任务的文章。这样，欧洲民族学向着研究工作的相互协调和各国民族学的一体化迈出了重要的一步。

第八章 第二次世界大战前美国民族学的形成与发展

民族学在美国被称为文化人类学,它是以民族为研究对象的一门独立的学科。美国民族学大体上形成于19世纪40年代到70年代。由于受美国的社会状况、经济危机和对外战争的影响,它的发展几起几落。

第一节 第二次世界大战前的美国民族学概述

民族学是一门相当古老的知识领域,但它作为一门独立的学科,却是伴随着近代殖民主义扩张,首先在西方形成并发展起来的,至今只有百余年的历史。美国作为一个移民的国家和一个最年轻的资本主义大国,早在建国之初便面临着民族、种族、迁徙、混血、土著居民、原始文化等重大的民族学课题。鉴于特定的历史原因、地理环境和国情,美国能够成为近代民族学的发祥地之一,便不足为怪。

美国民族学是自19世纪中叶以后建立起来的。由于历史上的原因,无论在文化思想,还是在其他方面,美国都与西欧来往密切,并受到了很大的影响。自19世纪中叶以后,西方的物质文化中心移到了西欧,许多学科,诸如心理学、社会学、生物学等,争先恐后地兴旺起来。另外,随着欧洲教会势力的收敛,虽然人们还是相信人是由上帝创造的,但至少在知识界略微开放了一点,人们可以发表不同的见解,学术气氛比以前活跃,由此造就了一批著名学者。对美国影响最大的有德国和英国,哲学界有马克思、恩格斯,生物学界有达尔文、华莱士,文学界有歌德,音乐界有贝多芬,社会学界有斯宾塞,人类学界有泰勒。而美国本土有哲学家杜威,心理学家威廉·詹姆斯和沃森,社会学家萨姆纳。无疑,他们在各个领域都有创见，自成体系，形成了一种人才辈出的局面。①

　　美国有十分优越的从事人类学、民族学研究的空间条件。美国的土著居民是印第安人，在殖民主义者到达之前约有 500 万人，此后只剩下 5 万人。殖民主义者迫使其从东向西迁徙，将其赶进了政府所划定的"保留地"。印第安人的内部文化很复杂，有的从事狩猎，有的从事游牧，有的从事农耕，语言也很不一致。从他们那里可以得到许多宝贵的民族学资料。同时，美国民族学者看到印第安人的文化正在白人文化的强烈影响下行将消失，他们产生了一种抢救的迫切感。另外，美国知识界有一种强烈的进取心和创新的精神，一方面向西欧学习；另一方面又总想在自己的园地里有所创新。由此，他们在"开拓新西方"的口号鼓舞下，发现新问题、创造新东西的精神特别强烈。这对投身民族学的田野调查工作是极为有利的。于是，美国出现了摩尔根、博厄斯这样杰出的学者。摩尔根是美国民族学的创始者，是"美国民族学之父"；而博厄斯则是继摩尔根之后的美国近代民族学的奠基人。正是由于他们不懈地努力和辛勤耕耘，使美国民族学于 19 世纪 40 年代以后在美国逐渐形成和发展。

　　1842 年 11 月 19 日，美国民族学会成立，美国民族学的面貌为之一新。历史学家、民族学家加勒廷（1761—1849）是这个学会的始祖。巴列特在其《回忆录》中曾指出，他和加勒廷首先提议建立一个新的学术团体，"致力于地理学、考古学、哲学以及一般与人类种族有关的研究"。加勒廷被公推为第一任会长。在 1850 年之前，该学会着重于考古学、普通民族学、体质人类学、民间文学或圣经史的研究，还研究和记述土著印第安人的文化并做出了一定的贡献。学会的刊物是《学报》，在海内外广泛传播，进一步促进了学会的发展和美国民族学的形成，

　　1849 年，加勒廷去世以后，在美国民族学会中，有几位牧师身居要职。在他们的主持下，该学会常讨论宗教问题，宣扬神学宗教观，把研究引入歧途。该学会刊物《学报》也曾一蹶不振，直到 1909 年才得以再版。因此，19 世纪五六十年代，当西方各国的民族学方兴未艾之际，美国民族学却一度衰落，其在 19 世纪 40 年代所取得的声望也几乎丧失殆尽。

　　1867 年，美国民族学会委派斯奎尔和巴列特参加在巴黎召开的国际

---

　　①　吴泽霖：《民族学在美国和博厄斯学派》，《中南民族学院学报》1991 年第 4 期。

人类学和史前考古学代表大会，欧洲学者们在民族学人类学方面的成就给他们留下了极为深刻的影响，他们决心效仿欧洲各国的人类学会，尤其师从法国人类学家保罗·布罗加及其巴黎人类学会，重建组织。1870 年 2 月 15 日，他们解散美国民族学会，代之以名为"纽约人类学会"的新组织。由于种种原因，这个新组织的命运也好景不长。到 1872 年，它就近乎销声匿迹了。①

接着，另一位民族学家鲍威尔于 1879 年在华盛顿创立了"美国民族学社"，一时成为美国民族学界新的学术中心。那里，曾荟萃了像鲍威尔、麦克基、雅罗、马森等有建树的学者。他们创办了学术刊物《学报》和一所人类学博物馆。由于经济拮据和内部分歧，自 1903 年之后，该民族学社也开始走向衰落。

20 世纪以来直到第二次世界大战结束之前，是美国民族学的兴盛时期，又称为"哥伦比亚时期"。当时，美国民族学界有影响的学者都在纽约的哥伦比亚大学和美国自然历史博物馆工作，这就成为美国民族学和人类学复兴运动的推动力量。他们培养了克娄伯、威斯勒、本尼迪克特等一批杰出的民族学家和人类学家。值得一提的是，"历史学派"的创始人博厄斯，他在"哥伦比亚时期"的美国民族学界和学会里独占鳌头，处于完全的统治地位。

在"哥伦比亚时期"，美国民族学与纽约科学院人类学、心理学分院密切联系，多次举行颇有成果的专题讲座、学术报告以及纪念性的学术讨论会，如 1909 年的《人类远古时代》讲座；1923 年的《美洲种族问题》座谈会；1917 年的纪念泰勒大会；1922 年的纪念列维斯学术讨论会；等等。学会会刊在博厄斯的主持下取得了巨大的成果，到 1942 年共出版了 19 卷，汇集了美国民族学家的主要学术成果。学会会员也逐年增加，1933 年时为 144 人，到 1937 年达 270 人。1936 年，经民族学理事会同意，学会还决定出版一套专业丛刊，其中《语言学专辑》为半年刊，《民族学专辑》为周年刊。丛刊于 1940 年问世，到 1942 年共出版了 6 期。这一刊物的设立，为美国民族学学术著作发表开辟了一个新天地。

1942 年 11 月 14 日，美国民族学在斯特朗的主持下，在美国自然历史博物馆召开了美国民族学会百年诞辰纪念大会，来自各地的 400 多名民

---

① 　参见陈为《美国民族学会历史概述》，《中山大学研究生学刊》1982 年第 4 期。

族学者、人类学者参加了会议，济济一堂，盛况空前。与会者就"文化适应性"这一主题纷纷宣读论文。威斯勒就学会的鼻祖加勒廷做了发言，博厄斯发表了总结讲话。这次盛会既是民族学会这段历史的顶点，又是美国民族学"哥伦比亚时期"终结的标志。会后 5 周，1942 年 12 月，博厄斯去世。他的逝世结束了美国民族学史上的一个时代。从此以后，美国民族学界内发展出许多新的流派，并没有统一的思想和占主导地位的学派。

第二节　摩尔根及其民族学

路易斯·亨利·摩尔根（1818—1881），被称为"美国民族学之父"，是美国进步的民族学家、西方民族学的创始人之一、早期进化论学派的主要代表人物和最大贡献者。"摩尔根在美国，以他自己的方式，重新发现了 40 年前马克思所发现的唯物主义历史观。并且以此为指导，在把野蛮时代和文明时代加以对比的时候，在主要观点上得出了与马克思相同的结果。"他丰富和补充了马克思、恩格斯在 40 年前所创立的唯物史观，并为史前史的研究和民族学成为一门新兴的社会科学献出了自己的一生。摩尔根的民族学被称为美国民族学思想史上的第一时期。

一　摩尔根的生平与著述

1818 年 11 月 21 日，摩尔根出生在美国纽约州奥罗拉湖东岸的一个富裕的农场主家庭，起初在奥罗拉的尤卡加学院上学，后来进入罗彻斯特的联合学院上大学三四年级。

1840 年，摩尔根从联合学院毕业，回到家乡研习法律，两年后获得了律师资格。由于那些年商业萧条，业务不多，他就利用余暇，与尤卡加学院的同学弗里吉亚·丹福斯等一起发起组织了名为"戈迪乌斯绳结"的文学社。1843 年，这个文学社改名为"大易洛魁社"，完全成为一个研究印第安人的学会。其宗旨在于促进对印第安人的感情并协助印第安人解决其自身的问题。为此，他们刻苦调查、研究易洛魁印第安人联盟的结构和作用，并协助印第安人做了许多事。该社的不少成员后来成了研究印第安人的著名学者。

1844 年，摩尔根受纽约州立大学评议员的委托，为奥尔巴尼的州立博物馆搜集印第安人的文物。在对印第安人居地考察中，他有幸结识了易洛魁塞讷卡部落酋长的儿子艾利·帕克，就是这位曾受过教育、能说一口流利的英语、后来在内战中成了格兰特将军幕僚的印第安青年，给了摩尔根以极大的帮助，使他赢得了印第安人的信任。1864 年，他为易洛魁人塞讷卡部落辩护成功，击败了用欺骗手段剥夺印第安人土地的奥格登地产公司。作为报答，1847 年 10 月，摩尔根被塞讷卡部落鹰氏族作为吉米·约翰逊的养子收入族内并接受"他牙达奥乌库"这一寓意为联结印第安人与白人之间桥梁的赐名。这就大大便利了他进一步了解易洛魁人的社会组织和文化生活，包括风俗习惯、宗教信仰和婚姻制度等。同年，他在《美国评论》杂志上发表了 14 封"给纽约历史学会主席、法学博士艾伯特·加勒廷关于易洛魁人的信"。1851 年，摩尔根又以《易洛魁联盟》为标题重新发表了这 14 封信并将此书献给了"同族"兄弟帕克。他说，这本书是帕克和他的共同研究成果。《易洛魁联盟》是摩尔根发表的第一部研究印第安人的重要著作。美国民族学局首席局长约翰·鲍威尔说，它是"世界上对印第安部落所作的第一部科学记述"。① 《易洛魁联盟》追溯了易洛魁人数百年的历史，详细记述了他们的生活环境、经济活动、生产工具、房屋、衣服、家庭、习俗、宗教和语言，着重介绍了联盟的组织结构，最后还探讨了印第安人的命运。

　　1850 年，摩尔根从奥罗拉迁居罗彻斯特。第二年，他与表妹玛丽·伊丽莎白·斯蒂尔结婚，时年 33 岁。从此时直到 1857 年，他因忙于律师业务，一度停止了对民族学的研究工作，把"印第安人的事情完全搁在一边了"。② 不过，在此期间，他写了《血亲关系的法律与易洛魁人的后裔》（1852）、《安第斯山》（1854）、《易洛魁后裔的法律》（1857）、《动物心理学》（1857）等著作和论文。1854 年夏，他又同别的学者一起组建了专门讨论学术问题的俱乐部，即"学者社"。他后来的许多著作就是在这个俱乐部做第一次宣讲用的。他还于 1858 年写了《学者社的起源和成果》一文。

　　1856 年，摩尔根参加了在奥尔巴尼举行的美国科学促进协会 10 周年纪念会，并加入该会，成为会员。他说："我对民族学的兴趣迅速增长，我决定在我的事务一旦允许的情况下，立即恢复我的这项研究。"他着手

---

① ［美］L. A. 怀特：《摩尔根生平及〈古代社会〉》，《世界民族》1979 年第 2 期。
② 同上。

重新考虑易洛魁人中的亲属称谓问题——这些称谓他早先已发现过，同他自己文化中的亲属称谓截然不同：（他们）把父亲的兄弟也叫作"父亲"，把这个"父亲"的子女叫作"兄弟"和"姐妹"；把母亲的姐妹也叫作"母亲"，把这个"母亲"的子女叫作"兄弟"和"姐妹"；一个男人称他兄弟的子女为"儿子"和"女儿"，但称他姐妹的子女为"外甥"和"外甥女"。他对这种称谓制度的重要性当时还不理解，甚至还不知道其他部落是否也具有类似的制度。1858 年，摩尔根访问密歇根州的马奎特。他发现，奥季布瓦人虽然和易洛魁人属于不同的语系，并且文化上也不相同，但具有和易洛魁人大体上相同的亲属制度。在他回到罗彻斯特时，发现在已经出版的有关达科他人和克里克人的资料中，也有同样制度的记载。这一发现大大激发了他的想象力：这种称呼亲属的奇特方法的重要性是什么？它对民族学可能意味着什么？它是否与印第安人的来源有关系？如果这种称谓制度普遍存在于美洲印第安人部落中，并能在亚洲找到一种或多种相同的制度，就会确定美洲印第安人来源于亚洲了。于是，他对部落亲属制度方面进行了广泛、深入的调查，精心设计了调查表格，寄发给美国各地的传教士和印第安事务人员，以及在太平洋岛屿、远东、印度和非洲地区的一些人。他用这种方法获得了许多资料。不仅如此，从 1859 年到 1862 年的 4 年间，他还每年夏天亲自到印第安地区进行实地调查，足迹遍及美国中部的密苏里、堪萨斯、内布拉斯加，美国北部的明尼苏达和美国西北部一些地方[①]，获得了许多第一手材料。其间，他还从一名传教士那里得到有关资料，确认印度南部泰米尔人的亲属称谓，大体上和美洲印第安人是相同的。因此，他相信终于获得了"美洲印第安人种族来源于亚洲的确实证据"。与此同时，他写了《阿加西关于人类种族的种种起源的理论》《印第安式的赐名》《红色人种的血亲制度及其与民族学的关系》（均为 1859 年），《关于在不同民族中的亲属关系的等级的通告》（1860）等文章。1862 年，摩尔根从堪萨斯州调查回来后，对所有收集的资料开始进行分析研究，经过 3 年的辛勤工作，终于在 1865 年完成了他的第二部巨著《人类家族的血亲和姻亲制度》。他的这本书，是从研究亲属称谓出发来证明美洲印第安人来自亚洲的，但该书最大的成就在于提出了一种社会进化学说，特别是从杂交经过群婚到一夫一妻制的家庭进化理

[①]　魏治臻：《摩尔根的简历和著述》，《民族研究通讯》1983 年第 2 期。

论。从此，摩尔根研究的对象不再局限于美洲印第安人，而是扩大到整个人类的原始社会方面了。

1862 年，摩尔根迁居密歇根州，继续开展律师业务，担任纽约州议会的众议员和参议员，并曾谋求出任美国驻欧洲、南美洲或中国的大使，未能如愿以偿。同时，他多次去密歇根州的上半岛对海狸进行了详尽的研究，并于 1868 年出版了《美洲海狸及其活动》一书。同年，他成为了美国艺术和科学院的研究人员。此间，还发表了《大起诉》（1865）、《对于亲属关系制度分类的起源的一种推测的解释》（1868）、《印第安移民》（1869）等文章。

1870 年 6 月，摩尔根偕妻子和儿子前往西欧，进行为期 14 个月的旅游，曾到过英、法、德、意、奥和瑞士等国。在伦敦会见了达尔文、麦克伦南、梅因、拉伯克、赫胥黎等著名学者，撰写了《阿里卡里人的石制和骨制工具》（1871）、《越过阿尔卑斯山之路》（1871）等论文。

1871 年 8 月，摩尔根从欧洲旅行归来后，在罗彻斯特从事研究工作，撰写了《据洛里默·法伊森牧师的备忘录原本所记澳大利亚人的亲属关系》（1872）、《人类发展的起源》（1872）、《本能在动物界的功能》（1872）、《人类种族》（1872）、《美洲土著的建筑》（1874）、《民族时期》（1875）、《生存的艺术》（1875）、《印第安保留地的工厂制度》（1876）、《筑堤人的住房》（1876）、《反对印第安人的叫嚷》（1876）等论文。1877 年，摩尔根完成了他的第三部著作，也是一生最重要的著作《古代社会》（其全称为《古代社会或人类从原始状态经过野蛮状况到文明的发展界限之研究》）。该书自 1877 年纽约亨利·霍尔特出版公司第一次出版到 1977 年的 100 年时间里，有英、法、俄、汉、西班牙文等各种版本。在这段时期，摩尔根在当时的美国很受尊敬。1873 年，联合学院授予他名誉法学博士学位；1875 年，又当选为美国国家科学院院士，任美国人类学院院长。同时，他在美国科学促进会内建立了一个民族学学部。

1878 年，摩尔根不顾自己年老体衰，在两个侄孙陪同下，到美国西南部科罗拉多州、新墨西哥州作社会历史调查，调查印第安人的住房情况，调查印第安人的古村落遗址。他回到罗彻斯特，就开始研究印第安人的建筑。1881 年，终于完成了他的第四部著作，也是最后一部科学巨著《美洲土著的房屋和家庭生活》。此间，他还写了《美洲土著的迁徙》（1878）、《在新墨西哥州阿尼马斯河上用石头建造的村落遗址之上》

（1880）、《美洲土著住房研究》（1880）、《新墨西哥和美国中部探险》（1880）等论文，并于1879年当选为美国科学促进会主席，这是美国科学界授予个人的最高荣誉。

摩尔根晚年因患神经衰弱症，健康趋向恶化。1881年12月17日，也就是他的最后一部著作出版后不久，他在纽约州罗彻斯特去世，终年63岁。美国民族学界的一颗巨星从此陨落。

在摩尔根的一生中，他共撰写了70多篇文章（演讲稿和论文）和4部主要著作。为研究古代社会，为美国民族学及世界民族学做出了巨大贡献。但是，当时的美国民族学对他并没有给予足够的重视。尤其是19世纪末到20世纪初，博厄斯历史学派把持的美国民族学界，对摩尔根时而进行攻击，时而对其理论置之不理。"对博厄斯的所有门徒来说，摩尔根从此被革出教门，再也无人谈他的书了。"[①] 到了20世纪30年代，美国民族学家、密歇根大学的教授怀特专门研究摩尔根的民族学，先后编辑出版了《摩尔根旅欧日记选》（1937）、《美国人类学先驱：班德利与摩尔根通信集》（1940）、《摩尔根的"印第安人杂记"》（1959）、《古代社会》增订新版本（1964），并写了一个长篇《导论》。摩尔根的民族学在美国民族学界又开始复兴。

二　摩尔根对原始社会研究上的贡献

在摩尔根的著作和文章中，最有系统和最主要的代表作是《古代社会》。全书共分四编：第一编是通过"发明和发现"而来的理智的发展；第二编是论述管理观念的发展；第三编是家族观念的发展；第四编是财产观念的发展。其中，第二编、第三编是全书的主要部分和精华所在，亦即关于氏族制度和家族制度的研究。该书是摩尔根经过几十年的民族学调查而写出的一部综合性的民族学著作，是一部用民族学资料写成的原始社会发展史，反映了他在原始社会研究上的突出贡献。

（一）摩尔根对原始社会分期的研究

关于人类原始社会分期的问题，并不是摩尔根第一次提出的。在他的《古代社会》出版之前，英国民族学家、文化进化论学派的奠基人泰勒在《人类远古史研究》（1865）和《原始文化》（1871）中，已将人类远古

---

① ［美］L. A. 怀特：《摩尔根生平及〈古代社会〉》，《世界民族》1979年第2期。

社会划分为蒙昧和野蛮两个阶段。而早在 18 世纪，英国学者弗格森（1723—1816）和亚当·斯密（1723—1790）也已这样划分了。

然而，摩尔根在人类原始社会分期法的研究上还是做出了自己的突出贡献。他明确地提出了分期的依据和标准。以一种"发明和发现"作为历史分期的标志——也就是以生产工具和生产技术的发明和发现，作为划分人类早期社会发展阶段的标志。正如马克思指出的："各种经济时代的区别，不在于生产什么，而在于怎样生产，用什么劳动资料生产。劳动资料不仅是人类劳动力发展的测量器，而且是劳动借以进行的社会关系的指示器。"摩尔根更为具体地划分了人类社会发展的各个阶段。他把人类的全部历史划分为三个时代和七个阶段。第一个时代是蒙昧时代，可分为三个阶段：从人类形成到火的发现时期为初级阶段；从火的使用到弓箭的发明时期为中级阶段；从弓箭的使用到制陶术的发明时期为高级阶段。第二个时代是野蛮时代，也分为初级、中级、高级三个阶段：从制陶开始到饲养家畜和灌溉栽培的发明时期为初级阶段；从灌溉栽培到冶铁术的发明时期为中级阶段；从铁制工具的使用到文字的发明时期为高级阶段。第三个时代是文明时代，也就是从文字的发明使用到摩尔根时代，具体的阶段，他没有再划分。对于摩尔根这位对原始社会史的研究还处在开始阶段的学者，其提出的分期理论和方法，恩格斯给予了很高的评价，他在《家庭、私有制和国家的起源》一书中指出："摩尔根是第一个具有专门知识而想给人类的史前史建立一个确定的系统的人。他所提出的分期法，在没有大量增加的资料认为需要改变以前，无疑依旧是有效的。"

但是，历史在前进、科学在发展。从摩尔根时代到现在 100 多年来，考古学、古人类学、民族学的调查和研究有了大量的资料增加和许多的新证据出现，由此可见，摩尔根的原始社会分期法还有许多不足之处。①从"发明和发现"出发进行分期，虽然把生产工具和生产技术作为重要标志，但他所强调的则是"理智的发展"，而不是科学技术与生产工具的本身，也就是说，其着眼点是主观而不是客观。②将人类社会发展的历史分为蒙昧、野蛮和文明三个阶段，显然是不符合马克思主义的社会经济形态说。马克思主义认为，人类的任何社会经济形态都要经历其发生、发展和衰亡的三个阶段。同样，原始社会也经过了这样三个阶段。而摩尔根把原始社会划分为蒙昧与野蛮两个大的基本时代，不能够明确地反映出原始社会的产生、发展、消亡的全过程。同时，他对"文明时代"也没有再进行具体划分，更没有论述阶级社会的产生、发展与变化的过程。③把铁器工具的制造与使用作为划分野蛮时代的中级阶段与高级阶段的标志，把凡是不能制造铁器的民族，全部划入中级野蛮社会阶段。根据当今的考古学、民族学和历史学资料证明，这是说不通的。如中国古代的夏朝和商朝，至今未发现能制造铁器，然而却已进入阶级社会，建立了奴隶制国家。④许多新的资料证明，摩尔根以鱼类食物和用火知识的获得一直到弓箭的发明为中级蒙昧社会的划分，是不正确的。若按此划分法，把蓝田猿人、北京猿人、澳大利亚人和波利尼西亚人同放在一个发展阶段，显然是不符合历史事实的。⑤在划分中级野蛮社会时，把东、西半球分开。他认为东半球始于动物饲养，西半球始于灌溉农业以及用土坯和石头来建筑房屋。根据以后发现的大量的考古材料和文献记载，这一划分显然是错误的。① 摩尔根所谓蒙昧初期的人类，现在看来是正在形成中的人类——主要以采集野生果实为主，过着群居生活；不仅开始产生音节分明的分节语言，而且已开始制造工具。人类历史，也恰恰是从制造工具开始的。对此，限于时代条件、限于可供参考的民族学资料，摩尔根并未认识到。

（二）摩尔根对家族制度的研究

在19世纪上半期以前，由于受神学思想的约束和科学水平的限制，学术界对于最初的家族关系基本上还是停留在一夫一妻制的父权制家族制度的传统观念水平上，根本不知道家族制度的发展历史。直到19世纪60年代以后，在这个问题上开始出现了新的观点。英国学者梅因在《古代法》一书中认为，家长制的父权家族是原始社会组织的基本单位，也就是说，一夫一妻制的父权家族从人类一开始就有。而瑞士学者巴霍芬在1861年发表的《母权制》一书中认为，人类一开始并没有家族，最初是处于原始杂交的状态，后来才出现了家族。而最先出现的家族排除了确认父亲的任何可能性，因此，世系只能依母系来算，故而出现了母权家族，后来才发展为父权家族。摩尔根在这个问题上赞成巴霍芬的学说并做出了自己杰出的新贡献。杨堃教授认为，"资产阶级的民族学之正式出现，是从摩尔根的母系氏族的理论开始的"。②

在人类家族制度的研究史上，摩尔根的最大功绩在于：用大量的民族

---

① 杨堃:《民族学概论》，中国社会科学出版社1984年版，第59页。
② 同上书，第60页。

学调查资料证明了父系氏族社会是从母系氏族社会发展而来的。他通过对易洛魁部落以及亚洲、太平洋等地的一些原始部落的亲属称谓制度的分析，发现了人类家族制度的演变过程。同时，他把这种演变过程第一次系统地划分为几个阶段，即血缘家族（排除了父母和子女之间的性交关系）、普那路亚家族（排除了兄弟和姊妹之间的性交关系）、对偶家族（指某种或长或短时期的成对配偶制。即一个男子在许多妻子中有一个主妻，一个女子在许多丈夫中有一个主夫）、父权制家族和一夫一妻制家族。他认为，家族制度"是一个能动的要素，它从来不是静止不动的，而是随着社会从较低阶段向较高阶段的发展，从较低的形式进到较高的形式。反之，亲属制度却是被动的，它只不过是经过一个长久的时期把家庭逐渐发生的进步记录下来，并且只是在家庭已经急剧变化了的时候，它才发生急剧的变化"。① 显然，这是符合马克思主义的人类社会发展学说和"形式落后于内容"的辩证法的。他在家族制度研究的理论方面，开创了人类家族史研究的新途径，为家族婚姻史的科学研究奠定了基础，也为民族学这门新兴的学科奠定了基础。

然而，随着 100 多年来民族学和考古学等方面资料的大量增加，摩尔根在家族制度研究上的某些观点、方法需要修改和补充。为此，国际学术界也进行了多次的研究和争鸣。有些学者认为，摩尔根提出的"血缘家族和普那路亚家族，实际上全不存在"。② 两种家族实际上都是属于群婚制的不同形式，等等。

（三）摩尔根对氏族组织的研究

摩尔根根据在易洛魁人中发现的特殊的亲族关系，结合世界其他地方一些原始部落的亲族关系的研究，对原始社会组织结构进行了极为广泛和深入的分析研究。他着重分析了氏族制度的本质，把氏族组织看成是原始社会制度中的细胞，而氏族组织的发展则是从母系氏族发展为父系氏族的。他认为，"氏族组织给我们显示了人类的一种时代最古、流行最广的制度。它几乎是亚洲、欧洲、非洲、美洲、澳洲古代社会的社会制度的普遍基础"，"凡是氏族制度流行而政治社会尚未建立的地方，一切民族均处在氏族社会中，无一例外"。他还强调，"当子女的父方无从准确确定

---

① 恩格斯：《家庭、私有制和国家的起源》，人民出版社 1972 年版，第 27 页。
② 杨堃：《民族学概论》，中国社会科学出版社 1984 年版，第 61 页。

时，只有母方才是计算世系的唯一可靠标志时，这样的氏族才是最古老的氏族形式"。[1] 他详细分析和论述了原始社会中氏族制度的结构及其全部发展过程，就是依次出现的同时又结为一体的"氏族""胞族""部落"与"部落联盟"等人类社会共同体。他认为，几个血缘相近的氏族以不同的方式结为胞族；几个血缘相近的胞族又结为一个部落；几个相近的部落往往又结成临时或永久性的部落联盟；同时，各自有其基本特征或职能。这种社会组织的基础或细胞是氏族组织，而这种氏族制度又是一切氏族远古社会的共同现象与存在形式。

关于氏族的主要特征，摩尔根分析为以下几点：①氏族有统一的酋长和军事首领；②氏族内全体男女成员有权共同决定选举或撤换酋长与首领；③氏族内部禁止通婚；④氏族成员死后财产转归同氏族人所有；⑤同氏族人必须互相帮助，保护与复仇；⑥每一个氏族都有各自的固有名称，而它的每一个成员的名字也都要反映出他所归属的氏族的名称；⑦根据氏族成员的提议并采取一定的形式，可吸收外族人为本族的成员；⑧每一个氏族有自己的宗教活动日，在举行宗教仪式时酋长执行祭司的职能；⑨每个氏族都有自己共同的墓地，举行死者葬礼时，全体成员都要参加；⑩每个氏族都有自己的议事会，一切男女成员都享有平等的权利，重大事情由议事会共同讨论决定，等等。

胞族的职能主要有：①胞族与胞族之间可以举行赛球会；②在参加部落议事会时，每一个胞族的酋长和军事首领坐在一起；③遇到杀人事件时，往往由胞族出面交涉解决；④重要成员死亡时，对方胞族办理丧事，死者的胞族成员以服丧人资格参加；⑤在选举氏族酋长与首领时，胞族也往往参与其事，并有权宣布选举有效或无效；⑥胞族也有自己的宗教活动节日，并举行一定的宗教仪式；⑦胞族有自己的军事首领，作战时穿着同样的服装和举着自己的旗帜等。

部落的主要特征有：①有自己的管辖地域和统一的名称；②各部落有自己的独特方言；③有宣布氏族酋长与军事首领的权利；④有撤换氏族酋长与军事首领的权利；⑤有共同的宗教观念和崇拜仪式；⑥有讨论公共事务的部落议事会，开会时酋长与首领为代表，部落全体成员都可以参加并发言；⑦在部落首领中往往有一个最高的首领，他的权力与职能要比别的

---

[1]　[美] 摩尔根：《古代社会》，杨东莼译，商务印书馆1971年版，第40、66页。

首领大，成望与地位比别的首领高，这就是"具有执行权力的官员的微弱萌芽"，也就是未来国王或最高统治者的前身。

部落联盟的基本特征有：①联盟内各部落具有完全平等的权利，有共同的地域和共同的语言；②联盟议事会由参加联盟的全体酋长组成，有权对联盟的一切事务做出最后决定；③氏族有权选举或撤换参加联盟的酋长，但联盟议事会则有委任权；④参加联盟的酋长同时也是本部落的酋长，在部落议事会中也有表决权；⑤联盟议事会的一切决议必须一致通过；⑥表决时按部落举行，各部落议事会也必须一致通过；⑦参加联盟的每一个部落都有权要求与召集联盟议事会；⑧联盟议事会开会时，每个成员都可以参加与发言，但没有决定权；⑨联盟不设立"主掌执行权的首脑"，即"没有一长制首长"；⑩联盟设有两个平等权力与职能的最高军事首长（类似两个执政官，或"王"和"帅"）。这种联盟的进一步发展——正如恩格斯所说的——就出现了民族和国家。①

总之，摩尔根在原始社会的研究上，从唯物主义观点出发，提出了社会进化的理论，发现了氏族的本质，确定了母权制先于父权制，从亲属制度出发，恢复了与它相应的家庭形式，为原始社会史的研究建立了一个确定的系统。

三　摩尔根对民族学的主要成就

摩尔根在人类原始社会研究上的成果是多方面的。当时的美国学术界没有给予足够的重视，而西欧学者采取了沉默的态度，因而没有引起学术界广泛的重视。但是，历史唯物主义学说的创始人马克思、恩格斯却给予了极大的关注和重视。1881 年，马克思研读了《古代社会》一书，并作了极为详尽的《摘要》。恩格斯遵照马克思的遗愿，利用摩尔根提供的资料和结论，写成了《家庭、私有制和国家的起源》一书，也给摩尔根以很高的评价："摩尔根的伟大功绩，就在于他在主要特点上发现和恢复了我们成文历史的这种史前的基础，并且在北美印第安人的血族团体中找到了一把解开古代希腊、罗马和德意志历史上那些极为重要而至今尚未解决的哑谜的钥匙。"② 恩格斯认为，《古代社会》是划时代的少数著作之一，

---

① 施正一：《西方民族学史》，时事出版社 1990 年版，第 58—60 页。
② 恩格斯：《家庭、私有制和国家的起源》，人民出版社 1972 年版，第 17 页。

并说："摩尔根在美国，以他自己的方式，重新发现了40年前马克思发现的唯物主义历史观，并且以此为指导，在把野蛮时代和文明时代加以对比的时候，在主要点上得出了与马克思相同的结果。"恩格斯甚至还说：摩尔根"还对现代社会提出了直接的共产主义要求"，"用了只有卡尔·马克思才能用的字眼来谈论这一社会的未来的改造"。①

　　同样，摩尔根从自发的唯物主义思想出发，用大量的民族学调查资料来从事对原始社会的研究，他的所有著作基本上都是民族学上不朽的名著。第一部著作《易洛魁联盟》，不愧是世界上第一部用科学的态度来研究印第安人的著作，至今仍是研究易洛魁联盟最重要的一部名著。第二部著作《人类家族的血亲和姻亲制度》，是民族学史上专门研究亲属制度的一本名著，正是在这本书中，他通过亲属称谓制度来研究家族制度，从而开辟了研究家族制度的新途径。第三部著作《古代社会》，无疑是他的代表作，是一部从民族学角度来研究人类原始社会发展史的最早的科学著作，也是他从事民族学研究的结晶和总结。第四部著作《美洲土著的房屋和家庭生活》，既是对《古代社会》的补充，又是一部杰出的民族学专刊。他通过对美洲印第安人的房屋建筑、结构、布局和分配等方面来分析研究其社会生活，从而为民族学研究又开辟了一条新的途径。

　　综上所述，摩尔根为民族学的研究做出了多方面的、巨大的贡献。可以概括为以下几点。

　　第一，在民族学上初步确定了原始社会史的研究体系。摩尔根认为，人类来自同源，社会是向前发展的。根据生活资料生产的进步，可以把人类历史的发展分为蒙昧、野蛮、文明三个时期，并以人类生产技术和生产工具的"发明和发现"作为人类社会发展的不同阶段的标志。这种对原始社会历史的分期法是比较科学的，是符合历史唯物主义的发展规律的。

　　第二，通过对美洲印第安人社会组织的研究，揭示了原始社会最初的社会组织，即氏族的产生和发展过程，证明氏族是整个人类社会在原始时期所共有的，阐明了国家产生以前原始时代社会制度的基本特征。摩尔根在一生中长期深入印第安人中间，亲身参加印第安人部落生活；并站在同情的立场上，以平等相待的态度，处处为印第安人的利益着想。他所进行的细致、灵活、多样、深入的调查方法是民族学史上调查方法的典范。

　　① 《马克思恩格斯选集》第4卷，人民出版社1972年版，第1—2页。

　　第三，以大量的民族学资料充分证明，父系氏族社会是由母系氏族社会演变发展而来的；母系氏族是最初的形式，母系氏族在人类社会发展过程中具有重要的地位和意义。这是民族学和整个历史科学的一大发现。恩格斯说，这一发现"对于原始历史所具有的意义，正如达尔文的进化理论对于生物学和马克思的剩余价值理论对于政治经济学的意义一样。它使摩尔根得以首次绘出家庭史的略图，这一略图在目前已知的资料所允许的限度内，至少把典型的发展阶段大体上初步确定下来了。非常清楚，这样就在原始历史的研究方面开辟了一个新的时代"。①

　　第四，摩尔根通过对人类亲属称谓制度的研究，确信印第安人的亲属称谓制度与亚洲、非洲、澳洲的许多部落相似，以此来探讨原始社会史的一系列问题以及印第安人来源于亚洲的问题。同时，他从亲属称谓制度的研究过程中发现，家族制度从来不是静止不动的，而是随着社会从低级阶段向高级阶段的发展，从较低的形式进入较高的形式。在这一过程中，亲属称谓制度也随之变化，永远不会是处于被动和落后的状态的。这是符合人类社会由低级向高级循序渐进发展规律的一大发现。这种亲属称谓制度的调查方法，为民族学研究开辟了一个新的途径。

　　第五，摩尔根通过对美洲印第安人的房屋建筑、结构布局和住房分配等去研究他们的家庭生活和社会生活，从中揭示出与之密切相关的这一民族的生产力水平、文化艺术、伦理道德、宗教信仰和婚姻制度等方面。这在民族学的调查研究中又是一个十分重要的方法。

　　摩尔根以正直的品德、科学诚实的态度，为原始社会史的研究，为民族学的形成做出了巨大的贡献。他的著作和民族学说，不仅为后来的马克思主义民族学提供了很有价值的民族学资料和一些正确的理论，而且对马克思主义民族学的形成和发展有着巨大的贡献。特别需要指出的是，摩尔根以后的资产阶级民族学，虽然在民族学调查方法和技术方面有了很大进步，但在理论上却没在超过他的，甚至是倒退了。

　　但是，摩尔根毕竟是一位资产阶级学者，再加上时代的局限性，使他的著作中存在着不少的不正确和不确切的观点和论述。其中最主要的是他的不彻底的唯物主义历史观，表现在他把氏族制度的起源与存在看成是"高度智慧的产物"；又把原始人的"劳动""试验"与"成功"统统看

① 恩格斯：《家庭、私有制和国家的起源》，人民出版社 1972 年版，第 4 页。

成是"上帝为从蒙昧人发展到野蛮人,从野蛮人发展到文明人而制订的计划中的一个组成部分"。① 恩格斯在写《家庭、私有制和国家的起源》时,曾致书考茨基说:"如果只是'客观地'叙述摩尔根的著作,对它不作批判的探讨,不利用新得出的成果,不同我们的观点和已得出的结论联系起来阐述,那就没有意义。"这也是评价摩尔根及其著作应持的正确态度。而摩尔根的某些观点和结论,随着考古学和民族学等学科的新资料的增加,现在已不适合或将会被新发现的资料所代替,这也正说明民族学研究在不断发展。总的来看,摩尔根的民族学学说是经受住了时间的考验。

第三节　博厄斯与历史学派

19 世纪末 20 世纪初,美国民族学界出现了一个新学派——"历史学派",或称"批评学派""历史的民族学之美国学派""极端历史学派""文化区学派""历史民族学派",它的创始人是美国著名学者、思想家、社会活动家弗朗兹·博厄斯(昔译鲍亚士),故又称博厄斯学派。这个学派曾长期统治美国民族学界,主要盛行于 1890—1930 年,被称为美国民族学思想史上的第二时期。从 19 世纪末直到现在,美国大多数民族学家和人类学家都出自博厄斯的门下。其观点和方法一直影响到 20 世纪美国文化人类学界,在国际民族学界也有相当的地位。由于历史学派也主张把文化发展归结为地理上的传播,博厄斯本人在开始时也自认为"传播和借用在文化发展进程中有重要作用",所以,有人把英国播化学派、德奥文化圈学派和美国历史学派三者统称为"文化历史学派"或"传播学派"。

一　历史学派的形成

弗朗兹·博厄斯(1858—1942),是美国著名的民族学家、人类学家和语言学家。出生于德国西部威斯特伐利亚州明顿市一个具有犹太血统的荷兰人家庭。他原先是搞自然科学的,曾在海德堡大学和波恩大学学习物理学与地理学,毕业后进入基尔大学进修,1881 年取得博士学位。1883—1884 年参加加拿大北极巴芬岛实地科学考察,第一次接触当地居民爱斯基摩人,对其习俗发生了极大的兴趣,并搜集了许多材料。从此,

---

① 〔美〕摩尔根:《古代社会》,杨东莼译,商务印书馆 1971 年版,第 557—558 页。

博厄斯从自然科学转向民族学。回国后，他在柏林皇家民族学博物馆任助理，兼任柏林大学地理系讲师，结识了斯巴典等民族学专家，对后来历史学派的某些理论概念有所了解。1886 年他到北太平洋沿岸地区考察，奠定了研究印第安人的工作基础。同年移居美国。第二年加入美国国籍。1888 年任克拉克大学人类学讲师，兼任《科学》杂志的编辑。1893 年在芝加哥世界博览会人类学陈列部工作，1896 年后任哥伦比亚大学体质人类学讲师、教授，直到 1942 年去世。1901—1905 年任美国自然历史博物馆馆长，1907—1908 年被选为美国人类学协会主席。1910 年被选为纽约科学院主席。此外，他还当选为美洲和欧洲一些国家的科学院的通讯院士和院士。他在哥伦比亚大学整整工作了 40 多年，培养了一批民族学家和语言学家。

博厄斯除从事教学工作以外，还在几个博物馆人类学部做研究工作。他特别注重实地调查，曾对英属哥伦比亚进行过 4 次调查，并负责组织由美国和俄国学者共同参加的著名的"杰塞普北太平洋考察队"，从 1897—1902 年对北美西北部海岸的印第安部落和亚洲东北部西伯利亚的土著居民的社会与文化进行了考察，研究亚洲、美洲两洲古代文化的联系。这是西方民族学史上规模最大的一次民族学调查，搜集了大量的第一手民族学资料。其研究结果由博厄斯主编，陆续发表专著 20 余部。同时，获得了民族学调查的实践经验，培养了许多民族学专家。在调查方法和技术上，也为历史学派奠定了基础。

博厄斯研究的领域很广，在民族学、语言学和体质人类学方面皆有独到的见解。他的著作和文章也很多，写了 200 多篇文章，可惜没有出版过大部头的著作。主要著作有：《中央爱斯基摩人》（1888）、《民族学家的任务》（1888）、《原始人的智慧》（1927）、《原始艺术》（1927）、《原始人类的心理》（1911）、《人类学与现代生活》（1928—1938）、《种族、语言和文化》（1940）、《种族与民主社会》和《普通人类学》等。

博厄斯是在矛盾的经历中开始他的学术生涯的。他是德国犹太人，但却成了美国的著名学者；他是学物理和数学专业的，但后来主要从事民族学和人类学的研究工作；他的博士学位论文是研究水的颜色，但后来的主要学术成就则是表现在语言学、人类学和民族学方面，并成为了美国著名的文化人类学家。

博厄斯从自然科学转向民族学的时候，正是进化论与播化论针锋相对之际。以摩尔根及巴斯典、巴霍芬、斯宾塞、泰勒等为代表的文化进化论学派，用比较的方法排列了大量的文化现象，探索了人类起源和发展的一致性、原始社会的历史、人类婚姻制度和氏族组织的发展以及整个人类社会由低级到高级循序渐进的阶段。进化学说同资本主义社会制度和静止的基督教世界观、神学思想大相抵触，引起了资本主义卫道士的反对。于是，民族学界中以拉策尔、格拉布涅尔等为代表的播化学派抓住某一现象，攻击其一点，企图完全推翻文化进化论学派的立论。当时的文化进化论学派，除了摩尔根已不满足于概念性的推论从而进行了大量的实地调查和深入细致的比较分析并得出科学的概括以外，其他人皆未摆脱唯心主义的桎梏。他们停留在对社会文化的搜集、堆砌、描述或主观演绎上，没有进行深入研究，揭示其内在的联系，更没有进一步探讨人类社会发展的规律。[1] 加之，在文化进化论学派形成之时，由于缺乏文献资料和考古学成果，其理论证据难免遇到一些困难。与此同时，播化学派的地理决定论与传播进程说尽管偶有个别事例可加以证实，但若来解释整个文化进程，毕竟没有科学根据，尤其是埃及中心说更是牵强附会、漏洞百出。由此，民族学界感到，要建立一个完善的综合理论是不容易的。在这种背景下，博厄斯既没有归属在文化进化论学派的大旗下，也未与播化学派为伍，并且"确认播化学说不能解决问题"。[2] 他认为，民族志资料的搜集工作可以摆脱未经证实的理论的指导而进行，一旦有了足够的有用的资料，其理论问题就自然会取得清楚正确的答案。于是，博厄斯在美国哥伦比亚大学树起了一个新学派的旗帜，后来被大多数美国民族学者接受。

二　历史学派的理论观点与方法

历史学派的创始人博厄斯认为，民族学的主要任务是"研究社会生活现象的全部总和"，"揭示支配人类智慧活动的规律"，从而"构造人类文化与文明的历史"。由于该学派成员众多，各有其专攻的领域，对人类学所应该解决的一些基本问题的认识自然不能完全一致。但实证主义是其方法论的哲学基础；长于批评是其风格；不做原则性的理论概括而局限于小范围的具体现象的研究工作是其共同奉守的信条；文化的性质与它和个

---

① 吴泽霖、张雪慧：《简论博厄斯与美国历史学派》，《民族学研究》第一辑。
② ［美］F. 伊根：《民族学和社会人类学的一百年》，《世界民族》1981 年第 2 期。

人之间的相互作用及影响是其研究重心。博厄斯声称，人类学研究的主要目的是：重建人类发展的历史；决定历史现象的类型和它们的顺序；探讨变迁的动力。在研究方法方面，该学派对文化进化论学派的比较方法和播化学派的比较方法都进行了激烈的批判，只强调历史主义的研究方法。该学派认为，"每个文化集团都有自己独一无二的历史，这种历史一部分取决于社会集团特殊的内部发展，一部分取决于其所受到的外部影响"。所以，研究各个社会的"动态的变化"是唯一正确的方法。

（一）文化独立论

文化独立论，或称"非决定论"。是针对文化的地理决定论和经济决定论而言的。其要点是：文化现象极其复杂，是人与社会各方面的相互作用的结果，每一种文化的形成都有生物的、地理的、历史的、经济的影响，各种影响对文化特性的形成无疑都是决定因素之一，但都不是唯一的决定因素；地理环境或经济条件虽然能影响文化，但其影响的程度要视文化本身的性质而定，同时，文化本身反过来限制地理环境和经济条件的发展。博厄斯说："地理学者想把一切人类文化形式归结为人们生活于其中的地理环境的作用。这也许是一个重要的念头，但没有证据说明环境能创造文化。"他举例指出："澳洲土著与白人入侵者生活于相同的环境里，在人类历史上澳洲的自然地理没有什么变化，但培育出了不同的文化。环境只能在细节上影响现存文化。"他又指出，美洲西部的印第安人在马匹输入之前，由于不能保证食料的供应而难以在一处固定居住。但马匹输入以后，印第安人可以利用它获得大量的野牛，整个生活方式发生了极大变化，很多部落西迁定居，并由此产生了农业经济。他为此而论证道：肥沃的土地不能创造农业，只有当农业已发生的时候才可能使之适应地理条件；铁矿和煤矿不能建造工业，只有懂得如何利用这些物质的知识，地理条件才对工业的发展发生有力的影响。

与此同时，历史学派反对经济决定论。他们认为，"经济与文化其他方面的关系要比地理环境与文化的相互关系更为切近。然而这也不能解释为文化生活的每个特征都由经济状态所决定。我们看不到经济力量如何决定艺术风格、礼仪和特殊的宗教信仰的形式。相反，我们看到的是经济和文化相互作用互为因果"。技巧与能力的不同、男女生理上的差别都可能造成经济状态的差异从而影响文化的某些方面，但无论如何，由于文化本身是个独立的整体，所以，任何用单一原因推论文化形式的企图都是注定要失败的。

历史学派以事实证明地理决定论的不足，这是可取的。但该学派把文化看成是超社会的、是存在于人们之外自我运动的独立整体；过分强调文化不但不被其他因素所决定，反而作为一个单独的实体可以对地理环境和经济条件施加无限影响与限制，进而认为文化具有不可抗拒的力量。这些实际上是文化至上主义的表现。

（二）人类文化发展的非规律论

历史学派认为，人类学研究的主要任务是了解各个民族文化的具体表现，而不是提出一个普遍性的规律。但博厄斯并不反对探讨某种文化现象的具体规律。他认为文化现象太复杂，建立一般的规律必然流于空泛的笼统，对于了解具体的文化动态没有实际用途。他以拘谨的眼光看待规律，觉得只有把世界上具有代表性的文化中所能观察到的典型现象，包罗无遗地都纳入一个规定的序列并加以概括，才能称为普遍规律。他着眼于现象，强调各文化之间的差异。他认为，现象越复杂，它们的规律越具有特殊性，因此，要想建立一个适用于任何地方的任何事例、并能解释它的过去和预见未来的概括性的结论都是徒劳的。所以，历史学派反对文化进化学说关于人类社会发展的阶段论，把马克思主义所认为的原始社会历史是氏族组织形成、发展和解体的历史观点称为"单线进化论"；把从印第安人那里搜集的、呈现氏族制度解体过程的多样性材料说成是关于氏族的人类社会最原始的代表；并以此否定一般氏族制度的普遍规律。

另外，19 世纪后期，关于文化的起源，当时有几种说法。一种主张文化一源论，其中最极端的就是埃及中心说，持这种主张的人认为，文化只能由一个地方传播；与此相反，另一种就主张文化多源论。博厄斯认为，这是一种武断对武断的争论，他尤其反对埃及中心说，主张一样一样地进行实地调查，追根问底，有许多东西表面上似乎相同，但实质上不一定相同。众所周知，火的使用是人类与兽类的最大区别之一。但是，为什么要用火？回答就很不相同。有人说是为了熟食；也有人说是为了御寒；还有人说是为了晚上围在篝火边，大家团聚；等等。但是，有人就提出来了，假如是为了熟食，那么有些地方有火，却没有熟食；有些地方很冷，像南美洲南端靠近南极洲的地方，并不使用火来取暖。这说明火是多源的，表面上都是用火，但来源又是多不相同。还有，人类最早是怎样取火的呢？有人说摩擦法在先，也有人说是撞击法在先，都有可能，也可能是多源的。对某些地方来说，也可能是传播的。不能轻易下结论。

于是，博厄斯提出了"辐合"的观点，好像车的辐条从四面八方360度的圆周最后集结在轴心一点。他认为，独创和传播不能仅靠形式的比较，而是要进行细致的分析。有些文化现象，表面未必相同，各有各的来源，功能却有一定的类似。以"0"为例，"0"的概念，它在计算史上是一个重大的发明。但是，我们发现，"0"的发明并不是为了解决同一需要，它有三个来源：一是古代西亚苏美尔人于公元前500年左右发明，用于六十进位的计重法上；二是公元前后古代南美洲玛雅人发明，用于20天为一个月，一年为18个月360天的历法上；三是公元前500年左右印度人发明，用在十进位的数字上。同是"0"的概念，但其来源和最初的实际用途却不相同，也就是说不同的源，集合到同一点上。用中国话概括为"殊途同归"。这就是博厄斯说的辐合现象。

这种观点对研究具体文化现象的历史发展是有其积极作用的，它可以使我们透过一些表面现象来追溯到不同的来源。这在方法论上是可取的。但是这种事例并不普遍，作为一种普遍规律来解释文化历史，意义不大。

（三）"文化区"论

早年，当博厄斯在德国上大学时，深受德奥"文化圈"学派的影响。后来在美国自然博物馆工作，在整理民族志文物标本资料、搞陈列品分类时得到启示，提出了与"文化圈"学说相类似的"文化区"概念，但又不尽相同。"文化圈"理论强调共同的文化特征，不要求具有连续性的区域范围，而"文化区"理论则要求要有共同的历史联系和共同的地理区域。其目的只是便利于物质文化特征的分类，并不是适用于一切文化现象的万能理论。博厄斯说，遗憾的是，这个最初的主要目的被人误解了，以为是按照这些区域把人类分成许多集团。其实，研究宗教、社会组织和文化等方面的学者会发现：以物质文化为根据的文化区域，与其他各方面的研究结果不尽相符，有的语言集团与文化区域全不相合。只有将相联结的地区的文化特征的分布绘成地图，证明各种文化形式的关系，从这种观点来观察文化区域，才会具有意义。由此可见，博厄斯对待理论的严谨慎重态度；也可知，"文化区"与"文化圈"并不完全是一回事。

与此同时，博厄斯还提出了"文化中心"和"文化边区"的概念。每个文化区必然有个文化中心，而离中心远的地方即是"边区"。前者是指在一个文化区内表现其文化特征最浓厚的中心地区；而后者是指在一个文化区内距离文化中心最远、其文化特征表现最为薄弱的边远地区。他认为，在一个文化区内，离文化中心越近的地方其文化特征越显著；相反，越远的地方越模糊。并认为"文化边区"是相邻的文化区之间的过渡区域，其文化内容则由相邻的各个文化区的文化特征混合而成。

（四）种族平等论

博厄斯是犹太血统，在第一次世界大战期间，饱受种族歧视。在第二次世界大战时，他参加反对希特勒的种族主义运动。同时，他反对当时的美国政府干涉、侵害别的国家并推行其文化和政体，主张应由各民族自主解决其内部事务。他认为，世界上各民族无优劣之分，应该是平等的。他主张科学的结论必须建立在无可辩驳的事实基础上。他深入细致地进行体质人类学测量，通过对美国土著民族与欧洲移民的体质变化的研究，驳斥了种族主义者关于人的智力高低是由于天生的体质构造决定的荒谬论调。诚然，不同种族在体质外形或结构上有所不同，但它们的生理功能是一样的。他用生物进化、脑的大小结构等方面的研究证实种内差异大于种族之间的差异；他以充分的材料揭穿了从"智力测验"上可以看出种族之间有优劣的谎言；他还从历史事实、文化成就诸方面批驳种族主义的所谓"诺迪克"优越论。① 他说，如果考虑到古代希腊特别是古代埃及和古代中国所取得的伟大成就以及出现过的大批杰出科学家，那么当时北欧民族相比之下就是劣等民族了，甚至会被认为无法达到文明境界。他对于弱小民族和受帝国主义欺侮的人民寄予同情，提倡任何一个民族都应该尊重其他各民族，"一切人的智慧的根本特征是一样的"。在当时处于欧洲中心主义和美国国内的种族压迫、隔离的环境中，博厄斯公开声明这个观点是很不容易的。

（五）民族文化的评价问题

博厄斯认为，任何一个民族或部落都有它自己的逻辑、理想、世界观和道德标准，不应该用自己的标准去衡量其他民族的文化。每一个民族都有它的尊严和价值观，都有自己的某种特征，民族文化没有高低之分。博厄斯尖锐地批评了弗洛伊德和雷布儒的谬论，并指出，没有文字的民族和社会发展水平较高的民族，他们的逻辑过程本身都是完整的；衡量文化没

---

① 种族主义认为居住于北欧的人种是最优秀的，后来德国法西斯利用这一谬论为他们的侵略行为辩护。

有绝对的判别标准，尺度是需要的但不能只有西方文明一个尺度。他说，对综合的社会形式进行科学研究，就会要求研究者不受以我们的文化为基础的任何评价的束缚。只有我们能够在每种文化自身的基础上深入研究每种文化；只有我们深入研究每个民族的理想，并把在人类各个部分所发现的文化价值列入我们总的客观研究范围，客观的、严格科学的研究才有可能。由此可以看出，博厄斯强调的是"综合的""客观的"研究各民族的文化，这实际上也是综合、客观的相对主义评价标准。这个标准，一方面要求抛弃传统的欧洲中心主义思想；另一方面也包含了否认历史进步的评价标准。

历史学派的主要理论观点决定了他们在民族学研究中的方法论。简要来说有如下几个特点。

其一，历史学派在小范围内长期进行深入细致的实地考察是其田野工作的一大特点。以博厄斯为首的历史学派的每个成员几乎都有自己的长期专门考察的地区。他们对美洲各部落和各民族的调查研究可以说是比较全面的。尤其是搜集了大量印第安人的材料——从社会组织、风土人情、物质文化、心理状态，以至部落全貌，甚至个人传记。近年来，西方民族学中的一些民族学家把实地考察工作方法分成两类：即"文化客位研究"和"文化主位研究"。凡专门研究某一时期的某种语言或文化，为了发现和描述它内部各因素在功能上的联系的特殊模式，而不是为了进行概括的分类者，就属于"文化主位研究"方法。这种方法强调从当地翻译人员那里逐字地搜集、记录材料。人类学的这种方法的发展应归功于博厄斯的历史学派。博厄斯在《现代人类学》一书中清楚地阐明了文化主位论者对人类学分类法的观点。他指出："在自然科学中我们习惯用简洁而准确的术语对现象进行分类。一个术语在任何情况下都表达同一的概念。只要我们限定在一个文化内，我们就能够使用清楚明确的术语区分它的各种特性，懂得'家庭''国家''政府'等的含义。一旦我们超出这个文化的范围，就无法知道这些词汇是否仍表示原来的概念。"然而，这种方法由于一向不重视理论，过分强调小题大做的做法，使具体的民族学材料在他们手中没有进行历史的综合，其研究成果并不多。

其二，提倡民族学工作者必须学习民族语言。博厄斯认为，学会当地土著语言是获得正确和透彻知识的必不可少的工具。所以，他对印第安人的语言进行了非常深入的调查与研究。他本人懂得 17 种印第安人方言，并且要求他的学生必须懂得所研究的每一个族体的语言或方言。在语言的亲属的研究中，他还提出了新原则和新方法——即不仅要按照语言的共同来源来确定语言的亲属，而且还要考察相邻部落或民族的不同语言之间的相互影响，也就是说，要考察多种语言的混合过程和各个语言的"多种根源"。他的这种"语言联盟"理论后来还渗入了印欧语言学中。另外，他组织出版了最早的印第安人语言资料，搜集了几十种语言资料。他为该书撰写的序言一直被列为语言学的经典著作。他创办了最早的语言学杂志《国际语言学杂志》。他还注重培养本民族语言的工作者，多次强调在调查夸克特尔印第安部落时他的助手印第安人乔治·亨特发挥了重大作用，甚至还说，2/3 以上的材料是亨特的贡献。

其三，主张民族学、语言学和考古学三者结合起来进行研究。博厄斯虽然不是一个经过专业训练的语言学家，但他在语言学上的创见是很有意义的。他认为，每种语言都有它自己的一套语音、形态和意义的结构；描写一种语言只能根据它自己的结构来描写，而不应该按照诸如希腊或但丁等语言的结构来描写。这种被称为"描写语言学"或"结构主义"的理论，在当时具有划时代的意义。博厄斯创建的这种描写的方法对研究无文字的语言很有用、很方便，在民族语言调查中经常使用。他还认为，比较语言学可以使我们重建词汇及语法形式的历史。用这类方法，根据同样的或类似的文化特征的地理分布，可以重现文化发展的历史。当代结构人类学就是把结构语言学方法运用于分析民族学资料。列维—斯特劳斯说，将社会生活分成为有意识的条件和无意识的条件两类，原是美国民族学家博厄斯的一种创见，后来语言学家才将这一方法应用到语言学中，因而形成了语言学中的结构学派。列维—斯特劳斯又将这一方法应用于民族学资料的分析，这才形成了他的结构人类学学说。[①] 可以说，博厄斯不仅是结构语言学派而且是结构人类学的一位先驱。

另外，博厄斯有早年从事自然科学的素养，所以，他在民族学研究中充分利用统计学方法——尤其是在研究神话时。博厄斯努力想把人类学从哲学的倾向引导到自然科学方面，在当今人类学的研究中，此种倾向有增无减。

---

① ［美］列维—斯特劳斯：《社会结构》，克娄伯主编《今日人类学》，1970 年。

三 历史学派在民族学上的贡献

博厄斯新颖的革新思想、在民族学和相邻科学方面的渊博学识、严密的治学方法、科学结论上的诚实以及善于培养人才，受到美国学术界的推崇，被誉为美国学术界元老和美国"民族学之父"。他创立了美国历史学派，为美国和世界民族学做出了重要贡献。其主要内容可以概括为以下五点。

第一，主张民族学在研究任何一个民族或部落时，必须对其语言、文化、人类学类型等方面进行具体的、全面的、历史的研究。

第二，他认为，必须研究各民族在文化上的相互影响，这种影响在一定的地理区域内确立了文化上的共同性。这些地区可以制成地图，并且应该在每个地区内探索各民族互相影响的具体形式、各种文化因素的传播情况。

第三，在试图得出人类及其文化发展的规律时，必须高度慎重。这些规律显然是存在的，可是要认识它们却十分困难。尤其是不要为其现象特征所迷惑，因为这些现象检查起来可能在实质上具有深刻差异，而且来源各不相同。所以要透过现象深入本质，揭示出它的共同规律。

第四，主张不要把传统的道德评价标准移植到另一种文化类型上。每个民族都有各自的社会理想与道德规范，不同类型的民族文化来源可能是不同的。外部现象有可能是一样，但内部所具有的质的规定性则是不同的。[①]

第五，博厄斯是杰出的教育天才，培养了一大批民族学专家。他在美国哥伦比亚大学从事了40多年的教学工作，善于吸引青年来从事科学研究，密切关注他们的工作，竭尽所能予以帮助，使他的许多学生成为了历史学派的代表人物，后来在不同的方面继承和发展了博厄斯的思想，甚至有的还在发展中创立了自己的学派，成为了世界著名的民族学者。正如美国民族学者自己所说的：20世纪头20年代的美国人类学是博厄斯时代，他在人类学领域占据着非常重要的、完全的统治地位。

另外，值得一提的是，博厄斯还为培育女性民族学家做出了努力。他认为，在任何社会文化中，男、女两性具有不同的精神世界，在某些社会

---

① 施正一：《西方民族学史》，时事出版社1990年版，第65页。

中，尤为突出。纯由男性来从事民族学的调查研究，往往会留下一片空白，至少在女性的领域内进行得不深、不透。只有通过女性自己来观察研究，才能深刻体会其精神面貌和生活细节。在他的提倡和培育下，美国的民族学出现了像本尼迪克特和米德那样卓越的女性民族学家，使国外的民族学界都侧目注视。

四　历史学派的其他代表人物

博厄斯一生致力于从事人类学的调查、研究、著述和教学，造就了一批民族学者，还有一部分追随者。那么，历史学派的代表人物除博厄斯之外，还有他的学生和追随者。他们为博厄斯的历史学派理论的继承和发展做出了努力，为民族学的研究做出了一定的贡献。

（一）克拉克·威斯勒

威斯勒（1870—1947），长期在美国纽约自然历史博物馆工作，曾任该馆人类学部主任，后来执教于耶鲁大学。他原先从事古典文学和心理学的研究，后来受博厄斯影响，加上职业关系，开始对民族学发生兴趣。主要著作有《美国印第安人》（1917）、《人和文化》（1923）。他在民族学上的基本观点同博厄斯是一致的。但有几点比较突出。

第一，提出了"文化结构"的概念。即研究部落文化，必须首先分析它组成的单元，因为文化是由各种层次的单元所组成的，整体是一种结构。他认为，文化可以分析到的最小的单位，这就是"文化特质"。单个的文化特质本身不起作用，只有许多文化特质结合在一起组成一个"文化丛"，才能发挥功能。由此他提出"文化丛"的理论。他还认为，每种文化都有其自己的"文化类型"，两种不同的文化类型往往在边缘地带发生接触，出现彼此交叉的复杂现象，于是又出现了"文化边区"和"文化中心"的概念。一般来说，边区的文化特点较中心区淡薄。

第二，提出"年代区域论"的理论。威斯勒认为，文化是有时间观念的，是从古到今一代一代传下来的。同时，文化又是从一个中心传播开来的，是有区域性的。因此，文化既要考虑到时间，又要考虑到距离。文化是时与距的交叉，是时间与空间的二度性的现象。时代越古，散播的地区越广。反过来说，散播的地区越广，时间越长。

第三，提出"普遍的文化模式"的概念。威斯勒认为，每一种文化都有一个模式，所有的文化模式，不论文化高低，都有一种共同的基本结构。它包括语言文字、物质设备（包括衣、食、住、行日常用品和武器等）、艺术、宗教、社会组织、财产、政权、战争等各个方面。对此，民族学家所认为的这样一个结构的设想是可取的，有利于对各种文化的比较研究。至于应包括哪些项目，则会有不同看法，尤其是不应该把战争列入普遍的模式中。

（二）路易斯·克娄伯

克娄伯（1876—1960），是美国著名的人类学家，是"美国人类学学会的创始人"。① 曾任美国人类学会会长、美国民俗学会会长、美国语言学会会长。长期担任加利福尼亚大学的人类学教授，从事教学与著述活动。自 1900 年起，他领导了加利福尼亚的民族学调查工作。1945 年，获赫胥黎奖章。他的著作很多，主要代表作有《人类学（种族、语言、文化、心理学、史前史）》（1923）、《加利福尼亚印第安人手册》（1925）、《文化、概念与定义的批判性回顾》（1925 年，与克拉克洪合著）、《文化发展的结构》（1944）、《文化本性》（1952）、《文明与文化一览》（死后于1973 年发表）。在这些著作中，他以所汇集的丰富的材料，对加利福尼亚州印第安人各方面的情况进行了最为全面的研究。

克娄伯在民族学上的基本观点和治学方法是与博厄斯一致的。他同样认为，民族学的研究对象是人类的文化。他认为无文字的文化是民族学的研究对象；有文字的文化是历史学的研究对象。民族学在研究无文字文化时，主要是采用静态深入（"微观深入"）和"远视深入"两种方法。同时，他把世界文明作了最明确的比较和划分，把其划分为：欧洲文明（包括古希腊、古罗马和古俄罗斯文明）、亚洲文明（包括古代东方、印度、印尼、中国、北亚等文明）、大洋洲文明、非洲文明和美洲文明等，承认非欧洲的各落后民族的文明也属于世界文明的一般范畴。

然而，在文化人类学关于文化的性质等几个方面的研究上，克娄伯突破了博厄斯的理论，更有所发展。②

第一，文化的"超生物"性或"超机体"性。克娄伯认为，文化是人类所独有的，它包括语言、社会组织、宗教信仰、婚姻制度、风俗习惯

① 王恩庆、李一夫编：《国外民族学概况》，中国社会科学院民族研究所编印。
② 吴泽霖：《民族学在美国和博厄斯学派》，《中南民族学院学报》1991 年第 4 期。

以及生产上的种种物质成就。这些都不是与生俱来的，而是具有"超生物"或"超机体"的性质且也是超"个人"的。它当然与遗传无关，与种族无关，说同一语言的人可能属于不同的种族；不同种族也可以说同一语言。语言是不固定的，今天的语言不同于往昔，以后也还会变化，而种族遗传则比较稳定。语言的情况如此，文化的其他方面也是这样。文化有其发生、发展和消失的规律，每一种文化都有它的独特的特点。这些都不属于生物的范畴。这种观点为批判种族主义妄图把文化成就当作种族优劣的表现提供了一种有力的理论武器。

第二，文化的一些特点。克娄伯指出，所有文化都是敞开的，不是封闭的；都是承上启下的，不是突然创造出来的。同时，又是与别的文化互相交流的，既吸收外来的，也输出自己的。他认为，文化有继续性和积累性，文化内容不管是自己所发明的，还是吸收外界的，总是越积累越多，同时也总有一部分在消失；文化总是保守的，它不能脱离人而存在，而人总是世代相继的，急剧的大变革只有在特殊的条件下才能发生。文化在发展到了一定程度之后，与其他文化的接触是不可避免的。因此，对于外来文化，要吸收其有用性，要关注效用有多大，能起什么有益的功能；文化交流既有自发性的，也有强制性的，人的喜新厌旧倾向也是促进文化变革的一种动力；一种新的文化特质传入以后，有的不久便被抛弃，有的吸收很久以后，竟忘其来历。这种文化敞开性的论点有力地驳斥了种族主义所宣称的文化只能由优秀种族一面输入的谬论。

第三，文化的层次。克娄伯认为，文化是一个整体，然而它又是有层次之分的。对此，他提出"半文化"和"亚文化"（或"从属文化"）的概念。半文化指的是一种带有极大依附性、自己难以单独存在的文化，如游牧文化等。那么，亚文化就是在文化这个整体下，还分为许多从属的层次——即年龄组、阶级层、性别、职业等。同时，文化也有地区之别，有所谓的乡村文化和都市文化。

（三）罗伯特·罗维

罗维（1883—1957），是博厄斯的学生，出生于奥地利，父亲是匈牙利人，母亲是德国人。1893 年他移居美国。他原从事古典文学研究，后来由于受博厄斯的影响，转而从事人类学和心理学的研究。他写过许多关于民族学、人类学方面的书籍和文章，主要著作有：《原始社会》《文明与野蛮》《原始宗教》等。1947 年获得"韦金奖章"。

在民族学的文明与文化问题上，罗维基本上继承了其导师博厄斯的观点，坚决反对社会进化规律并力图证明摩尔根对原始社会氏族制度的解释是不正确的。他认为，母系氏族不一定早于父系氏族；氏族不一定早于家族；亲属组织不一定是人类早期社会的主要组织，等等。总之，他处处与摩尔根唱反调，是反对摩尔根进化学说的急先锋。

（四）亚历山大·戈登威泽

戈登威泽（1880—1940），是博厄斯的学生，出生于欧洲，移居于美国，是美国人类学家。主要著作有：《早期文明》《传播主义和美国历史民族学派》等。

他在民族学上的观点基本上是同博厄斯是一致的，认为人类是统一的，文明是多样的。他坚决反对进化论，认为人类发展的一般规律是不存在的。一切文明都是全体成员共同创造的，一切文化都不是本地纯粹的文化因素构成，而是相互吸取与补充。在他的著作中，他详细地描述了五种"文明"：①爱斯基摩人，其主要特征是高度的适应性；②特林基特人和海达人，其主要特征是造型艺术很发达；③易洛魁人，其主要特征是母权制；④巴甘达人，其主要特征是国家组织；⑤中央澳大利亚人，其主要特征是魔法信仰的统治。这种划分"文明"的类型，显然是不正确的。因为，它的划分原则或标准是不一致的，违背了最起码的逻辑一致性的规则要求。另外，戈登威泽在其著作中还强调了美国民族学派同西欧传播主义的区别，主张美国民族学派有三个明显的特征，这就是它的批判性、历史性和心理性等。

（五）波尔·雷丁

雷丁（1883—1959），是博厄斯的学生，出生于欧洲，移居于美国，是美国人类学家。他曾长期深入印第安人中进行调查，逐字逐句地记载印第安人生活事件。这种"自传"体式的调查方法也是他的独创。其主要代表作是1933年发表的《民族学的方法和理论（批判性的尝试）》一书。

在民族学研究的方法上，雷丁不赞成博厄斯"历史的"和"科学的"（自然科学意义上）方法论，他认为，"原始的"各民族拥有各种特殊的文化，它们彼此的差异并不亚于西班牙文化同英国文化或者同德国文化的差异。一切民族的文化，不论是"原始的"文化还是发达的文化，都可以排成一个序列。正是各民族的"原始的"文化才是最完整地体现了人类的本质。因而，民族学的主要任务是要从这种文化中去探求出人类的本质。他的反进化论的态度比戈登威泽和罗维更加坚决。

（六）玛格丽特·米德

米德（1901—1978），是一位闻名美国国内外的杰出的女性民族学家。曾先后担任美国全国研究会会员、社会科学研究会会员、美国战时情报局讲师、联合国教育科学文化组织巴黎国际谅解部的讲师、美国科学促进会 H 组主任、美国应用人类学协会会长、美国学术协会副会长、哥伦比亚大学现代文化研究会主任、联合国应用人类学协会伦理学委员会主席、美国自然博物馆助理馆长和副馆长、哥伦比亚大学人类学教授。她的主要著作有：《在新几内亚成长》（1930）、《原始民族的互助与竞争》（1937）、《巴厘人的性格》（与巴蒂逊合著，1942）、《男性和女性》（1949）、《生长与文化》（与麦克格列戈尔合写，1951）、《三个原始社会的性欲和气质》（1953）等。

在民族学理论上，米德除服膺博厄斯的基本观点外，还在文化心理上进行了一些卓有成效的研究。她把文化因素和心理因素对人们生活的影响作了比较。她认为，在一般社会上，男女两性所扮演的角色就不相同，性格也不一样，比如说，男性好动，女性好静；男性外向，女性内向；等等。据说这些都是与生俱来的差别。但米德经过对新几内亚岛上的几个民族的调查，认为男女个性的特点并不是与生俱来的，而是由文化决定的。性格不是天生的，男女的性格也可以随着不同的文化影响而有所改变，甚至可以颠倒过来。

历史学派的名人很多，除了以上介绍的以外，值得一提的是本尼迪克特，还有林顿、萨皮尔、赫斯科维茨等。由于博厄斯的毕生努力，以哥伦比亚大学为基地，结合美国自然历史博物馆人类学部的工作，培养了一大批专业的民族学者，其中大部分人进入了美国的许多高等院校和科研机关，发表了许多水平较高的著作，扩大了影响。这批人从 20 世纪初到 20 世纪 40 年代几乎垄断了美国民族学的教学和科研工作，还为第二次世界大战后的美国民族学的发展做出了很大的贡献。

五　对博厄斯的评价及历史学派的解体

博厄斯对美国民族学和世界民族学做出了重要的贡献，无疑，在近代民族学史上他是位有影响的人物。"他新颖的革新思想，他在民族学和相邻科学方面的渊博学识，他治学方法的严密，在科学结论上显示的意志坚定的忠诚，这一切说明，博厄斯成为美国民族学新学派的首脑，是完全可以理解的。还必须补充的一点是，学者杰出的教育天才，培养了一大批人类学家和民族学家，他们后来在不同的方面发展了他的思想，甚至形成了这样一种意见，认为全部美国现代民族学完全是由他一个人创立的。"①

博厄斯的学生更给他以崇高的评价，他们说："博厄斯的伟大不在于对事实做有系统的整理，而在于研究这些材料，做出前无古人的新颖分类。他对各种问题的解释及从方法上确切解决的主张，所有这些皆非当代学者所能望其项背，与他相比只觉肤浅而已。"② 博厄斯个人品质的正直和科学的责任心，够得上这样高度的赞扬。他最反对演绎法，反对资料不足，就马上得出结论，建立一套理论体系。可以说，他就是为此而奋斗了一生。然而，博厄斯过分强调了资料的积累，过分强调了细致的分析，从而忽视了在适当的阶段进行概括，提出高一层的理论解释，为进一步调查研究指出方向。难怪，他毕生花了 40 年的时间钻研印第安人的文化，积累了无数极其精确的资料，写出了许多科学水平很高的专题报告，但对印第安人的社会文化的性质和全貌，他始终没有总结出来。

博厄斯一向反对种族问题的优劣区分，在 20 世纪 20 年代的美国，他的这种主张常被引用来反对当时的美国的移民法。由于反对种族歧视，他的著作在纳粹德国被焚烧，原在基尔大学获得的博士学位被撤销。他还是一个和平主义者，直率地批评第一次世界大战期间打着人类学研究旗号而从事间谍工作的一些学者，引起美国人类学会的不满。第二次世界大战期间，他出于正义感，冒着风险帮助德国共产党地下组织和在美国的德国流亡者进行反对纳粹主义的斗争，使他们了解在国际上有力量强大的同志们的支持。

博厄斯的一生是从事民族学的调查、研究、著述和教学的一生。他钻研的学科很多，除了上面谈到的以外，他在体质人类学方面还有一个重要贡献：通过对一些欧洲人和他们迁居美国后所生子女的头型、身高的具体测量比较，证明了某些标志种族特点的遗传并不是固定不变地进行的，而是具有一种对环境的可塑性适应。这种可塑性引起的变化又不致累积到超出种族特点的限度。博厄斯的这种结论对遗传与环境的讨论具有重要的指

---

① ［俄］托卡列夫：《外国民族学史》，汤正方译，中国社会科学出版社 1983 年版。
② ［美］K. H. 罗维：《民族学学说史》，纽约 1937 年版。

导意义。

博厄斯写过几百篇学术论文。虽然由他署名出版的专著不多，但是，他在民族学、体质人类学和语言学等方面都有很高的造诣。在他领导下考察获得的大量的印第安人的材料，如果有正确理论的指导，加以整理，必将有效地反映印第安人历史发展的真正面目，并且将是对摩尔根思想体系的宝贵补充。

然而，从思想体系来讲，博厄斯首先是反对摩尔根的进化学说，反对马克思主义关于民族学的基本理论的。他的哲学基础是反历史主义的实证论和经验论。他认为，只有具体的事物才是历史的和可靠的，而任何理论的和抽象的事物都是不可靠的。他强调对具体事实的描述和记录，认为这是"历史的方法"；坚决反对摩尔根的理论概括，认为那是"思辨的方法"。他和他的学生之所以被称为"批评学派"，就是针对当时存在的文化进化论学派而言。实际上，他们所批评的主要是文化进化论学派的观点——因为摩尔根的学说对资本主义十分不利，有可能威胁到资本主义的存在，所以企图从根本上否定它。另外，博厄斯的历史学派充分表现出了资产阶级民族学的特点——既把记述民族学与理论民族学脱节，又把文化与人民割裂开来，使文化变成处于时间和空间之外的独立存在的东西。而博厄斯到了晚年则倾向于心理学的研究。

博厄斯总体思想的内涵具有相互矛盾的各种因素，使得他的学生和追随者从一开始就出现了分化。由于历史学派在研究中遇到困难，博厄斯本人也深感播化学说不能解决问题，而且文化分布的研究已由盛而衰，于是，美国民族学界从 20 世纪 30 年代开始，便重新寻找研究文化的更令人满意的方法。为此，自博厄斯以后，由于世界形势的变化、新思潮的涌现、学术领域内各种观点的挑战、历史学派向各方面的演化，使历史学派开始逐渐解体。该学派中的个别思想后来被引申发展为本尼迪克特的"种族心理学派"、赫斯科维茨的"文化相对论"、斯图尔德的"文化生态学"等，派生成为各自不同的民族学流派。

第四节　种族心理学派

"种族心理学派"，是 20 世纪 30 年代从历史学派中演变派生出来的民族学流派。又被称为"民族心理学派""文化与人格学派""族体心理学派""文化心理学派"。其创始人是博厄斯的学生、历史学派的代表人物之一、美国第一位驰名国内外的女性民族学家和人类学家鲁丝·本尼迪克特。在第二次世界大战期间和战后的一段时间，这一学派在美国民族学界占据了统治地位，被称为美国民族学思想史上的第三时期。1952 年，在纽约召开的民族学家会议上，该学派的观点受到亚洲各国以及欧美许多民族学家的尖锐批判。自此以后，其势力影响日益下降，代之而起的是"多线进化论"与"文化相对论"等学派。

一　种族心理学派的形成

本尼迪克特（1887—1948），是美国杰出的女性民族学家、人类学家。1887 年出生于纽约城，1909 年从瓦萨尔学校毕业后，教了几年英语，最初以写诗闻名。自 1919 年起在哥伦比亚大学随博厄斯学习人类学专业，并发生浓厚兴趣。在她获得博士学位后，逐渐成为博厄斯的副手，为历史学派理论的发展做出了很大的贡献。1930 年任哥伦比亚大学人类学教授，1936 年在博厄斯退休后由她继任人类学系主任，成为哥伦比亚大学民族学、人类学方面的一位重要人物。

本尼迪克特从事民族学的研究，主要是在弗洛伊德"精神分析学"的影响下，对博厄斯晚年倾向的要对民族学进行心理学研究进行了继承和发展。其理论基础是历史学派的"文化区理论"和"文化相对论"，以及心理学中的弗洛伊德主义、哲学中的实用主义、杜威的社会学和教育学的折衷结合。她注重于生理心理学的人类行为心理研究，以人性、人格与文化变迁为研究的主题并揭示文化与社会之间的相互作用的过程对人格的影响。因而称之为"文化与人格学派"。她提出了与历史学派的非决定论相对立的心理决定论，由此试图说明，各个民族由于本身具有的某种"生物心理决定素"的不同，因而决定了文化的不同，试图用生物学规律代替社会发展规律。

本尼迪克特认为，每一种文化都有自己的一套价值观，人们对事物可能有种种不同的看法，甚至有矛盾，但总有一种支配性的统一价值观念，能使人察觉出那种文化具有一种特殊的形态，而这种形态对当地人有一种支配性的精神力量。她认为，具有优良心理素质的种族能创造出高级文化模型，而"不正常心理素质"的种族，即落后民族，只能创造低级的文化模型。因而，后者要在前者的帮助下统一到高级文化模型中去。这种新种族主义思想迎合了当时美国政府对外扩张和称霸世界的需要，所以得到上层的重视和支持。

本尼迪克特曾经在夸克特尔人、祖尼人、平原印第安人、美拉尼西亚群岛上的多布人中做过长期的实地调查。她以这四个部族为例，说明每一种文化都有一个起支配作用的行为规范，大家都把它当作模式，都照它来判断是非，从而形成一种民风。1934 年她发表了《文化模式》一书，标志着种族心理学派的正式形成。

二　种族心理学派的代表人物和学术成果

本尼迪克特从 20 世纪 20 年代开始跟随博厄斯从事民族学工作，侧重于心理学的研究，从历史学派内派生创立了"种族心理学派"。她的理论观点得到了当时许多学者的支持。这些学者有的是博厄斯的学生和历史学派的代表人物，有的则是本尼迪克特的同事。"种族心理学派"的代表人物除了本尼迪克特之外，还主要有：艾布拉姆·卡迪涅尔、爱德华·萨皮尔、拉尔夫·林顿、科拉·杜波伊斯、埃尔温·哈洛韦尔、玛格丽特·米德和克拉克洪等。

"种族心理学派"在民族学研究上的学术成果较多，主要有：本尼迪克特的《文化模式》（1934）、《科学与政治》《菊与剑》，萨皮尔的《文化人类学和精神病学》（1932），奥普勒的《文化的心理分析解释》（1935），塞利格曼的《人类学研究和心理学理论》（1933），哈洛韦尔的《心理学和人类学》（1942），卡迪涅尔的《社会的心理学领域》（1945），米德的《原始民族的互助与竞争》（1937），林顿的《人类学和心理学》，等等。

三　种族心理学派的理论观点

种族心理学派在民族学上的理论和术语是非常混乱的。如本尼迪克特的"文化模式"，克拉克洪的"文化决定素"，米德的"民族性格"，卡迪涅尔和林顿的"基本人格"，以及其他人的"心理侧面""心理类型""心理倾向"，等等，名目繁多，混乱不堪。但有一点却是他们共同的理论基础，那就是从人们的心理特征上来解释文化的差异，把文化看作是心理活动的结果；认为心理决定文化，心理决定人们的社会状况，心理决定民族的"先进"和"落后"。在这些理论中，比较成系统的是"文化模式论"和"基本人格论"。

"文化模式论"是本尼迪克特在《文化模式》一书中提出的。这一概念实际上是她从德国学者施本格勒《西方的没落》一书中的"文化灵魂论"套用而来，并把它作为其理论的基本核心。她在《文化模式》这本著作中经过实地考察，研究了4个部落，提出了4种文化模式。

第一，北美西南部的祖尼人，他们是印第安人的一支。这种人特别看重社会安宁，鄙视暴力，把个人融入集体之中，不追求个人权势，具有人类统一性和宇宙统一性的世界观，不把世界看作是善恶斗争的场所。他们样样事情做的不过分，很有节制，善于合作，服从是其美德。这种文化，她称之为"阿波罗型"（古希腊神话中的太阳神，象征正直光明）。

第二，北美西北沿岸的夸克特尔人，他们也是印第安人的一支。这种人骄傲自大，等级观念很强，注重个人荣誉，喜爱强烈感情和心醉神迷。他们的特点就是在胆大、虚荣和傲慢方面要超过别人，对此文化，她称之为"夸大狂型"。

第三，平原印第安人另有一种思想境界。这种人的事情常常做得过分，追求感觉以外的经验，有时为了达到某种要求，不惜绝食，忍受自己导致的伤残。甚至在某些方面，不能忍受失败受人嘲笑，毋宁自杀。这种文化，她称之为"狄俄尼索斯型"（古希腊神话中的酒神，象征狂妄不拘）。

第四，美拉尼西亚群岛的多布人。他们认为阴谋和叛卖是善行，嫉妒是美德，对财产具有残暴感情，认为其他的人和大自然对他们怀有敌意，他们的全部生活就是要跟无情的敌人作斗争。在这种人中，人际关系复杂多疑，彼此不信任，个人总感到受压抑。此种文化，她称之为"妄想狂型"。

由此，本尼迪克特认为，世界上的每一个民族，由于心理特点的不同，而具有自己独特的"文化模式"，每一种"文化模式"都是一个闭塞的世界，彼此不能相互了解。现代世界危机的根源，就在于有不同"文化模式"的存在，缺乏一个统一的世界性的"文化模式"。而"美国生活方式"则是这样一个现成的最理想的"世界文化模式"，应当予以大力推广。并且，她还认为，一个民族单靠自己的力量是改变不了自己落后的"文化模式"的，必须依靠先进"文化模式"的人来帮助。那么，美国正好就是这样一个乐善好施的"帮助者"。显然，她的观点，为美国政府对外扩张称霸提供了理论基础，是一种新的种族主义主张。

"基本人格论"是卡迪涅尔和林顿在 1946 年发表的《社会的心理边沿》一书中提出的。他们在这本书中研究了 3 种社会文化：一是北美印第安部落科曼奇人；二是印度尼西亚的阿洛尔岛人；三是美国普雷维尔城的居民。其目的在于观察"基本人格"如何在各个家庭的狭小范围形成，形成后又如何超出家庭范围去影响周围环境，迫使社会去创立社会制度、宗教观念、民间文学以及其他——即迫使社会创造出自己的文化，由此而证明，文化是由"基本人格"决定的，"基本人格"的优劣决定了文化的优劣，文化的优劣便决定了民族的"先进"和"落后"。他们认为，一个人在早期童年（5 岁以前）所经历的事情，如吃奶、学走路，等等，对其人格的形成具有决定性的影响。因为这时起作用的不是意识和意志，而是"下意识"和"本能"。从 1 岁到 5 岁，人格便告形成，心理开始"硬化"，一个人的命运自此就算注定了下来。属于同一个民族的人，他们在早期童年的经历是差不多的，所以他们的"人格"也就大体相同，于是便形成了这个民族的"基本人格"，决定了这个民族的文化和命运。而属于不同民族的人，由于早期童年的经历不同，所以"基本人格"不同，文化不同，命运也就不同。并且，这种"基本人格"是稳定不变的，上一代传给下一代。除非有"基本人格"优良的民族来帮助，一个民族是不可能改变自己恶劣的"基本人格"、文化和命运的。

综上所述，种族心理学派的理论观点，可以归纳为如下几点。

第一，人的心理变化，只能发生在人的生命的头四五年，并主要是在这样一些事情影响下形成的——如婴儿吃奶、初学走路以及类似的幼年经验，等等。

第二，在人的生命的头四五年以后，人的心理开始僵化，而在以后整个一生中差不多不再发生变化，人的心理决定着人的行为、人的命运和成败。同时，还决定着他对自己孩子的教育过程。

第三，下一代的心理，是在与上一代同样的因素影响下形成的，并产生同样的性格结构。这样的过程，一代代永无止境地重复着。心理特征、文化虽是通过外在途径发生作用，但却是命定似地一代传给一代。人们像遗传因子一样地遗传自己的文化。

第四，每个民族都有自己的特殊的教育孩子的方法，都有自己的性格结构、平均心理、基本个性，有心理优良的民族，也有心理低劣的民族。

各民族不能自己改变自己的心理，只有在心理优良的民族帮助下，才能改善自己的低劣心理。

另外，种族心理学派与民族学中传统的心理分析比较，有其独到的特点。①强调"个体"的心理分析，把"个体"作为决定整体结构的基本单位，提出所谓的"基本人格"概念；②对"个体"形成阶段，即对儿童早期的心理分析，特别感兴趣；③对成年"个体"则着重分析性爱心理活动；④把一切社会的社会经济结构都归结为一些基本的心理因素；⑤在探索民族学研究领域的规律时，主要求助于心理学和精神病学；⑥在研究民族文化的过程中，不是研究"文化"本身，而是从"个体"开始来分析文化，说文化是"个体心理"的反映；⑦在研究民族学材料的范围时，不仅仅局限于美洲印第安人或其他某个地区的民族资料，而是扩大到全球性的范围，吸收各种民族的民族学材料。

第九章 亚洲几个国家民族学的
形成与发展

第一节 日本民族学的形成与发展

一 日本民族学发展史略

相对于日本的传统学问，民族学也是一种来自西方的"舶来品"。日本民族学的发展史大致可分为以下四个时期。

第一，萌芽时期（1883—1934）。

在古代日本，民族学有一定程度的积累。例如，对于虾夷人的某种描述和对周边异民族尤其是东北亚的某些民族的记载①或探险调查。这实际上也可以上溯到德川幕府时代。但作为一门近代社会科学，日本民族学却是到 19 世纪晚期才逐渐在西方学术思潮的传播与殖民统治需求的双重刺激下应运而生。

早在 1872 年，就有来自欧洲的外国人，开始研究东京附近的考古遗存与人类遗骨。② 而日本的民族学研究肇端于明治年间，它是在人类学或土俗学的名称下进行的。最早从事文化人类学研究的是坪井正五郎。1883年，坪井正五郎在东京大学开设人类学课程，他因此被誉为日本的人类学与民族学之父。这一年通常也就被看作是日本现代民族学与人类学的起点。1884 年，坪井正五郎等人组织成立了人类学会，并于 1886 年创办《人类学杂志》，致力于日本民族的体质人类学与文化人类学的调查与研究。这些调查研究涉及物质文化、家族组织、方言、风俗习惯与宗教信仰

---

① ［日］荻原真子：《评〈东北亚民族学史研究〉》，《世界民族》1988 年第 3 期。
② ［日］竹村卓二：《日本民族学的现状》，《民族研究论文集（二）》，中央民族学院民族研究所 1983 年版。

等。1894 年，他们又在收集民俗文物的基础上，建立了"土俗馆"。1887
年，坪井正五郎发表《风俗渐化的研究》，以日本人的服饰、发型与履物
等为例，讨论了日本风和西洋风的三个发展阶段的尺度及其消长变化。以
后，又有鸟居邦太郎的研究成果在《人类学杂志》上连续发表。1918 年，
西村真次在早稻田大学也开设了文化人类学讲座。大体同时，包括英国古
典进化论学派在内的西方民族学理论以及其他各种社会科学思潮相继传入
日本，其中以文化进化论学说最具影响。

继 1894 年中日甲午战争和 1904 年日俄战争之后，日本在朝鲜、中国
台湾、库页岛和中国东北等地获取了巨大的殖民利益，其民族学研究遂转
移注意力于周边各民族。从 1896 年起至 20 世纪初年，鸟居龙藏（1870—
1953）先后在中国东北与内蒙古、中国台湾以及湖南、贵州、云南与四
川等地进行了一系列民族学调查，这使他成为日本现代民族志调查的开拓
者。其中有关中国台湾高山族的一系列调查报告，为日本对中国台湾人民
的殖民统治提供了帮助。

孕育日本现代民族学的学科母体，除人类学之外，还有民俗学。20
世纪初叶，柳田国男开始对日本各地风俗习惯进行调查与研究，柳田国男
系日本政府官员，因立法需要而开始了解日本各地农村的风土人情，此
后，为了解答日本农村何以贫困的问题，遂毕生致力于日本的民俗学事
业。1907 年他发起成立了"乡土研究会"，1913 年创办了《乡土研究》，
1925 年创办了《民族》杂志，并在创刊号上由冈正雄译介了英国学者里
弗斯讨论民族学目的的论文，其中首次将 Ethnology 译为"民族学"。1927
年，柳田国男又和折口信夫、宇野园空、松本信广等人成立"民俗学
会"，创办《民俗学》月刊杂志。大体同时，涩泽敬三等人又筹建设立了
一个"顶楼博物馆"，用来收集日本各地及周围异民族的各种文物。

日本民族学的最初孕育，事实上是在人类学与民俗学之中逐渐发生并
获得进步的。

第二，奠基时期（1935—1945）。

20 世纪 20 年代，德奥民族学派的"文化圈"学说，由冈正雄等人介
绍到日本，对日本民族学的早期发展产生了巨大影响。1935 年，以白鸟
库吉为理事长的日本民族学会成立，其宗旨在于进一步综合整理日本固有
文化以及与其他民族文化相比较，综合研究世界各民族文化之发生、发
展、相互接触与传播的问题，并创办了《民间传统》和《民族学研究》

等刊物。从此，宇野园空、古野清人等一大批学者开始脱离民俗学的影响而专门致力于民族学的研究。这一切使日本民族学研究活动的舞台变得更大，也有了组织可以依靠。此后，日本又相继建立了文化博物馆、民族学博物馆，和隶属于民族学会的民族学研究所。这些机构和组织，成为第二次世界大战日本民族学研究的主要基地。自 1937 年起的 5 年时间内，日本出版发行了三大卷的《民族学年报》。许多学者由研究国内转向研究东亚、东南亚和大洋洲等地。

自日本民族学独立发展以来，越来越多地受到日本军国主义殖民扩张政策的影响。从 1934 年至 1942 年，日本先后成立了"善邻协会""蒙古研究所""东亚研究所""蒙古研究会""东亚各民族调查委员会""南方人文研究所""满洲民族学会""国立民族研究所"等机构，先后出版有《善邻协会调查日报》《蒙古学报》《蒙古研究》《满洲学会报》等，对中国东北、内蒙古、西北、华南和东南亚乃至大洋洲各民族展开了大量的调查研究。这一时期的重点研究地域开始向南方扩张，以适应所谓帝国"生命线"的说法。这些机构和刊物，或者由政府出面组织，或者有军方的支持，其研究基本上以服务于日本的殖民统治和殖民扩张为目的。尤其是 1942 年，日本民族学会改组为日本民族学协会，成为具有军方背景的文部省"国立民族研究所"的外围组织，直接作为日本军事殖民的御用"科学"而出现。这一期间还编纂、翻译、出版了《东亚民族名称汇编》《大南洋地名辞典》《印尼民族分布图》《南方民族志》《南方土著民族研究》等百余种研究著作和工具书籍。主要是以所谓"大东亚共荣圈"内的各民族为研究对象，这是此一时期日本民族学的重要特点。

第二次世界大战前日本民族学中德奥学派的统治①，实际上也与日本的殖民扩张相迎合，如同冈正雄所承认的那样，民族学旨在弄清作为统治对象之民族的状况，以满足民族统治方面的政治期待。

除了实地调查之外，日本民族学界在这一时期还编译、出版了大量有关各地区民族的情报资料和概况。由于是为殖民扩张与种族偏见服务，此一时期的不少研究常常采取了发行秘密报告的方式，也常常得出一些非科学的乃至反人类的结论，甚少科学价值。日本学者在使用此一时期所积累

---

① ［日］祖父江孝男：《此界各国关于"人类学"和"民族学"等词的用法》，《世界民族》1981 年第 3 期。

的资料时，必须加以认真的检讨。

这一时期的民族学活动，较为有名的主要有冈田谦和马渊东一对中国台湾高山族的研究（冈田谦受莫斯学说影响，对中国台湾年龄等级制的普遍性作了实证探讨，马渊东一则详细分析了中国台湾高山族的亲族组织），杉浦健一等人对密克罗尼西亚的民族学调查，太田武夫、石田英一郎对鄂伦春氏族制度的研究等；此外，还有许多人对于朝鲜、中国东北以及内蒙古等地区进行研究，其中秋叶隆曾把朝鲜文化理解为以女性为传承的巫觋文化和以男性为中心的儒教新文化的双重结构。

第三，日本民族学的发展、变化，文化人类学的形成时期（1945—1963）。

日本战败后，民族学的调查研究曾有一个短暂的中断。1946年，日本民族学协会恢复活动，《民族学研究》复刊；1947年，日本民族学协会与其他若干社会科学或人文科学的学会组成了联合会，出版有《人类科学》杂志。第二次世界大战后的日本民族学工作，一方面致力于对战前和战时的大量资料与论著进行分类整理并以专题特集的形式公开发表（如《日本民族和文化源流特集》《冲绳特集》《阿依努人特集》《台湾高山族特集》《北亚特集》《萨满教研究特集》等）；另一方面则致力于改变日本民族学作为殖民御用之学的形象。20世纪50年代中期以前，伴随着日本国民的战后反省，日本民族学颇受人们冷遇；接着，日本民族学开始接受美国文化人类学的强烈影响并常常以文化人类学的名义出现。日本民族学逐渐摆脱了早期的殖民主义影响，淡化了御用色彩，民族学作为文化人类学而得到重新确认。第二次世界大战后，日本的人文、社会科学均以美国为榜样，在文化人类学领域尤甚，无论在学科范围、研究对象和方法上，还是在学科名称上，均仿效美国，故采用了"文化人类学"这一名称。但日本战后的文化人类学研究领域除了比战前的民族学有所扩张外，实质上并无区别。

1949年，美国学者本尼迪克特的《菊与剑》（又译《菊与刀》）被译为日文，对学术界产生了巨大冲击。1950年，《民族学研究》杂志曾专门召开座谈会并出了专刊，对此后日本文化的研究影响很大，出现了日本人个性论的探讨①；在日本村落结构的实况调查中，也因祖父江孝男等人运

① 日本民族学协会：《日本民族学的回顾与展望》，《世界民族》1982年第6期。

用了心理学的技术与方法，对习俗的心理人类学研究，成为一时风尚；至20世纪60年代初，有关国民性的讨论，已发展到地域性的层次，诸如县民性之类的问题。从此，民族心理学、文化模式论与行为主义等成为了日本民族学的有机构成部分。

第四，日本民族学的繁荣时期（1964—20世纪）。

20世纪60年代中期以后，伴随着日本国民经济的起飞以及日本国际地位的逐渐恢复，日本民族学逐步进入了空前繁荣与全面发展的时代。1964年2月，由72位民族学家发起，成立了新的日本民族学会，白鸟芳郎担任第一任会长，原民族学协会则于1965年改为民族学振兴会，成为专门协助民族学会筹措资金和出版学术著作的机构。日本民族学走向全面发展与繁荣的标志之一，便是职业的民族学家大批涌现，其中新一代的中青年民族学家，大都在各个高等院校接受过系统的主要是文化人类学的理论与方法的训练。自1964年以后，日本政府放宽对外汇和海外调查的限制。于是，在民族学学会的指导下，全国的文化人类学工作者开始更大规模的对海内外进行调查研究。短短一二十年，日本的民族学研究领域已扩展至世界各地，成绩斐然。同时，也使大批西方民族学与人类学著述学说得以引进。这不仅使日本日益成为一个民族学大国，而且也使得日本民族学日益成为西方学术的一部分。1977年11月15日，由梅棹忠夫担任馆长的日本国立民族学博物馆举行开馆典礼，这是全国性的文化人类学、民族学、社会人类学研究机构。该馆按地区分设5个研究部：第一研究部，专事东亚、中亚、北亚研究；第二研究部，专事东南亚、南亚、西亚研究；第三研究部，专事欧洲、非洲研究；第四研究部，专事美洲、大洋洲研究；第五研究部，专事世界各民族的艺术、语言研究。另设19个专题协作研究组，编辑出版5种刊物。这意味着日本民族学在国际学术界中地位的确定。[①]

二　第二次世界大战前的民族学研究特点及范围

第二次世界大战前，日本的民族学研究，可以大致概括出这样几个特点：①鉴于民族学是在否定书斋式的研究这一基础上进行的，因此，研究

---

① ［日］国立民族学博物馆：《国立民族学博物馆十年史》《国立民族学博物馆十年史资料集成》《国立民族学博物馆十年史资料集成附录》，日本国立民族学博物馆1984年版。

者往往把自己在野外搜集的材料作为研究的出发点和中心；②研究者多以特定的民族或种族的社会制度和社会文化的现状作为分析的基础；③研究者把制度或部分制度均作为一个整体，从宏观上予以把握；④由于受进化论思想的影响，颇为盛行这样的研究法——即围绕日本民族及其文化的起源，对日本文化和周围诸民族的文化作比较研究。

关于对日本民俗、民风的研究，在此特作一论述。

1886 年，《东京人类学会报告》创刊。坪井正五郎在刊物上提倡开展对年始风俗、小正月行事的研究。旋即，各地研究者纷纷向该刊物提出研究报告。其中有：坪井、中山笑、大矢透支关于粥搔棒、粥箸、粟穗、御币的议论；中山笑、石井民司对住户的卫守、护符的收集整理；山崎直方、佐久间舜一郎、鸟居龙藏对独木舟、琉球船的调查；鸟居龙藏、佐藤贞治等对走雪鞋名称分布的研究。鸟居邦太郎以《了解风俗渐化的速度和方向》为论题，在《人类学杂志》上连续 4 年发表研究成果。这一时期，研究者一般对物质的具体的民俗现象十分注意，积极觅集民间用具。坪井正五郎亲自对物质文化的研究和民间用具的采集进行指导。坪井正五郎到欧洲留学后，他的研究一度处于停滞状态。

20 世纪 10—20 年代，在日本民族学界，作为先行者指导学术活动的有两个人：一个是坪井正五郎的高足鸟居龙藏，他堪称是日本民族志调查的开创者；另一个是柳田国男，他于 1909 年发表了作为民俗学起点的著作《后狩词记》。1913 年以后的 4 年间，柳田国男以《乡土研究》杂志为背景，积极研究日本民俗问题，"柳田学"的形成，为在日本确立民族学这门学科打下了基础。1925 年，由柳田国男主编的《民族》杂志创刊，这意味着自民俗学脱胎的日本民族学终于走上了独立发展的道路。受到鸟居龙藏和柳田国男的直接影响，后起的青年学者有：石田千之助、田道寿利、小山荣、吉野清人、冈正雄等。

稍后，羽原又吉、金田一京助、名取武光等对聚居北海道的虾夷人进行了研究，侧重考察其亲族组织。其中，名取武光的探索殊为突出，对第二次世界大战后的民族学研究都有影响。贺喜左卫门在《田植和村庄的生活组织》中，根据社会制度功能的分析，指出田植行事并非单纯的经济现象，而是与所有生活组织相结合的产物。对同族团的考察，则可举喜多野清人、及川宏、贺喜左卫门等人的工作，及川宏特别指出，在日本的小地域社会生活中，"同族和组"所具有的重要性。户田贞三、大间知笃三等人的研究，则分别从不同的角度涉及日本的家族制度。如及川宏在《分家与耕地的分配》中，基本弄清了家族制度的结构和功能。铃木荣太郎的《村落社会葬仪的协作组织》，则提出有名的家族类型论，成为日本家族社会人类学研究的一个基点。

20 世纪初，欧美的优秀学术成果大多被介绍到日本，在与欧美诸学说接触的同时，日本民族学界开始对东亚、东南亚、大洋洲等地进行调查并施以实证研究。在中国台湾方面，有冈田谦和马渊东一的研究。冈田谦在研究中国台湾高山族的年龄等级制度的普遍性时，又利用了 H. 舒尔茨的学说。尔后，冈田谦把研究重点集中到高山族的家族制度上，著有《蒙昧社会的家族》，他根据户田贞三的家族论，形成了现代文化人类学家族论的断层研究。文化人类学最初研究的中心课题，不外乎对亲族组织的分析。日本学者中对中国台湾高山族及蒙昧民族的亲属组织进行的纯熟、富于说服力的分析，实为马渊东一所首创。马渊东一早期的论著，对氏族组织、婚姻制度或亲属名称作过缜密的记录和分析。他在后期的研究中，如《高山族的谱系》《在中部高山族的父系制中母族的地位》等著作，较完整地形成了独树一帜的马渊东一文化人类学理论。他的这些论著，足以代表日本第二次世界大战前的研究水准。

在东南亚方面，鹿野忠雄的成绩较为突出——著有两卷本论文集《东南亚的民族学》《古史学研究》。宇野园空的研究则以马来西亚为中心，他的力作《马来西亚的稻米仪礼》，被誉为关于"马来西亚民族学的最大业绩"，可视为第二次世界大战前日本关于马来西亚的文化人类学研究的代表性成果。此外，他的《东南亚民族的宗教》是日本学者关于这个问题的最好概括。

在朝鲜方面，秋叶隆对朝鲜社会结构的分析，是具有开拓性的。他通过对村祭、家祭等仪礼的考察，得出结论：朝鲜社会可以大体理解为是以女性为中心的巫觋文化古文化的继承者和以男性为中心的儒教新文化的支持者这一两重组织。

在库页岛方面，石田英一郎继承了太田武夫关于乌力楞的鄂伦春氏族组织的研究成果，进而探讨了鄂伦春的氏族制度。服部健对乌力楞的亲属称谓的研究，在资料和方法上，不仅是在第二次世界大战前，也为在第二次世界大战后，关于亲属名称体系研究的典范。

值得注意的是，在大洋洲方面，杉浦健一对澳大利亚两个文化层的设想。他认为，可以考虑存在着两个耨耕文化层：一是有芋类、西米椰子、面包树的"树皮布文化"，分布在东南亚大陆部分、东印度诸岛、大洋洲；二是有粟稻的耕作的"原始织物文化"，分布在东印度诸岛和东南亚半岛，对大洋洲稍有影响。根据松江春次的珍藏品，由冈正雄等整理出版的《大洋洲土俗品图集》一书，是研究大洋洲民族文化的珍贵资料。

三　第二次世界大战后的民族学研究内容

日本的第二次世界大战后的文化人类学研究，无论在深度还是广度上，都远远超越战前，至少在以下几方面，是战前无可比拟的。

一是研究的领域和范围已大大扩展。首先，在课题上，不仅有基础理论、文化论、方法论，而且几乎无所不包地涉及经济、艺术、语言、原始文化、社会组织和结构、社会生活、宗教、心理、神话、生活状态、生活习惯、世界观、传说、工具、法和政治等诸多方面；其次，在研究区域上，除日本以外，还对亚洲的东亚、东南亚、西南亚，以及非洲、美洲、大洋洲、欧洲等地全面研究，这在一定程度上有助于克服第二次世界大战前由于研究对象多限于日本及其周边民族而导致的视野不够开阔的弊病。

二是注重基础理论建设。在第二次世界大战前，日本虽也引入一些欧美的理论学说，但往往不甚注意自身在基础理论方面的建树，多满足于实证方法和具体理论的完善。第二次世界大战后，则一改此态：一方面，广泛从国外吸收新鲜学说，虽以美国为主，也不排斥其他；另一方面，则加快基础理论的建设，编著、出版了大量这方面的著作和工具参考书籍。

三是和其他学科在内容上交叉重合，相互渗透。日本文化人类学并没有一个十分确定的学科界限，事实上成了以民族学和社会人类学为核心，包括先史考古学、语言学、民俗学、心理人类学、人类生态学等专门领域的有关内容的综合性学科。

四是由于和其他学科的相互渗透，使文化人类学补充了多种学科方法。例如比较法——根据对诸种文化要素的比较，研究其发生的原因、意义和历史的发展或地域性。青柳真智子的《拉纤的考察》、大林太良的《穗落神》便是按照这种方法研究的代表作。再如专论法——从社会学、历史学和心理学的角度，研究特定地域的文化与诸文化的有机联系，以求把握特定地域的文化和生活的机能。20 世纪 60 年代以后，这种方法风靡日本。又如心理分析法——通过对个人实施各种心理测验，分析考察个性和文化的地域差异。20 世纪 50 年代，日本曾组织全国的有关学者以这种方法进行大规模的调查活动。

第二次世界大战后，日本的文化人类学研究成果显著，以下分四点予以介绍。

1. 文献和资料的编纂研究

作为民族学研究的一项基本建设，日本学者十分重视文献和资料的编纂，在这方面做了大量细致勤勉的工作。如大林太良编的《葬制的起源》（1977）和《神话学参考文献》（1973）、杉本尚次编的《太平洋诸岛的居住方式研究资料》（1969）、薮内芳彦编的《渔捞文化人类学的基本文献资料及其补说研究》（1978）。而有关日本的著作，可举出寺田和夫等编的 24 卷本《日本常民生活资料丛书》（1972—1973）和 20 卷本《日本庶民生活史料集成》（1968—1972）、塚崎进等编的 10 卷本《日本人的生活全集》（1956—1958）、森口兼二等编的《日本文化研究的展望和文献目录》（1964）。有关其他各国的著作，有须田昭义编的《有关朝鲜人的人类学文献》（1949）、小仓芳彦编的《中国文化史参考文献》（1968）、须田编的《关于通古斯诸民族的人类学文献》等。

2. 理论概述研究

对于文化人类学概论的研究，在第二次世界大战后较早开展这方面研究的是杉浦健一和难波纹吉。杉浦健一的《人种和民族》（1949）和难波纹吉的《文化社会学和文化人类学》（1948）均以开阔的视野，对重建文化人类学提出了可贵的宏观设想。更为系统的探讨，可推石田英一郎。自 1955 年以来，他先后编著《文化人类学笔记》（1955）、《文化人类学序说》（1959）、5 卷本《现代文化人类学》（1959—1960）、《东西抄——日本、西洋、人类》（1965）等书。其他的成果还有，泉靖一的《文化中的人类》（1970）和《人类和文明》（1972）、今西锦司的《人类及其环境》（1974）、大林太良的《神话、社会、世界观》（1972）、藤冈谦二郎的《人类和人种》（1949）、梅棹忠夫编的《人类学的进展》（1974）、末山俊直的《文化人类学的思维方式》（1968）等，均为该领域辛勤耕耘的上乘之作。

在文化概论的研究中，关于一般的文化论，在日本文化人类学者中大体有两种基本观点：第一种观点认为，文化是脱离了有机界、无机界的第三种独立的世界。因此，以文化为对象的文化人类学研究，应在以文化的专门名词所说明的文化的范围之内进行。日本多数学者持这种见解。第二种观点认为，尽管文化是有自身规律的独立的实体，但它毕竟产生于人与自然不断发生关系的过程之中，所以应把握文化与文化以外的诸种事物的联系。这方面研究的代表作品有今西锦司等人著的《文化和人类》（1973）以及池田源太的《传承文化论考》（1963）等。

在方法论的研究上，石田英一郎的《民族学的基本问题》（1950），比较全面地论述了文化人类学和民族学的基本方法理论。堀喜望的《社会学和文化人类学》（1973），从两个邻近学科的联系和区别的角度，对文化人类学方法的独立性和借鉴性做了精辟的阐述。山口昌男的《人类学的思考》（1971），则是从学科的性质、研究对象等自身条件出发，对方法论形成的独到构想。值得一提的是，梅棹忠夫的《文明的生态史观》（1967），它以文明学的视野，把民族和文化的演进置于社会生态变迁这一基本点上予以理解，这在方法论上，开辟了给人启迪的新思路，具有深远的影响。

3. 对分支的、专门学科的研究

①对艺术的研究。柳田国男的《口承文艺史考》（1947），首开艺术研究之先河。西乡倍纲的《诗的发生》（1960），是探寻诗歌赖以产生的社会文化背景的佳作。伊藤坚吉的《俗信艺术》（1967）和冈本太郎等编的《世界的假面和神像》（1970），虽研究的对象和角度不一，但是都涉及民间艺术的发生学问题。日本的民谣和艺能在世界艺术史上占有一席地位。安永寿延的《日本的民谣》（1956）、池田弥三郎的《日本艺能传承论》（1962），是有关这方面的精湛分析之作。神野力的《冈山的祭祀和舞蹈》（1964），则考证了民间舞蹈的渊源，所论精当，颇有说服力。

②对语言的研究。较早的作品有泉井久之助的《语言民族学》（1947），它通过对语言维系民族文化存续的媒介作用的缕析，力图赋予其更多的社会学意义。大野晋的语言研究是以母语为中心进行的，他的著作有《日本语的起源》（1957）等。服部正己则从语言研究史入手，在文化史这一大背景下，考察作为文化要素的语言现象，研究成果有《语言研究和文化史》（1948）。

③对原始文化、神话的研究。沼泽喜市关于日本神话的见解，基本上体现于《日本神话中的各种世界起源》一书。沼泽喜市还比较了西非、亚洲、大洋洲、北美洲及赤道附近的天地分离的神话，得出结论：天父和

地母的结合产生了太阳和万物，一到天明，它们就分别了。神话主要反映了以米食为主的农业社会的情景，在那里，女性在经济上居优越位置，主要的家畜是猪和羊，由此可以推断，日本的神权是母权文化圈的产物。大林太良的神话研究，是第二次世界大战后文化人类学的代表成果，他的《日本神话的结构》（1975）等一系列研究，是研究日本神话系统的力作。

④对社会组织、社会生活的研究。20世纪50年代，一批日本学者致力研究氏族社会组织，以此作为解释现存社会现象的历史根据——如高群逸枝的《母系制研究》（1954）和洞实雄的《口本母权制社会的成立》（1957）。日本的家族制度，是一项为文化人类学者关注的极富科学价值的课题，这方面的代表作品有：贺喜左卫门的《日本的家族》（1965）、玉城肇的《日本家族制度论》（1953）、中根千枝的《以家族为中心的人际关系》（1970）等。对于既不雷同西方，又与中国、印度等东方国家迥异的村落共同体的研究，受到好评的有畿田进的《村落结构研究》（1955）、中村吉治的《日本的村落共同体》（1957）。此外，贺喜左卫门的《日本婚姻史话》（1948）、大林太良编的《仪礼》（1972）、柳田国男的《乡土生活研究》（1967），均以翔实的材料，为人们展现了各个时代的社会生活图景。

⑤对宗教的研究。日本文化人类学研究中的宗教是一个广义的范畴，它包括宗教仪式、神道、神社、葬制、年中行事（一年中按惯例举办的事情或仪式）、佛教、民间信仰等方面。这个领域一直吸引着众多的探索者，也留下了大量优秀的研究作品。如沟口靖夫的《宗教社会学研究》（1953）、原正男的《日本民族的根本宗教》（1966）、吉野靖下的《宗教生活的基本结构》（1971）、盐田胜编的《日本的年中行事》（1948）、吉野裕子的《祭祀的原理》（1972）、樱井德太郎的《民间信仰和现代社会》（1971）等。

⑥对生活形态和生活习俗的研究。这是日本文化人类学研究的传统课题，故有坚实的基础。由于研究起点较高，第二次世界大战后几十年，涌现了一批高质量的著述。如石田英一郎等编的《日本农耕文化的起源》（1969）、小野重朗的《农耕仪式研究》（1970）、梅棹忠夫的《狩猎和游牧的世界》（1976）、漱川清子的《日本人的衣食住》（1976）、河鲭实英的《衣服文化史》（1966）、石毛直道的《住居空间人类学》（1971）、小柳辉一的《日本人的饮食生活》（1971）等。

⑦对法和政治的研究。一些日本学者将研究的触角伸入了这个易为人忽略的领域。杉浦健一的《蒙昧人的政治和法律》（1947），分析了存在于原始人中的法政文化现象。冈田精司的《古代王权的祭祀和神话》（1970）和千叶正士的《祭祀的法社会学》（1970），以祭祀为焦点，由小及大，透视了围绕祭祀的社会人伦关系。此外，还有神岛二郎关于底层民众日常生活中的政治活动的研究《常民的政治学》（1972）等。

4. 区域研究

①对日本的研究。据有关统计资料，第二次世界大战后日本发表的文化人类学论著，约近一半是关于日本的研究。

②对东北亚的研究。梅棹忠夫的《蒙古族探险记》（1956），为实地考察的记录，以材料笃实见称。后藤富男的《内陆亚洲游牧民族研究》（1968），也不乏独创性见识。朝鲜的民情风俗，曾给予日本列岛巨大的影响，故长期以来一直是日本学者饶有兴趣的课题，这方面的作品有秋叶隆的《朝鲜民俗志》（1955）和今村鞆的《朝鲜风俗集》（1975）。金两基的《朝鲜的艺能》（1967）和三卷本的《朝鲜的假面》（1965—1967），则拓展了朝鲜民间艺术研究的新领域。

③对东南亚的研究。自1953年后，由日本大学和学术团体组织的对东南亚的调查活动与年俱增。大阪市立大学曾先后10余次派出100多人，到印度支那、马来西亚和印尼等地作民族文化生态学调查。东京大学东南亚研究会在1965—1970年也曾5次派调查组去印度考察土著民族。1967年，白鸟芳郎教授开始对泰国实地调查，1969—1974年又组成以白鸟为团长的上智大学泰国西北部历史、文化调查团，连续3次对该地区考察，这是日本在东南亚研究史上的壮举。通过调查活动，收集了近2000份文化人类学研究资料。较有意义的研究成果有白鸟芳郎的《泰国的历史和文化》（1970）、梅棹忠夫等编的《东南亚文化的结构》（1972）、别枝笃彦的《东南亚诸岛的居住和开发史》（1960）、绫部恒雄的《泰族及其社会和文化》（1971）、松本信广编的《东南亚稻作民族文化综合调查报告》（1965）等。

④对南亚、西亚的研究。第二次世界大战后，率先研究印度问题的要首推中根千枝等。中根千枝的《蒙昧之面目，文明之面目》（1959）和《印度村落的社会经济结构》（1964），研究了印度东北部特里普拉州的原住民并对那牙鲁乌母系大家族塔罗多的崩溃原因作了探究。另外，中根千

枝还以来伯彻为中心，揭示了喜马拉雅山复合社会的实态。福武直的《印度农村的社会结构》（1964），分析犀利，见解深刻，显示了社会学家敏锐的洞察力。该领域较好的研究成果还有：佐佐木高明的《印度高原的蒙昧人》（1968）、岩村忍的《伊斯兰民族社会》（1947）、小迁诚祐的《犹太民族》（1965）、本多胜一的《阿拉伯游牧民》（1974）等。

　　⑤对非洲的研究。第二次世界大战后，日本曾在学术界掀起赴非洲调查的热潮。京都大学大桥保夫等到北非调查民族语言；铃木八司等到埃及调查民族文化；京都大学学术考察团今西锦司等自1961年到1970年6次赴非洲调查，编著了《非洲大陆》（1963）和《非洲社会研究》（1968）等书，内容广泛涉及非洲的自然、人种、言语、实业、社会组织、王权、殖民统治等；阿部年晴等自1965年起，在加纳居住了5年，并开展调查活动，撰有《非洲的创世神话》（1965）等。20世纪70年代以后，赴非洲调查的团体和个人有增无减。研究者大多携带家眷，进行长期实地调查。

　　⑥对大洋洲的研究。20世纪50年代中期，日本派出大批调查人员前往大洋洲考察。甚至有不少青年学者为研究需要，长期居于大洋洲土著村落中。由东京大学大林太良教授等80多位学者组成的"日本大洋洲学会"，编辑出版《情报通讯》，对推进大洋洲研究具有卓越贡献。该领域的代表性作品有大林太良的《澳大利亚文化圈》（1959）、泉靖一的《澳洲的原始美术》（1969）、薮内芳彦的《汤加王国探险记》（1963）和《玻利尼西亚的家族、土地、住居》（1967）等。

　　⑦对美洲的研究。日本前往美洲从事文化人类学调查的团体和个人自1952年起逐年增加。如东京大学安第斯山调查团石田英一郎等，自1958—1969年曾3次对图尔—瓜拉尼语各民族进行调查。石田英一郎在此基础上，著有《美洲大陆的古代文明》（1958）和《玛雅文明》（1967）。1972年以来，关山大学和东北大学等又分别对安第斯山区和亚马逊流域进行调查。1969—1976年，对北美进行调查的有明治大学等七八所大学和民族学博物馆派出的考察队，他们多次前往阿拉斯加、格陵兰、加拿大、美国和墨西哥，对印第安人和爱斯基摩人进行考察。长期调查研究的结果，造就了一批高水平的论著：如泉靖一的《印加帝国》（1959）和《安第斯的艺术》（1964）、长岛信弘的《美洲文化的特性》（1964）、祖父江孝男的《阿拉斯加的爱斯基摩人》（1972）、丰崎博光的

《美国的印第安人》（1974）、铃木二郎的《美国黑人》（1957）、大林太
良的《环加勒比海文明》（1959）等。

⑧对欧洲的研究。日本对欧洲的文化人类学研究，基本上始于第二次
世界大战后。代表作品有：《罗马风俗考》（1949）、《意大利中部山村的
调查报告》（1971）、《欧洲的文化》（1972）、《苏联民族及民族问题》
（1962）、《东斯拉夫人的成立》（1973）、《剑术和马术的文化》（1972），
等等。

四　日本民族学的特征及趋势

1. 对世界民族研究的强化

由于日本民族学在第二次世界大战前乃至更早便有一定程度的殖民地
政策学的性质，也由于日本民族学很早便在它与民俗学之间形成了实际上
的分工——民俗学作为一国或本国民族学，专门研究日本民族的文化，而
民族学主要研究周边异民族——所以，日本民族学的特征之一，便是以世
界各民族及其文化的研究为主。第二次世界大战后，这种研究趋势更加
明显。

2. 广阔的课题视野

随着日本国际地位的提高，加上日本人海外体验与异民族体验的
力量积累，致使日本民族学界的学术视野十分广阔。根据初步的归纳，
日本民族学的研究课题包括海洋民族学、历史民族学、宗教民族学，
以及照叶树林地带诸民族文化的比较，中国、日本、朝鲜、印度的社
会组织与社会结构的社会人类学比较，本土文化与个性，世界各地民
族志，世界诸民族物质文化比较，日本民族的文化精神与东南亚各国
的比较研究，等等。

在研究方法上，日本民族学以历史文献和实地考察的结合并重为特
长，在注重生态条件与历史背景方面也颇有特色。同时，在使用户籍档
案资料、古代文书资料、考古发掘资料、社会统计资料以及现代音像和
电子设备与测绘技术等方面，也都形成了独到之处。而且，在将研究对
象的缜密分类、在民族学文献资料及工具书的汇总编纂上①，也花了很大
的气力。

---

① ［日］佐野真编：《文化人类学研究文献要览（1945—1974）》，1979 年。

3. 发展民族学理论的努力

长期以来，日本民族学乃至许多相关学科，相对而言都比较缺乏自己的理论创造。在民族学的学说中，日本先后受到古典进化论、德奥文化圈学说以及功能主义学说的强烈影响。20 世纪的日本民族学界，可以看到包括西方人类学和民族学等几乎一切学说的存在与传播——从传统的民族学理论到现代的文化心理学派、结构主义、认识人类学、象征分析、文化符号论等。日本民族学家尤其善于以拿来主义的方式引进各种学术思想。最新版本的西方民族学与人类学理论著作，很快就可以见到日译本。这表明，在思考日本民族学时，应把它视为西方学术的一部分。有相当数量的民族学著述与调查报告或研究论文，只是一些现象的描述或罗列、排比与归纳，其中某些也有失之简疏、笼统或过于烦琐的倾向。但是，也有相当一部分优秀的日本民族学家始终没有放弃创建和发展自己独特理论的努力，并且已经取得了相当的成就。例如，柳田国男的方言周圈理论、中根千枝的日本社会纵式人际关系理论、江上波夫的骑马民族国家理论、梅棹忠夫的文明生态史观理论。

五　日本民族学研究的新动向

日本的民族学或人类学的研究触角逐渐向全世界扩展，出现了一些新的动向①：①加强民族学或人类学的研究方法的多样性及与其他学科的相关性。日本学界努力把其他学科的理论和知识引入民族学或人类学的研究中，通过跨学科的对话创建一种新的理论视野。②将研究应用于解决实际问题。例如，国家间的跨文化理解问题。③在研究生院培养青年民族学家。由于日本大学的本科阶段没有设立民族学或人类学专业，所以，日本学界加大力度，努力在研究生院培养优秀的民族学研究者。④强调国际合作的必要性。日本学界认为，现在已不是为了单纯利益而研究其他文化的时代了，因此，要通过国际合作进行跨文化研究，任何跨文化研究的成果特别是民族学研究的成果对任何相关国家都有益。②

---

①　林娟娟：《日本民族学研究动态》，《世界民族》2007 年第 3 期。

②　［日］丸山孝一：《日本民族学与民族教育学研究的当前形势和任务》，张海洋译，《民族教育研究》1998 年第 2 期。

第二节 印度民族学的形成与发展

20 世纪以前,在南亚各国的民族学研究中,只有印度有自己的研究机构,并且承认民族学研究的重要性,而阿富汗、巴基斯坦、尼泊尔和孟加拉国几乎没有把民族学作为一门独立的科学进行研究,所以,我们仅对印度民族学予以介绍。

一 印度民族学的产生

印度的民族学开始于 19 世纪后半期英国殖民当局进行统治的时候。那时,英国的殖民统治者已逐渐认识到,熟悉土著居民和他们的文化是更好地治理他们、不致因破坏他们的风俗习惯而引起本来可以避免的纠纷的一个先决条件。因此,英国的殖民统治者的政治需要迫使他们利用官方机构来收集有关印度土著人的社会制度、经济状况、宗教信仰和实践的资料。H. H. 里斯利关于印度部落和种姓的报道最初发表于 1891 年。他后来因领导印度的人口普查工作而著名,写成了《印度的人民》一书。1905年,在印度人口普查工作中,里斯利加入了民族学调查的内容,这可以作为印度民族学发展过程中的一个里程碑。在英、印政府中供职的克鲁克、瑟斯顿、格里森、布伦特、米尔斯、多尔顿、奥马利、拉塞尔、赫顿等人也为印度民族学的奠基做出了贡献。这些英国官员的努力,使我们对印度各地的部落和种姓有了一个鸟瞰;他们还提供了几乎包括英属印度各个地区的地名表、一部印度帝国地名辞典和几份人口普查报告。1931 年的人口普查报告就是在 J. H. 赫顿的指导下编写的,它从民族学的观点对印度各民族的情况作了记录和评论。印度的民族学研究是在英国殖民统治的母体内衍生的,从事民族学研究的主要是一些英国官员,其目的是使统治者弄清自己的处境,了解他们管辖之下的人民的生活情况;但也有一些人完全是由于对印度各民族迥然不同的生活习惯和他们的异族情调的风俗感兴趣才从事民族学研究的。这样的研究也产生了一些有价值的成果。但是,印度早期的民族学研究在本质上不是学术性的,而是功利主义的。从事这一工作的人都是研究土著文化的外国人。他们都以印度为基地,与剑桥大学、牛津大学和伦敦大学指导研究工作的人类学者如泰勒、弗雷泽等人并无直接联系。

二　印度民族学研究机构和特征

印度民族学从一开始就与政府机构发生了联系，甚至到独立以后亦是如此。20世纪，印度从事民族学、人类学研究的几个研究机构，都是独立或半独立的，都得到了印度中央政府和邦政府的资助。最著名的研究机构是印度人类学研究所，其总部设在加尔各答。它可能是世界上同类研究所中最大的一个，有7个分所，拥有100多位专业人类学者，主要在社会文化人类学和体质人类学两个领域进行研究。它的图书馆所收藏的人类学方面的图书是印度最多的。

有些印度的邦政府，在它们的邦内建立了部落研究所，目的是收集居住在它们邦里的部落民族的资料并安排发展计划。另外，一些国家机关也雇请了人类学家，比如国立社区发展研究所、国立家庭计划研究所、国际人口研究中心、印度农业研究所等。

人类学者不仅供职于政府开办的研究所，而且还供职于政府开办的调查机构，如印度政府和邦政府的社会福利部门、各个邦的新闻部门的地名辞典科，等等。印度的民族学、人类学与印度各个博物馆也有很久的渊源。加尔各答的印度博物馆和新德里的国家博物馆都分设了一个人类学馆。在各邦立博物馆中，马德拉斯的政府博物馆人类学陈列品非常丰富，它的管理人员都是专业的人类学者。孟买的威尔士亲王博物馆设有一个人类学部，艾哈迈达巴德的古吉拉特博物馆从古吉拉特邦各部落收集了大量的民族学、人类学的文物资料。

在印度民族学研究中有一些特征值得注意：

一是对印度各部落的研究。印度民族学研究的初期，主要是研究印度的部落，研究者都是英国行政官员兼人类学者。但是，印度本土的人类学、民族学先驱者也没能冲破这一束缚，即便是两位最能干的印度人类学先驱罗伊和艾耶亦是如此。罗伊的研究就是从事当时流行的，被泰罗称为信仰万物有灵论的部落的研究。他和艾耶都认为，应该通过第一手的实地考察来研究部落，这是民族学、人类学的中心问题。其他印度民族学者以先驱者为榜样，也选择了部落作为他们的工作对象。于是，这种研究持续了相当长的一段时间（直到20世纪40年代末）。

二是从第二次世界大战后，研究者的兴趣逐渐从对部落的研究转移到对种姓的研究上。部落通常是一个完整的、可以进行治理的、多少是同一起源的集体，与外部世界没有什么接触。20 世纪 50 年代初期对种姓的研究，从地域上说，是局限在一个村落里。在随后的十几年里，村落研究极为盛行，现在有些人仍在从事这种研究。但那些人类学家各自的研究计划毫无类似之处，因此，对于这种村落研究的最终价值还不能加以肯定。

三　印度民族学的发展和变化：

印度民族学汲取了"整体观点"，对印度的主要部落几乎都进行过民族学研究。印度的民族学者、人类学者很少研究异族文化，这是一个缺陷。印度的民族学、人类学还有其独特之处，在大多数国家，解决地方上问题的是社会学者、经济学者、心理学者和政治学者，而不是人类学者。但是，印度的民族学者在半个多世纪以来一直在研究部落，他们已经在这个国家里为自己的学科开辟出了一个永久的地盘。所以，当他们从部落研究转到社会、种姓等其他复杂门类时，他们仍然没有失去作为人类学者的特点。不论民族学、人类学将来的性质如何，印度民族学不会因为它的特性被合并于其他学科而消亡。

第二次世界大战后，随着英国殖民统治的削弱和印度的独立，印度的民族学者和那些作为他们引路人的外国民族学者一样，开始对非部落加以关注。但是，由于印度独立之初，充满了骚乱和剧变，大量的移民迁入国内，产生了难民安置问题。部落闹事以及巴基斯坦和印度克什米尔的纠纷，使得这个新国家一直处在不安定的状态之中。骚动平息之后，印度决定着手制订经济发展和社会改造的计划。对于人类学、民族学来说，这个任务十分艰巨。印度民族学者、人类学者必须负起独立从事科研的责任。

包括人类学在内的社会科学应当起什么作用，这是印度学界十分关注的问题。几乎每个人都指出，印度民族学和人类学的技术、观念、格式是借用来的，其事业是浅薄的，在理论及方法上是贫乏的。所以，印度的民族学者、人类学者也极力地想摆脱西方的模式，因为，它们是根据简单民族的资料产生的，或是因西方人的文化需要而产生的。

到了 20 世纪 70 年代，印度民族学者又对部落研究产生了兴趣。各邦的部落研究所也很注重部落民族学。"印度社会科学研究会"曾制订计划，要重新对印度许多地区的部落进行研究。这项研究在开始时只限于少数重点部落，如琴巨人、卡西人、扪达人、卡达人、那加人、邦多人、拜加人等，但并没有人对印度部落进行过功能学的研究。进入 20 世纪，部落的民族意识的增强，已经使部落地区的状况大为改观。

如前所述，在印度独立初期，外国学者和印度学者对种姓和村庄均十分关注。但从那以后，越过村庄的、范围更广的种姓研究，已经更为普遍了。种姓在政治上的使用，不仅引起民族学者，也引起其他社会科学学者的注意。深受政治文化观念影响的一些政治研究者，特别注意种姓在地方和全国性政党的选举、党派斗争中所起的作用。总之，关于种姓的许多经验主义的研究，也就是关于种姓、地位、权力、分层和由此而引起的经济后果之间关系的研究，十分引人注目。

印度的民族学、人类学正在走向应用人类学的领域。人类学者和其他社会科学学者所负的责任是提供资料，以便使陷于贫困和无权的千百万人民的生活水平得以提高。在这种情况下，社会文化研究中的关联性和优先性是很重要的。民族学者正在为这种研究制定各种规划。

关于印度学者在民族学方法论上的探索。

近年来，对一般理论和方法论问题的讨论还没有反映到印度民族学的著作中。除了对默多克的亲属关系的评价外，很少有对西方民族学进行评价的文章。1959 年，印度民族学者、人类学家 G. 沙拉纳撰写了评价拉德克利夫—布朗学说的文章，认为拉德克利夫—布朗混淆了社会结构和社会组织的界限。他又在 1969 年就这个题目继续写道：马林诺夫斯基的功能主义不是"无定形的"。他澄清了"功能"和"具有功能的"二者的差别。沙拉纳在为 1965 年于美国科罗拉多州丹佛市召开的美国人类学会议而作的一篇论文中，评价了列维—斯特劳斯关于模式的概念和他对神话的分析过程。

沙拉纳对人类学方法论的兴趣是长期存在的。他曾对德国和奥地利文化圈学派的方法论予以批判。沙拉纳在对社会文化人类学比较方法的分析上做出了贡献。他在《人类学比较方法论》（1975）一书中，从进行比较的单位、目的和方法上对比较方法进行了系统的分析。这三个比较方法是：①阐明的比较；②全面的比较；③取样的比较。沙拉纳一直在探讨民族志程序、比较方法和社会人类学释义这三者之间的关系，在方法论上开展了多方面的探讨性研究。

印度作为四大文明古国之一，是世界三大人种的交汇点，是多种宗教信仰的发祥地，同时，印度的现代科技与古老习俗也并行不悖，因此，学者常将它称为"民族学博物馆"。[①]

第三节　韩国与越南民族学简介

一　韩国民族学简介

在 20 世纪 60 年代，韩国的民族学研究还没形成规模。当时，虽有"韩国人类学会"，但未被公开承认，在经费上也没有得到任何方面的支援，活动有限，也没有出版刊物。关于民族学、人类学方面的论文散见于其他各杂志中。在当时，研究项目还未分为文化人类学、民族学、社会学等部门。所进行的调查，多属于民俗学方面：如神话、习俗、民谣、民族舞蹈、民族服装等的搜集。著名的成果有张筹根著的《韩国的神话》（1961）。

在韩国的大学里，有关文化人类学的课程，主要是设在社会学系内。在汉城的国立大学设有考古学、人类学系。与民族学有关的研究机构，有"国立博物馆"，初创时，馆长是金载元，出版《震檀学报》，刊载有关研究朝鲜和邻近国家社会问题的论著。

二　越南民族学简介

越南民族学形成于 20 世纪 50 年代初。在越南北方，从事民族学研究的主要机关是于 1955 年建立的少数民族事务委员会。该会分以下几个局：一般问题局、行政局、文化局、协商局、文化教育局、历史语言局、民族学研究局（民族学研究局于 1959 年被改组为越南历史研究所的民族学研究部）。1957 年，越南少数民族事务委员会出版了《民族》杂志，其内容是反映越南各民族人民的现代生活。

1954 年，越南建立了文学、历史和地理研究委员会，成为社会科学方面的研究中心。随后，该委员会被改组，在它的基础上，建立了历史研究所（内设民族学研究部和考古学研究部）、文学研究所、河内大学的地理系。在该委员会出版的《文史地》杂志上，发表了许多关于民族学问题的文章，特别是关于越南境内原始公社制的性质、关于公社土地使用

---

① 朝天：《民族学的博物馆——印度》，《百科知识》2002 年第 4 期。

制、关于各民族语言等问题的文章。这一杂志后由历史研究所主编，更名为《历史研究》。

越南历史博物馆，有着丰富的民族学展品，陈列了越南各民族人民许多世纪以来的历史和文化。中央图书馆和科学图书馆，也藏有大量的民族学书籍。

1987年12月14日，越南民族学博物馆正式被批准建立，它作为一个多民族国家的国立民族学博物馆，自建立以来即以对各少数民族的文化和历史遗产进行科学研究、收藏、文献记载、保存、展示和保护为己任。[①]

越南国内有中央民族干部学校和民族师范学院，它们也致力于培养各类民族学研究人才。

---

① 沈芸：《越南民族学博物馆适应都市化发展的探索及启示》第35卷，《思想战线》2009年第1期。

第三编

第二次世界大战后世界民族学的发展变化

第十章　英法民族学的发展变化

第一节　英国民族学之变化

曾在世界民族学史影响较大的英国功能主义学派的两位大师马林诺夫斯基和拉德克利夫—布朗，在 20 世纪的三四十年代去世了。此后，活跃在民族学学术阵地的绝大多数学者仍是功能主义学派的第二代学者和第三代学者。主要代表人物是弗思、格拉克曼等人。第二次世界大战后，功能主义学派起了不少变化，马林诺夫斯基、拉德克利夫—布朗、利奇，他们在世界上的影响越来越小了，"虽然在第二代领导人中也有一些知名人士，但比起马林诺夫斯基和拉德克利夫—布朗却要逊色多了"。第三代领导人在世界上的影响比第二代领导人则"小一些"。① 究其原因，中国民族学家吴文藻等人认为，主要原因分"历史的和学术的"两个方面。

关于历史原因。第二次世界大战后，由于殖民体系崩溃，各殖民地人民纷纷起来反抗殖民主义统治，大量的殖民地附属国取得了独立。英国人类学家失去了调查的目的地——非洲、大洋洲和南亚等地。

关于学术的原因。第二次世界大战后，英国功能主义学派人类学的队伍、机构和教学虽有发展，但在理论上却没什么重大突破。20 世纪 50 年代以后，法国列维—斯特劳斯的结构主义学说，对世界影响很大，到 20世纪 60 年代更是达到鼎盛时期。因此，相比之下，经过分化而又失去了调查园地的英国功能主义学派的影响自然就越来越小了。对此，中国台湾的老学者卫惠林曾深刻地指出："人类学这门学问近年大家公认在方法观念上发生转变，甚至可以说是正在遇着研究发展中的危机与困境……盖从前的长年岁月做田野调查的对象已经在急剧地灭亡消失，迫使他们不是关

---

① 吴文藻：《人类学社会学研究文集》，民族出版社 1990 年版，第 305 页。

在研究室去分析过去所收集到的资料，思考更深的结构理论；就是改变方向去研究近代社会的文化变迁问题（这两种情形促成人类学在方法理论上的转变）。"①

现代的英国人类学家越来越感到他们过去的做法行不通了，就连比较偏左的曼彻斯特派也感到他们过去的办法也行不通了。要找到出路，就得改变传统的理论和调查方法。他们采取了先训练学生学习当地语言，然后再去做调查的办法。这样，由于与当地居民有共同的语言，在感情上就比较融洽，也就较受欢迎。英国学者沃斯立就是支持这种做法的代表人物。②

除了上述情况外，第二次世界大战后，英国功能主义学派受到了马克思主义的影响，对于后进民族经济生活的研究非常重视，所以，在民族学范围内又出现了一个新分支，叫作"经济人类学"。与此同时，近 30 年来，在英国民族学界，极端传播学派即泛埃及学派"已没有多大影响了"。而弗洛伊德的精神分析学说，"却仍有影响"。③ 英国当代民族学家弗思曾说过，"在马林诺夫斯基和拉德克利夫—布朗死后，英国民族学界已没有统一的领导人物，几个年老的民族学家资格都差不多"。关于研究的方向，弗思认为，第二次世界大战后英国民族学者的首要任务，"仍然是研究各个社会群体的社会制度"。这一研究应该以结构分析的方法进行。与此同时，英国民族学者已由对东方国家的研究转向了对"西方类型社会"的研究。在对资本主义社会的研究上，弗思承认，英国学者并不认为自己是有足够修养的，只是意识到了这种研究的必要性。英国民族学研究的另一个方面，是对所谓"变迁"的研究。弗思说，"承认社会变迁是研究的客体，而不是研究的主体，这就在我们面前提出了假定结构分析的理论问题，而结构分析的轮廓已逐渐开始显现出来"。④

从 20 世纪 70 年代到 80 年代初期，在英国皇家人类学研究所的《人》杂志上发表文章的英国社会人类学家，"在学术上是保守的。直到现在，他们对认知问题最感兴趣，对社会问题兴趣不浓"；关于在他们的学科中开辟国际方面的研究和发展其他有关的学科问题，其"持狭隘观点"十

① 《中央研究院民族学研究所集刊》，第 45 期，第 27 页。
② P. 沃斯立：《人类学的末日吗?》，1966 年向第六届世界人类学大会提交的论文。
③ 杨堃：《民族学概论》，中国社会科学出版社 1984 年版，第 162 页。
④ 转引自《苏联民族学》1967 年第 1 期，第 160—161 页。

分明显，民族学这一学科"仍囿于民族志的详细描述"。① 1972 年到 1981 年，《人》杂志一共发表了 347 篇文章，属于社会人类学这一学科的有 263 篇，其中英国本国学者占 102 篇。"这个比例并不高。因为在英国的 各大学里，有 200 位社会人类学家。"② 在民族学学术领域，英国当时 "缺少生气勃勃的研究人员"。那些年青的、有竞争力的、有抱负的热情 讲师，"在英国大学中简直再也看不到了"。这对社会人类学的发展是 "极为不利的"。

综上所述，第二次世界大战后，英国民族学界的总的趋势是：力求把 结构主义的理论基础——首先是"结构"的概念，同民族学家无法忽视 的正在非洲和世界其他地区蓬勃发展起来的社会经济、政治和民族过程的 图景"协调起来"。使过去创立的"结构—功能"的理论更适合于当时的 情况。尽管英国民族学家之间在观点上存在分歧，甚至是原则性的分歧， 但他们都处在同一种方法论范围，"即马林诺夫斯基和拉德克利夫—布朗 创立的传统范围之内"。③

第二节 法国的结构主义：列维—斯特劳斯

一 英法两国结构理论之不同点

第二次世界大战后，法国在民族学界影响最大的学派是结构人类学 派。它和英国的"结构"理论是不同的。英国的结构主义表现在一大批 杰出学者的著作中，而法国的结构主义实质上只有一个代表——列维—斯 特劳斯。英国的结构主义学者在自己的研究中是从现实的具体共同体 （部落、人民、国家）出发的，并且研究每一个这样的共同的结构；而法 国的结构主义研究的不是现实的整体的结构，而是人为地将整体分成各个 部分的结构：亲属关系、民俗学、神话学、甚至食物制作等。英国的结构 主义从方法论上看是正确的，而法国的结构主义从方法论上看是值得怀疑 的。但法国的结构主义是当代资产阶级民族学中最有影响的一个学派，这 个学派的声誉，遍及西方民族学界，在苏联和东欧以及一些社会主义国家

---

① 《民族学译文集》第 1 集，中央民族大学出版社 1987 年版，第 404—406 页。

② 同上。

③ ［俄］托卡列夫：《外国民族学史》，汤正方译，中国社会科学出版社 1983 年版，第 324 页。

的民族学界也颇有影响。

二 列维—斯特劳斯创立学说的背景

克罗德·列维—斯特劳斯，1908 年 11 月 28 日出生于比利时首都布鲁塞尔。其父母是具有犹太血统的法国人。他的少年和青年均在巴黎接受教育。1928 年获得哲学硕士学位，1929 年获得法学硕士学位。列维—斯特劳斯在民族学方面的训练，主要受当时主持巴黎民族学院的社会学派代表人物的影响。他在 1958 年出版的《社会学与人类学》一书中的题词便是献给迪尔凯姆诞生 100 周年的。他在另一地方曾称莫斯是民族学界的牛顿。莫斯的代表作《社会学与人类学》一书便是由他写的《导论》，然后在莫斯死后出版的。以上说明了列维—斯特劳斯和法国社会学派的关系。除此之外，他的学术渊源还与美国的博厄斯学派、英国的马林诺夫斯基、拉德克利夫—布朗的功能主义学派有着密切关系，并在此基础上，开创了一个新学派。

列维—斯特劳斯于 1935—1939 年到巴西圣保罗大学任社会学教授。同时，他在巴西东部及中部对印第安人做了民族学调查，写了两部博士学位论文。这时，他已接受了美国博厄斯学派的某些思想。1939 年 2 月，列维—斯特劳斯返回法国服军役 2 年。第二次世界大战，法国被以希特勒为首的德国打败。因为列维—斯特劳斯有犹太血统，成为法西斯迫害的对象。为此，他乘难民船逃到美国，并受到博厄斯学派罗维等人的重视和帮助。1941 年，他被聘为纽约"社会研究新校"的客座教授；1942—1945 年，他任法国驻美国大使馆文化参赞。他在任职与科研的基础上用英文发表了许多论文。同时，他不仅经常与博厄斯学派接触，还有机会结识了一位俄国血统的语言学家罗曼·雅克布逊。这是一位有名的结构语言学家，在他的指导帮助下，列维—斯特劳斯开始将语言学中的结构分析的方法引用到民族学上，从而慢慢地开创了民族学的结构学派。1949 年，他在美国纽约语言学家协会会报《世界》上发表了《语言学与人类学上的结构分析》一文，其可视为结构人类学派的端倪。众所周知，英国功能主义学派的拉德克利夫—布朗很重视社会结构的研究，列维—斯待劳斯所提倡的人类学理论，其中一部分是在拉德克利夫—布朗学说的基础上补充和修正的。

列维—斯特劳斯所创的结构主义民族学理论和方法是来自语言学中的结构学派。这个学派起源于第二次世界大战期间，当时有布拉格音位功能主义学派、哥本哈根语言单位论学派和美国描写语言学派三大流派。对列维—斯特劳斯有直接影响的是以雅克布逊为首的布拉格功能音位学派。1947 年，列维—斯特劳斯的《亲属关系的低级结构》的博士学位论文在纽约完成。同年，他返回法国，任人类学博物馆副馆长。1950 年，任巴黎高等学术实习学校原始宗教讲座主任。1959 年，任巴黎法兰西学院社会人类学教授，同时还是这两个最高学府的社会人类学实验室主任。自1961 年起，任《法国人类学评论》杂志主编之一。

　　1958 年，列维—斯特劳斯以《结构人类学》为名称出版了第一本论文集，而"结构人类学派"这个名称就是从这本书的出版开始的。到了1973 年，他又用《结构人类学·第 2 卷》之名出版了新的论文集。这时，他的名声越来越大。列维—斯特劳斯不仅是一位有亲身调查经验的民族学家，也是一位有文学修养和艺术专长并对哲学、心理学、语言学、地质学等全有研究的学识渊博、才华横溢的博学之士。1955 年，他写了一部自传式的回忆录，叫作《苦闷的热带》，引起了学术界的极大震动。1961 年出版的英译本，称为《一个世界的衰落》。书中一方面说美洲印第安人没有前途；另一方面说法国社会和整个世界的前途暗淡。由于这本书的成功，在国内外引起巨大的反响，列维—斯特劳斯于 1973 年被选为法国文学院的院士，从而使他的知名度更高，大大超过了迪尔凯姆和莫斯。在国际上，他也获得许多殊荣。他是英国皇家人类学研究院的名誉博士和法国荣誉勋位获得者。多次荣获国际上的学术大奖。

二　列维—斯特劳斯结构学说的主要内容和方法

　　列维—斯特劳斯的著作，全是关于家族亲属制与婚姻制度以及关于原始宗教和神话学的比较研究，特别是关于拉丁美洲印第安人的比较研究。主要代表作有：《纳姆比克瓦拉印第安人的家庭与社会生活史》（1948）、《亲属关系的低级结构》（1949）、《人种与历史》（1952）、《苦闷的热带》（1955）、《结构人类学》（1958）、《今日的图腾主义》（1962）、《野蛮的思想》（1962）、神话学丛书（一）《生的食物和熟的食物》（1964）、神话学丛书（二）《从蜜到灰》（1967）、神话学丛书（三）《吃饭规矩的起源》（1968）、神话学丛书（四）《赤身裸体的人》（1971）、《结构人类学·第二卷》（1973）、《假面具的经历》（1975），等等。

　　在结构学说方面，他的《结构人类学》和《结构人类学·第 2 卷》这两部著作是最综合性的代表著作。《结构人类学》一书共包括论文 17 篇，主要讲亲属制度和宗教与神话，也讲艺术、民族学的教学方法和民族学在社会科学中的地位。该书共分六编 17 章：第一编除去序言外还有一个导论即第一章《史学与民族学》；第二编为《语言与亲族关系》；第三编为《社会组织》，主要讲他到民族地区亲自调查的地方和方法以及他对民族学遗产的挑战；第四编为《巫术与宗教》；第五编为《艺术》；第六编为《方法与教学问题》。1973 年出版的《结构人类学·第 2 卷》共分四编 18 章：第一编为《人类学的展望》、第二编为《社会组织》、第三编为《神话与典礼》、第四编为《人道主义与人道》。从以上两部著作中，我们可以得到一个明确的概念：列维—斯特劳斯强调的仅是在方法论上给民族学提供一种新的方法，即结构分析法。最初，这种方法被应用在对亲属制度的研究中，后又被用在对神话学的研究和艺术研究中。他在《语言学与人类学中的结构分析》中认为，音素与音素之间的关系便是语言的结构。在亲属制度中，可以说一个亲属制度相当于一个音素，还认为亲属形式实际上并不存在，而是抽象出来的。这种抽象的形式便是他所说的社会结构，也叫模式；模式又分为有意识的模式和无意识的模式两种，而且在这两种之间，还有中间形式。他认为，将社会生活分成有意识的条件和无意识的条件两类，原是美国民族学院博厄斯的一种创见，后来，语言学家才将这一方法应用到语言学中，因而形成了语言学中的结构学派。他首先将这一方法应用于对民族学资料的分析上，这才形成了他的结构人类学的学说。

关于结构人类学的研究方法，他在《今日的图腾主义》一书中曾经说过，并概括为以下三点：①用两个或更多的词之间的关系，真正的或猜想的，给所研究的对象下一定义；②制作一张这些词之间可能对换的表格；③把这个表格作为普通的分析对象，仅在这一水平上，可得出必要的联系。开始时，列维—斯特劳斯看到的经验主义的现象，仅是许多可能配合的一种，总的体系便能预先重建起来。这里说的"总的体系"，大概就是他所指的"模式"。当然，也有的学者对于列维—斯特劳斯所使用的"模式"概念提出过疑义，就连他的同情者、英国的新结构主义学派的创始人利奇也曾说过，列维—斯特劳斯有点故弄玄虚，使人不懂。① 列维—

---

① ［英］利奇：《列维—斯特劳斯》英文本，第 1 章第 3 页，转引自杨堃《民族学概论》，中国社会科学出版社 1984 年版，第 309 页。

斯特劳斯在书中根本否认图腾主义的存在，他认为，这"只是社会学家和民族学家的一种幻觉而已"。其实，图腾主义属于原始宗教的初期阶段，它是普遍存在的——尽管有各种不同的形式。列维—斯特劳斯的"否认"，是不科学的。

列维—斯特劳斯认为，他的理论和方法是符合历史唯物主义的。其实，并不如此，例如，他在自己的著作中仅仅阐述血族关系的亲属制度和婚姻制度，而丝毫不谈生产关系并将血族关系和生产关系两者对立起来，这就不符合历史唯物主义的要求。在谈论社会结构时，他看不到阶级的结构，完全丢掉阶级分析的方法，这能说是"唯物"的吗？由此可见，结构人类学派和马克思主义的民族学没有共同之点，它仅仅是当代资产阶级民族学中的一个流派。

三 结构人类学派之评价

第二次世界大战后，列维—斯特劳斯创立了结构人类学派。当时，帝国主义和殖民主义已处于崩溃阶段，替殖民主义服务的资产阶级民族学日益危机，尤其是备受帝国主义压迫的殖民地的各民族人民已经觉醒，第三世界的国家要独立，民族要解放，已成为时代的主流。资产阶级学者一贯把没有文字的民族称为"落后民族"或"野蛮民族"，派人到他们那里去考察，实际上是为其殖民政策服务的。第二次世界大战后，亚非拉民族运动风起云涌，为殖民主义服务的民族学遭到了第三世界各民族人民的坚决抵制和反对。西方资产阶级民族学已经进入绝路。列维—斯特劳斯作为一名曾遭受过战争迫害并身处战败国的进步民族学家，看到资产阶级民族学的老一套——无论是法国的社会学派也好，英国功能主义学派也好，或美国的博厄斯学派也好——已经全不灵验，必须改弦更张，另找出路。这从他的《近代人类学的危机》（1961）中已经表现出来：由于心理上和道德上的原因，"第三世界"的舆论是敌视西方人类学的。他还说，如果人类学还想在这种同"第三世界"冲突的条件下继续生存下去，那么它必须来一个根本的变革。它必须承认，从逻辑和道义上考虑再也不能把各个社会仅看成是研究的对象。而有些学者是想保持这种观点的。现在，这些社会已经成了集体性的主体（重点号是列维—斯特劳斯加的），并要求开始进行本身所必需的变革。由此可见，结构人类学派是在西方民族学进入危机的情况下，为摆脱这种局面而诞生的一个新学派。可以说，这个学派是危机的产物，也是企图让西方民族学继续生存下去，改头换面的产物。

　　第二次世界大战后，由于马克思主义的广泛传播和深入人心，西方国家也出现了一些马克思主义的流派。列维—斯特劳斯也受了马克思主义思潮的一些影响，学习了马克思主义的一些著作并在自己文章中也曾引用过一些马克思主义的词句，但他从来就不是一个真正的马克思主义者，他曾自称，马克思主义仅是他的三个"情妇"中的一个（其他两个是精神分析学和地质学）。可见，他把马克思主义置于何种地步。如上所述，他自认他的理论和方法符合马克思主义，但实际上根本不是那么回事，从而蒙蔽了许多人。

　　应当看到，列维—斯特劳斯把语言学中的结构分析法首先运用在民族学的研究中，因而开创了民族学中的结构人类学派。"这是资产阶级民族学史上的一件大事，也是列维—斯特劳斯的功绩。我们应当肯定。"① 但是，他的结构分析法是否科学，他对于两合外婚制的研究和对图腾的研究，完全是对前人的研究成果持否定态度，并将民族学的对象和任务纳入一种心理科学，这种看法和做法是否恰当？都值得人们探讨、研究、商榷，虽然如此，这一学派在世界的影响之大是不可忽视的。

　　列维—斯特劳斯是一位具有多种修养和才华的博学之士，在研究中又使用许多数学公式和数理逻辑并能提出新的见解，这是难能可贵的——虽然他的世界观是资产阶级的，有局限性的。他在《民族学者的责任》中曾说："我们民族学者，为了这些民族后代们的精神上的需要，为了维护我们学术上的独特性，现在必须抓紧抢救那些即将消失的重要东西，在艰难困苦的条件下，积极进行我们的民族学调查研究。"② 他的这番话无疑是正确的，表现出他是一位进步的、关心民族学前途的民族学家。

　　列维—斯特劳斯将自己的方法彻底运用于研究习俗和文化的各个方面。他把每个方面都看作是一个独立的、封闭的体系，力图到处发现自己"逻辑的规律性"。③ 托卡列夫认为，列维—斯特劳斯在图腾崇拜上的观点"是难以理解的、它们是矛盾的"。④ 按照列维—斯特劳斯的意见，图腾崇

---

①　杨堃：《民族学概论》，中国社会科学出版社 1984 年版，第 312 页。

②　转引自《世界民族》1979 年第 4 期，第 39 页。

③　［俄］托卡列夫：《外国民族学史》，汤正方译，中国社会科学出版社 1983 年版，第 324、325、326 页。

④　同上。

拜的分类，同中世纪的科学的分类，甚至同现在动物学家和植物学家的分类，原则上没有任何区别。他认为，图腾崇拜标志的整个体系是一种特殊的"电码"。他说："图腾崇拜在自然界社会和社会集团世界之间建立了一种逻辑当量。"①

综观上述，虽然列维—斯特劳斯的著作中包含了许多"有趣的和新颖的思想"，但他无视被研究对象的具体内容，只醉心于它们的相互"关系"的纯粹主义的研究方法，未必能给科学带来好处。②

四 第二次世界大战后法国民族学之概况

同西欧其他国家相比，法国在本民族的民族学研究方面，是明显地落后的。第一次世界大战前后，法国涌现出了几个专门研究本民族的学者，其中尤以波尔·塞比约（1846—1917）为代表。他是法国民俗学材料的收集者和发表者。从1880年之后，他先后出版有法国各个省、各个社会职业阶层的民族学材料数十种，书中多持有进化论的观点。另一位代表人物是 Ⅱ. 森蒂夫（1870—1935）。他的著作主要阐述民间信仰及与天主教的渊源联系。法国民族学界对于人民物质文化的研究也明显落后于英、美、德等国。在阿诺德·范冈内普的领导下曾编写过一部大型著作《法国现代民俗学手册》。但1957年在他死后，这部著作还没有完成，现在只公布了该书的部分资料。

自维达尔·德拉布拉舍创立民族地理学理论之后，他的优秀学生艾伯·德曼热翁又写出了一系列欧洲国家经济地理的巨著。在其著作中，他对法国农村住宅第一次进行了科学的分类，从而为法国"居民点和建筑物类型的民族学研究奠定了坚实的基础"。③

安得列·瓦拉纳克的"传统文明"（"史前文明"）理论也非常值得关注。他认为，"在工业国家里，民族学研究的范围是由传统文明的领域决定的"。④ 他的代表作品主要有：《传统文明和生活方式》（巴黎，1948

---

① 参阅列维—斯特劳斯《野蛮的思想》，第101、120页，转引自［俄］托卡列夫《外国民族学史》，汤正方译，中国社会科学出版社1983年版，第326页。

② ［俄］托卡列夫：《外国民族学史》，汤正方译，中国社会科学出版社1983年版，第326页。

③ 同上书，第341—342页。

④ 同上。

年版）、《传统文明和生活方式》（载《欧洲民族学》第 1 卷，1967 年第 2
期）。

另一个民族学者马塞尔·马热写出了一部有关方法论指南的著作
《文化研究指南》（1953）。它是民族学田野工作的理论基础。书中除了纯
技术原理和方法论原理之外，也含有资料收集和室内工作理论的说明。他
在书中指出，对于民族学家来说，研究任何物质对象，无论如何不能只限
于描述它的形式和活动方式，而应"研究每一物质对象的社会方面"①，
而后一点才是重要和正确的。

---

① ［俄］托卡列夫：《外国民族学史》，汤正方译，中国社会科学出版社 1983 年版，第
341—342 页。

第十一章　美国民族学的发展变化

第一节　美国民族学的研究机构

美国民族学会是美国民族学研究的主要机构。它自 1842 年应运而生以来，直到第二次世界大战结束之前都是以纽约为活动中心。而战后情况就不同了，美国民族学逐渐由纽约的一个地方性组织成长为一个流动的全国性机构，并且在学术领域内取得了长足的进展。1949 年，美国民族学会与美国人类学会在多伦召开联席会议，当时的民族学会会长 E. 戈德福兰克提出，要进一步恢复学会的活动范围，不能仅仅局限于纽约一隅。因此，到 1956 年，美国民族学会的大多数常务理事就已分布于美国全国各地了。当时的会长 D. 库尔虽然在纽约市，可副会长霍姆伯格住在科尼尔市，执行秘书 W. 罗兹住在哥伦比亚大学，前任会长、现任会刊总编辑 V. F. 雷却远在西雅图的华盛顿大学。同年，美国民族学会的全部出版工作也迁到了西雅图，由华盛顿大学出版社负责，美国民族的大批资料和滞销期刊也存放于该处。此后，美国民族学的活动就不再固定于纽约了。在每年春季和秋季的例会上，会员们从全国各地汇集到一起，而会址则是由上届会议任选一个地方。例如，1974 年 4 月 26—28 日召开的春季例会，会址就选在马萨诸塞州伍斯特市的克拉克大学，议题是美国民族学会史。与会者系统总结了美国民族学会和民族学在美国的发展历史。这次会议对于美国民族学界无疑是意义重大的。[①]

第二次世界大战以来，美国民族学、人类学人员众多。但美国民族学会仍不失为这一学术领域中的一支劲旅。例如，美国人类学温内格仁基金会每年颁发一次"韦金奖章"，奖给在民族学、人类学研究方面成就卓著

---

① 陈为：《美国民族学会历史概述》，见《中山大学研究生学刊》1982 年第 4 期。

的学者，每次颁予三人。自 1946 年起到 1961 年止，美国民族学会，几乎每年都有一人或一人以上获奖。他们是：克娄伯（1946）、罗维（1947）、麦多克（1949）、克拉克洪（1950）、孔恩（1951）、林顿（1951）、斯图尔德（1952）、维莱（1953）、雷德菲尔德（1954）、米德（1957）、怀特（1959）、斯彼尔（1960）、索尔·塔克斯（1961）。美国民族学会定期出版《通讯》（半年刊）、《文献汇编》（周年刊）等刊物。在每年春季的例会上，美国民族学会还向优秀的民族学、人类学专业学生授予奖学金。近年来，美国民族学会的年会改在每年的 11 月份举行。

第二次世界大战后的美国民族学会积极参加国际学术交流，多次派代表参加历届的国际美洲学家代表大会和国际史前考古大会。美国民族学会还是联合国教科文组织属下的"国际人类学和民族学协会"的成员，在 1934 年以来召开的历届国际人类学和民族学大会上，均有美国民族学会的代表参加。尤其是 1978 年 12 月在德里召开的第十届国际人类学和民族学大会，美国代表团阵容极为强大，有 200 名学者参加，仅次于东道主印度，而其中民族学会的代表占了代表团的相当一部分。美国民族学会的国际影响由此可见一斑。

今天，美国已成为世界民族学研究的重要基地，除了美国民族学会之外，目前还拥有众多的学术中心和科研机构。

第二次世界大战前，美国有几十所大学设有专门的民族学课程，第二次世界大战后，则增加到几百所大学。大部分美国高等院校都设有人类学系或民族学研究所。著名的有：印第安纳大学人类学、民俗学和语言研究中心，布列甘·扬大学印第安人研究所，哈佛大学人类学系，哥伦比亚大学人类学系，科尼尔大学人类学系，加州伯克利大学人类学系等。

第二次世界大战前，美国仅有美国自然历史博物馆等几所博物馆从事民族学、人类学研究。现在，在美国的上千所博物馆中，有数十所从事民族学、人类学研究工作，除美国自然历史博物馆之外，著名的还有匹兹堡的卡内基博物馆，芝如哥的自然历史博物馆，新哈芬的皮萨迪自然历史博物馆，哈佛大学自然历史博物馆，等等。

美国民族学研究的学术团体也较多。截至 1980 年，美国仅经过注册的民族学、人类学机构和学术团体就有 18 个。除了美国民族学会之外，重要的还有美国人类学会（现已有 1 万多名会员）、美国民俗学会、美国民族史学会、应用人类学会、美洲印第安人学会、天主教人类学会、美洲研究院、纽约人类学研究所、古代地中海地区研究协会、人类学电影中心、土著研究俱乐部等，还有一些学会是属于国际性的学术组织，如国际美洲学大会等。

另外，第二次世界大战后，在美国从事民族学研究的人员数量更是几倍甚至几十倍的激增。1980年，仅美国民族学会就有正式成员1138人，致使美国各大学的大部分民族学专业毕业生不得不到其他专业或政府机构，甚至到企业或商业公司里就业。但近些年来，增加的趋势已逐步稳定下来。

第二节 马克思主义的研究

第二次世界大战后，大批社会主义国家出现，使马克思主义的影响更加深远。20世纪50年代到60年代，在美国民族学中是进化主义复兴和各种新进化主义形成的年代，但从20世纪60年代中期开始，特别是在20世纪70年代，学者们对马克思主义表现出了日益浓厚的兴趣。在美国民族学界掀起了研究马克思主义的热潮，尤其是在美国各大学的学生中间形成了一股从各方面研究马克思主义的新浪潮。为此，美国民族学界的部分学者开始转向马克思主义的研究。

早在1952年，在纽约召开的美国民族学家代表大会上，就有不少学者表露出这一倾向。克娄伯、罗维、米德、莫多克、孔恩等人参加了这次盛会。会上，许多学者都背弃了一度主宰美国民族学界的"种族心理学派"。民族学家哈里斯认为，西方民族学是在"与马克思主义相抗衡"之中发展起来的，马克思主义对民族学的影响应该放在主要位置上。并且，他还批判了另一个资产阶级民族学者迈耶，认为马克思主义经典作家对社会文化进行的探讨，例如，《摩尔根（古代社会）一书摘要》和《家庭、私有制和国家的起源》等著作，是对迈耶鼓吹的马克思主义跟民族学发展"完全无关"之谬论的彻底摧毁。

1973年，在芝加哥召开的第九届国际人类学和民族学大会上，美国学者就马克思主义民族学问题召开了专门的讨论会。某些学者同情、倾向于马克思主义，马克思主义的方法论在个别方面渐为他们所掌握，这些美国学者是：查尔兹·格雷、波尔·波安南、马文·哈里斯、莫顿·弗拉德、旺德尔·奥斯瓦尔德等。连1973年度的美国民族学会会长 J. Y. 穆拉也承认:"如果不是汲取了《路易·波拿巴的雾月十八日》和《前资本主义经济形态》等书中的'马克思主义'的方法论,美国人类学的存在与发展也是不可能的。"

由此,从 20 世纪 70 年代以来,在美国民族学界出现了许多以马克思主义自居的人类学家和民族学家,并在他们周围形成了几个学派,主要有以哈里斯为代表的文化唯物论学派和以墨菲为代表的社会生活辩证法思想派。他们根据马克思主义的一些基本原理对民族学问题进行了广泛的探讨,发表了不少论文和著作,在国际学术界产生了不小的影响。近年来,美国民族学会中还出现了以索尔·塔克斯为首的进步流派——行动人类学派,他们创建了《现代人类学》这一国际性学术刊物,从其内容看,也表明了人道主义和反殖民主义、反种族主义的倾向。在某种程度上可以认为,这是美国民族学家在科学社会观上取得的积极进展。

第三节　第二次世界大战后美国民族学的主要流派

第二次世界大战前,美国民族学基本上是博厄斯的历史学派一统天下的局面。但到第二次世界大战后这种局面就不复存在了,代之而起的是百家争鸣局面。正如《大趋势》一书中所说的,呈现思想多样化特点。1942 年,在博厄斯去世后,他所开创的历史学派开始由盛而衰,逐渐解体。虽然他的大弟子克娄伯继承了他的衣钵,但他的其他学生已开始探索新的领域。本尼迪克特专门从心理学的角度研究文化整体;米德研究个人发展与文化的关系;雷丁出版了《温尼贝哥印第安人传记》;罗维转而研究社会组织;赫斯科维茨致力于考察文化变迁及文化的进程,等等。这使得历史学派在美国民族学会内外发展成许多新的流派。与此同时,随着文化进化论学派的复兴和马克思主义研究的兴起,也出现了许多学派。这样,第二次世界大战后美国民族学出现了形形色色、五花八门的各种学派。主要有:"新进化论学派""文化相对论学派""社会生物学派""新心理学派""文化唯物论学派""社会生活辩证法学派",等等。近年来,还出现了不少新的流派与分支,像应用人类学、营养人类学、民族音乐学、法律民族学,等等。他们在民族学研究领域,各抒己见,众说纷纭。这说明了美国民族学继续深入发展的趋势。

现将第二次世界大战后美国民族学界的主要流派介绍如下。

一 文化相对论学派

"文化相对论学派",又称"相对价值论学派",形成于 20 世纪 50 年代初的美国民族学界。它的主要思想是承认各民族过去和现在创造出的各种文化的价值都是平等的。该学派的代表人物是赫斯科维茨(1895—1963),代表作是他于 1949 年发表的《人类及其创造》,这部著作稍后经过压缩又以《文化人类学》为书名重新再版。

赫斯科维茨是博厄斯和戈登威泽的学生,他是作为体质人类学和种族学家开始自己的科学活动的,后来,他从体质人类学转而从事"社会人类学"的研究,并且从社会方面考察了种族问题。他在《人类及其创造》这部巨著中,高度概括地阐述了自己在民族问题上的观点。在对比各民族文化时,他从原则上拒绝民族中心主义和欧洲中心主义。认为我们没有权利把我们欧美的道德观念当作绝对的东西,它们是相对的。举一个例子,一夫多妻或一妻多夫在欧美是被社会舆论所谴责并被法律所禁止的。但是,父权制一夫多妻家庭在达戈麦是完全正常和合法的社会单位,它是在民族长期的历史过程中形成的,能很好地与经济条件相适应。不仅不同的民族对相同现象的评价是不同的,而且文化综合体结构本身也可能是不同的,每个民族的文化常有某种"文化核心"——该民族文化的最重要的特征。如在现代欧美文化中,最重要的是工艺学;在中世纪的欧洲,最重要的是超自然主义;对于现代美拉尼西亚人,最重要的是社会"威望";对于印度托德人,最重要的是水牛……他在比较各民族的文化时更倾向于强调它们的共同点,而不是它们的差异性。对他来说,最重要的是"共相",即全人类文化的特征。这些特征在全民族文化中的表现可能极不一致,但它们在本质上是相同的。在书的结尾一章,他还专门谈到了"人类学"(民族学)实际的应用意义。它教育人们对每个民族的文化采取关心和尊重的态度,不能借口某个部落没有独立发展能力而赋予自己干涉它的生活的权利,这种肆无忌惮的干涉会产生不满、不信任,以及孕育着未来冲突的可能。帮助人类永远结束类似观象,对世界政治起积极的促进作用,是任何先进科学的任务。在这里,人类学的作用是巨大的,它应该维护每个民族独立发展的权利。要承认权利、正义——美国能有多少种不同的表现,就会有多少种文化。

由此,赫斯科维茨认为,文化的价值都是相对而言的,不同地区和不同民族的文化对各自人民所起的作用都是一样的，世界各地文化没有先进与落后之分。不同的文化是无法进行比较的，不同的文化之间没有共同的价值尺度。不同民族对同一文化现象的评价是不同的，所有文化的价值都是相对的。各个民族没有必要改变自己的文化。任何民族的文化如果离开了自己的民族，就失去了自己的意义和价值。

赫斯科维茨及文化相对论学派的理论观点，实际上是否定了文化由简单到复杂的发展，从而也不承认人类社会发展的共同规律。但其健康的进步内核也是显而易见的：承认每个民族的文化都有充分的价值，反对用欧美文化作为标准去衡量其他民族的文化；要求尊重每个民族的文化，哪怕是落后民族的文化也要尊重；对每种文化的创造者——各民族——采取认真和谨慎的态度，反对大国借口某个民族没有独立发展能力而进行干涉。这些思想是趋向于进步的，也具有反对种族主义和殖民主义的精神，也是对种族心理学派的一种批判。

二　新进化论学派

19世纪末20世纪初，随着资本主义发展到帝国主义阶段，文化进化学说及摩尔根的民族学理论受到了西方民族学流派的攻击。特别是20世纪20年代至40年代，主要是受到博厄斯学派的批评，摩尔根变成了很不光彩的名词，凡是与摩尔根观点有关的一切都要遭到批评。然而，即使在反对文化进化学说的高潮中，还是有些人敢于维护摩尔根的思想，其中比较突出的是莱斯利·怀特。他在1932年时就公开支持摩尔根学说，指出："摩尔根现在虽然不被人们所承认，并遭到责难、诽谤和嘲笑。但终究会有一天，他的伟大将得到充分的评价。摩尔根的名字……还会长期的大放异彩。"[①] 果然，到了20世纪40年代以后，美国民族学界对摩尔根的批评逐渐缓和并开始对他重新评价。1957年，华盛顿人类学协会在纪念达尔文《物种起源》一书发表一百周年举行的讨论会上，发表了论文《进化和人类学，一百周年的评价》，其中明显地反映出这种倾向。与会者宣称："现在有迹象表明，文化人类学中反进化主义的时代已接近结束。我们似乎走出了黑暗的山洞，或者已从噩梦中惊醒。为了同这种有害的科学概念作斗争，我们花费了许多宝贵的时间，然而进化理论在文化人类学中

---

① ［美］L. A. 怀特：《摩尔根生平及〈古代社会〉》，《世界民族》1979年第2期。

重新占有了自己的地位，显示了自己的价值，如同在其他科学领域早已如此一样。"这次会议不仅讨论了进化论在新的历史条件下的意义，而且还深入研讨了它的含义。第二年，美国人类学协会主席赫斯科维茨为摩尔根恢复了名誉，肯定他对民族学做出的贡献。甚至有的学者还把摩尔根奉为美国民族学之父。于是，自20世纪50年代开始，为适应美国国内外社会环境变化的某种需要，在美国民族学中，在早期文化进化论学派的基础上，文化进化论学派又开始复兴。人们把支持和宣传摩尔根学说的人类学家称为"新文化进化论学派"。这是美国民族学文化中非常显著的进步趋向之一。

按照美国一些人类学家的划分，新进化论学派，可分为"普遍进化论"和"多线进化论"两派。前者的代表人物是莱斯利·怀特；后者的代表人物是朱利安·斯图尔德。它们都是美国当代人类学的重要流派。

普遍进化论学派的主要代表人物怀特（1900—1975），1927—1930年，任职于美国纽约州西部城市布法罗科学博物馆，并在布法罗大学从事社会学和人类学的教学，因接近塞尼加地区（以前摩尔根在此作过田野工作），便就地取材，研究进化论。1930—1970年，在密歇根大学执教40年。在这期间，一方面，他坚持不懈地宣传摩尔根及其民族学理论，先后编辑出版了《摩尔根旅欧日记》（1937）、《摩尔根通信集》（1940）等，尤其是在1964年编辑并再版了摩尔根的《古代社会》，还写了一篇很长的《导言》，系统地阐述了摩尔根进化学说的历史命运。另一方面，他写了关于人类学和民族学方面的论著，主要代表作有《文化学》（1949）、《文化的进化》（1959）、《文化体系的新概念》（1975）等。他的关于许多原则问题的其他论文被收集在《文化的科学》这本论文集之中。为此，俄罗斯民族学家托卡列夫说："美国著名的民族学家，密歇根大学多年的教授怀特的著作，最精湛地体现了新时代的进化主义。"

在怀特的民族学理论体系中，"文化"与"进化"两个概念是他全部科学观的中心概念。他认为，文化是象征的总和，那么，象征则是人随意赋予事物以事物本身所不具有的某种意义的能力。只有人才具有这种能力，这是人区别于其他动物的主要标志。他从能量学说的观点来考察文化的进化，认为文化的发展在于文化本身能"负荷"的能量——人能控制的能量的变化。工艺的发展是整个文化进化过程的基础，它能对进化的一切其他因素产生决定性的影响。正如他自己说的："文化的向前发展同按人口平均计算的被利用的能量的数量增长成正比。或者说，同支配能量手段的效率或节约的增长成正比，或者同效率和节约的同时增长成正比。"在这里，他还把经济关系引入文化研究的体系中，并且把它提高到起决定性作用的地位。他在论述文化的进化和人类社会的发展时，将全部过程区分为"蒙昧社会"和"文明社会"两个大的时期，二者之间的最大区别是私有制，认为"私有制是文明社会的基础"。这种说法虽然包含有某些接近马克思主义社会经济形态说的内容，但两者仍然有着本质上的差别。由此可知，怀特的全部科学观和社会观，受到了进化论思想的影响，充满了乐观主义和对人的创造力的信赖。他认为，摩尔根在理论上并没有错误，问题在于衡量标准不统一；社会的能量控制，可作为衡量社会文化发展的一个标准。他提出的"文化进化基本定律"认为，如果其他因素不变，则文化进化是从每人每年利用能量总数的增加到能量做功效率的增加；科技水准越高人控制的能量便越多。他还把人类文化分为科技的、社会的和理念的三个体系，社会使用科技使人类生存并影响社会的和理念的体系。

多线进化论学派的主要代表人物是斯图尔德（1902—1972），他曾在美国许多大学任教，做过田野考古工作，曾任美国民族学会的人类学专家，创立了社会人类学研究所。他出版的论著较多，代表作有《南美印第安人手册》《文化变迁论》等。在进化学说上，他的学术观点和摩尔根、怀特的都有所不同。他认为，摩尔根的进化理论是"单线进化论"，怀特的进化论是"普遍进化论"，而他自己的理论则是"多线进化论"。并且认为，他们之间的共同点是都注意到了发展的连贯性，不同点是多线进化论的任务不是寻求"普通的相同现象"，而是说明各种不同社会结构的不同发展路线的因果关系。他认为，各民族的社会是多线平行发展的，至于各个民族之间是没有什么共同规律可谈的。他强调，探索文化现象，确定文化发展的规律，其目的在于"探索文化变迁的原因"。在说明社会发展的原因时，他特别提出起决定作用的是"文化生态学"，指出要"探索文化变迁的原因"，"文化生态学上的适应，是文化变迁的最重要的创造性过程之一"。其含义是文化对自然环境的适应，是文化发明和自然环境这两个因素的相互作用。这说明，环境对文化具有重要的影响，而文化则是环境的工具，他还认为，这个概念能够帮助说明各民族文化的不同特点。学者一般认为，这是他的主要贡献所在。

　　怀特和斯图尔德的新进化学说在健康进步的方面，至少体现了文化人类学正朝向唯物论的方向日益靠近。怀特以能量为标准来衡量社会的前进水平。这种客观的物质尺度，可以使人们在对社会发展水平做出判断时，减少一些主观因素。然而，这只能是若干并行标准之一且非十全十美。这种方法虽可用于现代社会调查，但很难对古人能量做出较准确的统计，即使对当代较原始、落后的民族用此方法调查时也要谨慎。当然，不可否认，斯图尔德的"文化生态学"，强调了环境的重要性，越原始的社会，环境的作用就越大。但他把环境作为自变数，把经济、社会组织等统统作为因变数，则失之于偏激，忽视了人的主观能动性和人类社会改造环境的力量。用此理论，很难解释同一地区在不同历史时期的变化，也很难解释在同一环境或类似环境的同一时期，存在着不同发展阶段的社会现象等。把文化看成是适应环境的工具，在一些特定条件下是可以的，但随着人类社会文化交流的日益密切，这个理论的价值也就日益减少。如果把文化绝对看成是适应自然环境的产物，也就否认了"传播"的功能。[①]

三　社会生物学派

　　社会生物学派是 20 世纪 70 年代在美国文化人类学界出现的一个流派。它是以进化的生物学原理去解释人类社会生活的一种学说，所以又称"生物人类社会学"。这个学派的主要代表人物是美国哈佛大学的昆虫学家威尔逊，其代表作是 1975 年发表的《社会生物学：新的综合》一书。该书的内容基本上概括了社会生物学派的主要思想理论。他在书中特别强调遗传基因对生物（包括动物和人）形态和性质的决定性作用，认为生物的遗传基因是动物和人的形态及性质的物质基础，各种生物能否在漫长的进化过程中经受自然选择而继续存在下去，主要是看它能否及时地和稳定地把进化过程中获得的有利于生存斗争的基因，最大限度地传给下一代。他还认为，人类的行为在一定程度上取决于遗传基因。

　　《社会生物学：新的综合》主要由三个部分组成。一是"社会进化"，这部分主要从探讨个体群生态学的数学方法出发，阐述种群淘汰和

---

　　①　罗开玉：《评西方人类学的几个流派》，《西南师范大学学报》1988 年第 2 期。

血缘淘汰等问题；二是"社会结构"，这部分概述了动物世界的信息传递、势力范围、等级体系等现象；三是"各种社会性动物"，这部分广泛地研究了从社会性昆虫一直到鸟类、哺乳类动物的社会行为。全书的中心思想是：从讨论"具有什么样社会性的个体群才能留传下较多的子孙后代"的角度出发，进而讨论社会的进化问题。威尔逊宣称，撰写此书的目的是要把个体群生态学、种群遗传学和第二次世界大战后迅速发展的比较动物社会学结合起来，以创立起新的社会生物学来取代动物行为学和人类的社会学。同时把人类社会的阶级制度和战争等问题纳入其研究的范围。

社会生物学派理论的提出，引起了学术界的广泛注意和激烈争论。总的来说，反对的多、赞同的少。哈佛大学波士顿地区的 16 名学者、讲师、生物学家和医学系学生联名发表论文，对威尔逊的社会生物学观点进行了批判。他们认为，《社会生物学》一书是有害的读物，是在为纳粹的种族优劣论张目。美国学者 E. 艾伦指出，《社会生物学》"认为某些社会问题，如犯罪、酗酒等都可以用遗传理论和数据来解释"是失败的，是"为把资产阶级现状看作'人性'之必然产物的又一次辩护"。罗马尼亚学者康·马克西朱利安则撰写了专题论文《评威尔逊的〈社会生物学〉》，他指出：威尔逊歪曲了达尔文生存竞争的概念（尽管这概念本身也是值得讨论的），这实际上就是宣传基因的生存斗争……也就是"好，基因产生利它主义，坏，基因则相反，产生利己主义。""传布这种理论还意味着具有不同基因的个人、各个民族和各个国家人民之间的竞争。而战争在威尔逊看来，无非是各人民之间遗传差异的产物！"因此，"社会生物学是一种新形式的种族主义……其危险性不亚于几十年前的种族主义"。美国文化唯物论者哈里斯也认为，威尔逊把生物行为的遗传性作为人类的真理就走得太远了。中国学者吴汝康于 1979 年发表《社会达尔文主义的新翻版——评美、英等国关于"社会生物学"的争论》，他指出，社会生物学是"社会达尔文主义"（即用生物生存竞争优胜劣汰理论来解释人与人、民族与民族之间的关系，为阶级压迫、民族压迫、妇女压迫、侵略战争辩护）的一种新的变种。他们对社会生物学从不同的角度进行了批评。然而，也有少数肯定或部分肯定社会生物学的学者和评论。美国普林顿大学数理生物学家 R. M. 梅不同意波士顿 16 人集团的批评意见，1976 年年初他在《自然》杂志上发表文章为威尔逊辩解。他说，威尔逊在 1975 年

11月9日接见《纽约时报》记者时已经指出："人类行动的90%来自环境，10%左右来自遗传。"所以，他的观点没有什么谬误。中国学者黄友谋于1980年撰写的《社会生物学有待重新评价》一文，认为对于这种新出现的"社会生物学"应当在深入研究的基础上予以重新评价，人类在进化过程中虽然现在已经达到在很大程度上取决于生产、文化、教育和政治的各种社会因素或条件，"但也绝不能由此就完全否定人的形态与行为同遗传基因毫无关系"。同时，不少学者对威尔逊《社会生物学》中的动物部分的浩繁工作表示欣赏。

四 新心理学派

新心理学派是自20世纪60年代以来在美国民族学界掀起的小规模心理人类学复兴运动的产物，是20世纪50年代后期受到学术界进步思想的批判而逐渐消失的"种族心理学派"的复兴和抬头。不过，它在观点上，在种族心理学派研究文化与人格的基础上又有了一些新的发展。其代表人物有：怀丁、查尔德、莱文等。主要代表作有：《儿童训练和人格》（怀丁和查尔德合著，1953）、《文化、行为与人格》（莱文著，1973）。

新心理学派在弗洛伊德关于人类发展和心理动态学说的影响下，有了一些新的发展——即提出了一个"认识人类学"的概念，并认为在人类学研究中应进一步应用心理动态的研究。所谓"认识人类学"就是西方某些民族学家开始用马克思主义的个别理论来研究认识论问题。在"发展""学习"与"认识"心理学的推动下，认识人类学有了一定的发展，但是，他们的这种认识论不可能是真正的唯物主义的认识论，而是资产阶级唯心主义的认识论。就连文化唯物论的代表人物哈里斯也把它称作美国的"文化唯心论"。

认识人类学，又称"民族科学"或"民族学方法论"。民族科学是20世纪60年代人类学在美国的一个新发展，它和民族医学、民族植物学等有关系。民族医学是一个民族思想体系中的医学体系，那么，民族科学则是指某一民族所独具的、现存的各方面的完整的知识体系。民族科学在现代西方人类学方法论上代表了一个新的动向，在民族语言学技能方面有所贡献。这方面的主要代表人物是古迪纳夫、劳斯伯里等。这个新动向在美国产生了一定的影响。

总之，新心理学派在民族学和人类学上的理论学说在美国有一定的影响，并有较大的势力。该学派有两个定期的刊物，而且有成百的人类学者和心理学者从事这项研究。

五　文化唯物论学派

文化唯物论学派是在第二次世界大战后在西方文化人类学界掀起的一股马克思主义研究的热潮下，于 20 世纪 60 年代开始在美国民族学界形成的流派。主要代表人物是哈里斯，代表作是《文化唯物论》一书。该书自称他的理论是以马克思主义关于人们的"社会存在决定人们的意识"的论断为核心的。但他又认为，马克思主义的某些方面不够全面，所以要加以"补充"和"发展"。

哈里斯是怀特和斯图尔德的学生，他企图克服老师们的理论所固有的自然主义，认为新进化主义的缺点在于混淆了社会进化和生物进化，只是正确地强调了社会进化的特点。他试图创造似乎是独出心裁的历史哲学理论——"文化唯物主义"，其基础同新功能主义生态学家一样，是技术环境决定论，也就是他们所谓的"技术经济生态学原则"。他说：运用相似的技术于相似的环境，会产生相似的生产劳动和分配的组织形式，这些相似的组织形式本身，又会产生相似的社会集团。这些相似的社会集团会运用相似的价值和观念系统来证明和协调自己的行动。由此，在哈里斯看来，"保持居民在技术经济上对环境的适应，是舅父和外甥之间的关系的功能"。他有时把自己的决定叫作"人口技术经济生态"决定论。无疑，这个公式所指的现象对于了解一种社会体系是重要的，但要解释这种体系的实质和发展却是不够的。

哈里斯同许多咒骂和诽谤马克思主义的同行不同，他试图把自己的文化唯物主义描绘为"改善了的马克思主义"。他认为，马克思是文化唯物主义的奠基人，同时把怀特和斯图尔德也作为奠基人同马克思并列在一起。他把他们对待社会历史的观点称为"文化唯物主义"观点，把斯图尔德的理论叫作"文化唯物主义的生态学变种"，还责备他们"欠了马克思的债"。他在自己的著作中，反复强调马克思主义对于美国民族学的影响。他写道："从历史上来说，无可争辩的是，19 世纪没有任何一个人物对于 20 世纪非马克思主义社会学的影响，能够在某种程度上接近马克思和恩格斯的影响。"美国的"文化人类学完全是作为对马克思主义的反对而发展的"。哈里斯试图证明，马克思主义能够对西方的社会科学产生积极的影响。但是，他区分了"教条主义的马克思主义"和"创造性的马克思主义"。在哈里斯看来，教条主义的马克思主义就是具有辩证法的马克思主义，而这种辩证法似乎是马克思科学思维中的"黑格尔成分"。他把马克思主义的唯物辩证法同黑格尔的辩证法观点混为一谈。

哈里斯把自己的文化唯物主义同他解释为庸俗经济主义的"退化的历史唯物主义的说法"对立起来。在他看来，与庸俗经济主义不同的是，"文化唯物主义的实质在于，它把注意力放在由人类机体和文化机构所间接表现出来的行为和环境之间的相互作用上"。这就是哈里斯的人口技术环境决定论的基础。他认为，这种理论是"物质生活的生产方式制约着整个社会生活、政治生活和精神生活的过程"。

哈里斯采用了马克思主义关于经济基础和上层建筑的学说，但把它改造成了人口技术经济环境决定论，硬说这种学说构成了文化唯物主义的基础。认为文化唯物主义是某种包罗万象的社会学，它"取代"了"教条主义的马克思主义"。并认为，文化唯物主义是研究民族学理论问题的"新战略"。然而，哈里斯的文化唯物主义实质上并没有克服"生态人类学"技术环境决定论的局限性。从意识形态方面来说，是修正马克思主义社会历史观，是恭维马克思且咒骂"教条主义的马克思主义"的一种企图。他的文化唯物论，实际上是把新进化主义、结构主义同马克思主义社会学的某些思想联系在一起的一种折中主义理论。

六　社会生活辩证法学派

社会生活辩证法思想是自 20 世纪 60 年代以来在美国民族学界出现的所谓"马克思主义"民族学派。其主要代表人物是 R. 墨菲，代表作有《社会生活的辩证法》等著作和文章。他在自己的著作中谈到，必须从他称为"非马克思主义辩证哲学"的存在主义立场出发，来批判地考察社会上发生的过程。这种分析的结果使墨菲深信，现代西方社会的危机不带有革命征兆的性质，不存在革命的威胁。这种危机完全是人的本质所固有的。这样，生活哲学的辩证法就成为现代资产阶级社会的辩护工具。因此，尽管墨菲自称以马克思主义的辩证法思想来研究人、文化和社会，但他的辩证法，在实质上是脱离历史唯物主义的，也是反对美国民族学中的唯物主义倾向的。

第四节 美国民族学研究课题的变化

从摩尔根到博厄斯，实地调查是美国民族学研究的主要传统，其调查对象和地区主要是美国本土的土著民族印第安人和其他地区的原始部落。在 20 世纪 50 年代以前，美国民族学家大多强调实地调查而轻理论分析。自 20 世纪五六十年代以来，殖民地人民的民族独立和民族革命运动蓬勃发展，他们大多摆脱了西方国家的殖民统治，建立了独立的国家。这些国家的人民反对那些曾为帝国主义服务的民族学家再把他们作为原始民族来调查。与此同时，美洲本土的土著民族也向发达的社会过渡，从乡村向城市发展。因此，这使美国民族学以实地调查为主的传统研究方法遇到了危机，迫使美国民族学家开始转向注重理论分析，把注意力转移到对复杂社会的研究上。为此，在美国民族学界兴起了从事乡村和城市研究的乡村人类学和都市人类学。第二次世界大战后，美国民族学内学派林立的特点，也正是这种转变的结果之一。这一转变还使得一些民族学家把民族学与其他学科结合起来进行研究，从而产生了一些跨学科的民族学分支学科，如民族社会学、民族经济学、民族历史学、民族语言学、民族人口学、民族宗教学等。当然，实地调查在美国民族学界仍然在进行，并且仍是很重要的部分，但调查方式和对象发生了一定的变化——过去单以原始民族为对象进行综合性调查，现在扩大到以包括欧美发达民族在内的全世界各民族为对象进行专题性调查，甚至有些学者把西方社会的上层建筑、垄断资本、跨国公司等都作为调查研究的对象。

第二次世界大战后，美国及其他西方国家的自然科学技术有了很大的发展，这对社会科学产生了重大影响。西方社会普遍重视自然科学。在这一风气的影响下，美国的许多民族学家开始用自然科学知识来研究各民族的社会文化现象。如把热力学、生态学、生物学、遗传学等自然科学应用于解释人类社会文化现象发生、发展和变化的原因，从而提出了文化能量说、文化生态学、社会生物学等理论，并由此产生了社会科学与自然科学交叉的边缘学科，如民族动物学、民族植物学、民族农业学、民族地理学等。另外，电子计算机技术、数控技术，缩微技术、摄像技术、统计技术等现代化的新技术，在美国民族学研究机构中都被普遍运用，极大地方便了民族学资料的收集、加工、处理和储存，并为此兴起了视觉人类学、统计人类学、年龄人口统计学等。在美国，绝大多数民族学家都会使用这些技术，从而节省了时间，大大地提高了研究效率。

除此之外，当今的美国民族学家研究的重点课题还有：①城市化和工业化对民族生活方式的影响的研究——民族传统生活方式的改变、保持或淘汰的问题。②民族过程的研究——民族的同化与分化过程的研究。③交际民族学研究——主要研究语言的社会功能问题，即民族成员在内部和外部进行交际时，语言对传递民族文化信息所起的作用。④民族学与人权的研究——主要内容是支持土著民族争取生存权利和自治权利，反对垄断资本和跨国公司的掠夺而进行的斗争。⑤民族学与防止战争关系的研究——探讨民族学在防止世界大战特别是核灾难的斗争中能起的作用问题。另外还有，民族学与城市人口问题的研究、民族学与妇女问题的研究，等等。

总之，自第二次世界大战结束以来，美国民族学有了很大的变化。大多数民族学家都明显转向对当代具有现实意义的研究，学术研究与社会实际之间的联系越来越密切，进步倾向正在迅速增长。

第十二章 拉丁美洲民族学概况

从世界范围来说，拉丁美洲（简称：拉美）是一个独特的区域，具有非常突出的民族文化特点。整个拉丁美洲包括中美洲、南美洲和加勒比海岛屿，历史上原是印第安人居住的地区。从 16 世纪起，该地区遭受殖民主义者的统治达三百年之久。19 世纪初，拉丁美洲开始进行独立战争。20 世纪初期，已有 27 个国家先后脱离宗主国建立了独立的共和国。但是，加勒比海岛上的十几个地区仍处于殖民统治状态，许多独立国家也直到 20 世纪初才开始资产阶级革命，还没有完全摆脱帝国主义的控制。因此，在拉美地区形成和表现出了民族学研究的许多突出问题。许多西方民族学家在拉美地区从事民族学的调查和研究，在很大程度上带有为殖民主义者服务的色彩。而拉美各国的民族学基本上是第二次世界大战后受欧美民族学的影响而逐渐兴起的。因限于资料的掌握，现仅就秘鲁民族学和阿根廷社会人类学的研究状况做单独介绍。其在某些方面包含了拉丁美洲民族学的一般的共同性问题。

第一节 拉美民族学研究的主要问题

拉美地区是个特殊的区域，由于历史上错综复杂的原因，民族学研究的内容也是复杂多样的。拉美各国的民族学家很少对本地区以外的民族文化进行调查研究。20 世纪初期，随着国际文化的交流以及社会的发展，民族学的研究也开始向纵深发展，研究的内容更加精细、广泛。

一 突出的混种区域

从种族上看，拉美地区表现出特有的、突出的混种特点。全世界三大人种，在这里形成了一个种族混杂的大熔炉。原有的印第安人是蒙古人种

的一支；欧洲殖民者主要是西班牙人、葡萄牙人，在第二次世界大战后从
欧洲各国而来的部分移民则属于高加索人种；由于贩卖黑奴，非洲的尼格
罗人种也渗入了拉美各国。几百年来，在历史长河中，由于种族间的大混
合，拉美地区成为相当典型的混种区域。

　　1976 年统计的资料表明，在拉美居民中，混血人种达 1.5 亿多人，
占其总人口的一半。印第安人和欧洲来的白人混血后裔为梅斯提索人
（Mestizos），黑人和印第安人混血的后裔为萨姆博人（Zambos），白人和
黑人的混血后裔为摩拉托人（Mulattoes）。虽然拉美各国都有混血人种和
不同的种族，但这些居民在各国人口中所占的比例不尽相同。20 世纪初
期，印第安人占人口半数左右的国家有玻利维亚、危地马拉、秘鲁和厄瓜
多尔；白人为主的国家有阿根廷、乌拉圭、古巴、哥斯达黎加；巴西白人
占人口的一半左右；黑人和摩拉托人占人口多数的国家和地区多半集中在
西印度群岛和苏里南；混血人种以梅斯提索人为最多，目前梅斯提索人占
人口比例较多的国家有墨西哥、巴拉圭、萨尔瓦多和洪都拉斯等。总而言
之，拉丁美洲的居民由于历史原因导致各种不同的种族杂居，混血人种成
为突出的特点。因为这种人多了，他们认为这是自己的特色，往往引以为
荣。[1] 这种混种过程现在仍在进行中。这也是拉美民族学研究的主要课题
之一。

二　新型地区文化

　　拉美地区的混种现象是长期殖民历史的结果，此中更重要的因素还在
于不同民族文化之间的长期往来、接触、交替、变迁以及融会贯通，从而
形成一种独特的文化。总的来说，当代拉美文化是由印第安文化、欧洲文
化和非洲文化长期融汇而形成的。

　　拉美国家主要使用的语言是西班牙语（只有巴西使用葡萄牙语），因
此，被称为拉丁美洲。但是，在印第安人口较多的国家，印第安语也是普
遍使用的语言。个别国家和地区也使用英、法等其他语言。在宗教上，拉
美地区以天主教为主，为世界上天主教徒最集中的区域。但是，在墨西
哥、中美洲各国和南美洲安第斯国家的许多印第安人还信仰他们的原始宗
教。无论是天主教，还是原始宗教，宗教中的仪式、建筑、雕刻、艺术等

---

　　[1]　林耀华：《从拉美之行看到的民族学问题》，《社会科学辑刊》1981 年第 5 期。

方面，都表现了文化交叉混合的色彩。

早在哥伦布发现新大陆之前，拉美地区的印第安人就创造了著名的玛雅文化、阿兹蒂克文化和印加文化。直到现在，墨西哥、危地马拉、厄瓜多尔、玻利维亚、秘鲁等国的民间习俗、文学艺术以及精神生活等方面，都具有鲜明的印第安文化的民族特色。欧洲殖民者的入侵，以及第二次世界大战后部分欧洲移民的进入，带来了欧洲文化，逐渐深入到拉美各国的各个领域。当然，黑人对拉美文化的形成也做出了巨大贡献，在巴西和若干加勒比海国家和地区，无论是风俗习惯、民间文学以及音乐舞蹈等，都带有浓厚的非洲文化色彩。因此，在民族文化方面，拉美地区表现为拉美、欧、非各洲不同民族文化的混合体，形成了一个具有特色的、很有生命力的新型地区文化。这种文化普遍受到拉美人民的赞扬，是他们自认为可骄傲之处。

三　民族主义问题

拉美地区的历史是遭受几百年的殖民主义统治的历史。目前还有一些殖民地附属国没有摆脱殖民主义的统治，他们正在进行民族解放的斗争。甚至已经独立的国家，也在进行民族民主运动，积极开展反帝、反殖、反霸的斗争。第二次世界大战后，美国利用其他帝国主义的力量削弱的时机，向拉美各国进行扩张，妄图把拉美视作它的"后院"和战略后方。从1948年到20世纪70年代初，美国以"美洲国家组织"①为掩护，对拉美各国进行重大政治干涉和武装颠覆达40多次，扶植了17个亲美政权。它打着"自由贸易""自由投资"的幌子，利用扩大投资、贷款、进出口贸易和技术"援助"、签订贸易协定等手段，对拉美各国进行经济掠夺。美国政府成立了"美洲事务协作处"，专门从文化上对拉美各国推销所谓的"美国生活方式"，收买和控制了许多国家的新闻出版、广播和电视企业。美国还在拉美各地设置众多的军事基地，操纵一些主权国家的国防、外交、经济、关税等权力。美国的干涉和控制是拉美地区政局动荡、政变不断的重要根源之一。在这种情况下，拉美地区的民族主义情绪非常浓厚，民族主义问题尤为突出。20世纪初期，在拉美召开的一些国际性

---

① 1889年成立"美洲共和国国家联盟"，1901年改称为"泛美联盟"，1948年改名为"美洲国家组织"。

学术会议上，许多拉美学者的论文就是针对帝国主义、殖民主义和霸权主义的，这也是他们热爱祖国的表现。

四 资产阶级民族问题

拉美地区许多国家在 20 世纪初进行了资产阶级民主革命，结束了封建独裁统治。在 20 世纪 30 年代，实施了一些土地改革，没收了被英、美资本控制的铁路、石油等公司，维护了民族权益，打击了封建土地制度，为资本主义迅速发展创造了条件。资产阶级革命之后，拉美地区各民族正在走向资本主义发展道路。根据马克思主义民族理论，资产阶级民族主义在不同的国家和不同的历史时期，起着不同的作用。那么，在资本主义上升时期的民族运动中，在现代殖民地、半殖民地和一切受霸权主义侵略、颠覆、干涉、控制的国家的反帝、反殖、反霸的斗争中，民族主义还能够起到进步的作用。因此，拉美地区的资产阶级民族问题是民族学研究的重要课题之一。同时，开展对第三世界民族的研究，了解第三世界民族问题也有着重要的现实意义。

五 印第安文化复兴运动的问题

拉美地区的历史发展独具特点，印第安人是这个地区的原来主人，拉美国家都把印第安文化作为拉美民族文化的重要组成部分。20 世纪初，由于民族民主运动和反帝、反殖、反霸斗争的高涨，兴起了一个广泛的印第安文化复兴运动，用以抗拒和消除帝国主义文化尤其是美国文化的不良影响。特别是中美洲和南美洲的许多国家，他们的祖先曾创造过灿烂的美洲古代文明。印第安人有三个古代文明中心，那就是玛雅文明、阿兹蒂克文明和印加文明。玛雅文明约形成于公元前 2500 年，主要分布在墨西哥南部、危地马拉、巴西、伯利兹以及洪都拉斯和萨尔瓦多西部地区。阿兹蒂克文明形成于 14 世纪初，主要分布在墨西哥中部和南部。印加文明发源在南美洲的秘鲁。① 这三大古老文明在物质文化、科学艺术等方面有很大的成就，为世界文化做出了无比巨大的贡献。

印第安人创造的古代文明，后来经过殖民主义者惨无人道的破坏和有意识的消灭，已经沉寂好几百年了。但文化的生命力是消灭不了的，事实

---

① 张紫晨：《中外民俗学词典》，浙江人民出版社 1991 年版，第 324 页。

上，印第安人和他们的优秀文化传统都已成为拉美地区人民和文化的主要组成部分。拉美地区的印第安文化复兴运动，更说明美洲原来居民所创造的历史和文化的重要性。

目前，在拉丁美洲各国内，有关的学科如人类学（主要是社会人类学）、民族学、考古学、语言学等，无论在大专院校还是在科研机关，都得到了大力发展。拉美地区不仅要恢复和发扬印第安人的历史和文化，还要对现存的印第安人的文化进行研究，以解决其现实问题。

第二节　秘鲁的民族学研究

在秘鲁，民族学和人类学的研究是从 20 世纪 40 年代开始兴起的。秘鲁的民族学者几乎没有对本土以外的社会进行实地调查。他们当作研究对象的文化、社会是包括自己本身在内的，作为整个社会一部分的印第安人。印第安人占据了整个秘鲁人口的大半，因此，研究印第安人，就意味着研究自身社会的必然性。一般来说，拉美地区的民族学家，也很少把该地区以外的社会作为调查对象，只是最近，在巴西的学者中，才开始了对非洲的调查研究。

在秘鲁，民族学是在和印第安人有关的讨论开始之后才出现的。实际上，到 1930 年为止，有关印第安人社会的具体的调查研究是非常有限的。1920 年，以库斯科大学为中心，对几个印第安人共同体进行了调查。这次调查，虽然谈不上详细，但有关艾柳公社、土地所有制、巴拉制度、民族植物学等报告已在《库斯科纪要》上发表了。另外，秘鲁学者卡斯特罗·波索的《我们的印第安村社》（1924）、《从艾柳（公社）到社会主义的合作化》（1936），冈萨雷斯·普拉达的《我们印第安人》等著作，都堪称是印第安人社会初期研究的代表作。可是，学者很难把这些称作是从民族学和人类学方面对印第安社会的研究，而只是一般地论述印第安人，只是提出了非常抽象化的印第安社会，没有讲到各个印第安人的具体情况。在波索的艾柳公社研究中，现代的印第安人和印加时代的社会已经成了一个整体，作为具体的事实，没有可资引用的独特的东西。因此，到 20 世纪 30 年代为止，可以称得上关于印第安人社会的具体记述非常少。即使有，那也只是旅行者看到的关于印第安人村落、风俗、习惯等资料，或者作为地理学的观察对象而记述下来的印第安人村落等资料。

20 世纪初，在秘鲁，没有具体的印第安人社会的记述，也没有民族志类的记述。但这并不是说，在实质上不存在明确的印第安人问题。印第安人社会的存在是极为明确的。对当时的人们来说，印第安人不仅占有秘鲁人口的 4/5，而且是在山间过着闭塞的、无教育的、贫困的、被剥削的孤立村落生活。针对印第安人问题的解决，冈萨雷斯·普拉达提出了"在于教育和面包"的主张。他认为，必须把印第安人放在整个秘鲁社会中去考虑。这在当时的秘鲁是一致肯定的。对秘鲁执政者来说，印第安人的确成了问题。莱吉亚总统是把解决印第安人问题写在纲领上的一个人，他认为，印第安人是国家的财富，它的问题的解决和秘鲁的发展相关联，因而制定了相关保护法。

20 世纪 40 年代，美国民族学者和人类学者在秘鲁进行了调查。那是在美国民族学对北美土著居民的调查研究告一段落后，而涉及的新的研究对象。米斯金、特斯乔皮克、希林等分别在秘鲁的艾马拉村、库基亚村、北海岸毛基的梅斯提索社会进行了实地调查。在这些调查中，涉及了印第安人的文化、社会变迁的主题。美国研究人员的调查，作为秘鲁民族学和人类学形成的外部原因，很明显地发挥了作用。秘鲁的部分学者参与了这种调查，并通过调查，培养了一些民族学者，掌握了民族学调查的方法。而且，为了培养研究人员，这些外国机关给予了一定的人力和物力的援助。当然，这并不能忽略作为内部主要原因的印第安人问题和印第安土著居民问题。这样，受国外学者实地调查的影响，秘鲁民族学的研究在 20 世纪 40 年代走上了正轨。日本民族学家友枝启泰认为，"在秘鲁，民族学、人类学的研究，是从 1940 年以后才开始活跃起来的"。① 1941 年，秘鲁著名的小说家、人类学家阿格拉斯发表了一部优秀的民族志类小说《亚百尔节》，描写了印第安人社会的村落和特有的价值、感情等。在某种意义上，现在的安第斯人类学的调查报告，都没有超出阿格拉斯的普基奥社会的现实性。

1946 年，在利马国立文化博物馆成立了民族志研究所并开始进行调查和资料收集。1947 年，又在国立圣·马科斯大学成立了民族学院，致力于培养民族学专门研究人员。1948 年，秘鲁土著居民研究所成立。当代秘鲁民族学和人类学界的前辈路易斯·瓦尔卡色尔认为，对印第安人问

---

① ［日］友枝启泰：《秘鲁人类学的现状》，《世界民族》1982 年第 2 期。

题的研究迎来了新的时期。这个时期，秘鲁民族学者主要在两个地区进行了调查。一个是以利马县乌阿劳基利·圣·马科斯大学的马托斯·马尔为中心进行的综合调查——关于这个地区的调查，尚未汇集成册，但发表的各个报告是多方面的；另一个是在中央万卡约农村地区进行的埃斯瓦尔和阿格拉斯的调查。受这种调查的影响，在秘鲁各地进行了一些共同体的调查研究，并作为印第安人农村社会的专题论文而发表。这个时期，还出现了未经专家之手的几个地方志。这种对印第安人共同体的调查，其主题是社会变迁、文化变化。在调查中，学者大量使用了民俗社会、城市化、世俗化的概念。通过调查，可以清楚地看到现实的印第安人社会是不一样的。例如，印第安人和梅斯提索人的社会阶层，因地区而异；印第安人传统的残存情况，也因地区而有所不同。同时，这些共同体的现在变化情况也是明显的。从20世纪50年代后半期开始，对于印第安人共同体的调查，成为了秘鲁民族学研究的主题。

从20世纪50年代到60年代，秘鲁各大学培养了一批从事民族学研究的人员，专攻民族学和人类学的学生及学者逐年增加。其中，不仅有研究人员，而且有不少人在农林、劳动等部门任职。得到联合国教科文组织援助的普诺—坦博—帕达计划也在秘鲁南部进行。实际上，这种应用人类学的调查研究的成果，对土地改革和其他地区开发或对解决印第安问题的政策都有影响。

20世纪六七十年代，秘鲁民族学对印第安社会变迁的研究——对应用人类学研究的兴趣迅速地低落了。主要是因为，这种研究需要很多资金，仅在秘鲁国内进行是不可能的。更重要的是因为，作为调查和研究对象的印第安人社会，由于外部原因，在制订计划之前，就已经在急剧地变化着。在20世纪30年代，曾经清晰单纯的印第安人形象，现在已经非常多样化了。一是由于40年来印第安人社会有了很大的发展；二是当时执政的贝拉斯科军事政权（1967—1975）在进行土地改革时，把印第安共同体改称为农民共同体，并以法律形式确定下来。从人类学研究的角度来说，20世纪60年代就把农民社会作为研究的对象。因此，不管叫印第安共同体也好，叫农民社会也好，秘鲁民族学和人类学作为研究的对象的共同体是一样的。

20世纪70年代以后，秘鲁的民族学研究领域出现了两种研究倾向。其一是对安第斯社会的研究；其二是对坎倍西诺（农民）的研究。对安第斯社会研究，就需要回到对印第安人的安蒂伊诺的研究。即一方面要对积累起来的民族志资料加以研究，另一方面要对在急剧变化的、正在消失的或依然持续着的安第斯社会的特殊性质提高兴趣。这种兴趣和积极采用地方文书记录等实证的历史研究方法相结合，于是兴起了民族历史学。另外，安第斯社会特殊性质的表现、环境和人类也成了一个研究主题。目前，在秘鲁，全国性地把文书保存在各地的研究中心并加以整理的活动非常活跃。对坎倍西诺（农民）的研究，是根据 20 世纪 40 年代以后秘鲁民族学所进行的具体的调查研究而提出来的。秘鲁民族学通过调查研究明确了从印第安人到农民的这一变化。有了农民这样的概念，就把人类学家和民族学家所体验的农村社会、共同体的成员，作为秘鲁社会的阶层摆到一定的位置上来。在秘鲁，无论从阶层、政治、经济哪个方面看，农民共同体同整个社会都有很大的关联。土地改革、农庄解体后的农村共同体，这些迫切的问题，都是农民研究的一大主题。①

第三节 阿根廷的民族学研究

阿根廷是一个多种文化混杂的"新的"社会，这个特点使民族学的研究具有特别重要的意义。第二次世界大战后，由于政局不稳，政府重视不够，加上对此学科的看法不同，使民族学在阿根廷一直不能建立一个完整的体系，没能得到长足的发展。"这一学科的状况不太令人满意"，"理论和思想体系存在着很大的混乱"。② 阿根廷密西昂奈斯国立大学的社会人类学学者 L. 巴托洛梅认为，"1950 年美国人类学家 R. 比尔斯指出的拉美社会科学非制度化的特点仍适用于今天的人类学，尤其是至今仍有人坚持要否定它的科学性，把它划为我国通常理解的'人文科学'一类。但是……如果精心耕耘，这一学科是能够巩固和发展的"。

在阿根廷，民族学是通过进化论思想和自由论思想传入的。20 世纪 40 年代，奥地利历史文化学派的坚定促进者、意大利血统的人类学家因贝略尼来到阿根廷，因贝略尼及其追随者后来统治了第二次世界大战后阿根廷的人类学发展，并控制着大学里的人类学组织，巩固了他在理论上的

---

① 参见 ［日］ 友枝启泰《秘鲁人类学现状》，《世界民族》1982 年第 2 期。

② ［阿根廷］ L. 巴托洛梅：《阿根廷的社会人类学》，《国外社会科学》1983 年第 10 期。

统治地位。第二次世界大战后，一批欧洲学者又来到阿根廷，这就更加强了因贝略尼一派的力量——奥地利史前学家 O. 门京加入了布宜诺斯艾利斯大学人种史博物馆，B. 马莱斯接替了自由论者 E. 帕拉维西诺领导的图库曼大学人类学学院，M. 德费迪南迪接替了 C. 弗兰领导的库约大学人类学学院。此外，还有第二次世界大战后初期从意大利到阿根廷的 M. 博尔米达。博尔米达起初是因贝略尼的追随者，后来是人类学诠释学的现象学的鼓吹者。从 1948 年到 1978 年，尽管政界和学术界发生了很大的变化，但他一直在布宜诺斯艾利斯大学人种学领域占据统治地位。

1955 年 9 月，阿根廷发生军事政变，庇隆政府被推翻。曾与庇隆政府牵连甚深的历史文化人类学家都被赶出了大学。在大学里，自由派复辟的结果是：1958 年在布宜诺斯艾利斯大学哲学系、拉普拉塔国立大学和博物馆均设立了人类学专业。这两个专业虽然名称相同，但方向却相去甚远。布宜诺斯艾利斯大学的人类学专业注重文化和人种学，而拉普拉塔大学的人类学专业则强调考古学和博物学。

在 1966 年以前，布宜诺斯艾利斯大学的人类学一直是在坚实的科学基础上发展。虽然只有一个课程讲授社会人类学，但人类学专业的学生还可以在 G. 赫尔马尼组织的社会学专业学习。这个时期，从国外留学归来的人类学者也进入了布宜诺斯艾利斯大学从事人类学的教学，他们打算重新制订教学大纲，建立社会人类学专业。1966 年，由于翁加尼亚政府的干涉，大部分精通业务的教师纷纷辞职，这一计划最终未能完成。在布宜诺斯艾利斯大学仍然由博尔米达的"诠释学的现象学"垄断着学术界。此后一段时间，阿根廷的社会人类学仍有不同程度的发展。1970 年，罗萨里奥国立大学开设人类学专业。1971 年，布宜诺斯艾利斯大学人类学毕业生 E. 梅嫩德斯在当时的马德普拉塔省立大学（现为国立大学）开设人类学专业，并在阿根廷第一次根据当代对这一学科的认识制订了教学大纲。1973 年，阿根廷人类学研究生院成立。1974 年，L. 巴托洛梅在密西昂奈斯国立大学开设了专门讲授社会人类学的专业，第二年，萨尔塔国立大学也开设了类似的专业。这两个专业都能授予学生人类学硕士学位。

从 1973 年到 1976 年，阿根廷的大学和国内形势一样动荡不安，直接影响到人类学的发展。1973 年 6 月，庇隆从西班牙回国，同年 9 月，再次当选总统。庇隆主义各派系把持的所谓"民族讲台"统治了布宜诺斯艾利斯大学和拉普拉塔大学的人类学专业。他们把自己的政治观点同带有很强的反理性主义和唯意志论成分的、概念不清的民族主义结合起来。主张去寻找那种集绝对个性和普遍意义于一身的无处不在的最基本单位——"民族人"，或者是去发现根据唯心主义或形而上学观念确定的"民众文化"的某些方面。① 结果，教学水平明显下降，研究成果少得可怜。最为严重的是，马德普拉塔大学和萨尔塔大学的社会人类学专业遭到摧残，被指控为"唯科学主义"。在阿根廷当时的历史条件下，所谓"唯科学主义"实际是课堂授课，学生学习，注重系统地而不是随心所欲地分析社会文化现象。

1976 年以后，阿根廷教育当局仍然对社会科学未予足够的重视，特别是对于社会学、人类学和心理学。由于管理者在政治上和意识形态上对社会科学不加区别一概排斥，使得马德普拉塔大学、萨尔塔大学和罗萨里奥大学的人类学专业被迫撤销。布宜诺斯艾利斯大学和拉普拉塔大学的人类学专业只是在变成研究生课程或被合并到其他学科后才得以保留下来。密西昂奈斯大学由于地处边远，它的社会人类学专业一直没有中断。尽管大学里人类学的教学出现了严重危机，但这并没有直接影响许多学者在社会文化人类学方面的研究兴趣。大多数人类学专业的毕业生及部分学者，到官方教育机构之外去寻找出路，自发地组织研究小组，协助一些人类学家为弥补官方教育不足而开办培训班。特别值得一提的是，E. 埃米特从1974 年起，在经济社会发展研究所社会人类学中心进行了卓有成效的教学促进工作。该中心开办了多期培训班，推动了研究工作，从而成为了培养人类学家的"苗圃"。还值得提出的是，人类学研究生院自 1973 年成立以来，一直坚决捍卫人类学作为一门学科和一个专业的地位。自 1959年以来，阿根廷各国立大学毕业的人类学研究人员近六百名，其中的 200多人被人类学研究生院接纳，成为其研究人员。

20 世纪 80 年代以来，阿根廷的社会人类学研究有了一些发展变化。许多人类学家进行了大量的实地调查，掌握了较丰富的统计资料，民俗学研究领域、土著社团状况的研究等方面取得了一定的效果。尤其是应用人类学的活动有了明显的发展，人类学家不仅参与预测、研究和规划，而且直接参与为在巴拉那河修建亚西莱纳大坝而把两万多人迁移到波萨达斯城的行动。此外，他们还在全国农牧业技术研究所以及有关国家级或省级机

---

① ［阿根廷］L. 巴托洛梅：《阿根廷的社会人类学》，《国外社会科学》1983 年第 10 期。

构和组织中发挥作用。人类学参与的另一领域是与身心健康有关的活动，人类学家同医生、精神分析家和心理学家相配合，取得了积极的成果。

　　但是，阿根廷的人类学家，在讲到阿根廷的文化价值时，却没有研究哪些是文化价值以及它们是怎样结合为一体的；也很少研究各种社会文化经济变量在具体的历史条件下的相互影响。研究中缺乏系统性、连贯性和协调性，还缺乏正规化的研究。

　　阿根廷是由 19 世纪下半期大批欧洲移民所构成的新的社会，是一片"未知的陆地"。1983 年 8 月 30 日至 9 月 2 日，在密西奥内斯省波萨达斯的国立大学召开了首届阿根廷社会人类学代表大会。[①] 这对阿根廷社会人类学的发展有着重要的意义。

---

① ［阿根廷］列奥波尔多·J. 巴托罗姆：《阿根廷召开社会人类学首届代表大会》，《世界民族》1985 年第 1 期。

第十三章 澳洲民族学的形成与发展

澳洲民族学，始自 19 世纪，该学科在历史上主要受英国文化人类学的历史影响，它是宗主国的衍生产物。迄今为止，仍称为文化人类学或人种学。

第一节 澳洲民族学的形成

一 澳大利亚民族学之形成

澳大利亚土著事务部部长鲍姆曾说，澳大利亚的土著民族在千万年前可能来源于东南亚大陆的某些地方或其南面的一些岛屿，进而成为澳大利亚人。200 多年前，欧洲移民开始大批移入，致使社会种族增多，截至现在，澳大利亚已有 100 多个民族集团，进而为早期民族学的形成提供了丰富的内容。

自 1788 年欧洲人来到澳大利亚之后，有关长期同外界隔绝的大洋洲的土著民族的文化、行为和体征等的研究便开始了。开始，人们往往争相阅读一些最新的船长航海日志以及某些人物的旅行日记、刊物等——如 J. 库克、菲利普、亨特、柯林斯以及像 G. 格雷和 E. 艾尔这样的探险家等所写的东西。人们还收集各种各样的标本。随着收集物品的增多，人们对这方面的兴趣增大了。

澳大利亚成为专门进行民族学科学考察和研究的地点是从 19 世纪最后几十年开始的。[1]

随着人们对人类学的研究、对欧洲大陆资料收集整理工作的扩大和规

---

[1] ［俄］托卡列夫：《外国民族学史》，汤正方译，中国社会科学出版社 1983 年版，第 94 页。

范化，先后出现了各种科学考察和研究机构——如俱乐部、协会和皇家研究会等组织。1840 年，苏格兰移民 W. 威斯特加斯写了几本关于澳大利亚土著居民历史的书，波兰探险家 C. 斯特泽列斯基也对澳大利亚土著民族进行了广泛的研究。1837—1842 年，英国人类文化协会和伦敦人类学协会相继成立。后者是一个研究颅相学的小团体，可能就是在这个小团体的促进之下，很多用板条箱装载的土著居民颅骨被运到伦敦进行分类和陈列，并对其加以分类解释，从而得出结论。

除一些非专业人员和他们的协会外，澳大利亚还成立了博物馆。1829年，在悉尼建立了澳大利亚最早的民族学博物馆。它对一些古老的民族、殖民主义的受害者的物质文明进行了展览。

1832 年上半年，在达尔文远航时，他访问了从悉尼到巴瑟斯特之间的地区。在他的调查中，就有诸如"地位较高的阶级""罪犯的状况""什么原因促使移民来到这块殖民地"，等等的社会问题。1878 年，英国人布劳·史密斯主编的关于维多利亚土著部落的两卷本综合性著作出版；1880 年，《卡米拉罗伊和库奈部落》一书问世；1886 年，出现了爱德华·柯尔的多卷本《澳大利亚种族》，补充了大量有关民族学的资料。19世纪 90 年代，W. B. 斯宾塞（英国牛津大学的解剖学家，后成为墨尔本大学的生物学教授）同吉伦一起进行了一系列民族学方面的考察，有关中央澳大利亚和北部地区诸部落的划时代著作开始出版，为澳大利亚民族学或人类文化学奠定了基础。到 1888 年，澳大利亚新西兰促进科学协会成立，这个协会成立后便设立了一个人类学学部，这标志着澳大利亚民族学正式形成。

二　民族学的初步发展

当民族学在澳洲大陆成为一门科学时，人们便开始在系统理论的指导下进行研究——例如 E. M. 柯尔、R. B. 斯迈思、G. 塔普林、A. W. 豪伊特的工作都具有这种特点。在这一阶段，除了个人调查之外，还给那些同土著居民接触较多的牧场主、传教士和警察等发放调查表，进行多样调查，进而取得了关于婚姻习俗、宗教信仰、土著居民的语言词汇等许多具体资料。19 世纪后半期，澳大利亚民族学家还对一些特殊群体进行了详尽的研究——例如 L. 法森曾在斐济从事传教士工作，帮助摩尔根收集资料，研究"原始人"的亲属系统和婚姻仪式，后来又与 A. W. 豪伊特合作出版了一系列著作。1892 年，根据新西兰学者珀西·史密斯的提议，成立了"波利尼西亚协会"，它现在仍然是对波利尼西亚和整个大洋洲进行民族学研究的指导中心，同时出版有自己的杂志。此外，1889 年，还在夏威夷建立了"比绍普博物馆"，它后来也成了在大洋洲进行民族研究的巨大中心。

　　1895 年，英国的 A. 卡罗尔博士来到澳洲，发起建立了澳洲人类学协会，出版了《杂志》月刊，1896 年改名为《人的科学》（一直到 1913 年底停刊）。1898 年，英国剑桥大学组织了托里斯海峡岛屿民族学综合考察队。人类学家哈登和里弗斯领导了考察工作，出版了大量有价值的资料。1898 年 2 月，人类学协会又改名为皇家协会。此外，还成立了一些特别团体，例如，1902 年成立的人种学委员会，它们的学术活动十分活跃。卡尔·施特雷洛夫传教士自 1910 年起发表了一系列著作。"他用当地语言记录了神话和民间创作，这是研究澳大利亚方言的最珍贵的文献。"[1] 20 世纪初期，英国学者拉德克利夫—布朗和马林诺夫斯基来到澳大利亚，成为学术性人类学即民族学的创始人。在这一时期，巴布亚—新几内亚成了澳大利亚人类学的一个重大检验场所。因为，在第一次世界大战后，该地区划归由澳大利亚保护，由于当地居民从来没有遭受过像澳大利亚土著居民那样的灭绝种族形式的社会控制，因而这一地区为研究人类学提供了十分丰富的资料。"从此，在民族学中每每谈到民族、家庭、婚姻、经济、宗教、艺术的早期形式问题时，总不免要援引澳大利亚和塔斯马尼亚土著部落的例子。"[2] 对美拉尼西亚最有研究的是传教士罗伯特·科德林顿，他发现了岛上的一种特殊信仰——马纳（邪魔）。另外，德国的 P. 帕金森的著作《在大洋洲 30 年》（1906），对美拉尼西亚的记述也有重大学术价值。法国学者——如 A. 贝尔纳、莫里斯·莱昂阿特等对新喀列多尼亚岛的土著民族的研究也取得了重大成就。澳大利亚新西兰促进科学协会于 1914 年在墨尔本举行年会，参加这次会议的有在澳大利亚国内外从事人类学研究的学者，包括斯宾塞、G. R. 史密斯、H. R. 里弗斯、A. C. 哈登、R. R. 马拉特、拉德克利夫—布朗、马林诺夫斯基、J. 莱亚德、A. P.

---

　　① ［俄］托卡列夫：《外国民族学史》，汤正方译，中国社会科学出版社 1983 年版，第 94—95 页。

　　② 同上书，第 95—96 页。

埃尔金等。学者们在会上力主对"正在濒临灭绝的澳大利亚种族"进行研究，但是，第一次世界大战影响了这个学科的研究和发展。

1924年，在伦敦工作的著名澳大利亚科学家史密斯来到澳大利亚，同当时的总理 S. 布鲁斯及悉尼的大学当局专门讨论了建立人类学系的问题，最后，澳大利亚联邦政府和州政府终于同意了这项建议，因此，拉德克利夫—布朗于1925年正式创立了悉尼大学人类学系，并于1930年创办了人类学系的杂志《大洋洲》。这样，民族学在20世纪30年代发展较快，很多学生到遥远的地区进行长时间的实地研究工作，人们开始了解澳大利亚和美拉尼西亚各民族人民的社会和文化方面的动态。

三 澳洲著名民族学家

除了英、法、美、德、俄等国家及欧洲其他国家的许多民族学家、人类学家来大洋洲进行旅行、学术考察、田野调查和科学研究外，澳洲大陆本土也产生和培养了一批民族学家和人类学家并取得了一系列重大成果。其中，几位最著名的代表人物是：法森、豪伊特、斯特林、斯宾塞，等等。

法森（1832—1907），是澳大利亚人类学家、民族学家。出生于英格兰萨福克郡巴宁翰。1855年迁往澳大利亚。1863—1864年，在斐济群岛作传教士。1869年，他从摩尔根处接到一个传阅文件，要求提供有关血缘族系的资料，因而唤起他对人类学的兴趣。接着，他又唤起豪伊特对这一研究的兴趣，并同他一道发表了一部有关澳大利亚社会组织的著作《卡米拉罗伊与库尔奈》（1880），摩尔根为这本书写了《序言》。

关于血族关系的意义，麦克伦南和摩尔根发生了激烈的争论；法森支持摩尔根，反对麦克伦南认为这种关系只是一种称呼关系的错误论断。他又补充了摩尔根的见解，说异族通婚是氏族中的习惯，反对麦克伦南认为这是由于扼杀女婴，以致妇女减少而引起的，同时也反对麦克伦南和卢伯克关于抢婚的理论。摩尔根认为，氏族的起源是一种防止血亲通婚的改良运动，这一假设引起麦克伦南、卢伯克和兰格的嘲笑和批评；法森在这一点上支持摩尔根，但他不愿肯定乱婚原来就存在的这种说法——尽管摩尔根极力主张此说。他猛烈批评退化论，因为这种理论本是神学家企图用来推翻进化论民族学家的概念的。

从1863年到1882年，法森分别在斐济群岛和澳大利亚担任了7—8

年的传教士，然后从 1868 年开始从事新闻工作，到 1905 年止，一直担任墨尔本的报纸《旁观者》的编辑。法森以研究斐济人和澳大利亚人的社会组织出名。他赞同摩尔根的观点。他证明，斐济人有村社土地所有制，捍卫斐济人对于被殖民者所侵占的土地的权利。他与豪伊特一起为澳大利亚学奠定了科学基础。他根据澳大利亚民族学资料，证明氏族社会最古老的组织是两级婚姻制度，从这种制度逐渐产生族盟。1895 年，他站在进步立场上批评了苏格兰历史学家麦克伦南以及关于人类社会退步的反动理论。

豪伊特（1830—1908），是澳大利亚人类学家、探险家和博物学家。生于英国的诺丁汉郡，其父威廉·豪伊特和其母马丽·豪伊特均为英国知名作家。他曾在德国和伦敦大学学院肄业，1853 年前往澳大利亚，约于 1863 年任维多利亚东南部的吉斯兰金矿管理人。这时，他对土著人的生活产生了兴趣。1873 年，法森在报纸上为摩尔根征求关于澳大利亚土著居民的有关血族关系的资料时，才开始他第一次的系统工作。他曾同法森共同出版《卡米拉罗伊和库尔奈》（1880）这本重要著作。而其中的库尔奈部落那一章就是出自他的手笔。他在理论上获得的结论，支持了摩尔根同麦克伦南和卢伯克所进行的激烈的论战，批评了认为血族关系只是称呼关系的错误观点。他又批评用退化理论来解释原始文化，他还明确地提出了进化过程，认为澳大利亚土著人已经从一个多少存在着杂居情况的"没有分裂的公社"，发展到还残存着公社权的个人通婚。

豪伊特坚持这种理论上的见解，他在书中公布了他一生对民族学进行研究所获得的大量资料。他在书中还认为，澳大利亚各民族间文化发展同他们所住地区的降雨量程度密切相关，并且表示同意斯宾塞、吉伦和弗雷泽的意见，认为图腾的主要作用确实是利用魔术仪式来保证食物供应的。

豪伊特于 1852 年毕业于伦敦大学后迁居澳大利亚。曾经当过农民，贩卖过牲畜。1859—1860 年参加赴澳大利亚内部地区探险（其中包括 1860 年赴维多利亚之行），1862 年领导了寻找伯尔克和威尔斯率领的澳大利亚内地考察团的工作。从 1863 年起，开始担任吉普斯兰殖民地机关官员（所谓土著居民保护者）。他研究过库尔奈部落的语言和文化。他同英国传教士法森晤见以后，着手搜集关于澳大利亚东南部和东部的民族学方面的资料。豪伊特赞成摩尔根的观点，并且主要是注意土著民族的结构。他的著作《澳大利亚东南部的土著民族》（1904）是其 40 年研究工作的成果。恩格斯在自己的著作《家庭、私有制和国家的起源》中认为，澳大利亚人在婚姻关系的实践中发现了一种调节规律。这属于豪伊特和法森的功劳。

斯特林（1848—1920），是澳大利亚人类学家。1848 年 9 月 8 日出生于南澳大利亚州斯特腊撒宾。曾在剑桥和伦敦大学受教育。毕业于伦敦大学医科并在该校任讲师。1881 年回到南澳大利亚州，担任阿德雷德大学生理学教授、市立医院顾问医师和南澳大利亚州博物馆馆长。1883—1886年任众议院议员。著有：《中澳大利亚的人类学》《霍恩科学探险队》等书，还有为报刊撰写的许多篇科学论文。

斯宾塞（1860—1929），是澳大利亚民族学家、进化论者。1860 年 7 月23 日出生于英格兰兰开郡斯特雷特福德，1929 年 7 月 14 日死于火地群岛的奥斯特岛。先后就读于曼彻斯特的欧文思学院和牛津大学，并于 1884 年获得自然科学学士学位。上学期间，曾听过人类学大师泰勒的讲座，毕业后，曾协助泰勒工作。1887—1919 年任澳大利亚墨尔本大学生物学教授，还担任过国立维多利亚博物馆馆长。1894 年参加霍恩率领的中央澳大利亚科学考察队并负责编辑考察报告。1901—1902 年同吉伦一道穿越澳洲大陆，到达卡奔塔利亚海湾，作了一次民族学、人种学考察旅行，发现了一些前所未闻的、仍然处于石器时代的土著民族。1904 年任维多利亚州皇家协会主席。他同吉伦合著过三部书：《中澳大利亚的土著民族》（1889）、《中澳大利亚的北方部族》（1904）、《横贯澳大利亚记》（1912）。他自己著有《澳大利亚北部地区的土著民族》（1914）、《阿伦塔：石器时代民族研究》[1]（1927）、《澳大利亚荒野漫游》（1928）。为继续达尔文的关于富基人的研究工作，他曾前往霍恩角探险，但在中途故去。

第二节　第二次世界大战后澳洲民族学的发展变化

一　第二次世界大战后澳大利亚民族学之变化

第二次世界大战期间，澳大利亚民族学研究工作停顿了一个阶段，在这期间，悉尼大学人类学系又附设了一个社会学研究所，专门研究澳大利

---

[1]　阿伦塔，为澳大利亚中部的土著民族。虽然此时据吉伦去世已有 15 年时间，但他仍将吉伦的名字作为作者之一署于该书。

亚移民问题以及与战争有关的其他问题。

1914年的《澳新协定》，提出了托管"太平洋的土著居民"的主张，根据协定，澳大利亚、新西兰应负责促进土著居民的福利和进步，并多次提到人类学和国家责任的关系。

第二次世界大战结束后，由于英国在亚洲的势力被削弱，澳大利亚对英国的依赖也发生了根本性的动摇，特别是大规模的移民活动，导致社会种族结构发生了决定性的变化，这一系列新情况促使澳大利亚民族学及其他社会科学进一步发展起来。来自20个机构的，包括人类学家等在内的大批学者开始了一项"关于密克罗尼西亚人类学的联合调查活动"。这次调查，不仅促进了人类学研究在大学范围内的广泛开展，而且还促进了社会各地成立研究团体——像新南威尔士人类学协会和其他同博物馆有联系的团体，这样就使非专业性的研究人员也在民族学研究方面作出了应有的贡献。新南威尔士协会还出版了一份《人类》杂志。

到了20世纪50年代，澳大利亚民族学、文化人类学得到了进一步的发展。如1956年，西澳大利亚大学心理学系建立了一个人类学分系，任命R.伯恩特为高级讲师。到了20世纪50年代末60年代初，人类学已成为在澳大利亚各大学内地位稳固的学科。悉尼大学里有大批教师——其中大多是国立大学的研究生——专门从事这门学科的研究工作。1962年，澳大利亚政府专门建立了澳大利亚土著居民研究所。此外，在人类学系内部开始了对史前史的研究，创始人是悉尼大学教授R.赖特和国立大学教授R.琼斯。

二　20世纪60年代后民族学的新发展

到了20世纪60年代末，澳洲大陆又出现了另一种情况，世界各地人类学家的地位都变得越来越不稳定了。他们取得了一些珍贵的资料，但这些资料对于从事反帝斗争的各国政府，特别是在东南亚和拉丁美洲各国政府具有重要的"战略价值"。在20世纪60年代末的政治气氛中，同官方机构进行的任何合作都会引起人们怀疑。此外，原来被殖民者称为落后民族的澳大利亚土著居民的民族意识越来越强烈，他们对于过去为殖民者服务的民族学越来越发生怀疑，他们还要求人类学家以前所未有的方式详细审查道德立场。不论是在左派或右派理论家的思想里，人类学和政治之间的联系是再清楚不过的了。

此外，还出现了白人和土著居民的关系问题。过去，土著居民始终是欧洲殖民者以及澳大利亚民族学者和人类学家研究的中心，在很多民族学家和人类学家的支持下，土著居民开始要求参加这项学术研究活动。在1974年澳大利亚土著居民研究所召开的会议上，参会人员就主张应该讨论它同土著居民的关系，训练土著居民自己当人类学研究人员并参与科研事务，要重新审查过去的研究结论和材料，确立新的研究课题。这些要求大多以"表面"方式在相当大的程度上促进了澳大利亚民族学的新发展。

此外，在大洋洲，除了前面提及的新南威尔士协会外，还有1973年成立的澳大利亚人类学协会（AAS），其前身为英联邦社会人类学协会澳大利亚分会。还有更早时候成立的新西兰社会人类学家协会（ASAANZ）和新西兰波利尼西亚学会（出版物为《波利尼西亚学会学刊》）。

现在，澳大利亚人类学家、民族学家和教育学家密切配合，正千方百计地建立起一个独具特色的学科——民族学。越来越多的人从事这一学科的学习和研究。在澳大利亚高等教育机构中，目前约有170人在34个机构中从事人类学入门课程的教学，每年有4000名左右的学生走出校门，走向研究人类学、民族学的不同工作岗位。这也是第二次世界大战后澳大利亚民族学发展的一个新特点。

有关人类学、民族学学术会议也举行了很多次，但最有代表性的是2011年7月5—8日在西澳大利亚大学召开的主题为"全球化时代的知识和价值：超越二分法与质询一体化"的人类学会议，此次会议由国际人类学与民族学联合会（IUAES）、澳大利亚人类学协会（AAS）、新西兰社会人类学家协会（ASAANZ）共同举办，吸引了来自30多个国家的500多名学者参加。无论从举办方还是参会者来说，像这样高规格的人类学、民族学学术会议，在澳洲甚至整个南半球实属首次，而这次会议也成了迄今为止南半球史上最大规模的人类学会议。[1]

---

[1] 《中国社会科学报》，2011年07月14日，http：//www.csstoday.net/Item/5813.aspx。

第十四章　非洲民族学的形成与发展

非洲民族学的形成与发展，十分集中地体现了西方民族学在其早期主要为殖民主义服务的深刻本质。随着近代西方资本主义文明的兴起和伴随地理大发现而来的世界性的殖民主义浪潮，到13世纪后期，古老的非洲基本变成了欧洲列强的殖民地。

从此，非洲各民族人民的社会生活与社会发展便与殖民主义的统治紧密地联系在了一起。从本质上讲，这种联系不是根源于非洲各民族人民的需要，而是根源于宗主国殖民主义统治的需要，或者说是根源于宗主国资本主义的发展这一根本需要。非洲民族学就是在这一联系和这种需要的基础上形成和发展起来的。

其主要特征就是：非洲民族学的主要代表人物不是直接产生于非洲本土，其主要任务也不是为非洲各民族人民的生存与发展服务，而是来自非洲之外的英、德等国家，并为殖民主义统治服务。在20世纪中叶非洲民族获得独立之前，这一基本特征没有获得根本的改变。即使在许多非洲民族获得独立以后，由于长期殖民主义统治的结果，非洲本土民族学的发展也是缓慢性的、非普遍性的，而且从某种程度上讲，当年殖民主义者留在非洲的具有高文化素质的后裔在其中占有着相当的优势，而他们的研究主要服务于少数白人统治。苏联对于非洲民族学的发展虽然也曾作出过许多重要贡献，但由于各种历史原因，也未能改变非洲民族学的上述发展特征。20世纪中期，特别是在50年代末60年代初，非洲发生了巨大变化。在这个被称为"黑暗大陆"的土地上，树起了一面面独立的旗帜。按面积，非洲为世界第二大洲，但在1950年以前，非洲只有3个独立国家，而到20世纪末，已有52个独立国家，占第二次世界大战后独立国家的一半以上。可以说，整个非洲基本上都独立了，已进入世界独立国家之林并在国际事务中发挥着不可忽视的作用。非洲民族独立运动在短短几十年间取得的胜利，无疑是 20 世纪最重大的事件之一。

　　非洲是个富饶的大洲，但大多数国家都是小国、穷国，2/3 以上的人口是黑色人种。在历史上，从 15 世纪开始，非洲就是殖民主义者猎取黑人的场所，数以亿计的青壮年黑人死于罪恶的奴隶贩卖之中。广阔的土地荒芜了，人口大幅度地下降。19 世纪末，西方列强瓜分非洲，他像被抽干鲜血的巨人一样，苍白无力地倒下了。第二次世界大战后，这些长期受侵略与被奴役的非洲国家和人民，要求国家独立和民族解放，最后，他们终于粉碎了殖民枷锁，取得了胜利。但是，非洲的崛起并不是轻而易举的，长期盘踞在非洲的英、法、葡、比、意、西等国的西方殖民主义者千方百计地要保住他们在非洲的殖民利益，非洲人民为了赢得独立，不得不采取多种多样的方式同他们进行艰苦的斗争。在民族崛起的同时，非洲各国对民族历史的研究也在发展，但是在这方面的论著还很少。①

　　因此，对于非洲民族学来讲，其未来发展所面临的最艰巨的任务，就是随着非洲民族意识的增长和社会的发展，尽全力开拓为本民族生存与发展需要而服务的本土民族学。

第一节　非洲民族学的形成与发展

　　非洲民族学的出现是在西欧和美洲各国民族学产生之后出现的。殖民主义强国为了统治殖民地人民，需要有关这些人民的生活和文化的某些最起码的知识。英国民族学奠基人之一约翰·卢伯克（1843—1913）写道："研究野蛮的生活，对英国特别重要，因为它是一个大国，它的殖民地遍布世界各大洲，它的公民处于一切文明阶段。"②

　　从 18 世纪末到 19 世纪，西方资本主义列强为了加紧对非洲的自然资源进行掠夺，对非洲人民进行盘剥，开始对非洲大陆产生浓厚的兴趣。随着殖民贸易的发展，为了能同非洲国家的人民做生意，就必须了解非洲民族的习惯、口味和需求。

　　这种社会政治根源，促使西方殖民者对非洲大陆进行研究，从而使许多考察团纷纷成立。这在一定程度上，对非洲民族学的兴起发挥了促进作

① 吴乘真、高晋元：《非洲民族独立简史》，世界知识出版社 1993 年版，第 5 页
② ［英］卢伯克：《文明的开端》，圣彼得堡 1876 年版，第 8 页。

用。不过，这些只能是科学发展的一般历史背景，而绝不是这种发展的直接原因。[①] 事实证明，在当时没有殖民地的国家里（如德国），民族学的发展并不落后于英国，而在拥有殖民地的国家（如法国），它却大大落后了——必须考虑到民族学作为科学发展本身的思想浪潮。

到了 20 世纪前半期，在研究考察的基础上，西方殖民国家对非洲大部分国家的自然情况和经济情况都已积累了大量的资料，因而也为非洲民族学的兴起和发展发挥了奠基作用。

非洲民族学的兴起带有浓厚的殖民地色彩。作为殖民主义者劫掠的对象，生活在非洲大陆上的各民族人民被剥夺了研究自己历史的可能性。在殖民主义时代之前，大多数非洲民族还没有自己的文字，有文字者只有埃及人、埃塞俄比亚人、麦罗族人、努比亚人等。殖民者对非洲人民关闭了科学大门。在第二次世界大战结束之前，除埃及和南非共和国外，非洲没有高等教育学校。对非洲民族学的研究，基本上由殖民主义各强国垄断。先是在欧洲的德国、英国、法国和其他一些国家，后是在美国，建立了专门的科研机构，研究非洲的历史、民族和语言。为此，我们可以说，早期的非洲民族学历史首先就是欧洲各国学者和美国学者研究非洲的历史。

在欧洲的古老文献中，对非洲的了解是模糊和不可靠的。古代希腊人和拜占庭人对非洲留下了各自的记载——但是仅仅有关北非而已。到了中世纪，人们对非洲的了解就大大丰富了，主要是阿拉伯人、波斯人、印度人、中国人中的一些地理学家和航海家留下的记录。对位于撒哈拉以南的非洲大陆的研究和了解始于地理大发现的时代，大规模的研究是在欧洲帝国主义列强实行殖民统治的时代。

非洲黑人文明，是撒哈拉以南非洲黑人各民族在过去所创造的物质文明和精神文明的总和。撒哈拉以南非洲，又称"黑非洲"，泛指撒哈拉中部以南的非洲，其居民主要是黑种人。著名学者基·泽博指出："绝大部分学者都同意撒哈拉以南的民族在遗传上是基本一致的……只存在一个准黑人集团。"它包括苏丹人、班图人、科伊桑人、俾格米人，"以及各种不同的少数集团，如跟'埃塞俄比亚人'近似的各种少数集团"。[②]

---

① ［俄］托卡列夫：《外国民族学史》，汤正方译，中国社会科学出版社 1983 年版，第 25 页。

② 联合国教科文组织：《非洲通史》第一卷，第 23 页。

在历史变迁的长河中，也有其他人种迁入撒哈拉以南——如阿拉伯人、欧洲人、印度尼西亚人——并与黑种人混血。伟大的德国哲学家黑格尔在《历史哲学》一书中，把非洲分成三部分：一是"非洲本土"，即撒哈拉以南的非洲，即通常所说的黑人非洲；二是"欧洲的非洲"；三是"亚洲的非洲"，即指尼罗河流域，特别是埃及。他认为，非洲本土"不是一个历史的大陆，它既没有显示出变化，也没有显示出发展"，非洲黑人没有"通达哲学的能力，因为黑人的精神意识十分微弱，或者更确切地说，根本就不存在"。他甚至断言非洲黑人，"既不能进步，也不能教育，正像我们所看到的，他们从来就是这样"，"处在野蛮的、未开化的状态之中"。著名英国历史学家费奇在评论黑格尔的观点时指出："他所代表的观点已成为 19 世纪历史正统的一部分，也不乏追随者。"① 非洲文明的存在是一个事实问题，而不是一个思辨的问题，只要不存种族偏见的人，都会承认世界上有一个独特的非洲黑人文明存在。从 19 世纪中叶起，在撒哈拉以南的地区，考古学家进行了卓有成效的工作。1868 年发现了大津巴布韦遗址，德国地理学家宣布"这是远古时代文明人的创作"。1897 年，英国远征军占领贝宁城，掳回了大量的雕刻品，轰动欧洲，导致"艺术"这个词同非洲联系在一起。1907—1914 年，考古学家把麦罗埃文明展示在世人面前。1931 年诺克文化的发现，更使欧洲学者为之瞠目。这么多遗址的发现，足以证明，在非洲大陆，确实存在一种非洲黑人文明。②

资产阶级民族学，对帝国主义殖民统治以前的非洲历史，从来不予以注意，非洲各民族人民被认为是"没有历史的"，殖民者希望非洲人忘却自己的历史，资产阶级民族学家只注意研究原始公社制的残余，其目的是为了巩固殖民主义的统治制度。在对非洲的民族学研究中，以马林诺夫斯基为代表的功能主义学派危害甚大，他以把民族学的研究任务与所谓"间接管理"的目的直接联系起来。

第二次世界大战后，随着民族解放运动的高涨，帝国主义殖民体系开始崩溃，在资产阶级非洲民族学中出现了明显的转折。考古发掘工作大规模进行，学者开始研究古代和中世纪的非洲史，开始研究非洲部落的解体

---

① 联合国教科文组织：《非洲通史》第一卷，第 23 页。
② 汝信、艾周昌：《世界文明大系·非洲黑人文明》，第 2 页。

和民族的形成。

从总体上看，在西方非洲民族学学者中出现了一批重要的专家，如：专门进行民族学科学考察旅行的第一位职业民族学家德国学者莱奥·弗罗贝纽斯（1873—1928）、南非的迈耶·福蒂斯、英国的马科思·格拉克曼以及埃文斯·普里查德（1902—1973）等。他们的研究对非洲民族学均做出了贡献。

第二节 非洲民族学的主要代表人物

第一，莱奥·弗罗贝纽斯（1873—1928），是德国最著名的非洲民族学专家，是民族学中传播学派的主要代表人物之一。在青年时期，他是德国不来梅博物馆的科学技术人员，很早便对非洲大陆的文化怀有浓厚的兴趣，并根据博物馆的展品和文献进行了多年的研究。1904 年，他在找到资金之后才进行了对非洲的第一次考察（卡赛和下刚果河流域）。他总共组织了 12 次带来重要成果的考察。在工作过程中，弗罗贝纽斯的观点发生了变化。[①] 早在头一批著作中，他把纯粹的传播主义观点同把"文化"看作特殊机体的独特的生物学观点结合在一起。后来，随着文化"解剖学""形态学"和生物学理论的形成，弗罗贝纽斯对"文化"的实质抱有几乎是神秘主义的看法。

弗罗贝纽斯的第一部巨著《非洲文化的起源》（1898），就其性质而言具有双重性。一方面，这是对非洲各个地区文化的成分和起源问题的极其认真的研究；另一方面，又是作者对文化实质问题上的非常独特的观点的阐述。在仔细研究许多博物馆的展品，对文献资料了如指掌的基础上，弗罗贝纽斯首先试图在非洲范围内划分"文化圈"，其特点是：每一个文化圈都具有一系列主要来自物质文化领域的特征。他特别明确地划分了包括刚果河流域、上几内亚河和下几内亚河在内的"西非文化圈"。这个"文化圈"的许多特征（两面坡房顶的直角房屋、用植物作弦的弓、编制的盾、用植物作弦的多弦的乐器、沙漏计时器式的鼓、假面具等）确实是很典型的，并在上述地域内对这些特征进行了分类。

弗罗贝纽斯注意到，"西非文化圈"的许多特征同新几内亚和美拉尼

---

① ［德］L. 弗罗贝纽斯：《经济的地域》第 1 卷，法兰克福 1925 年版，第 45—70 页。

西亚其他地区的文化有着惊人的相似之处。弗罗贝纽斯认为，这种文化起源于东南亚，并把它称为"马来亚尼格罗文化"。此外，他在非洲还划分了两种"亚细亚"文化：比较早期的、对北非和东北非都产生了强烈影响的"印度文化"；最晚出的（通过阿拉伯人）、只表面接触到北非的"闪米特文化"。如果抛弃这一切起源于非洲之外的"文化"，剩下的就是最古老的文化层。弗罗贝纽斯在非洲各处，尤其是在非洲南部，找到了这种文化层的痕迹。他将最古老的文化叫作"尼格罗文化"，认为它同澳大利亚文化和大洋洲最古老的文化层是共同的文化。在弗罗贝纽斯看来，虽然"尼格罗文化"在非洲保持的只是残余，似乎衰退了，但从它与更年轻的"马来亚尼格罗文化"和"亚细亚文化"的混合中，产生了一种全新的"非洲文化"。它的因素是非常特殊的：这就是非洲的皮革盾牌，以及从矛的尖头发展而来的刀、乐器弓、圆锥式的茅舍等。

弗罗贝纽斯对非洲文化的起源和发展的看法就是如此。在他的观点中，有许多东西很值得重视，他完全正确地指出了许多非洲特有的物质文化现象，也正确地研究对象的结构特点——比如，住宅结构的特点，而不是研究对象的外部的相同点。

然而，除了这些十分冷静和认真的研究外，弗罗贝纽斯在文化实质问题上的观点与现代民族学毫不相容，却同幻想作品极为近似。

在弗罗贝纽斯看来，"文化"是某种有机的本质。他写道："我断言，每一种文化都是作为一种活生生的机体在发展，因此，它经历着诞生、童年、成年和老年等各个时期，最后，归于死亡。""文化在生活、分娩和死亡，这是一种活生生的本质。文化绝不是人们、人民创造的，人与其说是文化的创造者，不如说是文化的产物或客体。文化发展的全部过程表现出它自己对于人的真正独立性……文化是自身发展的，与人无关，与人民无关。"①

在以后的其他著作中，弗罗贝纽斯发展和深化了自己的"文化"观，把自己的观点称之为"文化神话学"，并在其中特别划出了"文化解剖学"和"文化生理学"这样一些门类。他在德国莱茵河畔法兰克福建立了"文化神话学研究所"，直到 20 世纪仍然存在。后来，弗罗贝纽斯从自己的观点完全合乎逻辑地得出一个结论：既然文化是活生生的机体，它

---

① ［德］弗罗贝纽斯：《非洲文化的起源》，柏林 1898 年版。

们就应该有不同的性别，即男性和女性，为此，弗罗贝纽斯在非洲划出了"特卢斯（大地）埃塞俄比亚父系"文化和"赫顿（大地）哈米母系"文化。"特卢斯"文化产生于热带草原地区，而"赫顿"文化则产生于撒哈拉和北非。

后来，弗罗贝纽斯试图扩展他的两种文化或文化类型完全对立的理论，并用"东方"和"西方"取代上述两种文化。这种在文化实质问题上的观点，即把文化变为不依赖于人而按独立的有机物规律生活的特种机体，使弗罗贝纽斯有理由认为，他在文化研究领域，即在民族中发现了自然科学的规律。在他看来，文化的研究不应该使用历史的方法，而必须采用自然科学的方法。

对于弗罗贝纽斯，不容争辩的功绩是，他第一次非常广泛和真正系统地提出了绘制文化地图的方法。他的《非洲文化的起源》一书中所附的一套地图，至今仍具有毋庸置疑的价值。

第二，埃文斯·普里查德（1902—1973），是著名的英国社会人类学家，以研究阿费迪人、努埃尔人及其他非洲民族的文化著称。在他的研究中，他系统地运用了拉德克利夫—布朗的结构主义的方法。埃文斯·普里查德自己，把这种方法同传统的民族学描述方法对立起来，并且在《努埃尔人》一书的结尾章节中说明了这种方法："我们在写作这本书当中，在一定程度上摆脱了有关原始的各部族专著冗长的传统。在这些冗长的著作中，以过于偶然的方式来陈述所观察到的东西，以便读起来令人愉快而有益。这种不足是由于在社会人类学方面缺乏科学理论而产生的，因为事实只有从理论的角度才能加以选择和整理。由于错误地把证据和说明混淆在一起，更加深了这种不足。我们也企图比通常所作的分析更加抽象地来描写努埃尔人的社会组织，因为通常把抽象名词错误地当作抽象，我们是否成功地做到了这一点，就让读者去评论吧，但是，如果人们说，我们是适应理论和当作事例来描述事实，并且使描述服从于分析，那么我们要回答说，我们的意图就是这样。"[1] 这表明，埃文斯·普里查德的结构方法的实质正在于：事实的描述要服从于一定的社会学理论。

这本有关努埃尔人的书，就是依据这个原则写的。书中的主要内容是所研究的这个民族的"政治制度"。作者详尽地描述了这种"政治制度"

---

① ［英］埃文斯·普里查德：《努埃尔人》，牛津出版社 1940 年版，第 261 页。

（即部落内部关系和部落之间的关系总和）和一切在他看来与这种制度有关的东西，首先描述了畜牧业——努埃尔人物质生产和全部社会生活的基础，接着描述了生态环境、氏族部落结构、成年制度等。

然而，作者没有描述婚姻家庭关系和两性关系。因为，在他看来，这些同政治制度没有直接关系。可是，极其典型的是，埃文斯·普里查德仔细地考察了生态条件和社会条件在人们意识和人们形成的共同的逻辑概念——空间和时间概念中的反映。原来，努埃尔人的时间观念，与其说是决定于昼夜和年份时间交替（"生态时间"），不如说是决定于经济作业和社会关系（"结构时间"），即在一个昼夜和年度季节内经济工作的连续性，而对于更长的时间，则决定于社会事件、小孩举行的成年仪式和世代的交替，"时间……不是连续系统，而是两点之间，父系的第一个人和最后一个人之间的稳定的结构关系"。同样，努埃尔人的空间思想，与其说是决定于物理距离（"生态空间"），不如说是决定于民族部落关系（"结构空间"），"一个努埃尔人村庄可能距两个其他村庄一样同等的距离，如果其中之一属于另一部落，而另一个属于本部落，那么头一个村庄在结构上则较第二个村庄为远"。①

族体关系结构本身就是一个特殊的结构。在文化上最接近努埃尔人的是丁卡人，同他们差异较大的是石卢克人，同他们差异更大的是其他邻近部落。正是由于在文化上与丁卡人接近，所以努埃尔人往往同他们打仗，抢走他们的牲畜。这些战争——"不是单纯的利害冲突，而这也是两个民族间的结构关系"——就是相互了解习惯和感情的关系。②

"结构"概念贯穿了埃文斯·普理查德的全部观点。他写道："我们认为，社会结构就是具有高度稳定性和经常性的各个集团之间的关系"，而且家庭不在这些集团之列，因为它并不稳定，每次随着成员的死亡而瓦解。各结构之间形成一种特殊的阶梯。"民族的社会结构是各个相互联系的结构体系。"有成年阶层的特别体系、血缘集团体系等，所有这一切构成一个总的社会体系。埃文斯·普里查德认为，对于现代社会人类学（即民族学）来说，运用部落、氏族、成年阶层等这类概念已经不够了。这些概念是水平很低的抽象。为了科学的进一步发展，"必须采用表示社

---

① ［英］埃文斯·普里查德：《努埃尔人》，牛津出版社1940年版，第108页。
② 同上书，第110页。

会形式各种名词所包括的关系和这些关系之间的关系的概念"。①

除了欧、美、俄等国许多民族学家专心致力于非洲民族学研究之外，第二次世界大战后，非洲本地的一些民族学家也在不断崛起，涌现出一大批以研究本地民族学为主的新型学者。一方面，这些学者接受过去欧、美、俄等国一些学者的材料和研究成果；另一方面，他们站在本地各民族的立场上，对西方学者的许多观点、理论和材料，提出了质疑和批评，把其研究重心转向本地民族经济、地理、语言、文化、历史等各个方面。其著名代表人物就是：南非的迈耶·福蒂斯、加纳的民族学家查普曼和肯尼亚的李基。

第三，迈耶·福蒂斯，出生于南非，就其专业来说是非洲民族学家。他的导师是拉德克利夫—布朗。在其导师的学术观点影响下，根据非洲民族学实际，从"社会结构"概念出发，福蒂斯又对拉德克利夫—布朗的"结构—功能"概念做了重大修正。他认为，"社会结构概念本身过于抽象，力图把它付之于由时间和地点决定的具体的社会形式"。

福蒂斯对摩尔根的进化论思想很感兴趣，写了一本内容丰富的有关"亲属关系和社会制度"的著作。他认为，"亲属制度"的发现是摩尔根的重大贡献之一。一方面，他肯定摩尔根的一些观点；但另一方面，对其广泛的进化主义还是持怀疑和批判态度的。

第四，查普曼，是非洲教育家、民族学、人类学家、外交家。查普曼是非洲黄金海岸于1957年3月6日获得独立并建成加纳新国家以后的首任驻美国和驻联合国常任代表。在职期间，曾提出非洲各民族工业化和解决阿尔及利亚问题的主张。他是地理学家，写过三部关于本国地理的和民族学的书。他历任总理和内阁秘书、文官长，以及驻联合国秘书处的官员。1959年7月，他辞去驻联合国代表和驻外大使职务，回到加纳，就任阿契莫塔学院第一任非洲籍院长。该院是政府津贴的独立机构。

查普曼出生于加纳的凯塔港，是珍妮·阿特西默西（阿特里基）和威廉·亨利·奈亚荷·查普曼夫妇之子。他属于奥克罗家族。查普曼的父亲曾在加纳的克普科斯特岸（旧名边角堡）求学，并采用了他寄居的那个英国家族的名字。查普曼在凯塔的布里普教会学校学习后，进入阿契莫塔学院继续学习，并于1929年毕业。1930—1933年，他任阿契莫塔学院

---

①　［英］埃文斯·普里查德：《努埃尔人》，牛津出版社1940年版，第264—266页。

副院长。经过自学以后，获得了牛津大学的奖学金，他主修地理，并在1936年以优等成绩获得文学硕士学位。接着，他升入牛津大学的研究院继续深造，主修人类学和民族考古学。

1937年，查普曼回到加纳后，首先在青年男子高等学校教书，以后成了阿契莫塔学院高年级地理教师并一直到1946年为止。他在该校曾任学院委员会委员、图书馆馆长、舍监长和院长顾问委员会的秘书。在同一时期，他也是剑桥和伦敦等大学的埃维族语言、风俗和制度的考试员。他有三部著作：《东南黄金海岸的地方地理》《埃维兰及其民族》和《黄金海岸的天然资源》。

查普曼属于埃维族部落，从1945年至1946年，他在全埃维会议担任秘书长。他创办并编辑了《埃维新闻》。1945年，他参加了在法属西非洲达喀尔举行的第一届西非历史、自然和民族学家会议。1946年，查普曼到了美国纽约，最初他是一个区域专员，后来是首席官员，并且有一个时期任代理负责人。他在纽约时，还曾兼职于哥伦比亚大学和纽约大学。1954年，他被召回国，任总理和内阁秘书。从那时起，他帮助恩克鲁玛总统完成了把统治权从英国移交给加纳的工作。1957年10月，他任联合国代表和驻美大使。1958年，查普曼作为加纳代表团成员，参加了在加纳阿克拉举行的非洲民族独立国家会议。在会议上，埃塞俄比亚、加纳、利比亚、突尼斯、苏丹、摩洛哥等国组织了一个新的联合集团，以"调处有共同关系的事务"。会议代表通过了一项决议，敦促各殖民主义强国确定允许被征服的非洲人民的民族独立日期。另一项决议承认阿尔及利亚全国解放阵线是阿尔及利亚唯一的合法政权，并要求中止法国"军事占领"。1958年10月，查普曼大使在美国波士顿大学讨论了他自己的国家民族经济发展的可能性问题，提出了自己的卓越见解。

埃维族人民位于多哥兰的南部。第一次世界大战后，这块德国殖民地被分割为英属和法属两块联合国托管地。查普曼在为自己的民族和同胞争取成为统一国家的公民的努力中，是一个主要的发言人。多哥兰的分割切断了亲属的联系，因而一家人往往隶属于不同政府、使用不同语言和信奉不同的宗教，查普曼为自己民族的统一作了不懈的努力。他在非洲民族独立史上写下了光辉的一页。

第五，李基，是肯尼亚内罗毕科林顿纪念博物馆馆长、泛非史前学会主席。1903年出生于肯尼亚，毕业于英国剑桥大学。他曾在东非对土著文化和人类起源问题进行过广泛的实地调查。他是不列颠科学院人类学研究所和伦敦地理学会的成员。他的主要著作有：《肯尼亚石器时代的种族》（1935）、《东非中新世类人猿》（1951，与克拉克合著）、《关于一至四世纪裴德福手斧文化进化的报告》（1951，与高吉合著）。他的主要研究兴趣是体质人类学、化石人类学、考古学、语言学和民间文学，研究范围是东非和南非的民族学问题。①

第六，史密斯（1871—1937），是一名解剖学家、体质人类学家和考古学家。曾任伦敦大学解剖学教授。1931年曾应当时中国地质调查所之邀，来中国考察北京猿人化石。1900年至1901年期间，他应里弗斯的要求，到埃及研究早期人类的遗骨，解决与解剖学有关的种种问题。在埃及的研究期间，他被埃及几千年前的古文明所深深吸引，尤其是对安葬仪式和木乃伊制作艺术非常感兴趣，因而开始了他的民族学研究生涯。他本人承认，在里弗斯"划时代的著作"的启发下，产生了埃及是世界文明发源中心的学说。他的主要代表作有《古埃及人》（1911）、《早期文化的移动》（1915）、《人类史》（1930）、《文化的传播》（1933）等。

史密斯文化传播学说的主要内容是：埃及是全世界最早出现文明的地方，其他地方文明出现的年代都比埃及晚，因此，世界其他地方发现的与埃及相同的文化形式都应该是由埃及传播过去的。例如，建立巨石碑、太阳崇拜、农业、灌溉、造船、织布、木乃伊制作、颅骨变形术、穿耳等文化因素，在公元前3000—前2000年间在古埃及集合了起来，到了公元前900—前800年时开始向世界各地传播。向西北传到希腊，再由希腊影响古罗马，然后传遍整个欧洲；向东，经阿拉伯、波斯湾、印度、锡兰（今斯里兰卡），传到印度尼西亚、中国的陕西省，再往东传播到大洋洲，再由大洋洲和太平洋北部传播到美洲。他把古埃及的文化叫作"立碑拜日"文化。

史密斯的弟子佩里又进一步发挥了他的泛埃及学说。佩里认为，古代埃及人是航海民族，被称为"太阳之子"，他们为了找寻贵金属和其他珍宝而四处航行，在他们找到所需珍宝的地方就停留并定居下来，把他们的文化发明——如美术、技术、宗教、政治制度等也都传播了过去，这些文化因素与当地土著居民的文化混合起来，形成了世界上形形色色的文化。

---

① 周大鸣、乔晓勤：《现代人类学》，重庆出版社1991年版，第3页。

佩里的主要著作有：《印度尼西亚的史前巨石文化》（1918）、《太阳之子》（1923）等。①

第三节 非洲民族学的研究机构

目前，非洲民族学的研究规模在逐渐扩大。在世界各国，许多大学和学术研究中心都有研究非洲民族学的活动并设立有机构。

第二次世界大战后，美国在非洲的扩张促进了美国的非洲民族学的发展。不少大学和科研中心都着手研究非洲民族问题。1957 年，建立了"非洲研究协会"。不少美国学者，如 M. 盖尔斯科维兹、格林贝格等，都以其研究成果极大丰富了非洲民族学。

第二次世界大战后，一些马克思主义学者开始研究非洲问题：几内亚共和国的让·邱雷—卡纳尔研究西苏丹问题，法国的皮埃尔—市亚托研究马达加斯加问题，美国的汉通和英国的查克·沃迪斯研究非洲殖民制度的解体问题。

第二次世界大战之前，在非洲大陆本土，研究活动几乎全部集中在埃及和南非共和国。埃及的学者把注意力全部集中在对尼罗河流域的研究。南非共和国的学者多为欧洲裔人，研究本身同西欧各国的非洲民族学者一样，具有共同的特点。其中有些重要学者如沙佩拉、布利克等，对南班图的民族志的研究成果显著。

第二次世界大战后，一系列非洲国家建立了大学和科研中心，而且出现了一个非洲民族学派别，如：加纳的 L. 乔森、埃塞俄比亚的泰克利—查得克、苏丹的梅基·谢贝卡等，在非洲民族学的发展中充分发挥了非洲民族学者的作用。巴黎"非洲文化协会"主办的刊物《非洲现状》（1947年创刊）作了不少工作，在这个刊物上，非洲民族学者发表自己的研究成果，也刊登一些非洲文学作品。

非洲民族学在苏联一直具有一定的地位。17 世纪 30 年代，俄罗斯的一些旅行家已有非洲的知识。1786 年，俄罗斯一位海军军官 M. R. 科科内采夫写了一本书，讲到有关非洲沿岸的一些情况；19 世纪，俄国的旅行家和地理学家对研究非洲的地理和描述非洲各民族人民的民族情况都做

---

① 宋蜀华、白振声：《民族学理论与方法》，中央民族大学出版社 1998 年版。

出了巨大贡献。19世纪，西欧的一些非洲民族学者和在非洲的旅行家的著作被译成了俄文出版。在一些期刊上，也发表了大量的有关非洲民族学的文章。

"十月革命"后，帝国主义的殖民体系出现了总危机，苏联的学者和舆论界对非洲的兴趣大大提高了。在研究民族问题和殖民问题的科研协会中专门设立有一个非洲部，非洲部的学者发表了一系列研究专论。第二次世界大战后，帝国主义的殖民体系开始瓦解，苏联科学院的民族学研究所建立了一个"非洲部"，1959年还建立"非洲研究所"。《非洲各民族人民》和《非洲民族志》的出版很有影响。

总之，从非洲民族学发展情况看，建立和完善非洲本土民族学乃是当务之急，这方面的工作虽已有了一定的基础，但仍然很艰巨，需要付出很多的努力。为此，民族学者尤其是非洲本地民族学者就必须彻底消除该领域中殖民主义的影响，努力探讨适合本地民族社会生存与发展需要的民族学理论与方法，建设具有本地特色的民族学。但是，非洲是一个在历史上长期落后的地区，过去的殖民主义统治造成了许多的"政治疆界"，一些民族被割裂；种族主义长期泛滥，非洲民族被歧视的地位长期得不到彻底的改变。因此，建立和完善非洲本土民族学是与非洲各国家、各地区、各民族的社会发展尤其是经济文化的全面发展分不开的。也就是说，只有在当今历史条件下，非洲各国家、各地区、各民族在沿着现代化的方向上尽快完善民族的、政治的、经济的、文化的建设，非洲民族学才能最终获得长足发展。

第十五章　世界民族学的发展趋势

第二次世界大战后，随着国际形势的变化以及自然科学和社会科学的飞速发展，民族学研究也发生了诸多变化，现代民族学已发展成为一个研究范围广泛，分支学科众多，并且在现实社会的政治、经济和文化等方面都发挥着重要作用的学科。从第二次世界大战后召开的历届国际人类学和民族学大会，尤其是 1993 年在瑞士巴塞尔召开的第一届大会拟定的讨论专题中可以看出，世界民族学的研究领域正在迅速扩大，内部分支更加精细，交流的内容更加广泛、丰富，在研究上更多地面向第三世界国家的民族。这对于发展中国家学术水平的提高，民族学的深入发展，无疑起到了巨大的促进作用。

一　对待马克思主义态度的变化

马克思主义对人类的巨大贡献是多方面的，其观点和学说是各国无产者和劳动人民开展共产主义运动的理论基础。在运用唯物史观来考察原始社会以及民族学的研究中，马克思和恩格斯"继承"了摩尔根《古代社会》中关于民族学的科学思想，并在此基础上撰写了《摩尔根〈古代社会〉一书摘要》和《家庭、私有制和国家的起源》，形成了马克思主义民族学的理论基础和科学体系。这部著作是科学社会主义的主要著作之一，是"马克思主义的第一部民族学著作"，也是马克思主义民族学最终确立的重要标志。

从 20 世纪初期到第二次世界大战期间，在西方民族学中陆续出现了很多民族学流派，如美国的历史学派、英国的功能主义学派、法国的社会学年刊派、德奥的播化学派，等等，都是反对马克思主义的。有的直接地反对马克思主义，有的间接地通过反对摩尔根学说来反对马克思主义，有的干脆不承认马克思主义和民族学的关系，有的在阐述民族学理论和方法时根本不提马克思和恩格斯的名字。

第二次世界大战后的情况就完全不同了。整个西方思想界在第二次世界大战后又一次掀起了对马克思主义学说的重视，民族学界也受到了很大的启发。一些民族学者认识到，要想把马克思主义同民族学研究割裂开来是不可能的，并且积极呼吁"当代人类学必须与马克思主义对话"。某些进步学者直接承认，马克思主义为认识社会和文化发展的规律提供了钥匙。美国学者哈里斯就指出，西方民族学是在"与马克思主义相抗衡"之中发展起来的，马克思主义对民族学的影响应被放在主流的位置上。

20世纪50年代以后，欧美各国的社会剧烈动荡，更掀起了研究马克思主义的热潮，特别是在大学生中，形成了从各方面研究马克思主义的新浪潮。1973年，在芝加哥召开的第九届国际人类学和民族学大会上，对马克思主义民族学问题进行了专门的讨论。许多西方民族学者不仅不公开反对马克思主义，而且还以马克思主义的某些论述作为自身民族学研究中标新立异的亮点。由此，国际上出现了形形色色的民族学和人类学流派。[①]

这些"马克思主义"民族学派和思潮，主要的有德国的法兰克福学派、法国的结构马克思主义学派、美国的文化唯物论学派、美国的社会生活辩证法思想以及美国的行动人类学等。同时，也出现了大量的与马克思主义经典作家的名字和学说连在一起的文章和书籍。如《卡尔·马克思的民族学笔记》（1972）、《马克思主义与原始社会》（1972）、《人类学中的马克思主义方法》（1975）、《马克思主义分析和社会人类学》（1975）、《政治社会的进化》（1967）、《资本主义以前的生产方式》（1975）、《生产和再生产》（1976）、《国家的起源》（1978）等。这些著作和文章，有的是符合马克思主义的，有的是背离或反对马克思主义的。

第二次世界大战后，西方民族界对待马克思主义有了很大的变化，其根本原因在于，马克思主义是科学真理，它的基本原理为越来越多的自然科学和社会科学所证实。而与此形成鲜明对比的是，随着时间的推移，其他的、第二次世界大战前的各主要民族学派日益暴露出无法弥补的缺陷，因而也就逐渐失去了生命力。这一无法回避的历史事实，迫使西方民族学者不得不改变其对待马克思主义的态度。当然，其中也有部

---

① 杨堃：《回忆周总理关于民族学的一次谈话》，《社会科学战线》1978年第4期。

分学者只是出于迎合当时的马克思主义思想高潮和赶时髦的目的，用马克思主义的词句装点一下门面，并非真心信仰马克思主义。[①] 20 世纪中期，随着世界形势的变化，特别是随着第三世界民族的崛起，人类学和民族学中倾向于马克思主义的研究正在继续。马克思主义对人类学和民族学的贡献，已得到国际学术界的普遍肯定和认可。1983 年，在加拿大召开的第十一届国际人类学和民族学大会上，举行了"民族学中的马克思主义分析法"的专题讨论会，受到了与会者的重视和欢迎。显然，民族学领域对马克思主义的研究，具有潜在的发展趋势。

二　研究的专门倾向和跨学科交叉研究方法

早期人类学、民族学的研究范围是非常广泛的。它们不仅研究人类文化发展的各个阶段，而且还研究希腊神话的意义、种族和文化的关系，等等。现在，人类学、民族学虽然仍在研究人类历史、人性和人类的诸物等，但随着研究方法中田野调查、背景分析和比较法的发展以及资料的积累和深入，该学课开始朝专门化的方向发展，并开始了跨学科的交叉研究，其理论也呈现分化的倾向。

第二次世界大战后，人类学家、民族学家及其机构所研究的地区大都趋于稳定，于是，开始以研究地区为标准对人类学家、民族学家分类，如非洲人类学家、非洲民族学家、欧洲人类学家、亚洲民族学家等。此外，研究同一地区的人类学家和民族学家组成了各种团体进行协作，如美国人类学协会、中国民族学会、拉丁美洲人类学会等。这种研究领域的专门化是为政府制定地区性的开发、援助政策提供专业分析而出现的，也是对人类学和民族学研究的投资以地区来安排的结果。[②] 而正是由于具有这样的功能和目的，这种研究具有了多学科综合研究的特点，研究中通常要涉及历史学、地理学、经济学、语言学、社会学、政治学等专门化的学科，表现在人类学和民族学的分支学科越来越细化。第二次世界大战后，随着自然科学和社会科学的发展以及各学科的互相渗透，人类学、民族学与其他学科之间也出现了相互交叉渗透的现象。人类学、民族学从其他学科中吸

---

① 吴文藻：《战后西方民族学的变化》，《民族学论文选》上册，中央民族大学出版社 1986 年版。

② 李富强：《当代英美人类学的发展趋势》，《中国社会学》1957 年第 2 期。

取新的理论与方法，因而出现出了众多新兴的分支学科。如心理人类学、分子人类学、政治人类学、经济人类学、教育人类学、都市人类学、乡村人类学、娱乐人类学、舞蹈人类学、哲学人类学、宗教人类学、工程人类学、法律人类学、殖民人类学、民族音乐学、民族植物学、民族动物学、文化生态学等。这些分支学科打破了旧有的学科界限，借鉴其他相关学科的理论方法，推动了整个人类学、民族学研究向纵深发展。与此同时，昔日人类学、民族学中单一理论或学派占统治地位的局面已不复存在，毫无疑问，这是学科进步的产物。

三　注重对现代社会的研究

传统的人类学和民族学主要侧重于对古代的、原始的和乡村中的人和社会的描述与研究。然而，随着这些原始民族和原始社会的灭绝或变化，人类学家、民族学家的目光转向了现代民族，转向了复杂的当代文明社会。一些学者提出，虽然在整个人类历史上，文化的变迁从未间断，但是，我们今天所在的世界，其变化速度却比以往任何时期都更加迅速。除了位于边远地区的少数人口外，现代社会无不受到其他社会群体和现实发生的重大事件的影响。此外，许多传统社会和乡村社会的人们对于文化变迁的态度也在发生变化。虽然他们可能依旧恪守传统而不愿冒风险，但从现代工业国家引进的某些现代化思想，也受到了他们的欢迎。其实，世界上的一些重大变化，无论是否受到欢迎，几乎都会对传统民族产生出乎人们意料的影响。例如，电子技术在生产领域内的广泛应用、各个局部地区的经济加入国际市场、旅游业的繁荣发展等，都对不同社会的文化和组织产生了不可忽视的影响。一些西方民族学家、人类学家呼吁人类学、民族学应当研究当代资本主义国家的问题，研究已经实现与正在实现工业化国家中人们的日常生活。他们认为，从某种意义上说，这样做是为了恢复人类学、民族学最初的、基本的然而如今却几乎已经被丢弃了的风格和传统。在这些学者的倡导下，当代人类学、民族学加强了对现代社会的基本结构、宗教信仰、迷信习俗、语言文化等方面的研究。①

---

① 参见黄育馥《国外人类学研究的发展趋势》，《国外社会科学》1989 年第 1 期。

四　加强对复杂社会的研究，乡村人类学和都市人类学兴起

　　早期人类学、民族学家大多热衷于对原始部落、原始社会进行研究，对于城市社会的研究基本处于空白。现在，许多民族学家依然喜欢对原始部落、原始社会进行田野调查和研究，但他们已不再局限于研究这种孤立的、封闭的、简单的原始部落、原始社会。一方面，随着社会的发展和西方文明的扩张，这种社会越来越少；另一方面，第二次世界大战后，随着民族解放运动的高涨，帝国主义的殖民体系全面崩溃，取得独立的国家日益增多，西方各国的人类学、民族学研究者失去了过去的研究园地，也只好把注意力转移到对复杂社会的研究上。正因如此，当代人类学突破了传统人类学的局限，形成了新兴的分支学科——乡村人类学与都市人类学。

　　乡村人类学是一个人类学分支，涉及乡民的社会、文化等各个方面，包括乡民的社会组织、经济、政治、宗教、世界观等。根据人类学家估计，在公元前3500年，中东出现了乡民社会；在公元前1000年左右，中美洲也形成了乡民社会。不过，人类学家致力于乡民社会的研究历史却不是很长。1925年，美国学者雷德菲尔德对墨西哥的特诺奇蒂特兰乡村生活的研究标志着乡民社会研究的开始。[①]　之后，爱尔兰的阿伦斯伯格（1937）、日本的恩布里（1938）、中国的费孝通（1939）等人类学家也陆续开始进行类似的研究。然而，乡村人类学研究成为一门独立的人类学分支学科并形成一种研究趋势，则是在第二次世界大战之后。当时，摆脱殖民统治并获得独立的亚、非、拉各国纷纷登上国际政治舞台，形成了一支新兴的政治势力，而这些国家的人口以乡民占绝大多数，他们在这些不发达国家的政治变革中具有相当重要的影响力。这些国家都存在着不同程度的人口问题和粮食问题，乡村与城市之间在收入与生活水平上也有很大的差距，诸如此类的问题都与乡民社会密切相关。于是，人类学家对乡村社会产生了浓厚的研究兴趣。自20世纪40年代后期以来，他们对世界各地的乡民社会做了大量的研究，对当代乡民社会进行了深入的田野调查，并且对不同地区的乡民社会进行了比较研究。

　　都市人类学是研究城市社会的人类学分支。城市社会具有乡民社会所没有的特色——包括分工、进步的工艺、分化的行为、发达的社会组织及

---

　　① ［美］W. 戈德施米特：《现代社会的人类学研究》，见《世界民族》1985年第2期。

科学进步等，城市社会是和乡民社会相对的概念。都市人类学探究开始于20世纪20年代，经过30多年的发展，至20世纪60年代开始受到人类学、民族学界的普遍重视，20世纪70年代正式成为人类学的一个分支学科，确立了它的学科地位。目前，欧美大学几乎均设有这门课程。

随着城市的快速发展，人类学的传统研究对象——原始部落开始减少，乡村人群迅速转变为城市居民，城市在人类生活中的地位日益重要，第二次世界大战后，全世界都面临着人口快速增长与人口向城市集中的问题，这就使得人类学家很自然地把注意力转向城市。都市人类学这一年轻的学科就是在这种情况下产生的。

都市人类学研究始于1929年，是随着美国学者林德夫妇研究美国中西部城镇开始的。之后，又一美国学者华纳领导了对全美的其他城镇的研究，他们的研究不仅促进了美国城市社会研究的繁荣，而且也促使了美国人类学家把自己的视野由美国的城市社会扩大到美洲的城市社会。与此同时，欧洲的人类学家也开始致力于非洲城市的研究。20世纪40年代，美国学者H.米诺研究了马里共和国的廷克图市。20世纪50年代末和60年代初，北美人类学家开始注意城市的少数民族，加拿大对讲法语的加拿大人和其他少数民族进行了研究，美国也对其境内的少数民族进行了研究。[1] 随后，有几位人类学家注意到了西非和东非的城镇。内容涉及移居者适应、家庭变迁、社会关系、人口结构、工业经济等，较有成果的学者有M.班顿、K.礼托教授等。他们的著作有：《西非洲的都市化》（1965）、《非洲城镇中的妇女》（1973）等。1978年出版的《西欧少数民族语言》，说明都市人类学已经成为人类学研究的一个领域。[2]

都市人类学是人类学的一个新的研究领域，也可以说是人类学发展的必然结果。[3] 一般来说，城市中的移民种族分布较为集中，酒吧女、码头工人、迷信集团、老人、失业者等不同社区、不同群体都是都市人类学家所关注的研究对象。通常，都市人类学家采用参与观察的方法对这些群体进行研究。随着学科的发展，人类学的研究方法日渐丰富，在都市人类学研究中引入了其他学科常用的比较研究的方法，大大地扩展了学者的思考

---

[1]　阮西湖：《人类学研究探索——从"世界民族"学到城市人类学》，民族出版社2002年4月第1版。

[2]　同上。

[3]　同上。

空间①——如拉丁美洲都市与美国、欧洲各国都市的类似程度，不同国家
的都市行政与都市贫穷现象是否具有相同的模式，日本和印度的都市还保
留着多少亚洲的特色，第三世界国家中受殖民主义与新殖民主义影响的都
市跟那些未曾受殖民统治的都市是否有所区别等？这些问题对于认识都市
社会无疑具有重大意义。人类学的比较研究使人类学家得以从普及性中分
离出受个别文化影响的项目，从而促成对都市生活方式的比较性的认识，
这些相对比较客观公正的认识对于都市人类学的发展具有深远的意义。

从事复杂社会研究的人类学家逐渐认识到，仅仅依靠传统的参与观
察和实地调查方法已经不能满足都市人类学发展的要求，需要积极探求
新的方法。因此，人类学在研究复杂社会时，积极引进了社会学的方法
（如问卷、抽样、统计等），缩小了人类学与社会学的差别，同时，大
量采用的状况分析法和网络分析法，也有助于都市人类学的研究更上一
层楼。

五　走进生活，加快应用人类学研究

应用人类学是近几十年新兴起的一门人类学分支学科。它与自然科
学、社会科学相结合，运用人类学的理论与社会调查的方法，着重研究现
代社会结构和社会生活规律。应用人类学是把人类学家对人类、文化、社
会的知识应用于改变人类社会生活的科学。应用人类学这一名称是由美国
人类学家丹尼尔·C. 布林顿于 1893 年在就任美国科协促进会主席时所发
表的《人类学的目标》演讲稿中首次提出的。但到第二次世界大战前，
由于受传统的思辨哲学的影响，整个社会科学呈现重视理论研究而轻视应
用研究的现象，再加上作为具有现代科学形态的人类学产生较晚，其基础
理论研究与应用研究还没有明显的学科分化②，因而，应用人类学研究一
直没有太大进展。第二次世界大战后，由于社会的发展和科学的进步，社
会科学的应用价值逐渐被更多的人所认识，世界各国都开始调整科学政
策，逐渐重视社会科学应用性研究的发展。虽然科学政策的目标仍着眼于
发展科学技术，但是由于决策过程、科技研究的组织管理工作都迫切需要
社会科学，所以社会科学的应用研究比重也有显著的增长。尤其是 20 世

---

①　［美］W. 戈德施米特：《现代社会的人类学》，《世界民族》1935 年第 2 期。
②　参见李富强《当代英美人类学的发展趋势分》，《中国社会科学》1987 年第 2 期。

纪 60 年代后期，国际局势逐渐缓和且西方各国国内相继出现各种不同性质的社会问题，人们日益认识到，这些问题的解决必须更多地依靠社会科学。因而，西方各国普遍注重社会科学的应用性研究，并且以能解决实际问题为政策的目标。于是，人类学的应用研究受到了前所未有的重视，有了很大的发展。这时期，人类学家所关心的已不再是对殖民地的统治之术，而是越来越关注国内时局的稳定、经济的发展和社会的改良。人类学知识不仅被应用于行政管理，而且被广泛应用于工业、商业、公共卫生、技术变迁和经济发展、医学、教育等各个方面，人类学应用研究的领域大大拓展了。在工业应用方面，人类学家运用人类学的参与观察的方法研究工厂或企业中人群的互助，以求了解每一个群体中人与人之间的关系模式，进而寻求解决其间所发生的问题、提高工厂或企业的生产和工作效率的途径。在公共卫生方面，人类学家与医学家紧密合作，协助政府推行公共卫生计划——如探求文化背景与精神病患者的关系，设立精神健康实施的方案，参加精神流行病学的研究队伍等。在社会变迁与经济发展方面，许多国际组织——如联合国的各分支机构在推行技术援助以及经济发展计划时，均聘请人类学家为顾问。在教育方面，教育人类学家认为，人的问题和教育问题是统一的，它希望创立整体的、全面的、有关人的教育思想体系。[①] 在这一原则下，教育人类学家对于不同文化体系的教育方式开展综合研究，力求从现代教育理论中排除因文化偏见而造成的研究局限。人类学家贡献其知识与观念于教育领域虽是较新的课题，但是这些理论有助于一般教育理论的创新，有助于在特定民族中推行现代教育制度。

　　人类学应用研究的领域，不仅在第二次世界大战后大大拓展，而且人类学家在运用人类学知识的过程中，其作用也大大加强。第二次世界大战前，大部分人类学家只是受命对某种情况做详尽的研究，以求了解真相；或者是某种计划在推行中遇到困难或失败时受命去找出问题的症结所在。他们仅仅充当咨询者的角色，对于政策的制定以及研究方案的拟定没有发言权。第二次世界大战后，人类学家不满足于这种角色，他们积极参与决策，有的还在决策和计划的实施过程中发挥督导的作用。美国康乃尔大学人类学教授 A. 霍姆伯格在秘鲁的维柯斯河谷领导和推行的"康乃尔秘鲁

---

① ［俄］库克列夫：《哲学—教育人类学：问题和趋势》，《国外社会科学》1986 年第 8 期。

计划”，是人类学家参与文化变迁的一个成功范例。① 在这个计划中，A. 霍姆伯格和他的同事们根据人类学的知识和学科方法制订了一个“五年社会变化方案”。这个计划的实施最终使维柯斯河谷的人们摆脱了农奴的地位，开始进入现代社会，因而影响非常大。后来，由美国芝加哥大学的索尔塔竞斯和 6 位人类学学生制定的、为促进福克斯印第安人社会变化的“福克斯计划”，也体现了人类学家积极参与决策的趋向。另外，人类学家还以丰富的人类学知识代表所研究的对象向政府争取权利。1970 年，人类学家利萨·皮蒂受雇于一个规划城市发展的团体，他在对委内瑞拉的拉拉哈街坊进行研究时，向政府有关部门反映当地社区居民的意见，并从中进行调解，促使上级部门改变了这一计划。显然，人类学家充当了调停角色，这也体现了人类学家在社会生活中作用的增强。

应用人类学是人类学中一个很有发展前途的领域。它涉及的方面十分广泛。这一研究领域的发展，进一步密切了人类学与现实生活的关系并赋予人类学新的生命力，增强了人类学家在社会生活中的重要性，使得人类学家开始从事一些具有实际意义的工作。目前，这门学科仍呈现繁荣发展的趋势。20 世纪末仅美国就有 50 名或更多的专业人类学家从事非理论的人类学，而非理论的人类学的一个重要领域就是把人类学知识应用于解决现代社会生活中的大量问题。

六　运用统计手段进行研究

随着社会的进步，在人类学、民族学的研究中运用统计手段越发显得重要。在社会科学中，统计学是以社会现象为研究对象，目的在于阐明社会现象内部的联系，在社会现象的质和量的相互联系中，研究社会发展规律在具体时间、地点条件下的数量表现。最早运用这种手段对社会问题进行研究的是统计学的创始人约翰·格朗特。当时，伦敦瘟疫流行，死亡情况严重，引起了社会的不安。格朗特根据“死亡公报”，对伦敦的人口出生率、死亡率、性比例和人口的发展趋势进行了描述，写了《对死亡率公报的自然观察和政治观察》一文，通过分析和预测，证明没有悲观的必要，从而缓解了人们的不安情绪。迄今为止，统计学已在经济、人口、卫生、劳动、司法等各个领域得到应用，其效果也越来越显著。

---

① 北晨：《当代文化人类学概要》，浙江人民出版社 1986 年版。

运用统计手段进行人类学、民族学的研究，是其他手段所不能替代的。它可以使社会现象的质和量联系起来，使人们通过对量的研究来认识社会问题的实质，解决了质量相互割裂的矛盾。通过学科研究领域的拓展和指标体系的逐步完善，统计学对社会的涵盖面也在逐渐扩大，由此，形成了以下优势：人们得以直观、深刻地认识社会；可以赋予社会现象以数字属性，运用普查、抽样调查等手段来认识社会，使人们对社会的研究更精确，提出的理论更有说服力；可以用模型对社会过程进行模拟，运用计算机等先进手段对社会进行量化研究，把研究领域延伸到人类自身感官所不能触及的领域，使社会过程的研究可操作；可以通过对过去和现实社会现象的研究，得出规律，指导未来社会的发展。

七　加强地区性的专题研究

近几十年来，人类学和民族学界形成了到某一地区就某一专题进行多年追踪调查的工作方法。学者们从客位的角度出发，深入调查一个具体社区，与土著人同吃、同住，以不同的眼光和全新的观念，去观察社会生活、体味文化异同；从而，获得了丰富的人类学、民族学第一手材料，然后对其进行比较分析，形成一套比较完整的理论体系。这是田野调查工作方法在实际操作中的具体应用，也是目前世界上此领域比较重要的研究方法。世界是多方位的，人类认识世界的观察方法亦应如此。地区性专题研究，就是人们对社会形成了一个大体的看法之后，所进行的深层次的探索和思考。在阶段性的地区研究得到了较满意的科学答案之后，综合性的理论体系才会随之出现，才能借以促进世界文化的更新换代。[1]

要想深刻地了解不同地区的文化特征，就要对某一地区的历史情况有比较详细的掌握，对其发展的不同阶段进行纵向比较，分析其内在的文化精神特质；或者，要对两个或两个以上的地区社会的文化现象进行横向比较，异中寻同，同中求异，以跨文化现象的角度做出科学的解释。通过比较，可以对学术思想进行切实的鉴别，去伪存真，由表及里，通过反复的核实比较，对某一社会或某一文化逐步深化了解，使得观察事物的角度越加广泛起来。这种地区性的研究趋势，在第一届国际人类学和民族学大会上得到了充分表现，在拟定的 189 个专题中，地区性专题研究就占了 54

---

[1] 李玲燕：《现代人类学与民族学的发展趋向》，《民族研究》1993 年第 5 期。

个，研究的内容涉及社会生活的方方面面。

八　新技术的运用：视觉人类学兴起

视觉人类学是人类学和民族学领域中新兴的、很有潜力的研究门类。它已被列为国际人类学和民族学联合会的一个专题，并设立了专题组。它的工作方法就是充分利用影像的感染力，发挥影像的声画特色，直接表现一种文化的精神实质，使艺术和内容达到和谐与统一。观者如身临其境，能比较真切地体味到不同文化的迥异风格，从而取得文字书写难以达到的良好效果。

视觉人类学的发展历史，并非很长。最早使用电影对人类的动作进行分析研究，并建立人类学影片档案者是 F. L. 瑞根纳特。其后，M. 米德与格里高瑞在 1931 年至 1933 年间，在对印尼的巴厘岛居民进行有关文化与性格方面的研究时，首次使影像真正成为人类学研究的具体工作方法。后来，M. 米德又写了一篇文章《文字学科中的视觉人类学》，说明这种尚属探索性的人类学和民族学研究方法兴盛起来了。可见，随着科学的发展，其方法论也在开辟新的途径，并为人类文化的进一步繁荣和发展、为不同地域的人们之间相互沟通、为人类理性思维的发展，做出了应有的贡献。

九　涉足女性世界：妇女人类学兴起

过去的人类学家和民族学家在进行田野调查时，无论调查者还是被调查者，大多以男性为主，进行实地考察的地区多为偏远地带，生活的不便和体力的天然差别，使得女性很少涉足这一领域。尽管如此，女性在调查工作中所能够发挥出的优势也是不可忽视的。美国著名的女性人类学家露丝·本尼迪克特就是通过其细心的观察，用细致入微的笔触，写出了《文化模式》《菊与剑》等几部著作，开创了从心理学角度研究人类文化特性的先河。从第十三届国际人类学和民族学大会的讨论专题可以看出，妇女人类学已被正式提到此种学术领域的议事日程。研究妇女问题的专题占了 11 个。可见，妇女人类学领域的发展趋向是十分乐观的。

十　加强对发展问题的研究：经济人类学兴起

20 世纪，人类学和民族学在制定和实施社会发展规划方面的作用越来越得到重视，其中，经济人类学的重要作用尤其突出。如 20 世纪 50 年代形成的经济人类学，也是一门应用人类学学科。20 世纪 50 年代以后，这一学科进入了一个新的发展阶段。新加坡国立大学高级讲师 J. 克莱默在其《人类学与政治经济学》一书中指出：人类学有必要与发展问题联系起来。他不反对进行"纯理论"研究，但认为，这种研究应该与世界上的重大问题联系在一起。而发展本身就是一个引人注目的研究领域，人类学可以为它作出重要的、或许还是独特的贡献。人类学不仅仅是一门理论学科，还是一门应用学科，它无法回避当代最为紧迫、最为重要的问题。

经济人类学家不仅研究人类如何在自然界中求得生存，研究影响人类经济行为的组织因素，研究社会中商品和服务的分配情况以及这样分配的原因，还研究外来的现代化发展对落后地区的影响，以及欠发达地区的社会文化和人的心理因素对现代化发展的反应。因此，经济人类学家们的研究常常与评估甚至指导社区发展规划联系在一起。他们凭借自身对小型乡村社会或落后地区的一般了解，以现实的个案研究和观察结果为补充，可以给制定、实施或评估发展规划的人士提供一些有关当地情况的，具有实用性的资料，并提出忠告。由于人类学家在研究发展规划的实施时不是从规划制定者的角度去观察，而是从直接受到这一规划影响的人们（受益者或受害者）的角度观察，所以，他们的见解往往具有重要的参考价值。20 世纪末期，一些经济人类学家被邀请参与发展规划的制定和实施，这也表明他们的重要性获得了社会的承认。①

总之，第一，人类学和民族学的研究体系已趋向综合性、立体性和交叉性，出现了很多的新兴分支，渗入了人类社会科学的各个领域，并且在向实用性和应用性学科方向发展。第二，学科本身的研究重点，已由原始社会转移到了农村社会，与社会学的研究领域发生了重叠。这表明，随着人类文化程度的提高和前进步伐的加大，人类对社会认识的整体性也在逐步地增强，而且人为的学科界限趋于淡化，各个领域研究和探索的综合性也在进一步加强。尤其是越来越重视量化的研究方法，为这门学科增添了生命力。第三，地区性专题研究使得该学科研究领域在不断扩展的同时，加强了对社区某一专题的探索和研究，以求深入理性思考，提高学术水平。由此，我们可以预见，未来的人类学和民族学将向学科的高度现实性与真理性相结合、相统一的方向继续迈进。

---

① 黄育馥：《国外人类学研究的发展趋势》，《国外科学社会》1989 年第 1 期。

第四编

马克思主义民族学的创立、发展、现状及未来

第十六章 马克思主义民族学的创立与发展

马克思主义民族学，就是以马克思列宁主义为指导思想，为无产阶级及其领导下的各民族人民群众或世界各民族人民群众服务的民族学，它同西方民族学一样，也是世界民族学的重要组成部分。

马克思主义民族学的创立，与历史上无产阶级革命理论的建立以及无产阶级革命事业的发展是分不开的，其发展尤其与世界范围内的社会主义革命事业和建设事业紧密地联系在一起。

第一节 马克思主义民族学的初创形态

马克思主义民族学萌芽于马克思和恩格斯时代。这两位无产阶级革命导师在研究人类历史、尤其是原始社会史的过程中，将他们创建或发现的辩证唯物主义与历史唯物主义运用于研究西方民族学所揭示的大量的民族现象和民族资料，并由此而得出了经典成果：恩格斯的《家庭、私有制和国家的起源》（1884）（简称《起源》）。

马克思主义作为世界无产阶级的革命理论，是在世界资本主义处于上升发展时期和无产阶级反对资产阶级的伟大斗争中诞生的。此时，在新兴工业生产力的推动下，资本主义正呈现全面、自发的发展态势，与此同时，随着资本主义的世界性扩张，由资产阶级所发动的殖民主义活动，也将其触角伸到了亚、非、拉等广大地区。正是在这一时代与社会背景下，以研究殖民地国家或地区的落后民族为己任的西方民族学也于19世纪中叶应运而生了。西方民族学自产生之后，由于以当时先进的资本主义文明为基础，再加上殖民国家和政府的推动，在短期内便迅速发展起来，出现了一批著名的学者，形成了一系列学说并有大量著述问世，从而揭示了许许多多以往不为西方人所知的落后地区或国家的民族现象或资料。正是西方民族学的这一发展状况，引起了当时正在对人类社会进行多方面研究、努力创建自己的科学社会主义理论的马克思和恩格斯的极大关注。马克思和恩格斯在创建自己学说的过程中，始终都是以与各种唯心主义作斗争为己任的。这一点也促使他们对西方民族学中唯心主义的影响及其所导致的研究的不彻底性等问题给予了极大的关注，对古典进化论学派的某种唯物主义的发展亦产生了极大的兴趣。总的来说，尽管当时西方民族学所取得的成果是很显著的，但其中的一些重要理论观点——如有关人类社会发展史或原始社会发展史的某些重要观点，是不能完全令他们满意的，或者在他们看来其研究深度还很不够，于是，他们决心用自己的理论对有关问题进行重新研究。

马克思和恩格斯在对待西方民族学的研究成果时，表现出了一贯的严谨、认真的治学态度和志同道合的协作精神。他们把这一新的研究作为两人的共同任务。首先是马克思在 1882 年间对一些西方民族学家的著作做了大量的批判性的摘录。根据荷兰学者 L. 克雷德编辑出版的《马克思的民族学笔记》，马克思摘录的有关作品有：科瓦列夫斯基的《公社土地占有制》、摩尔根的《古代社会》、菲尔的《印度和锡兰的雅利安农村》、梅因的《古代制度史讲义》及拉伯克的《文明起源和人类原始状态》。马克思在其摘录中，不仅摘录了原作品的重要观点和资料，还对有关观点进行了批判，阐明了自己的观点并补之以他所掌握的部分资料。另外，马克思的《经济学手稿》（1857—1858）和《给维查苏利奇的复信草稿》等也都有关于民族学方面的重要论述。恩格斯告诉我们，马克思还曾想就摩尔根的研究成果写一部论著。恩格斯说："不是别人，正是卡尔·马克思曾打算联系他的——在某种限度内我可以说是我们两人的——用唯物主义的历史研究所得出的结论来阐述摩尔根的研究成果……"马克思生前未实现这一愿望，这一重新阐述摩尔根研究成果的全部意义的任务是后来由恩格斯完成的。

1884 年，恩格斯写作并发表了《家庭、私有制和国家的起源》一书，其副标题是"就路易斯·亨·摩尔根的研究成果而作"，这里的摩尔根的研究成果主要是指他于 1877 年发表的《古代社会》一书。这部论著虽然是由恩格斯执笔完成的，但却体现着他和马克思两人的研究成果，因为他直接参考了马克思关于《古代社会》一书的"详细摘要中的话语"。①

《家庭、私有制和国家的起源》一书基本上包括了《古代社会》中的重要观点和材料，当然更主要的是贯穿了马克思和恩格斯两人的理论观点以及他们所补充的材料。该书共分为几部分：史前各文化阶段（①蒙昧时代；②野蛮时代）、家庭、易洛魁人的氏族、希腊人的氏族、雅典国家的产生、罗马的氏族和国家、克尔特人和德意志人的氏族、德意志人国家的形成、野蛮时代和文明时代。从该书的目录和各部分的题目中可以看出，该书主要是论述了人类社会尤其是原始社会的分期，氏族制度，家庭、私有制和国家的起源与发展。从马克思主义民族学史的角度来看，这部论著的重要意义在于：第一，它是用马克思和恩格斯两人的历史唯物主义理论来阐述公认为民族学家的摩尔根的民族学成果；第二，该书用同一理论阐述了原始社会发展史上的若干重要问题，得出了完全符合于历史唯物主义的结论；第三，这部论著是在大量的民族学资料的基础上完成的。正是由于这三个方面的意义和特征，我们可以说：第一，马克思和恩格斯事实上直接参与了推动当时方兴未艾的民族学发展的研究工作，在这方面他们是否以民族学家的身份参与并不是主要问题；第二，由于他们的参与，即他们以自己的历史唯物主义理论应用于当时的民族学研究，其结果是终于打破了这一研究领域被资产阶级学者所垄断的局面，使这一新兴科学避免了完全为殖民主义国家和政府所利用的历史命运，为其开辟了马克思主义的发展之路；第三，民族社会发展史尤其是原始社会发展史及其相关问题本来就应该是民族学研究的一个重要领域，马克思和恩格斯在这方面所做出的重要贡献，为马克思主义民族学的研究首开先河并奠定了基础，而且这一研究在马克思主义民族学迄今为止的发展过程中也得到了很好的继承和发展。因此，我们正是在以上意义上说，马克思主义民族学的历史渊源可以追溯到马克思和恩格斯时代，而1884年《家庭、私有制和国家的起源》一书的写作与发表也相应地应被看作是这一科学正式萌芽的开始。

在这里，我们采用了"萌芽"的提法，不仅是出于对这个重要问题的谨慎，而且还是考虑到了马克思主义民族学作为一门科学，仅有正确的

---

① 恩格斯：《家庭、私有制和国家的起源》，"第一版序言"，载《马克思恩格斯选集》，人民出版社1992年版，第4卷，第1页。

理论和初步的成果还很不够，它还需要有完善的科学体制以保证其已有的成果能够获得进一步的发展——诸如科研组织机构的建立、规章制度的制定、各种活动计划的拟定与实施，尤其是要有计划地培养专门从事这一领域的研究人才，而这些在当时由于历史条件所限还根本提不到议事日程上来。众所周知，马克思在《家庭、私有制和国家的起源》一书发表之前就去世了，而恩格斯的一生又主要是致力于无产阶级革命理论的研究。即使其他马克思主义者如拉法格、普列汉诺夫、罗莎·卢森堡等人在他们的研究中曾涉及过诸如私有财产、原始神话、原始艺术等有关问题，但他们的贡献也仅限于个别理论方面的研究。另外，从马克思主义民族学发展历史来看，也是直到 20 世纪 30 年代末，马克思列宁主义的民族学发展路线才在人类第一个社会主义国家——苏联得到真正的坚持。这一事实足以说明，马克思主义民族学的创立并不是一朝一夕的事，而是需要长期的努力和大量艰苦的工作才能完成的。

另外，作为科学体系的马克思主义民族学，笼统地谈其"来源"也是不恰当的。这是因为：一方面，作为其根本指导思想和理论的辩证唯物主义或历史唯物主义自然是来源于马克思主义；另一方面，我们也不能忘记，马克思主义民族学是世界民族学的一个重要组成部分，它是在 13 世纪末叶以后逐渐在西方民族学发展的基础上独立出来的，而且，同是作为民族学这一门科学，两者间除却意识形态和服务对象等重大区别外，也必然共同拥有一些纯理论和知识方面的东西或共同使用在各方面的研究中所揭示出来的丰富的民族资料。事实上，只要是不抱着虚无主义态度，谁也不能否认恩格斯的《家庭、私有制和国家的起源》一书不仅利用了摩尔根《古代社会》中的大量的民族学资料，而且在原始社会史分期及其原则、氏族制度、婚姻家庭理论方面也直接采纳了摩尔根的观点，当然，这样做的前提是这些观点本身必须符合真正的历史唯物主义原则。另外，恩格斯在 1891 年为《家庭、私有制和国家的起源》一书所写的第四版序言中，对巴霍芬和麦克伦南有关婚姻家庭理论还专门进行了批判和论述。其中，在指出巴霍芬神秘主义观点的局限性后，基本上肯定了他的母权论思想，并说："这在 1861 年是一个完全的革命。"从这方面讲，马克思和恩格斯当年的有关研究工作不仅为马克思主义民族学的形成与发展确立了历史唯物主义的发展方向，还在坚持这一方向或原则的前提下批判地吸收了西方民族学中切实有用的成果，为马克思主义民族学的后来发展树立了典范。

第二节 马克思主义民族学的发展过程

19 世纪末叶，马克思主义哲学开始进入民族学领域，这标志着马克思主义民族学发展的开始。到 1917 年以后，随着人类历史上第一个无产阶级政权——苏维埃政权的成功建立，国际无产阶级的革命事业开始进入了社会主义革命和建设的伟大时代。这时，马克思主义民族学有了赖以生存和发展的社会主义国家阵地，因此，也很快便进入了全面迅速的发展时期。到 20 世纪 30 年代末，马克思列宁主义终于战胜苏联国内流行的各种其他学派，在苏联民族学中取得了支配地位，并在此基础上形成了马克思主义民族学的苏维埃学派。苏维埃民族学学派的最终形成，在马克思主义民族学发展史上具有着非常重要的意义，它标志着世界民族学的这个大的派别完全形成起来了。第二次世界大战后，中国、东欧等社会主义国家的建立，进一步壮大了社会主义阵营。与此同时，科学技术也获得了越来越迅猛的发展，在这种社会和时代的背景下，马克思主义民族学迅速地占领了当时的其他社会主义国家的阵地，壮大了在西方国家和第三世界国家中的影响。在苏联和中国等国的推动下，它还迅速地发展为现代的马克思主义民族学。从以上的过程可以看出，马克思主义民族学的形成与发展不仅与世界无产阶级革命理论——马克思列宁主义的创建与发展有关，更与社会主义国家中革命和建设事业的发展密切相关。

马克思主义民族学继马克思和恩格斯时代最初萌芽后，在社会主义革命和建设时代的迅速发展主要表现在以下几大方面。

一 学科体系建设

此学科体系建设主要是指马克思主义民族学的各类科研、教学机构及其规章制度的规划实施、活动机制协调、书刊出版发行等多方面的物质性建设。在第一节中我们已经指出，这方面的工作在马克思和恩格斯时代还没有条件完成，但是，随着苏联等当时的社会主义国家的建立和发展，完成这方面任务不仅具备了条件，而且其迫切性也加强了。这一工作在 1917 年苏维埃政权建立之初就开始了，在苏联大约是在 20 世纪 30 年代末大体完成的。当时的其他社会主义国家在第二次世界大战后也很快着手并完成了这方面的工作。马克思主义民族学学科体系建设的具体内容主要有：

第一，直接从事民族学研究的科研机构。其中，当时最具影响的主要有：苏联科学院民族学研究所（于 1937 年单独成所，有莫斯科和列宁格勒两个分所，为全苏民族学的最高科研中心）、中国社会科学院民族研究所、南斯拉夫塞尔维亚科学院民族学研究所（贝尔格莱德，1947）和科学艺术院民族学研究所（萨格勒布）、保加利亚科学院民族学研究所（1949）、匈牙利科学院民族学研究委员会、波兰科学院物质文化研究所民族学研究部（1953）、捷克斯洛伐克科学院民族学研究所（1953）、罗马尼亚文化和社会主义教育委员会民族学与民俗学研究所（后改名为民族学和方言学研究所）、朝鲜科学院考古学民族学研究所（1957），等等。

第二，从事民族学实物资料搜集与科研的博物馆。当时主要有：苏联列宁格勒人类学民族学博物馆（建于 1714 年，1933 年后与苏联科学院民族学研究所合并）、南斯拉夫民族学博物馆（贝尔格莱德）、国立民族学博物馆（萨格勒布）及斯洛文尼亚民族学博物馆（芦布利亚纳）、阿尔及利亚考古学民族学博物馆（地拉那）、保加利亚科学院民族学博物馆、波兰克拉克夫民族学博物馆（1905）、朝鲜中央民族学博物馆（1957），等等。

第三，由民族学学者自愿组成的民间组织。当时主要有：苏联的博物学人类学民族学爱好者协会（1863）和地理学会（1845，设有民族学研究组）、中国民族研究会、中国世界民族研究会和中国民族学研究会（均于 1979 年后成立）、捷克斯洛伐克民族学学会、波兰民族学学会（原建于 1894 年，第二次世界大战后恢复工作）、匈牙利民族学学会（原建于 1889 年，第二次世界大战后也恢复工作）等。

第四，从事民族学人才培养与科研的机构。除以上提到的有关机构外，民族学人才的培养主要是在一系列高等院校中进行，当时主要有：中国中央民族大学民族学系、苏联莫斯科大学民族学教研室（1925—1930 年曾成立民族学系）、波兰克拉克夫大学斯拉夫民族学教研室和普通民族学教研室、柏林民族学民俗学研究院（1953）、匈牙利布达佩斯大学民族学研究所、德布勒森大学民族学研究所及塞格德大学民族学研究所、阿尔巴尼亚国立地拉那大学历史语言研究所民族学研究室、南斯拉夫贝尔格莱德大学民族学教研室、萨格勒布大学民族学教研室和芦布利亚纳大学民族学教研室，以及当时的其他社会主义国家的高等院校和上述国家一些院校的历史系等也有从事民族教学的。

第五，主要民族学杂志。当时主要有：苏联的《苏联民族学》（1926年创刊，原为《民族学》，1931年改为现名，由当时的苏联科学院民族学研究所主办），中国的《世界民族》和《民族研究》（由中国社会科学院民族研究所主办），捷克的《捷克斯洛伐克民族学》和《捷克民族》，波兰的《波兰民族学》（1958）、《民族学》，保加利亚的《民族学研究所和博物馆通报》，南斯拉夫的《斯洛文尼亚民族学》《波斯尼亚—黑塞哥维那地方博物馆通报》和《塞尔维亚科学院民族学研究所通报》，朝鲜的《文化遗产》和《民族学研究丛刊》等。①

二　现代理论发展

马克思主义民族学的现代理论，是指第二次世界大战后随着人类科学事业的迅速发展而逐渐形成的现代理论体系，它包括理论和方法论两部分内容，其核心和基础仍是马克思列宁主义。在形成这一理论的过程中，苏联民族学学者所做的贡献是值得注意的。

早在20世纪30年代末，在苏维埃民族学学派形成之初就很注重现代理论的研究工作，到20世纪40年代，其现代理论观念就已有了一定的基础，但发展还只是初步的。第二次世界大战后，自当时的其他社会主义国家的民族学建立起来以后，苏联在发展民族学现代理论方面，应该说仍走在当时的其他社会主义国家的前面。尤其是在20世纪六七十年代以后，随着苏联这一社会主义国家的成长，这方面的研究有了更迅速的发展，并且还直接影响到了当时的其他社会主义国家民族学现代理论的发展工作。当然，当时的其他国家如中国、南斯拉夫等在这方面也都有不同的贡献。

马克思主义民族学现代理论的发展是在首先确立马克思列宁主义为其根本指导理论和方法的基础上进行的。在这方面，由于当时的各社会主义国家的具体情况不同，大致是经历这样几个过程实现的：像苏联、中国、捷克斯洛伐克，匈牙利、南斯拉夫、保加利亚等国家拥有不同的旧民族学传统，因此，这些国家的马克思主义民族学都是在批判和继承旧传统的基

---

① 王恩庆、李一夫编：《国外民族学概况》，中国社会科学院民族研究所1980年版。主要是有关当时的各社会主义国家民族学的部分。这里所引用的资料不是很全面，有的还是较早的资料，因此不包括有关国家研究机构、组织和杂志等的可能变化的情况。

础上发展起来的。而越南、罗马尼亚、阿尔巴尼亚等国则基本上没有旧的民族学传统，所以，这些国家的民族学大都是作为新兴科学领域直接建立在马克思列宁主义基础上的。朝鲜民族学发展的情况有所特殊，它是在清除日本帝国主义民族学的影响之后才逐渐发展为马克思主义民族学的。另外，许多国家在建立本民族的民族学过程中，还同西方民族学的各种流派展开过斗争，但在批判的基础上也不同程度地吸收了一些切实有用的理论观点，尤其是较先进的研究方法。

以苏联和中国等国民族学为代表的马克思主义民族学现代理论的发展，主要体现在以下几个方面：

第一，关于民族学的定义、性质、对象及任务等问题的研究。对于这些问题，马克思主义民族学同早期西方民族学有很大的不同。它认为，民族学就是研究所有民族起源、发展、变化规律及其相互关系的科学。这样，原始社会史及其一系列有关问题、民族文化和习俗特点等都应该是其研究重点。中国学者还提出，要把民族社会形态研究作为主要任务。另外，苏联学者早在 20 世纪二三十年代就明确提出，民族学是一门历史科学。

第二，新概念体系的确立。在这方面，苏联民族学的贡献最为突出。他们自 20 世纪 50 年代提出"民族"这个独立的历史现象之后，相继提出了"民族共同体""社会民族共同体""民族过程""社会民族过程""民族特点""资本主义民族""社会主义民族""苏联人民""传统文化"与"职业文化"等概念。他们还根据斯大林的有关论述，详细解释了由部落到部族、由部族到民族的人类共同体的发展规律。这些概念和论述在其他国家都引起了一定的反响。

第三，方法论研究。马克思主义民族学在创建方法论体系的过程中，除坚持辩证唯物主义和历史唯物主义的根本指导理论外，还注意广泛吸收当代世界人文科学发展的有关成果，尤其是西方民族学和近邻学科的有关发展成果。在这方面，苏联学者提出，把民族学分为历史民族学与当代民族学两部分，并把社会学、社会心理学、文化学、人类学、地理学、考古学、民俗学作为近邻学科，在其边缘上创立了民族人类学、民族地理学、民族社会学、民族人口学、民族语言学、民族心理学等"卫星学科"。他们还提出了"经济文化类型"和"历史民族区"等具有方法论意义的概念，其中，"经济文化类型"引起了中国学者重视，他们不仅把它提升到方法论的高度，还利用这一方法进行研究并取得了许多重要成果。① 另外，当时的南斯拉夫"人类地理学派"使用的"人类地理学方法"也很有特色。这一方法强调，居住地理环境对各民族文化习俗特点具有很重要的影响，并利用这一方法取得了许多重要的研究成果。

三　具体问题研究

第二次世界大战前，苏联民族学为了创立马克思主义民族学和处理民族事务的需要，将其研究重点放在原始社会史及其有关问题（这是马克思和恩格斯曾重点研究过的课题）、国内民族起源、文化习俗特点等方面。第二次世界大战后，随着当时的其他社会主义国家的建立，各国在坚持独立发展本国民族学的同时，还开展了广泛的国际间的合作——共同开展民族学田野调查，共同举办民族学博物馆所藏实物资料展览，互相交流学术成果和培养人才，共同研究都感兴趣的课题，等等。这些广泛的国际间合作使得各国研究的基本问题也大致相同。这些研究主要集中在：民族与民族社会发展史（重点是民族起源）、民族文化与习俗特点（传统特点与当代新出现的特点）、民族关系与民族问题（苏联学者还特别重视研究"民族过程"）、民族学发展史（是在批判西方民族学和本国旧民族学传统基础上进行的），等等。当然，这些研究首先都体现在国内民族方面，但对国外民族的研究也丝毫没有放弃。

总之，根据以上叙述我们看到，自当时的苏联等社会主义国家建立以来，马克思主义民族学由于有了社会主义国家制度为其提供的各方面保障、不仅坚定地从世界民族学领域中独立了出来，而且获得了毫不逊色于西方民族学的迅速发展。这不仅在世界民族学史上，而且在世界人文科学史上都应是非常引人瞩目的。同时，从这一期间所取得的各方面成果来看，我们也只能说，马克思和恩格斯时代，马克思主义民族学仅仅是刚刚有了萌芽。

四　马克思主义民族学在新中国的建立和发展

中华人民共和国的成立，为马克思主义民族学在新中国的建立和发展

---

① 林耀华：《中国的经济文化类型》，载林耀华《民族学研究》，中国社会科学出版社 1935 年版，第 104—142 页；林耀华主编：《民族学通论》，中央民族大学出版社 1990 年版，"第四章：经济文化类型"。

开辟了广阔的前景。新中国民族学的发展道路是和中国共产党领导的全国各民族人民的革命和建设实践密切联系在一起的。正因为如此，它赋予了中国民族学的如下特色：第一，它继承的是马克思主义民族学，同时，对西方资产阶级民族学也加以研究，批判地吸收其中的合理部分。第二，为社会主义革命和建设的实践服务，为各民族的发展进步和广大人民群众的利益服务。[①]

第三节　马克思主义民族学的未来展望

从马克思主义民族学的全部发展过程看：从 1884 年至 1917 年，它基本上是继续维持其萌芽状态。从 1917 年至第二次世界大战结束，它主要是在苏联一个国家获得了发展，这期间，于 20 世纪 30 年代末形成的苏维埃民族学派标志着它的形成过程的结束。从第二次世界大战结束到 20 世纪 50 年代末 60 年代初，马克思主义民族学迅速占领了当时的其他社会主义国家阵地并获得了现代化的发展。总的来说，马克思主义民族学同西方民族学相比较，其获得有效发展的时间并不是很长，但在 20 世纪 80 年代末和 90 年代初却正处在最佳发展势头上。除考虑到苏联因素外，1979 年以后，中国民族学迅速恢复和发展起来的因素也很重要。

可是，当马克思主义民族学正呈现最佳发展势头的时候，20 世纪所发生的德国民族的统一、苏联和南斯拉夫的解体及其社会性质的改变等一系列重大事件，却使之面临着巨大的命运挑战，在这种情况下，如何估计马克思主义民族学的未来发展呢？

毫无疑问，尽管出现了历史性的波折，但马克思主义民族学作为一门科学仍会一如既往的发展下去，这需要我们做好以下几个方面的工作：

第一，必须坚持发展马克思主义。马克思主义民族学同西方民族学最深刻的区别是在哲学方面，马克思主义民族学坚持以辩证唯物主义和历史唯物主义作为自己的根本指导思想和方法，这样，在现有的社会主义国家中，只要我们继续在实践中坚持和发展马克思主义，就会保证其根本发展方向不会改变。

[①] 宋蜀华、白振声主编：《民族学理论与方法》，中央民族大学出版社 1998 年版，第 105 页。

第二，必须巩固和完善社会主义制度。事实证明，马克思主义民族学之所以能够存在与迅速发展，与社会主义制度为之提供的各方面保证是分不开的，换句话说，它不能没有自己的社会主义国家这块阵地。而苏联等国的解体及其社会性质的改变，给马克思主义民族学的命运带来了极大的挑战。可喜的是，经过20世纪50年代和90年代初的社会主义改革，马克思主义和社会主义制度在中国不仅经受住了考验，而且，随着社会经济、政治、文化等各方面的全面发展，还更加巩固了。当然，中国在发展马克思主义民族学方面，肩上的担子会更重。因为，这方面的工作直接关涉马克思主义民族学在现在的政治制度下能否继续存在和发展之问题。

第三，必须继续深化马克思主义民族学已有的发展成果。第二次世界大战后，在马克思主义民族学发展中做出过极大贡献的苏联民族学因苏联的解体而前途难测，时代的发展又十分迅速，在这种情况下，若不能保证马克思主义民族学继续快速发展下去，就难免会落后于时代。因此，我们应认真总结马克思主义民族学以往的发展历史，珍惜以往的成果，特别是要认真对待苏联民族学所取得的一切成就，在此基础上全面推动该学科的发展。

第四，必须持续扩大马克思主义民族学的国际影响。第二次世界大战后，马克思主义民族学的国际影响已经有了很大的发展。在西方国家、第三世界国家中不乏它的同盟军——法国就有马克思主义民族学流派，英国也有用马克思主义理论和方法进行有关问题研究的。在新形势下，应积极协助原苏联加盟共和国内继续坚持马克思主义民族学立场的学者，做好他们的工作。要扩大广泛的国际性合作，包括与西方民族学学者的联系与合作，及时掌握国际民族学领域的新发展，在批判的基础上吸收一切切实有用的成果。总之，马克思主义民族学将来所负有的使命之一，就是不仅要牢牢地巩固社会主义国家阵地，还要在世界范围内尽可能地扩大相关领域。

第十七章　马克思主义民族学的苏维埃学派（苏联民族学）

马克思主义民族学的苏维埃民族学派，简言之就是苏联民族学。作为马克思主义民族学的一个学派，其形成与发展，不仅在马克思主义民族学发展史上，而且在世界民族学发展史上，均占有着特殊的历史地位。

20 世纪 90 年代以后，随着苏联的解体，以及苏联地区内以俄罗斯为首的一些国家性质的改变，人们对苏维埃民族学派的历史命运产生了极大关注。在这种情况下，全面回顾苏维埃民族学派迄今为止的发展历史，对于其在马克思主义民族学和世界民族发展史中的历史地位做出认真的估价，不仅是有意义的，而且是必要的。

第一节　苏维埃民族学派的形成过程

1917 年，在列宁的领导下，俄国共产党成功地建立了人类历史上第一个无产阶级的政权——苏维埃政权。1921 年，在取得了三年国内战争（1918—1921）的胜利后，又成立了苏维埃社会主义共和国联盟。从 1921 年到 1923 年，苏联实行了对资本主义和封建主义让步的"新经济政策"。在这期间，列宁在 1924 年去世，斯大林接替了国家最高领导者的职位。从 1923 年起，在全国范围内，苏联开展了大规模的农业集体化和工业国有化的社会主义改造运动。到 20 世纪 30 年代末，苏联不仅完成了社会主义改造的任务，还在经济建设领域取得了前所未有的成绩。从 1941 年到 1945 年，苏联人民不仅取得了反抗德国法西斯入侵的伟大卫国战争的胜利，捍卫了人类历史上第一个社会主义制度，而且还大大地提高了自身的影响。

马克思主义民族学的苏维埃学派，就是在上述苏联社会主义革命和建设的全面发展过程中，在基本完成其体制建设和确立马克思列宁主义为其根本指导思想和方法的基础上，逐渐于 20 世纪 30 年代后期形成的。

　　与苏联民族学构成某种历史联系的俄国民族学可以分作两部分，一部分是为沙皇政府殖民政策服务的反动的沙文主义民族学；另一部分则是为俄国的社会解放和民族解放运动服务的民族学。苏联学者认为，后者为俄国民族学的主流派。① 苏联民族学的形成，应该说是与俄国民族学的这一主流派更有联系。苏联是在帝俄版图的基础上建立起来的一个多民族国家，它作为一个社会主义国家，在建国后自然面临着彻底废除民族压迫制度、让各民族人民共同分享国家政治权利、共同拥有平等的社会发展机会、在民族事务方面建立真正的社会主义民主制度的艰巨任务。然而，在苏联建国初期，要完成这一任务，就需要有关于国内各民族的历史与现状、文化和习俗方面的知识，而这些知识在当时只有那些训练有素的俄国民族学家才具备——因为，苏联在建国初期不可能在短期内重新培养出自己的民族学家。这种情况就决定了新生的苏维埃政权必须在民族事务方面，尽可能地利用俄国民族学的既有成果——包括组织和动员其所造就的民族学人才来为自己服务。

　　新生的苏维埃政权完全有条件这样做。这是因为，"十月革命"的胜利，已经彻底地改变了民族学和其他科学在苏联的发展条件。这时的民族学，其存在与发展不仅要接受按照马克思列宁主义的理论原则制定出来的国家政策的指导，还必须为苏维埃政权及其领导下的各民族人民群众服务，也就是说，"十月革命"的胜利，为民族学在苏联的发展确定了必须遵守的社会主义的方向。因此，从这个意义上说，"十月革命"的胜利，标志着俄国民族学发展的结束与苏联民族学形成的开始。

　　这一新的变化，为民族学在苏联的发展带来了新的生机。这在 20 世纪 20 年代末以前，主要体现为学科体系的建设方面：包括民族学科研与教学机构设施的恢复与建立、规章制度与活动计划的制订与实施、民族学著述与刊物的出版发行，等等。据有关材料介绍，在这一时期，苏联已经形成了莫斯科和列宁格勒两大民族学学术中心。此外，俄罗斯、乌克兰、白俄罗斯、格鲁吉亚、亚美尼亚等国的一些大城市里也都有专门的从事民

---

　　① ［俄］契斯托夫：《二十世纪三十一八十年代苏联民族学史片断：为苏联科学院民族学研究所成立五十周年而作》，原文载《苏联民族学》1983 年第 3 期，贺国安摘译，《世界民族》1984 年第 2 期。

族学的研究人才。据说，到 1927 年，苏联已有 1761 个地方志机构，其中有 20 个是在革命前建立的。这期间，苏联民族学家在开展民族地区社会调查、编写地方志、编绘民族分布图册等方面也都取得了很多的成绩。①

直到 20 世纪 20 年代末，苏联民族学的发展主要体现在学科建设和具体研究方面，与此相比较，理论研究还很不够，这时许多观点仍停留在革命前的水平上，显得很混乱。如西方民族学的文化进化论观点、文化历史学派的观点、美国新兴的经验学派的观点、弗洛伊德的心理学派的观点、文化圈学派的观点以及俄国纯粹派的理论观点在当时苏联都能找到支持者。即使有一些马克思主义的支持者，其理论水平还仍旧很低。当时，出现这样的局面不是偶然的，因为在 20 世纪 20 年代，在苏联民族学领域中起着重要作用的还基本上是在帝俄时期就已出名的民族学家，以及在他们影响下的一批后起的民族学工作者。如契斯托夫就讲："在 20 年代的老一辈学者中，起决定作用的是革命前俄国民族学中进步的左翼民族学家，他们总是力求把已知的知识服务于人民（如 Л. Я. 什提恩别尔格、В. Г. 唐—鲍果拉兹、Д. К. 捷列宁、Е. Г. 卡加洛夫、Д. А. 阿努钦、В. Н. 哈鲁津娜等）。正因为这样，他们能够成为青年民族学家的指导者，并与他们一起积极参加制定苏联民族学的方法论基础。"② 当时，还有一个社会背景，那就是苏联正值实施"新经济政策"时期，还未来得及对全社会实行全面的社会主义改造，理论落后于实践的局面是不可能长期维持下去的。1928 年以后，随着全苏农业集体化和工业国有化的蓬勃进行，民族学领域里也开始了社会主义改造工作。这首先引起了这一领域内的理论斗争，而且是在莫斯科和列宁格勒这两大学术中心里开展的。斗争的焦点是有关马克思主义民族学的问题。为此，1929 年，由莫斯科中央民族学博物馆组织了"马克思

①　参见 [俄] 托卡列夫《苏联民族学发展概况》，原载《世界文化史通报》1958 年第 2 期，汉译文载王恩庆、李一夫编《国外民族学概况》下册，中国社会科学院民族研究所 1980 年版，第 387—394 页；[俄] Ю. В. 布朗利、[俄] 契斯托夫《伟大的十月与苏联民族学》，原文载《苏联民族学》第 5 期，李淑玲摘译，见《世界民族》1988 年第 3 期，第 24—52 页。

②　[俄] 契斯托夫：《二十世纪三十一八十年代苏联民族学史片断：为苏联科学院民族学研究所成立五十周年而作》，原文载《苏联民族学》1983 年第 3 期，贺国安摘译，《世界民族》1984 年第 2 期，第 20—21 页；[俄] 托卡列夫：《苏联民族学发展概况》，载王恩庆、李一夫编《国外民族学概况》下册，中国社会科学院民族研究所 1980 年版，第 393—394 页；[俄] Ю. В. 勃罗姆列伊、[俄] Г. Е. 马尔克夫主编：《民族学基础》，赵俊智译，中国社会科学出版社 1988 年版，第 32 页。

主义民族学讨论会"。同年，在列宁格勒也召开了以莫斯科和列宁格勒两市的民族学家为主并邀请了其他城市学者参加的民族学会议。在会上，对马克思主义民族学问题展开了讨论。还有，在莫斯科的科学院历史研究所社会学研究室和马克思主义历史学家协会也讨论了在民族学中运用马克思主义的方法问题。

　　马克思主义对于苏联民族学的影响最早可以追溯到帝俄时期。俄国民族学形成于 19 世纪中叶，主要是由一些民族学爱好者推动其发展的。这种情况便使得一些学者很早就不同程度地接受了马克思主义。如 H. И. 西贝尔关于前阶级社会关系的研究、M. M. 科瓦列夫斯基关于原始公社的研究以及Ф. 科恩的研究所体现出的马克思主义的影响。当然，马克思主义对苏联民族学的影响，起决定作用的还是列宁和斯大林。他们不仅根据时代的发展和俄国（后来是苏联）的具体情况发展了马克思主义，还直接领导并建立了人类历史上第一个社会主义国家——苏联。这对在苏联民族学中，马克思列宁主义最终战胜各种非马克思主义流派的理论观点提供了最根本的保证。

　　在 20 世纪 20 年代末开始的苏联民族学的理论斗争中，曾出现过两种对立的观点。一种是肯定派；另一种是取消派。与肯定派观点相对立的，是对民族学采取虚无主义态度的取消派的观点。这以阿普捷卡利和雅柯夫列夫为代表。早在列宁格勒会议上他们就提出，民族学是资产阶级的伪科学而应予以取消。取消派由于以马克思主义者自居，所以在 1932 年考古学民族学会议上占了上风，促使会议作出了否定民族学的决议。决议指出："1929 年莫斯科列宁格勒民族学家会议的决议，反映了当时我们的马克思列宁主义干部在历史战线上的软弱，并且对旧民族学基本上采取了自由主义和调和主义的态度。"决议还指出，"马列主义对历史学的理解是排除任何和历史学对立的作为独立学科的民族学"。"既然在马列主义科学系统内不存在和历史学对立的、作为独立学科的民族学，那么关于存在着独特的、马克思主义民族学的论断不仅是站不住脚的，而且是极端有害的。"决议还告诉我们：1929 年民族学家会议也曾作出过决议，但"没有明确地提出民族学是马克思列宁主义体系中的独立科学"。①

---

　　① 《一九三二年全俄考古学民族学会议关于民族学的决议》，原文载《苏联民族学》1932年第 3 期，汉译文见王恩庆、李一夫编《国外民族学概况》下册，中国社会科学院民族研究所1980 年版，第 458、459、460 页。

　　1932 年的考古学民族学会议决议，只是说明了民族学的取消派曾一度很有影响，以及当时苏联民族学界的马克思列宁主义理论水平较低的情况，它在实际上并未阻止苏联民族学的发展。这是因为，该决议并不代表国家政权机关的态度，与苏联这个多民族国家需要民族学的存在也相违背。因此，到 1933 年 2 月，苏联科学院主席团便通过决议，决定成立一个能够领导和协调全苏民族学家和人类学家科研活动的学术中心，即苏联科学院人类学考古学和民族学研究所。这个研究所是在科学院民族学博物馆的基础上，合并了 1930 年成立的苏联科学院民族研究所而成立的。它的成立，在苏联民族学发展史上具有重要意义。

　　到 20 世纪 30 年代中期，苏联实现了农业集体化和工业国有化，这标志着社会主义改造已基本完成。1934 年和 1939 年，苏共中央又颁布了关于历史科学的重要文件，发表了斯大林、基洛夫和日丹诺夫《关于中学教科书编写纲要的意见》，纠正了在历史科学中反马克思主义的思想观点。这一切都进一步促进了苏联民族学接受或确立马克思列宁主义为其根本指导思想和原则的步伐。经过一段时间的发展，到 1937 年，苏联科学院民族研究所单独成所，1939 年，再次召开了全苏民族学家会议，莫斯科大学历史系恢复了民族学讲授并成立了民族学教研室（1925 年该学校曾成立民族学系，后在 1930 年取消）。这一系列事情标志着马克思主义民族学的苏维埃学派终于在 20 世纪 30 年代末形成。这也是苏联学者的看法。① 苏维埃学派这一名称是托尔斯托夫在其《民族学的苏维埃学派》（1947）中首先提出来的。

　　1941 年至 1945 年是苏联卫国战争时期，苏联民族学便转向为国防服务，战后又为苏联参与国际事务服务，这是苏联民族学在特殊历史条件下的特殊发展时期。

　　苏联民族学派，在 20 世纪 20 年代末产生，而形成为一个具有自己研究对象和特点的独立学派则是在 20 世纪 30 年代后期。其奠基人为民族学家 Д. H. 阿努钦和 Л. Я. 什捷伦别尔格等人。阿努钦主张将民族学、人类学和考古学结合成"三位一体"，于 20 世纪初自成一派。他的学术思想

---

　　① 勃罗姆列伊和马尔科夫主编的《民族学基础》讲道："早在 30 年代末期，马克思主义的方法论就完全取代了在这之前的进化论观点，取代了与'文化圈'和'文化历史学派'理论有联系的观念……以及其他折衷观点。"

对后来苏联民族学的发展影响颇深。

第二节　苏维埃民族学派的现代发展

从历史发展的角度看，在第二次世界大战前，苏联民族学主要是完成了从革命的民主主义民族学向马克思主义民族学的转变，其结果是苏维埃民族学学派的形成。第二次世界大战后，则是在第二次世界大战前发展的基础上迅速发展成为现代的马克思主义民族学。

有人说，从"十月革命"取得胜利、建立苏维埃政权开始，马克思主义民族学中的苏维埃学派就已经形成。其实不然，它作为一个学派实际上萌芽于 20 世纪 20 年代末 30 年代初，正式形成于 20 世纪 30 年代末 40 年代初。与西方民族学比较，苏维埃学派主要有以下几个特点：①对原始社会史的研究；②对民族起源问题的研究；③人类学（指体质人类学）与民族学相结合；④重视对国外民族的研究；⑤对西方民族学的批判；⑥重视民族学理论问题的研究；⑦对物质文化和精神文化进行了十分细致的研究；⑧对经济文化类型和历史民族区的研究。[①]

第二次世界大战后，苏联很快修复了战争创伤，并随着人类科学技术事业的迅速发展而于 20 世纪六七十年代步入了发达国家的行列。这时，苏联不仅宣布建成了发达的社会主义国家，还开始着手探讨向共产主义过渡的问题。1956 年召开的苏共 20 大通过了关于克服对斯大林个人迷信的决议，使苏联社会科学的发展获得了不同以往的自由前景。后来，苏联又明确地提出，已经卓有成效地解决了历史上所遗留下来的民族问题，今后的任务将是在进一步完善国内各民族关系的基础上建设"苏联人民"这一新的历史性人类共同体，寻求把苏联建设成单一民族国家联合体。从国际形势上看，第二次世界大战后，以苏美两大国为主形成了长期的"冷战"局面，这不仅迫使苏联走上了长期扩军备战的道路，还迫使其在世界范围内寻求建立广泛的政治、经济、军事联盟，以此来与以美国为首的西方联盟相对抗。

第二次世界大战后，苏联民族学就是在上述社会大背景下发展为现代马克思主义民族学的。其后不久，随着苏联国内各项事业的恢复和转入正

---

①　林耀华主编：《民族学通论》，中央民族大学出版社 2011 年版，第 137—138 页。

轨，苏联民族学也进入了正常发展时期。20 世纪 50 年代初，斯大林发表的《马克思主义和语言学问题》及 1951 年全苏民族学会议的召开，对这一转变起到了很大的推动作用。早在 20 世纪 30 年代，马尔的语言学一般理论就对当时正在开展的有关族源问题的研究造成了极大的束缚，20 世纪 30 年代末虽突破了马尔学说的阻力，但马尔理论的影响并未得到彻底肃清。1950 年，斯大林发表了《马克思主义和语言学问题》，对马尔的语言学观点进行了彻底批判，进一步推动了苏联民族学理论上的发展。1951年召开的全苏民族学会议肯定了斯大林这篇论著的正确性并在总结苏联民族学以往发展的基础上，进一步提出了当时面临的主要问题和当时任务。会议决议指出："如果过去苏维埃民族学研究的主要问题是关于原始公社及其在现代生活中的残余的话，那么，现在就是按照伟大的革命民主主义者（赫尔岑、车尔尼雪夫斯基、杜勃罗留波夫）的先进传统，把研究各民族人民的现代生活的任务，即把研究苏维埃社会主义民族和外国各民族人民现代文化和生活习惯……的任务提到首位。"决议明确或肯定了第二次世界大战后苏联民族学的主要发展方向。与此同时，决议还指出："《苏联民族学》杂志在发展和巩固苏联民族学这一门科学中起了主导和组织作用。"1926 年，《民族学》杂志正式创刊，1931 年改名为《苏联民族学》，它是由苏联科学院民族学研究所主办的全苏最高民族学刊物，在国际上也是非常有影响的。决议还强调了苏联科学院民族学研究所在全苏民族学中的领导地位和核心作用。① 具有历史意义的苏共 20 大的召开，由于破除了对斯大林的个人迷信，解放了苏联人民的思想，对苏联民族学的发展更是发挥了极大的推动作用。苏联民族学的现代理论观念到了 20世纪六七十年代才真正具有现代的性质。对此，契斯托夫说："……直到60 年代和 70 年代，当社会主义的社会制度已经成为发达社会主义制度，而科学愈益被人们看作是重要的社会生产力，苏联民族学才具有彻底的现代性质。"② 从理论与实践两个方面看，苏维埃民族学在第二次世界大战后的发展特点是：既注重实践，也注重理论，并以越来越优先发展现代理

---

① 参见《1951 年全苏民族学会议决议》，原载《苏联民族学》1951 年第 2 期，译文载王恩庆、李一夫编《国外民族学概况》下册，中国社会科学院民族研究所 1980 年版，第 461—469 页。

② ［俄］契斯托夫：《二十世纪三十一八十年代苏联民族学史片断：为苏联科学院民族学研究所成立五十周年而作》，原文载《苏联民族学》1983 年第 3 期，贺国安摘译，《世界民族》1984 年第 2 期，第 22 页。

论来推动实践发展为其特点，这一点在 20 世纪 70 年代末以来更为明显。这一特点显然与第二次世界大战前不同，第二次世界大战前主要是靠实际研究推动理论发展。

苏联民族学在第二次世界大战后的发展可以从实践与理论两个方面来分析。

一　实际问题研究

综合起来看，苏联民族学研究在第二次世界大战后所涉及的实际问题主要有：

第一，民族历史与民族社会发展史。这一研究主要集中于民族起源、原始社会史两个方面，它是在恩格斯《家庭、私有制和国家的起源》所阐述的理论观点基础上进行的。苏联学者认为，这个研究的意义主要在于意识形态方面。如勃罗姆列伊所说："至为重要的是，要根据民族学资料继续研究原始社会历史的种种问题。这种看来似乎远离现时代的问题，是具有非常大的现实意义的。研究这种问题，能够为同资产阶级意识形态进行斗争和捍卫历史演变过程的唯物主义观点提供极珍贵的材料，以证实阶级、私有制、国家、人剥削人制度之类的现象是暂时性的，决不是永恒不变的。"[①] 从 19 世纪末到 20 世纪前期，西方民族学中曾出现过反摩尔根思想——其实是反马克思主义进化论观点的热潮，为同这种思潮进行斗争，苏联民族学在 20 世纪 30 年代就已展开过对民族起源和原始社会史的研究。这一研究在 20 世纪 30 年代末突破马尔学说的阻力后，到 20 世纪五六十年代有了明显的发展。这主要体现在对摩尔根和恩格斯的某些观点的修正。值得注意的是，苏联民族学在这方面的研究，并不局限于所谓"非历史的"民族，而是对所有能获得其资料的民族包括"历史的"民族都进行研究。第二次世界大战后，苏联民族学虽然越来越重视对当代问题的研究，但对历史问题的研究丝毫没有放松，而是更加注重两者的联系。如《改革中的苏联民族学》一文中就讲道："必须明确民族学研究中历史、'传统'课题和当代课题的相互关系问题……一方面，不了解某一民族的历史，就无法认识这民族的当代生活，另一方面，又不能把现时代从

---

① ［俄］勃罗姆列伊：《民族学家争论什么》，载王恩庆、李一夫编《国外民族学概况》上册，中国社会科学院民族研究所 1980 年版，第 81 页。

这个民族的民族历史中排除出去。任何文化的历史，都是一个传统发展和交替的经常过程。"①

第二，体现着民族特点的民族文化与风俗习惯。这一研究也包括两个方面的内容：一是作为历史残余的民族文化与风俗习惯；二是当代民族生活中不断出现的文化习俗特点。勃罗姆列伊认为："全面描述各民族的任务，只有在专门研究它们文化的各个方面，首先是研究民族特点特别突出的传统形式的基础上才能解决。这种特点表现在传统文化的各个领域：从物质生活到日常行为的模式、习惯、礼仪、交往准则、致敬形式，等等。这种历史上形式的特点，一般有着巨大的稳定性。"② 这里所说的民族文化包括精神和物质的两个方面。随着当代文明的发展、民族文化习俗传统特点的不断消失和新特点的不断出现，近几十年来，苏联学者对民族特点也有了新的理解。K.B. 契斯托夫说："在我们的时代，民族特点主要不是表现在物品上，而是表现在人民的意识中。民族特点主要蕴藏在人们的心理和行为上。"③ 这种认识，促使苏联学者重视对精神文化的研究，其中包括对民族自我意识的研究。勃罗姆列伊说："众所周知，民族自我意识的形成和巩固可以不取决于习俗传统成分的保存的程度，甚至可以在这些成分消失时形成和巩固。"④ 对当代民族特点的研究，包括了对集体农民、工人、城市及城市居民、知识分子等当代生活过程的研究，此外，还包括对新礼仪（尤其是家庭礼仪）和"职业文化"的研究。

对于民族特点的研究，早在"十月革命"胜利后，由于政权建设和改造落后边远地区各民族生活的需要就开始了；到20世纪40年代，虽有所加强，但仍限于记述性的；只是到20世纪五六十年代后，才有较广泛、深入的发展。前述新理论观点就是自这以后取得的。

---

① 《苏联民族学》杂志编辑部：《改革中的苏联民族学》，原文载《苏联民族学》1987年第4期，汤正方摘译文，载《世界民族》1988年第1期。

② ［俄］勃罗姆列伊：《现阶段的民族学》，载王恩庆、李一夫编《国外民族学概况》上册，中国社会科学院民族研究所1980年版，第75页。

③ ［俄］契斯托夫：《二十世纪三十一八十年代苏联民族学史片断：为苏联科学院民族学研究所成立五十周年而作》，原文载《苏联民族学》1983年第3期，贺国安摘译，《世界民族》1984年第2期，第26页。

④ ［俄］Ю.B. 勃罗姆列伊：《论民族学研究现实的迫切问题》，原文载《苏联民族学》1983年第6期，贺国安摘译，载《民族学译文集》第1辑，中央民族大学出版社1987年版，第306页。

第三，民族关系与民族过程。苏联学者认为，民族关系与民族过程的研究，相互间有着密切的联系。因为，民族过程大多发生在民族关系之中，如民族的分化与联合过程（联合过程指民族结合、同化、一体化过程）都与民族关系有关，所以，研究民族过程必须研究民族关系，而研究民族关系也就是研究民族过程。20世纪50年代以后，苏联国内开始强调民族一体化，创造"新人类历史性共同体——苏联人民"，使得这一研究更具有现实意义。民族过程研究的包含面是很宽的——民族历史和民族社会发展史、民族文化和风俗习惯都被包含在内。苏联民族学不仅研究历史上已发生过的民族过程，还研究当代正在发生的民族过程；虽重点研究苏联国内的民族过程，国外民族的民族过程也在研究之列。

对苏联国内民族关系的研究，具有特殊的意义。苏共27大通过的党纲指出："历史遗留下来的民族问题在苏联已卓有成效地解决了"，但大会同时还批判了"关于苏联社会这一生活领域毫无问题的观念"，从而提出了"完善民族关系的新任务"。同时还指出，完善民族关系就是要克服民族主义，发扬社会主义、国际主义。

《苏联民族学》1960年第六期刊文指出："早在革命后的最初年代，对苏联民族过程的研究就在苏联民族学科学中占据重要地位。"[①] 这表明，当时十分关注对各民族已发生过的历史过程以及各民族经济、文化、生活的社会主义改造过程的研究。到20世纪50年代初，苏联民族学界开始把民族理解为一种独立的历史现象，进一步推动了对民族过程的研究，同时还增添了许多新的内容。到了20世纪六七十年代，这一研究开始转向揭示"民族过程"的理论内涵，直接推动该研究向更深的理论层次发展。

第四，国外民族。重视对国外民族的研究也是第二次世界大战后苏联民族学的一个发展特点。早在沙皇俄国时代，俄国民族学家就注意搜集国外民族情报资料，以服务于领土扩张的需要。第二次世界大战前，苏联民族学的研究侧重于国内民族，第二次世界大战中和战后一个时期主要是对德国、意大利和东欧一些国家的民族进行研究。20世纪50年代以后，研究范围进一步扩大，其显著的成果就是多卷本《世界民族志》和《国外民族分布图集》的编写和编绘。20世纪70年代以后，苏联民族学家开始

---

① 王恩庆、李一夫编：《国外民族学概况》上册，中国社会科学院民族研究所1980年版，第73页。

注意"研究发生在苏联以及世界其他地区的现代民族过程，除了阐明个别民族和在个别国家和地区民族过程的特点这一任务外，还详细研究了现代城市化社会中在发达社会主义条件下、在资本主义条件下以及在第三世界国家里民族过程的发展特征问题"。① 这个时期的总的特点就是：将对国内民族研究所获得的理论和实践方面的成果，最大限度地应用于对国外民族的研究。在这一研究中，当时的社会主义国家的民族占有很大的比重。

第五，民族学史。苏联民族学对民族学史的研究是在对西方民族学的研究和批判以及对俄国民族学遗产的重新评价的基础上进行的；同时，也是在对苏联民族学的历史总结的基础上进行的。世界民族学形成于 19 世纪中叶，到 20 世纪中期已有了一个多世纪的发展，这期间取得的成绩和出现的问题都值得总结；同时，苏联民族学也有了几十年的发展，情况也是如此。因此，第二次世界大战后，苏联民族学家开始对民族学史进行研究也是自然的。

西方民族学很早就对俄国民族学产生过影响，苏联民族学在确立马克思列宁主义为其根本指导思想的过程中，也和西方各种流派的理论、观点进行过斗争。对于西方民族学的研究与批判首先就是针对上述影响而开始的。第二次世界大战后，苏联学者几次参加有关人类学、考古学、民族学的国际性会议，在莫斯科还承办了第七届国际人类学和民族学大会。这些活动，一方面推动了世界民族学的发展；另一方面通过广泛的国际性学术往来使苏联学者对西方民族学有了更直接的了解。在对西方民族学进行研究与批判时，其对象主要是英、美、法、德、奥等国传统的和新兴的流派，其中，法国等国家的马克思主义学派也引起了苏联学者的注意。

第二次世界大战后，在同西方民族学进行斗争时，苏联民族学者认识到，民族学的发展还不够充分，甚至还存在着一些问题。苏维埃民族学学派在 20 世纪 30 年代形成以后，需要进一步发展，尤其是向现代化发展。

1947 年，托尔斯托夫发表了《民族学的苏维埃学派》，详尽地回顾了该学派的形成与发展过程，并总结了以往的成绩，同时，也批判了西方民

---

① ［俄］契斯托夫：《二十世纪三十一八十年代苏联民族学史片断：为苏联科学院民族学研究所成立五十周年而作》，原文载《苏联民族学》1983 年第 3 期，贺国安摘译，《世界民族》1984 年第 2 期，第 26 页。

族学的各个学派。20 世纪 50 年代后，又再版了米克鲁霍—马克莱、阿努钦、科瓦列夫斯基、季伯尔等俄国民族学者的著作。有关民族学史的专著有：《俄国民族学：民间文学和人类学史纲》《国外民族学史》。《苏联民族学》杂志也经常刊登有关文章。第二次世界大战后兴起的东欧几国、中国等社会主义国家的民族学均曾受到过苏联民族学的不同程度的影响，苏联学者也经常关注这些国家的民族学的发展。另外，第二次世界大战后，苏联学者对俄国民族学所采取的积极、肯定的态度也是值得注意的。

　　马克思主义民族学苏维埃学派的特点可归纳为：①在方法论上力图以辩证唯物主义和历史唯物主义为指导思想，把民族学研究紧密结合于国家的社会主义建设；②特别重视对苏联各民族的民族起源问题的研究，组织民族学、人类学和考古学的综合考察队，利用多学科资料共同探讨族源问题；③突出对原始社会史的研究，对有关母系氏族在原始社会史中的重要作用以及如何由母系氏族向父系氏族过渡的研究有独特见解；④有目的地对某一民族的物质文化和精神文化作全面系统的调查研究；⑤重视对国外民族的研究（特别是在第二次世界大战后）。马克思主义民族学苏维埃学派的代表人物有：民族学家和考古学家 C. Π. 托尔斯托夫（主要从事中亚地区民族学和花拉子模考古研究）；民族学家兼人类学家 M. Γ. 列文（主要从事西伯利亚地区民族学研究）；民族学家兼人类学家、波罗的海和东南亚地区民族学专家 H. H. 切博克萨罗夫；宗教史及澳大利亚、大洋洲地区民族学家 C. A. 托卡列夫；原始社会史和文化史专家 M. O. 科斯文等。他们中多数是阿努钦的学生。马克思主义民族学苏维埃学派的主要研究中心是当时的苏联科学院民族学研究所，其机关刊物有《苏联民族学》杂志。在该民族学研究所内附设有专事收藏和陈列全世界民族文物的"人类学民族学博物馆"，并出版有《人类学民族学博物馆汇编》集刊。

二 现代理论发展

　　对于苏联民族学来说，发展现代理论，一方面是指发展作为其根本指导思想的马克思列宁主义，另一方面则是指发展作为一门科学的民族学的具体理论和方法，这两个方面都是建立现代马克思主义民族学所必需的。

　　所谓"现代马克思主义民族学"，指的是在第二次世界大战后随着现代科学技术的迅猛发展而逐步获得其现代化性质的马克思主义民族学。苏联民族学者积极参与了这一工作，而且充当了主力军，其贡献主要有以下几个方面。

第一，对马克思主义民族学的定义、性质、对象和任务的认识。

关于这些问题，苏联民族学者是在同西方民族学有关的理论作斗争的基础上，逐渐加深其认识的。西方民族学者曾认为：民族学就是研究没有历史的野蛮民族的。苏联民族学者始终不同意这一观点，但其内部存有分歧。1932 年，有关民族学的会议决议就反映了这方面的问题，马尔的有关语言学的一般理论对这种分歧也负有责任。不过，总的来说，自 20 世纪 50 年代马尔的学说得到彻底肃清以后，在苏联民族学界的相关认识越来越明确，而且还有不断发展。《苏联大百科全书》（1978）有关民族学的解说基本上代表了当时苏联学者的一般观点："民族学是一门研究民族共同体及其族源、生活方式和文化历史关系的社会科学。民族学的基本对象是构成各民族文化面貌的传统文化特点。"20 世纪 70 年代末以后，随着研究的深入，苏联民族学者对民族学研究对象的认识又有了新的发展。契斯托夫说："现代苏联民族学研究的基本对象并不是民族文化，而是民族本身。"总之，苏联学者认为，民族学应研究古今中外所有民族，不仅要研究他们的历史，还要研究他们的全部当代生活，并把研究各民族的起源、发展、变化规律这个民族过程或民族社会过程作为其根本重点。

尽管 1932 年有关民族学的会议决议曾否定民族学是一门历史科学，但苏联民族学界坚持认为：民族学从其科学性质上看是一门历史科学。这一认识，至今仍基本上是一贯的。

第二，现代马克思主义民族学理论体系的创建。

19 世纪 30 年代，马克思和恩格斯将他们所创建的辩证唯物主义与历史唯物主义理论，运用于民族学资料的分析之中，在有关人类社会发展史尤其是原始社会发展史方面取得了一系列的重要成果——其中包括恩格斯的《家庭、私有制和国家的起源》（1884），这些成果是苏联民族学坚持马克思列宁主义的发展方向的宝贵财富。苏联民族学者对这些成果也持有非常认可的态度。早在 20 世纪 30 年代，他们为了创立马克思主义民族学的苏维埃学派，就已开始学习和研究《家庭、私有制和国家的起源》一书的重要理论观点。在这个过程中，由于新的民族学资料的不断出现，加上对于有关问题认识的不断深入，苏联民族学者便感到在坚持马克思列宁主义基本理论的前提下，对于《家庭、私有制和国家的起源》一书中有关具体问题的理论或提法有重新做出解释的必要。这样，在 1951 年全苏民族学会议的决议中便指出:"摩尔根的分期法已经过时",并要求苏联学者对原始社会史分期的有关问题进行重新研究。这里虽没有提恩格斯的名字,但也暗含了认为《家庭、私有制和国家的起源》一书中某些观点过时的意思。《苏联民族学》1964 年第 4 期发表了谢缅诺夫的《摩尔根学说、马克思主义和现实民族学》一文,对摩尔根和恩格斯的理论观点提出了不同看法。[①] 相应的,他的新观点是:①应坚持以生产关系(主要是经济关系)的深刻变化来作为人类社会或氏族社会史分期的基础;②由原始人群直接进入氏族社会,其间不存在中间阶段。[②] 谢缅诺夫的观点在苏联民族学界中是有一定的代表性的,它直接涉及原始社会史分期及有关原则问题,因此是值得注意的。另外,苏联民族学在发展现代理论方面,也进一步发展和丰富了马克思列宁主义理论。

契斯托夫说:"苏联民族学所制定的理论观念的基础是关于人类、人类历史和文化统一的概念,这一点对于社会主义和国际主义意识形态来说是很自然的……人类历史是按照统一的社会规律发展的。人类文化的统一也表现在各个不同的水平上。它表现于其发展规律的统一、基本社会功能的近似和样本类型的一致。"[③] 历史唯物主义将人类社会及其历史看作是一个统一的整体或过程,但承认它们的多样性和复杂性。契斯托夫所说的作为苏联民族学制定基础的理论,与此是一致的。

苏联民族学在创建现代理论观念体系中提出了一系列的概念,这些概念的提出是在 20 世纪 50 年代基本弄清"民族"概念及其是当今独立的历史现实的基础上进行的,且与斯大林的有关论述有密切关系。1913 年,斯大林在《民族问题和社会民主党》中对"民族"概念定义道:"民族是人们在历史上形成的一个有共同语言、共同地域、共同经济生活以及表现于共同文化上的共同心理素质的稳定的共同体";1950 年,他在《马克思主义和语言问题》中又指出:"至于语言的发展,(是)从氏族语言到部

---

① 对于①以"发明和发现"作为人类历史分期的基本标志;②原始人群和氏族公社之间存在着血缘家庭和普那路亚家庭阶段的假设;③以母系父系的更替作为氏族社会史分期的基础等,提出了不同的看法。

② [英]莫里斯·布洛克:《苏联人类学产生的背景及其发展》,原文载 1983 年牛津版《马克思主义与人类学》,冯利等摘译,载《世界民族》1988 年第 6 期。

③ [俄]契斯托夫:《二十世纪三十一八十年代苏联民族学史片断:为苏联科学院民族学研究所成立五十周年而作》,原文载《苏联民族学》1983 年第 3 期,贺国安摘译,《世界民族》1984 年第 2 期,第 22 页。

落语言，从部落语言到部族语言，从部族语言到民族语言（的）……"
而且，斯大林也强调："只有一切特征都具备时才算是一个民族。"接着，
斯大林批判了鲍威尔、石普林格尔等人在"民族"概念和"民族"定义
上的荒谬观点，认为这些人鼓吹的是唯心论的民族理论。斯大林的这些论
述，不仅涉及了民族的定义，而且论及了民族的历史发展规律，尽管在苏
联学者中也不乏异议，[①] 但总的来说还是坚持与发展了马克思主义民
族学。

　　关于民族运动。斯大林论述了民族、国家的产生，民族运动的兴起，
民族运动的形式、性质，无产阶级在民族运动中的态度等一系列问题。斯
大林认为：民族不是普通的历史范畴，而是一定时代即资本主义上升时代
的历史范畴。封建制度被消灭和资本主义发展的过程同时就是人们形成为
民族的过程。当然，斯大林在这里讲的是现代民族，即资产阶级民族产生
的过程，而不包括古代民族。接着，斯大林又论述了西欧独立的民族国家
和东欧多民族国家的诞生。斯大林指出：民族运动是在统治民族的和被排
挤民族的统治阶级之间形成并发展起来的。通常是被压迫民族中的城市小
资产阶级起来反对统治民族中的地主或是被压迫民族中的整个民族资产阶
级起来反对统治民族中的执政贵族。在民族运动中资产阶级是主角。民族
运动的最初内容是争夺市场，进而由经济范围进入政治范围。民族运动的
力量决定于该民族广大阶层——即无产阶级和农民参加运动的程度。斯大
林说：在资本主义上升时期，民族斗争是资产阶级之间的斗争。有时，资
产阶级也能把无产阶级吸引到民族运动中去。那时，民族斗争表面上就会
带着"全民的"性质，实质上这个斗争始终是资产阶级的，主要是有利
和适合于资产阶级的。但是，工人现在反对、将来还要反对从最巧妙的到
最粗暴的各种各样的民族压迫政策，同样还要反对各种各样的挑拨政策。
因此，各国社会民主党主张民族自决权。斯大林认为，民族自决权就是：
只有民族自己有权利决定自己的命运，谁也没有权利用暴力干涉这个民族
的生活，毁坏它的学校和其他机关，破坏它的风俗和习惯，限制它的语
言，削减它的权利。这当然不是说，社会民主党要支持一个民族的一切风

---

　　① 梅什柯夫、柯瓦楚里克等人曾对斯大林的"民族"定义做出过修正，另见［俄］克留科
夫《重读列宁：一位民族学者关于当代民族问题的思考》，载《世界民族》1988 年第 5 期，由贺
国安等译自作者手稿。

俗和习惯。社会民主党反对用暴力压迫民族，维护由民族自己决定自己命运的权利，同时进行鼓动，反对该民族的一切有害的风俗和习惯，使该民族的劳动阶层能够摆脱这些有害的东西。斯大林又认为：民族自决权就是民族能够按照自己的愿望去处理自己的事情——它有权按自治原则安排自己的生活；它有权和其他民族建立联邦关系；它有权完全分离出去。每个民族都是自主的，一切民族都是平等的。这当然不是说社会民主党将维护民族的任何要求。社会民主党是保护无产阶级利益的，而民族则是由不同的阶级组成的，因此，社会民主党的义务和民族的权利是两种不同的东西。斯大林还认为：社会民主党为民族自决权而斗争，目的是要消灭民族压迫政策，使这种政策没有立足的余地，以便消除民族间的斗争，使它缓和下去，使它减到最小限度——这就是觉悟的无产阶级的政策和资产阶级力求加剧并扩大民族斗争、继续并加紧民族运动的政策在本质上的区别。斯大林指出：民族运动实质上就是资产阶级的运动，它的命运和资产阶级的命运联系在一起；只有资产阶级灭亡，民族运动才会彻底灭亡；只有在社会主义世界里，完全的和平才能建立起来；把民族斗争减到最小限度，尽量使它无害于无产阶级，这在资本主义范围内也是可以做到的。

关于问题的提法。斯大林批评了崩得分子柯索夫斯基、哥里德勃拉特和鲍威尔、石普林格尔等人在民族自决权问题上的错误观点，论述了正确运用民族自决权的条件。斯大林说：民族有权按自治原则处理自己的事情；甚至有权分离。但这并不是说，它在任何条件下都应当这样做，也不是说自治制或分离制无论何时何地都有利于该民族——即有利于该民族中的多数，有利于劳动阶层。斯大林认为：民族问题只有和发展着的历史条件联系起来才能得到解决。某个民族所处的经济、政治和文化的条件便是解决该民族究竟应当怎样处理自己的事情和它的未来宪法究竟应当采取什么形式这一问题的唯一关键；同时，很可能，每个民族在解决问题时都需要用特殊的方法。斯大林总结说：以具体历史条件为出发点，把辩证地提出问题当作唯一正确的提问题的方法——这就是解决民族问题的关键。

关于民族文化自治。斯大林列举了奥国社会民主党的民族文化自治纲领和鲍威尔、石普林格尔在民族自治方面的谬论。斯大林认为，鲍威尔和石普林格尔的理论，是用民族自治替换民族自决，但这却是完全不同的两回事：①民族文化自治是以多民族国家的完整为前提的，自决却超出了这种完整的范围；②自决是赋予民族以全部权利的，民族自治却只限于

"文化"权利。斯大林还指出：民族自治是与民族的整个发展进程相抵触的，民族自治又是和阶级斗争的进程相抵触的。在阶级斗争极端尖锐的时代，社会民主党放弃组织无产阶级的任务，而去组织和建立民族，这就是离开无产阶级的阶级立场，走上了民族主义的道路。因此，斯大林说：鲍威尔和石普林格尔鼓吹的民族文化自治是一种精致的民族主义。斯大林指出：正因为它的"精致"，就更具有隐蔽性、欺骗性和危害性，它是造成各民族彼此隔离的基础，又是造成分裂那些统一的工人运动的基础。由此看来，民族文化自治不仅不能解决民族问题，它还使民族问题更加尖锐，更加紊乱，更容易使工人运动的统一性遭受破坏，使工人们彼此按民族隔离开来，使他们中间的纠纷加剧下去。

关于崩得分子——他们的民族主义和他们的分离主义。斯大林指出：崩得分子认为，只要有保障各民族"充分自由发展文化的机关"，民族文化自治的理想就能实现。斯大林说：问题不在"机关"，而在于国家的一般制度。国家没有民主，民族"充分自由发展文化"也就没有保障。国家越民主，对"民族自由"的"侵犯"就越少，免受"侵犯"的保障就越多。可见，崩得分子所说"机关"本身能保障各民族充分发展文化的观点是荒谬的。斯大林认为：如果把民族自治强加于一个存在和前途都成问题的"民族"身上，主张民族自治的人必然要维护和保全"民族"的一切特点——而不管它是有益的，还是有害的，只求"拯救民族"免于同化，只求"保全"民族。斯大林指出：组织上的联邦主义包含着瓦解和分离主义的成分，崩得分子走向了分离主义。崩得分子认为，决裂是它的独立自主活动最好的保障——工人运动的瓦解，社会民主党队伍中意志的沮丧，这就是崩得分子的联邦主义造成的恶果。

关于高加索人——取消派代表会议。斯大林认为，高加索社会民主党的诺某和马尔托夫提出的观点可以概括为：全高加索实行区域自治，高加索境内各民族实行民族文化自治。斯大林认为，如果从高加索的条件看，民族文化自治是毫无意义的和荒谬绝伦的。其原因是：民族文化自治是以具有发达的文化和文学的、较为发展的民族为前提的。没有这些条件，这种自治就会失去任何意义而变为无稽之谈。但是，高加索许多民族只有原始的文化，他们虽有特殊的语言，但没有本民族的文学；况且这些民族都处于过渡阶段——一部分在被同化；另一部分在向前发展。在这里，怎么能实行民族文化自治？又怎么能以民族文化自治为必然前提把他们组织成一些单独的民族文化联盟呢？斯大林认为：只有把后进的民族纳入高度文化的总轨道中才能解决高加索的民族问题。只有这种解决方法才是社会民主党所采纳的进步的解决方法。高加索区域自治之所以可以被采纳，就在于它把后进的民族引入了总的文化发达的大道，帮助它们跳出了小民族闭关自守的狭隘范围，推动它们前进，使它们易于享受高度文化的成果。民族文化自治却适得其反，因为它把各民族禁锢在旧的狭隘范围内，把它们固定在文化发展的低级阶段，妨碍它们走上文化发展的高级阶段。高加索的取消派对民族文化自治采取了口头讨论和文字辩论的方式，而取消派的全俄代表会议却想出了另一种奇异方式：先是对"这一要求的实质不表示意见"，然后是"认定对党纲中承认每一民族均有自决权的条文这样解释和党纲原意并不抵触"。斯大林指出：党纲规定的民族自决权，是指民族不仅有权实行自治，而且有权实行分离。条文讲的是政治上的自决，并非指一般的民族权利。"民族权利"和党纲"原意"是两个完全不同的东西。党纲"原意"是表现无产阶级在自己的纲领中科学地规定的利益，"民族权利"却可能依各阶级（资产阶级、贵族和僧侣等）的势力和影响而转移，并表现为其中任何一个阶级的利益。前者是马克思主义者的义务，后者是由各阶级所组成的民族的权利。

关于俄国的民族问题。斯大林认为：解决俄国的民族问题必须同俄国国内形势和整个国际形势密切联系起来。当时，俄国正处在过渡时期，"正常的""宪制的"生活还没有确立，政治的危机还没有克服。"狂风暴雨"和"纠纷扰攘"的日子还在前面。因此，当时的运动就是争取完全民主化的运动。民族问题应该同这个运动联系起来加以考察。国家完全民主化是解决民族问题的基础和条件。这是俄国国内的条件。国际条件是：俄国位于欧洲和亚洲之间，奥国和中国之间。民主主义在亚洲的增长是不可避免的。帝国主义在欧洲的增长不是偶然的。资本主义在欧洲已感到地盘狭小，于是冲入异国去寻找新的市场、廉价的劳动力、新的投资场所。但是，这就会引起国际纠纷和战争，完全可能造成一种内外形势结合在一起的局面。那时，俄国某个民族将会认为必须提出和解决本身独立的问题。因此，马克思主义者不能不主张民族自决权。民族自决权是解决民族问题的一个必要条件。

斯大林再一次分析了"民族文化自治"不适用的理由：①它是勉强凑成的，不切实际的，因为它要把一些被实际生活拆散和转移到全国各地去的人勉强凑成一个民族。②它驱使大家走向民族主义，因为它主张人们按民族标准"划分"，主张"组织"民族，主张"保全"和培植"民族特点"。斯大林下结论说：民族自治不能解决问题，真正解决问题的唯一办法是区域自治。首先，区域自治的优点在于当实行的时候所遇到的不是没有地域的空中楼阁，而是居住于一定地域上的一定居民。其次，区域自治不是把人们按民族划分的，不是巩固民族壁垒的，而是打破这种壁垒，把居民统一起来，以便为实现另一种划分——即为按阶级划分开辟道路的。最后，区域自治使大家不必等待总的中央机关的决议而能最适当地利用本地区的天然资源并发展生产力——这样的职能是民族文化自治所没有的。区域自治是解决民族问题的一个必要条件。斯大林指出：在一切方面（语言、学校等）实行民族平等是解决民族问题的一个必要条件。必须在国家完全民主化的基础上颁布全国性的法律，毫无例外地禁止民族享有任何特权，禁止对少数民族权利加以任何妨碍或限制。只有这样，才能实际地保障少数民族的权利。斯大林揭示了民族文化自治和崩得分子提出的联邦主义的因果关系和必然携手并进的前途，接着论述了社会民主党国际主义组织原则和联邦主义组织原则的根本区别。斯大林指出：组织形式不仅影响到实际工作，它还在工人的全部精神生活上打上不可磨灭的烙印。工人过着自己的组织生活，在自己的组织中获得精神上的发展并受到教育。他既在自己的组织中交往，每次都在那里和自己的别族同志相见，和他们一起在集体的领导下进行共同的斗争，当然就能深刻地意识到工人首先是一个阶级家庭中的成员，是统一的社会主义大军中的成员。这对于工人阶级的广大阶层具有极大的教育意义。所以，国际主义的组织形式是培养同志情感的学校，是拥护国际主义的最强有力的宣传。与此相反，工人如按民族来组织，就会局限在民族的小圈子里，彼此被组织上的壁垒隔离开来。这样，所强调的就不是工人的共同之点，而是他们的不同之点。在这里，工人首先是自己民族中的一员——如犹太人、波兰人等。无怪乎组织上的民族联邦主义只能使工人养成民族独存的精神。所以，民族的组织形式是培养民族狭隘性和民族保守性的学校。在国际主义和联邦主义之间，不能调和，也没有中间道路可走。斯大林认为：工人的国际主义团结的原则是解决民族问题的一个必要条件。

苏联学者所提出来的一些新的理论概念主要有：部落、部族、民族、民族共同体、社会民族共同体、民族特征、民族过程，以及资本主义民族、社会主义民族、苏联人民等，此外还有"职业文化"。

"部落"指原始社会公社制时代的共同体。"部族"指奴隶制和封建制时代的共同体。"民族"指资本主义和社会主义时代的共同体。关于"民族"（"族体"），契斯托夫说："民族"这个术语应当用来表示多种多样的民族共同体类型。从最小、最古老的类型（部落）到最大、最现代的类型（现代大民族），也就是民族共同体在其所有历史发展阶段上的任何类型。① 勃罗姆列伊说："族体的一般特征，把族体同其他人类联合体区别开来。"②

"民族过程"是指民族的形成、发展、变化过程，可以分为民族分化过程和民族联合过程两种基本类型。苏联学者认为："前一类型对于无阶级社会是典型的。这类过程产生的基本原因是由于部落规模的增大和部落地域内自然资源的枯竭。"并且，"在资本主义以前的诸形态中，族体分化过程及与之相关的大迁徙，是许多民族产生的基础"。不过，从原始社会解体时起，民族联合过程已成为居于优势的过程，这类过程可分为结合、同化和一体化（接近）三大基本过程。广义的民族过程还包括社会经济的变化过程，因为除民族的因素外，经济对这个过程也起着决定性的作用。在苏联，实际上，各民族的社会主义改造过程也属于民族过程范围，因为只有经过这一过程才有"社会主义民族"和"苏联人民"的出现。"社会主义民族"这一概念，是苏联学者在斯大林于1919 年《民族问题和列宁主义》中提到"资产阶级的民族"基础上提出来的。《列宁主义和当代条件下的民族问题》一书中关于"社会主义民族"的定义是："社会主义民族是在资本主义灭亡和社会主义胜利的过程中，从资本主义的民族或部族中发展起来的新型社会共同体。社会主义民族尽管有新的基础，却仍旧保持着民族的某些特性，其整个政治、经济和文化生活方式都根据社会主义原则和国际主义原则进行了改造。""苏联人民"是和"社会主义民族"同时出现的。1977 年，苏联新宪法前言中的定义是："这个社会有成熟的社会主义社会关系，有在

① ［俄］契斯托夫：《二十世纪三十一八十年代苏联民族学史片断：为苏联科学院民族学研究所成立五十周年而作》，原文载《苏联民族学》1983 年第 3 期，贺国安摘译，《世界民族》1984 年第 2 期，第 523 页。
② ［俄］IO. B. 勃罗姆列伊：《族体和族体过程》，原载《社会主义国家的科学》，莫斯科1980 年版，施正一译，载《世界民族》1983 年第 2 期。

一切阶级和社会阶层的接近（即一体化，引者注）、一切民族在法律上和实际上的平等，它们在兄弟合作的基础上产生人们的新的历史共同体——苏联人民。"①"社会主义民族"与"苏联人民"的区别在于：后者要求苏联各民族的接近或一体化，而前者则没有或不大强调这一要求。苏联学者也经常提及"民族特点"这个概念，这主要是指一个民族区别于其他民族的特殊的文化和生活习俗。

此外，还有关于苏联民族学现代理论的重要组成部分之一的"职业文化"及其与传统生活文化的关系的理论。"职业文化"这一术语原来是民俗学所使用的，它被用在民族学中，主要是用来表示产生于职业环境中的各种精神文化现象。"从历史民族学的观点看，重要的是，这些从外部渗入到某个社会集团的日常生活中的现象，并不是这个社会集团所创造的，而只是为它所'利用'或再现。"②

第三，现代马克思主义民族学方法论体系的创建。

苏联民族学是以马克思列宁主义为其根本理论和方法，这一点是毫不动摇的，但是，它在此基础上也积极批判、汲取或继承西方民族学、俄国民族学、当时的其他社会主义国家民族学，以及其他相关学科领域中的实用的方法，以此来创建和丰富自己的具体研究方法。以下几个方面便可以说明这一点。

1. 关于历史民族学与现代民族学

第二次世界大战后，随着苏联民族学的发展，历史民族学逐渐从苏联民族学中独立出来，于是，便有了历史民族学和现代民族学的区分。这一区分，不是着眼于民族学的发展史，而是起源于其研究侧重点和资料来源的主要渠道。历史民族学大约是在 20 世纪 50 年代独立出来的，它的主要任务是研究各民族的历史，它所依据的资料主要是历史文献资料。即"除了民族学本部门外，我们还分出了历史民族学。当然，这绝不意味着民族学本身就不是历史科学。历史民族学和民族学本部门的区别在于：历史民族学不是按题目和一般研究方法进行研究，而仅仅是资料性质而已。

---

① ［南］鲁迪·利兹曼：《社会主义民族论批判》，原载《社会主义》（南共联盟）1980 年第 3 期，张立淹译，载《民族译丛》1981 年第 2 期。

② ［俄］契斯托夫：《二十世纪三十一八十年代苏联民族学史片断：为苏联科学院民族学研究所成立五十周年而作》，原文载《苏联民族学》1983 年第 3 期，贺国安摘译，《世界民族》1984 年第 2 期，第 25 页。

历史民族学的研究不是直接观察，而是记载各民族生活的书面文献和档案文件"。①"苏联民族学家把民族理解为一种能动的系统，所以民族学的基本任务，是对各民族进行历史民族学研究或者研究各民族的历史并从民族学的角度去研究它们的活动和文化。"② 现代民族学就是 20 世纪六七十年代获得了现代性质的苏联民族学。历史与现代民族学的区分，具有很重要的方法论意义。

2. 关于边缘学科

边缘学科（Borderline Science / Boundary Science / Side Lines of Science），是以两种或多种学科为基础而发展起来的科学。涵跨民族学与其他近邻学科的诸边缘学科的形成，不仅说明了苏联民族学的现代发展状况，还表明其方法论体系的日益成熟。对此，契斯托夫说："作为一门历史科学，我们时代的民族学在社会科学体系中占据着十分独特的地位。现代民族学认识到自己是一门历史学科，它不仅把人类学、考古学、民俗学、地理学作为自己的近邻，而且把当代的社会学、社会心理学、文化史与文化理论，等等，作为近邻……近来在其边缘上又出现了民族学的一系列'卫星学科'——民族人类学、民族地理学、民族语言学、民族人口学、民族社会学、民族心理学和其他学科。"③ 边缘学科不仅在相互邻接领域产生（见基础科学），也在相距甚远的学科领域之间产生，就是在自然科学和社会科学两大门类之间也会产生出相互交叉和渗透的边缘学科。当然，这些学科还大都是刚刚有所发展。通过这些学科的形成，苏联民族学在坚持马克思列宁主义的辩证唯物主义和历史唯物主义的总的方法论和田野作业法这一具体方法的基础上，还可以使用其他近邻学科的实用的方法，诸如：比较分析法、结构分析法、功能分析法、文化史方法、亲属制度分析法、模式分析法、语言分析法，等等。

3. 关于经济文化类型与历史民族区

苏联学者在 20 世纪 50 年代提出和使用的"经济文化类型"和"历

---

① 《苏联民族学》1960 年第 6 期，转引自王恩庆、李一夫编《国外民族学概况》上册，中国社会科学院民族研究所 1980 年版，第 33 页。

② ［俄］契斯托夫：《二十世纪三十一八十年代苏联民族学史片断：为苏联科学院民族学研究所成立五十周年而作》，原文载《苏联民族学》1983 年第 3 期，贺国安摘译，《世界民族》1984 年第 2 期，第 23 页。

③ 同上书，第 24 页。

史民族区"概念，一开始就具有方法论意义。所谓"经济文化类型"是指在历史上形成的、大致处于同样的社会经济发展水平和生活在相似的自然地理条件下的各个民族所共有的经济文化特点的综合体。"历史民族区"又称"历史文化区"，是指居住在共同区域内的各民族由于长期的联系、相互影响和共同的历史命运而在其中形成了一定的共同文化的区域。这两个概念均属于历史范畴，即都是随着历史的发展而可以变化的。其中，"经济文化类型"概念对中国民族学产生了一定的影响。①

第三节 苏维埃民族学派的历史地位

到 20 世纪 90 年代初苏联解体时为止，苏维埃民族学派（苏联民族学）已经走过了 70 多年的形成与发展历程。这期间，它不仅完成了一系列的学科体系建设，形成了阵容庞大而又富于效率的学科队伍，而且还随着人类历史的发展积极推动自身的科学理论体系的建设，最大限度地完成了它所应该完成的现代理论发展工作，不失时机地在世界民族学史乃至人类文化科学史上写下了自己光辉的一页。

苏联民族学在其形成与发展过程中，由于有了苏联社会主义制度为其提供的各方面保证，充分地体现了自身的优势和特点，因而在理论研究与具体研究、历史课题研究与当代课题研究、国内民族研究与国外民族研究、民族学本部研究与边缘学科研究、本学科的发展与社会发展的需要之间关系的研究、民族学史的批判和继承性研究、统一规划和协调发展各方面，都做出了不可忽视的贡献。"苏维埃民族学派的出现，是民族学史上的一次大革命。一百多年来的民族学史，几乎完全是资产阶级民族学史。自有了苏维埃学派，马克思主义民族学才有了一个阵地。"②

马克思主义民族学初创于马克思和恩格斯时代，当时，由于历史条件所限，还不能获得迅速和有效地发展，正是苏联民族学的形成与发展，为

---

① ［俄］列文、［俄］切博克萨罗夫：《经济文化类型与历史民族区》，载《民族问题译丛》1956 年增刊《民族学专辑》，第 30—40 页；王恩庆、李一夫编：《国外民族学概况》下册，中国社会科学院民族研究所 1980 年版，第 430 页；杨堃：《民族学概论》，中国社会科学出版社 1984 年版，第 138—139 页；林耀华主编：《民族学通论》，中央民族大学出版社 1990 年版，第 80—98 页。

② 杨堃：《民族学概论》，中国社会科学出版社 1984 年版，第 140 页。

其占领了社会主义苏联这块阵地并通过第二次世界大战后社会主义国家间的广泛合作，使之在世界民族学史上获得了越来越重要的地位。不仅如此，还由于苏联民族学现代理论的发展与实践的深入，使之跟上了时代的步伐，具有了现代化的性质。从人类文化史角度看，它不仅推动了世界民族学的深入发展，还丰富了人类文化。我们不可能设想有谁能够在世界人文科学史上抹去苏联学者在这方面所做出的奉献。

当然，我们也不能否认，苏联民族学在其发展过程中出现过这样或那样的问题，如在其现代理论中所具有的某种越来越烦琐、越来越概念化或抽象化的性质，在对西方民族学的批判中所体现出来的某种公式化、教条化的特征，对俄国民族学的国粹式的过于溢美的态度，以及在为苏联国家政权服务中过于强调民族一体化而有所忽略国内民族关系问题，为苏联霸权主义服务而体现出多少背离马克思主义民族学为各民族人民服务的宗旨的现象，等等，但这毕竟不是苏联民族学的主流。

现在，苏联已经解体了，但我们却相信，曾经创造出巨大成果的苏维埃民族学派，绝不会在原苏联这块土地上完全消失——也许它会采取不同的存在和发展形式，但它绝不会不再发展，而它的以往成果和创造精神，也必将为其他社会主义国家的民族学学者视为宝贵的财富，给予认真的总结，给予更大的发扬。

第十八章 中国马克思主义民族学的形成与发展

在马克思主义民族学体系中，中国民族学同苏联民族学一样，占有着特殊的地位。中国自古以来就是一个统一的多民族国家，各民族不仅具有悠久的历史文化，而且它们的生存与发展及其相互关系，在中国各种社会问题中，也历来都是十分突出的。在中国历史上，曾经积累下了异常丰富的民族资料与民族知识，为民族学在中国的形成与发展创造了良好的条件。不过，自1840年以来，随着西方列强的入侵，中国就逐渐沦为半殖民地半封建社会，与这种社会性质相适应，中国民族学作为一门新兴学科，其形成与发展从一开始就体现出了以下两个特点：一是封建保守性使得中国民族学自19世纪中叶形成之后直到20世纪20年代才获得发展；二是殖民侵略和压迫使得西方民族学的各种流派在1949年以前的中国很盛行并占有主导地位。然而，我们也必须注意到，在苏联"十月革命"的影响下，中国人民很早就接受了马克思主义，尤其是1921年中国共产党成立以后，其自觉地将马克思列宁主义同中国革命的具体实践相结合，使之在中国获得了越来越广泛的影响。其结果是，在中国民族学领域里，自其出现之日起，就有了不同于西方民族学的马克思列宁主义的发展传统，只是在国民党统治下的政治环境中还难以取得主导地位。中国马克思主义民族学是在1949年中华人民共和国成立之后才得以迅速形成与发展的。

第一节 1949年以前西方民族学在中国的传播与影响

自19世纪中叶西方民族学形成以后，一直到20世纪20年代，它才开始逐渐传入中国。近代以来，随着资本主义政治势力与经济势力的侵入，西方学术思想也开始有系统地传入中国。到清朝末年，西方民族学各流派，通过中国留学生的介绍，也陆续传入中国学术界。初期主要是介绍西方民族学各流派的著作，但到 20 世纪 30 年代以后，中国学者便开始注重研究中国的少数民族。不过，由于这种研究被纳入国民党政府所强调的边政研究范围之内，因此，给中国民族学的独立发展带来了很大的限制。

从西方民族学的几个流派传入中国的先后与影响来看，文化进化论学派传入较早，影响也较大，但没有与中国少数民族的研究结合起来，而只是着重于对汉族古代历史的解释。德奥文化圈学派、美国历史学派、法国社会学派虽传入较晚，但其理论却被较早地用于对中国少数民族的研究与实地调查。英国功能主义学派的传入则是更晚的事。上述这些学派之所以能在中国获得传播，与当时中国的半殖民地半封建的社会地位有关。一般来说，哪一个国家在中国的势力大，流行于该国的学术思想在中国的影响也就较大。当时，留学回国的中国民族学者大都依托高等院校作为开展活动的基地。燕京、清华、中山、岭南、金陵、大夏、同济、四川、华西、云南等大学，聚集了大批研究人员。他们或者从事翻译、撰著工作，或者通过教学培养接班人。下面扼要介绍几个主要流派在中国的传播和影响：

第一，文化进化论学派。它是最早传入中国的一个流派。翻译家严复和刘师培等曾在这方面做出过许多贡献。最早的译著是林纾、魏易合译的《民种学》。1926 年，蔡元培著有《论民族学》一文，其中对"民族学"作了较详细的解释，其定义是："民族学是一种考察各民族的文化而从事于记录或比较的学问。"蔡元培的许多观点是属于文化进化论学派的。他在《民族学上之进化观》中，将人类社会的美术、交通、饮食、算术、币制等作了概括，认为人类进化的公例是由近及远，逐渐推广。蔡元培早年曾任绍兴中西学堂监督，1907 年留学德国，学习文明史和民族学达 3 年，在那里受到了文化进化论学派的影响。1912 年学成回国后，曾发表《美术的起源》一文，他在文中所说的"古物学"，就是考古学；所说的"人类学"，也就是他后来所说的"民族学"。他认为，"考求美术的原始，要用现代未开化民族的作品作主要材料"，从而表明了民族学调查的重要性。在文章里，蔡元培利用世界各地"未开化民族"的材料，探讨了绘画、舞蹈、音乐的起源和发展。蔡元培还研究了原始社会的歌咏和最早的戏剧，开创了利用民族学资料来研究原始社会的最早尝试。

从 1917 年到 1927 年，蔡元培任北京大学校长，曾多次赴世界各地——如荷兰海牙、瑞典斯德哥尔摩等地，讨论当地的民族问题，发表了许多有价值的论文并为他研究中国民族学问题奠定了雄厚的基础。回国以后，他又陆续发表《中国古代之交通》《论民族学》《民族学上之进化观》等文章。在《论民族学》一文中，他指出，《山海经》《史记》的四夷列传，《蛮书》《诸蕃志》《真腊风土记》等都是记录民族学材料比较丰富的著作。

自 1928 年任"中央研究院"院长后，蔡元培积极组织民族调查工作。中国最早的一批关于少数民族情况的调查报告，就是在蔡元培的组织之下进行的。在中国民族学的领域里，蔡元培开辟先河，积累资料，唤起了国内外学者对于中国少数民族情况的注意。

他于社会科学研究所之下分设法制学、经济学、新社会学、民族学四个组，并亲自兼任民族学组的主任。他在民族学组里开展了多项研究课题，曾先后对广西瑶族、台湾高山族、黑龙江赫哲族、湘西苗族等进行了民族学调查，并发表了有关当地民族学的许多调查报告，可谓硕果累累。其中《松花江下游的赫哲族》分上、下两册，近七百页，是一部篇幅较大的著作。它由蔡元培亲自"精审指正"，内容包括物质文化、精神文化、家庭、社会、语言、民间文学等各个方面，有图片 330 余幅。

1930 年 5 月，中国社会学社在上海成立，蔡元培被邀请参加成立大会，发表了《社会学与民族学之关系》的讲演，他认为，"社会学的对象，自然是现代的社会"。

总之，蔡元培对近代中国民族学作出了突出贡献。他是将西方民族学传入中国的奠基者。作为中国民族学辛勤耕耘的开拓者，他的功绩是不可磨灭的。

第二，德奥播化学派。该学派对中国民族学界的影响不是很大，但是在中国也有一定的传播，这与德奥民族学派与天主教的势力密切结合有关。德奥播化学派的首领史密特和克伯尔就是奥国天主教的神父，他们随着天主教势力深入到世界各被压迫民族地区，进行民族调查，并宣扬文化圈与文化传播的理论。

第三，美国历史学派。在 1949 年以前的中国国内社会学界中，该学派的主要传播者是研究社会学的孙本文和民族学家黄文山，他们发表了很多文章，但却只限于空泛的理论，没有做过少数民族地区的实地考察工作，在中国科学教育机关中也没有形成明显的中心。

第四，法国社会学派。它于 20 世纪 20 年代开始传入中国。在中国的主要代表人物有杨堃、凌纯声、杨成志等。他们对中国少数民族的实地调查的范围和地区较广，写的著作较多，主持或参加一些研究和教学工作时间较长，所以具有一定影响。但是在中国民族学界并没有形成法国民族学派的体系。

第五，英国功能主义学派。英国功能主义学派重视对于理论的应用，在中国的传播开始于 1935 年。这年 11 月，英国功能主义学派的创始人之一拉德克利夫—布朗，应燕京大学社会学系的邀请，来中国作了 3 个月的讲学。吴文藻写了《功能派社会人类学的由来与现状》一文，系统地介绍了英国功能主义学派，迈出了英国功能主义学派在中国传播的第一步。20 世纪 30 年代，中国的功能主义学派也开始了社会调查。20 世纪 40 年代，中国的功能主义学派在理论方面的翻译和著述以及专门调查都有所发展。从 1935 年到 1949 年这十多年间，中国的功能主义学派逐渐形成了自己的理论体系和研究方法。在国内，它是后来居上，其影响远远超过了其他学派。在国外，特别是费孝通先生的著作，深受国际社会学、人类学界的重视和好评。

西方民族学，除通过以上诸流派的代表人物传入中国外，还通过西方帝国主义国家派遣到中国的传教士、探险家、外交人员等传播进来。这些人物深入中国的少数民族地区，也作了一些民族调查，如日本在东北三省、内蒙古；俄国在新疆、东北三省；英国、美国在西藏、新疆；法国在云南、广西均作了不少调查；但对中国民族学界影响较大者莫过于史禄国。史禄国曾任清华大学教授，三次探查东部西伯利亚及中国黑龙江省等地。用英文发表三部专刊：《满族之社会组织——满族氏族组织的研究》《北通古斯族之社会组织》和《通古斯人的心理思想情绪》。

在 1949 年前的几十年间，中国民族学工作者分散在高等学校和学术研究机关中，研究的范围几乎遍及全国各少数民族。特别是在抗日战争期间，这些人大都集中在西南一带，对于西南少数民族的调查和著述最多。据不完全统计，1949 年以前，中国民族学工作者所在学术教育机构的分布情况和研究范围大致为：

"中央研究院"历史语言研究所和社会科学研究所，以蔡元培、凌纯声、董作宾等为代表，研究的少数民族有：苗、黎、畲、羌、彝、傈僳、拉祜，赫哲等。燕京大学、清华大学、云南大学，以吴文藻、林耀华、费孝通等为代表，研究的少数民族有：苗、瑶、彝、傣、藏等。金陵大学、四州大学、华西大学，以马长寿、徐益棠、李安宅等为代表，研究的少数民族有：瑶、畲、彝，羌、藏等。中山大学、中山文化教育馆，以杨志成、黄文山、卫惠林等为代表，研究的少数民族有：彝、瑶、黎等。岭南大学西南社会研究所、珠海大学边疆社会研究室，以陈序经、伍况麟、江应梁等为代表，研究的少数民族有：苗、瑶、黎、傣、彝、高山等。大夏大学社会研究部，代表人物有吴泽霖、岑家梧、杨汉光等，研究的少数民族有：苗、彝、布依、纳西等。中法大学、中法汉学研究所，以杨堃为代表；南开大学《边疆人文》社，以陶云逵、孙本文、马长寿、丁骆等为代表，主要研究西南及新疆的一些少数民族。华中大学，以许烺光为代表，主要研究大理附近少数民族。辅仁大学，主要是外国天主教神父，未具体研究中国的少数民族，多以研究汉族为主。

自西方民族学传入中国后，中国于 1934 年冬建立了中国民族学会。这比西方各国约晚百年左右。1936 年，中山文化教育馆创办了《民族学研究集刊》，会员的著述多由这个刊物发表。不久，抗日战争爆发后停刊。

抗日战争期间，许多民族学者都集中于西南各地，对于西南各民族的调查研究渐多，这时《人类学集刊》《民俗》《边政公论》等刊物也先后出版。中国民族学会只在 1944 年 12 月出版了薄薄一本《中国民族学会十周年纪念论文集》。此后，一直到 1949 年，这个学会再也没有做过什么事情。这时，西南学者还出版了《民族学研究集刊》《民族学论文集》《边疆通讯》等 25 种文集和刊物。此外，还有一些刊物或多或少地经常刊载有关民族学的论著，如：《历史语言研究所集刊》《中国文化研究所集刊》《社会科学》《社会学界》等 27 种。

1949 年以前，在高等学校中设有民族学课程的，在北方有清华、燕京、辅仁、中法等大学。在南方有中央、金陵、复旦、中山、岭南、云南、华西等大学。课程的名称叫法不一，有"民族学""民族志""人类学""边疆社会""初民社会""比较社会制度"等。名称虽然不同，但内容都是以介绍西方民族学为主并包括关于中国少数民族的研究材料。近代的"都市社会""农村社会"是社会学的研究对象；"边疆社会"和落后的民族则是民族学的研究对象。所以，在抗日战争期间，许多高等学校集中在西南和西北一带，对于少数民族的研究较多，因而，民族学在那些年代也有较深远的影响。

通过以上叙述，我们可以看出，1949 年以前中国民族学的形成与发展虽深受西方民族学的影响，但取得的成绩还是令人瞩目的，这主要表现在：

第一，进行了大量的富有成果的民族地区社会调查。通过调查研究而写成的大量论著，为中国民族学的后来发展积累了极其珍贵的资料。

第二，出现了许多从事民族学教学和科研的组织机构。

第三，有了一些专门或非专门介绍民族学成果的期刊。1936 年创刊的《民族学研究集刊》，是中国历史上第一个以民族学为研究对象的专门刊物。此外，各有关院校的学报、有关研究团体的学术刊物等也都刊载了许多民族学方面的成果。各种民族学翻译、著述的出版也是中国民族学研究成果的体现。

这一时期中国民族学的发展也存在着明显的缺陷，主要表现在：

第一，西方民族学各个学派在中国的代表人物，大都照抄、照搬各个学派的理论和方法。第二，实地调查多侧重于一个民族的上层建筑，对于一个民族的经济基础方面的情况则比较忽视。甚至有些关于上层建筑方面的调查，也只是烦琐地罗列现象，难以从中看出发展的脉络。第三，有少数所谓民族学的研究成果，是为适应国内外反动派的需要，直接为之服务的。西方传教士、旅行家、政府官吏来华考察，"除一部分为真理而求真理外，其他则尚有国内政治力量为之推动，如日、俄之于东北，俄国之于蒙古、新疆，英国之于新疆、西藏，法国之于云南、广西，升堂入室，搜索尽至"。①

第二节　中国马克思主义民族学的形成与发展

从历史上看，马克思主义民族学在中国的传播和发展，大致可以分为两个阶段。第一个阶段，自 20 世纪初至 1949 年中华人民共和国成立。在将近半个世纪中，西方民族学在中国的传播与影响占主导地位。在这个阶段中，马克思主义民族学虽然没有占据主导地位，但是在引进西方民族学的同时，马克思主义民族学也开始被引入中国。由此，开始了中国马克思

---

① 黄文山：《民族学与中国民族研究》，《民族学研究集刊》1936 年第 1 期。

主义民族学的发展传播。第二个阶段，自 1949 年到现在。这是中国的马克思主义民族学在中国共产党的领导下，迅速形成及曲折发展的阶段。这是马克思主义民族学在中国最终战胜西方民族学的影响而完全取得支配地位的阶段。

中国最早介绍马克思主义民族学理论观点的是蔡和森。他于 1922—1923 年在上海大学讲授《私有财产和家族制度起源》，集中介绍了恩格斯的《家庭、私有制和国家的起源》一书中的理论观点，而后者乃是众所周知的马克思主义民族学的经典之作。1924 年，蔡和森还在他的《社会进化史》中，吸收了民族学的有关研究成果，在这本书的绪论中，他称"摩尔根真是发明原始人类演进程序的第一人"，"至恩格斯著《家族私产与国家之起源》将摩尔根和马克思两人的意见联合一致，至此摩氏不朽之业才发扬光大于世，而历史学亦因此完全建立真实的科学基础"。① 除蔡和森对恩格斯的《家庭、私有制和国家的起源》进行过系统介绍外，1929 年，杨贤江还用笔名李鹰扬正式出版了恩格斯的这一论著。此后到 1946 年，张仲实又再次发表另一个译本。这两个译本的出版，对于传播马克思主义、对于之后马克思主义民族学在中国的形成和发展，都产生过积极的影响。确切地说，它是作为马克思主义历史学的一个组成部分而在中国出现的。

李大钊和郭沫若两人为马克思主义民族学的传播作出了巨大贡献。1920 年，李大钊运用马克思主义的观点，撰写了《原始社会于文字书契上之唯物的反映》，这可视为中国较早的一篇关于马克思主义民族学的文献。1930 年，郭沫若出版了《中国古代社会研究》一书，在该书的导论中，他说："原始的人只知有母而不知有父，这在欧洲是前世纪的后半期才发现了的，但在中国是已经老早有人倡导了。所以这种学说在我们中国应该并不稀奇，并不是那样可以使人惊骇的……"郭沫若的这部书是中国历史学家运用马克思主义民族学的观点和方法研究中国古代史的典范，也是中国马克思主义民族学与马克思主义历史学相结合的典范。

从马克思主义民族学的传入到新中国成立，是中国马克思主义民族学的创立时期。除上述这些学者所做贡献之外，最有决定意义的是毛泽东和中国共产党发展了马克思主义的民族学。

---

① 《蔡和森文集》（下），湖南人民出版社 1978 年版。

对中国马克思主义民族学具有指导意义的是毛泽东的《中国社会各阶级的分析》（1926）和《湖南农民运动考察报告》（1927）两篇文章。前者分析了中国半殖民地半封建社会各阶级状况，具有普遍指导意义，民族学家可以根据这个马克思主义科学原理去研究中国国内各民族的阶级状况。如果说，《中国社会各阶级的分析》运用的是马克思主义阶级分析的科学理论，那么《湖南农民运动考察报告》则是马克思主义调查社会、研究社会的光辉范例。毛泽东同志在后来写的《"农村调查"的序言和跋》里说："要了解情况，唯一的方法是向社会作调查，调查社会各阶级的生动情况。"他还告诉我们具体的调查方法——如开调查会，召集各阶层各种职业的人参加调查会；必须要有调查提纲、必须口问手写、必须有向群众学习的态度，等等。

除了李大钊、郭沫若之外，李达、邓初民以及翦伯赞、吕振羽、侯外庐等也各自作出了贡献。

民族学是一门需要民族学工作者亲自到民族地区去作调查研究的具有实践性的社会科学。自1921年中国共产党成立以来，一直非常重视对民族地区的调查研究。特别是在抗日战争期间，需要动员全国各民族人民共同抗日，保卫祖国，故在延安成立过民族学院，进行过民族调查，并于1941年出版了《回回民族问题》一书。这是中国共产党建立马克思主义民族学的收获之一。

从1949年中华人民共和国成立到现在，马克思主义民族学在中国的传播和发展，进入了一个新的阶段。与前一阶段相比，最大的不同是，马克思主义民族学在实践中建立并已开始占据了主导地位，这一转变之所以成为可能，固然和历史发展有关，主要的乃是由于中华人民共和国的成立，马克思主义成了各项工作的指导思想，在这个前提条件下，民族学也随之沿着正确的轨道有了较大的发展。但历史的发展从来不是笔直的，有时也会出现一些曲折甚至后退。具体来说，在这一阶段中，又可分为三个不同的时期。

第一个时期，自1949年到1958年，这是中国马克思主义民族学全面形成时期，并为此后的发展奠定了比较坚实的基础。在这一时期，在全国范围内开展了规模空前的民族识别和少数民族社会历史调查工作。民族识别之所以必要，是由于在推翻了民族压迫制度之后，许多民族纷纷提出了自己的民族成分和族称，当时竟达300多种。实际上，这300多种名称，有些是单一民族，但很多却并不是。它们有的是同一民族的不同自称和他称，或是同一民族内部不同分支的名称，还有的则应是汉族的一部分而不是少数民族。面对如此复杂的情况，这就需要组织大批力量，进行实地调查。在调查时，既要依据马克思主义关于民族和民族问题的原理，重视历史文献记载和从各个方面搜集的材料，把这两者结合起来，作出科学的判断；又要充分尊重本民族人民的意愿。通过细致的调查研究发现，生活在中国版图内共有 50 多个民族，除了一部分早为人们所熟知的，其余相当一部分就这样被确定下来。这是一个了不起的成就。应该指出，像这种民族识别工作，在中国历史上是不曾有过的，完全是个创举，在世界各国恐怕也是并不多见的。

少数民族社会历史调查是于 1956 年在全国范围内展开的。当时，全国各地正处于社会主义革命和社会主义建设的高潮之中，民族地区的面貌发生了重大变化，进行带有抢救性质的少数民族社会历史调查工作成了一项刻不容缓的任务。当时提出的方针是："在四至七年内基本弄清各主要少数民族的情况，搜集和积累我国民族问题研究所必需的资料，即有关原始社会形态、奴隶社会形态、封建社会形态和上述各种社会的过渡形态的具体资料，为制定少数民族地区社会主义改革和社会主义建设的方针政策提供科学依据。"这一方针的提出，不但在当时是正确的，即使在今天看来仍然有着现实意义。开始进行少数民族社会历史调查的为内蒙古、新疆、西藏、云南、贵州、四川、广西，广东 8 个省区，以后又增加了甘肃、青海、宁夏、辽宁、吉林、黑龙江、湖南、福建 8 个省区，共为 16 个省区，参加调查的工作人员也由原来的 200 余人增至 1000 人。在工作人员中，除了民族学工作者以外，还有历史学、考古学、经济学以及文学艺术等方面的专家。像这样大规模的民族学调查，在中国历史上是从来没有过的。调查取得了丰硕的成果，积累了数千万字的调查资料，并且锻炼和造就了一支从事民族学研究的队伍。

同时，在全国范围内还开展了大规模的少数民族语言调查活动，它所提供的大量材料，对于发展中国马克思主义民族学，也具有一定的意义。因为民族学与语言学的关系从来就是非常密切的。

在这一时期内，还有两项工作值得一提。一是把民族学作为一门独立学科列入国家的《1956—1967 年哲学社会科学规划纲要》和《中国科学院规划任务书》之中。《1956—1967 年哲学社会科学规划纲要》关于民族学研究所制定的任务是：着重研究"少数民族的族别问题；各少数民族的社会性质；各少数民族的文化特点；各少数民族的宗教。"《中国科学院规划任务书》除有相同的内容外，还增加了一项，"对于资产阶级民族学进行批判"。这说明，中国马克思主义民族学所承担的任务，不是其他学科所能包办代替的。二是陆续建立了一批民族学研究和教学机构。1950年，当时的政务院在《筹办中央民族学院试行方案》中，明确规定要在中央民族学院建立研究部，"研究部按民族或几个较为接近的民族分为若干研究室。尽可能将目前各大学和国内各地研究有关上述问题的适当人才集中到民族学院"。[①] 1958年，又在原来研究部的基础上，扩建为中国科学院民族研究所。在这期间，中央民族学院还设立过民族学专业，举办过民族学研究班，以此作为培训民族学人才的基地。在一些民族地区，也曾建立过类似的民族学研究和教学机构。

还有一点应该指出，自中华人民共和国成立以后，有关马克思主义民族学和民族问题理论的著作也日益增多了。斯大林的《马克思主义和语言学问题》，也是在这一时期被翻译过来的。这些著作对于帮助中国民族学工作者按照马克思列宁主义理解民族和民族问题，认识民族共同体的发展规律，有着极其重要的作用。

当然，即使在这一时期内，在这个或那个问题上的思想禁锢还比较多，学术空气也并不是十分活跃。在批判了西方的资产阶级民族学之后，又全盘接受了苏联的民族学，而对于从中国实际出发，发展具有中国特色的马克思主义民族学，在实践中并未完全得到实行。

第二个时期，是从1958年开始，直到1978年党的十一届三中全会以前，前后大约有20年时间，是中国马克思主义民族学发展遭受挫折的时期。这主要是由于"左"的思想的影响，由批判资产阶级民族学，进而发展到否定整个民族学，重复了苏联在1932年时一度发生的那种错误。

诚然，资产阶级民族学是应当加以批判的。有的资产阶级民族学派为了适应殖民主义的需要，公然主张为殖民统治服务，这种反动倾向确应加以批判。不作必要的批判，也就难以发展起马克思主义民族学。马克思主义民族学就应该是在斗争实践中破浪前进的。但这种批判，应当是充分说理的，实事求是的。我们不仅对资产阶级民族学各个学派要做具体分析，

---

① 《民族政策文献汇编》，人民出版社1953年版，第10页。

而且对同一学派在各个不同时期的表现也应做具体分析。对于各个学派的每一位学者或每一部著作做出评价，也应该采取同样的态度，不能一概而论。只有分析的态度，才是科学的态度。

正是由于对于资产阶级民族学采取全盘否定的态度，批判的调子也就越来越"左"，发展到后来，竟然把民族学与资产阶级等同起来，否认除资产阶级民族学外，还有马克思主义民族学的存在。并且认为，在马克思主义经典著作中，只有马克思列宁主义的民族问题理论，没有"马克思列宁主义的民族学"。

"左"的思想，给学术界背负了一定的压力。在当时的报刊上，"民族学"一词渐渐地稀少起来了，以致最后成为禁区，人们都避免去谈论它，非谈不可时，也尽量绕着走。

同样，不按科学规律办事，在研究工作中急于求成的现象也发生了。本来，自1956年开始的全国少数民族社会历史调查工作，要求在4年至7年内完成，可是，最早开始调查的8个省区，对一些少数民族仅仅调查了一两个点，有待进一步深入调查；有的调查材料虽已到手，但还没有来得及整理，有关方面就在1956年提出：要在该年年底前完成调查，从1959年年初起转入编写各民族简史和简志，并具体要求在1月至3月写出初稿，9月印刷出版，作为向国庆十周年的献礼。这样，在一些省区就不得不中断原来的调查计划，把主要精力投入编写各民族简史和简志及核对不断变动的"大跃进"数字之中。1956年增设的8个省区的调查组，更是在边调查、边编写的号召下进行工作，不可能把更多的精力集中于调查。

"十年动乱"时期，许多工作中断，一些民族学研究和教学机构被取消，人员被遣散。民族学在这一期间所遭受的挫折，是可想而知的。

尽管如此，中国马克思主义民族学的调查和研究工作，在这一时期有些地方仍在断断续续地进行。马克思的《摩尔根〈古代社会〉一书摘要》、普列汉诺夫的《没有地址的信，艺术与社会生活》、拉法格的《财产及其起源》等马克思主义民族学著作，也在这一时期内被翻译过来或重新加以翻译。

第三个时期，自1978年党的十一届三中全会以后到现在，中国马克思主义民族学的声誉不但得到了恢复，而且进入了一个发展的最好的时期。这种新局面的开始出现，固然有赖于党的十一届三中全会在政治上的拨乱反正，为中国的社会主义建设事业指引了正确的航向，但也是和前两个时期、特别是第一个时期为中国马克思主义民族学发展所打的基础分不开。

这些新局面主要表现在以下一些方面：

第一，认真总结历史经验，探索具有中国特色的发展马克思主义民族学的道路。这条道路既不像中华人民共和国成立以前那样地照搬、照抄西方，也不像中华人民共和国成立初期那样照搬、照抄苏联，而是完全立足于中国的土壤，从中国的实际情况出发，走一条中国式的发展马克思主义民族学的正确道路。

这里包括一些具体做法：

①中国马克思主义民族学的发展，必须以辩证唯物主义和历史唯物主义作为它的指导思想。

②为中国各民族人民的根本利益服务，提高各民族人民的物质文化和精神文化，是民族学研究的最高宗旨。

③民族学主要采取实地调查的方法，同时结合人类学、历史学、考古学、语言学等各学科的方法，以及录音、录像、电子计算机等现代化手段来展开自己的研究。对即将消失的社会历史现象更应进行抢救性的调查。

④中国民族学在其发展过程中，应继承历史上的优秀文化遗产和传统。

⑤对外国民族学，应当实事求是，一分为二，积极地开展研究，取其精华，弃其糟粕，做到洋为中用。

⑥中国的民族学，应当是理论联系实际的科学。开展民族学研究，既具有理论意义，又具有实际意义。

第二，随着解放思想，中国马克思主义民族学学术活动在全国范围内空前活跃。1980年10月26日正式成立的中国民族学研究会，在团结全国民族学工作者，遵循"百花齐放，百家争鸣"的方针，积极开展中国马克思主义民族学研究和国内外的学术交流方面，发挥了积极的组织和推动作用。中国民族学研究会成立前后，举行过几次全国性的学术讨论会。其中1980年10月在贵阳举行的会议，讨论的中心议题是建设中国马克思主义民族学的有关问题。

第三，出版的中国马克思主义民族学研究成果，也逐渐地多起来了，中国马克思主义民族学专著也不断出现。民族学调查在一些地区、一些部门有组织地开展起来。

第四，研究和教学机构比过去增多了，研究队伍比过去壮大了。一些民族学研究机构得到了恢复并在一些大学设立了民族学系、人类学系——如中央民族大学的民族学系、中山大学的人类学系、厦门大学的人类学系等。

自 1978 年党的十一届三中全会以来，在正确的方针的指引下，中国民族学的发展尽管取得了前所未有的进展，但仍有不足之处。由于种种原因，中国马克思主义民族学的研究成果还不够丰富，具有较高学术价值和现实意义的著作还不多，我们对国外民族和民族学的了解还很不足，信息不够灵通，我们从事民族学研究还缺乏现代化的手段，等等。所有这些都是工作中的缺陷。

近年来，中国马克思主义民族学研究获得了丰硕成果，完成了被列为国家重点项目的《中国大百科全书·民族卷》民族学分支条目。1979 年，在国家民委的直接领导下，组织了《民族问题五种丛书》编辑委员会，总结并补充了少数民族的社会历史调查、语言调查的经验和材料。陆续编写、出版了《中国少数民族》《中国少数民族简史丛书》《中国少数民族语言简志丛书》《中国少数民族自治地方概况丛书》《中国少数民族社会历史调查资料丛书》。到目前为止，五种丛书已全部出齐。各有关学会陆续出版了学会刊物，如《民族学研究》《人类学研究》《世界民族研究会论文集》，同时借《民族学通讯》《中国人类学会通讯》《世界民族研究通讯》沟通各地学者的研究信息，各院校、各地方民族研究单位也不定期出版论文集，为推动全国民族研究发挥了重要作用。

中华书局 1984 年出版的《原始社会史》（林耀华主编），对考古学、人类学、民族学等多学科内容兼收并蓄，是 1949 年以来阐述原始社会最为详尽的一部专著。黄淑娉的《中国原始社会史话》、宋兆麟的《中国原始社会史》以及《世界上古史纲》等专著对于研究原始社会与民族学都具有重要参考价值。

近年来，杨堃著的《民族学概论》和林耀华主编的《民族学通论》已经成为有影响的专著和教科书，其他属于少数民族专论或综合论著的作品也不断问世，使得中国马克思主义民族学研究呈现出一派蓬勃景象。

附　　录

一　"国际人类学和民族学联合会"概况介绍

国际人类学和民族学联合会全称为"The International Union of Anthropological and Ethnological Sciences"（IUAES），中文名称为"国际人类学和民族学联合会"（以下简称"联合会"）。它是国际社会科学理事会（ISSC）的成员之一，也是国际哲学和人文研究理事会（CIPSH）的成员之一，还是国际科学联合会（ICSU）的成员之一。IUAES是在联合国教科文组织注册的人类学界和民族学界最具影响的世界性组织。是民族学研究领域中最大的学术组织，是一个为世界各地的民族学、人类学、考古学和语言学的学者们提供相互联系和进行学术交流机会的国际性学术团体。IUAES的目标是加强世界上社会人类学、民族学、考古学、语言学、生物人类学等各学科之间的交流。其宗旨是通过集合不同领域的知识，以便更好地理解人类社会和促进自然与人类之间相互协调的可持续发展。

国际人类学和民族学联合会作为一个组织成立于1948年8月23日，事实上，早于1934年，伴随着国际人类学和民族学大会（CAES）的召开，国际人类学和民族学联合会就已经建立，其前身是1865年后召开的各种人类学大会，国际人类学和民族学大会主席同样兼任联合会主席。1968年，这两个组织在权利上合二为一。联合会的国际人类学和民族学大会每5年召开一次。1978年12月第十届大会召开前夕，又修改了联合会的《章程》。联合会还定期举行中期大会、研讨会和座谈会，它还鼓励人类学者参加其他的国际会议和研究项目。联合会通过它的委员会，在人类学者之间激励起比较集中的研究兴趣并将国际人类学和民族学大会召开情况通过出版研究论文等方式使研究发现传播出去。联合会现有3种年刊和7种专题刊物，每次大会后都发表讨论文章和学术论文。联合会的

《章程》及历届会议的议题，体现了当代这一领域的世界学术水平，领导着国际人类学和民族学理论发展的时代潮流。到目前为止，IUAES 共有下属专业委员会 21 个。他们分别是：①都市人类学委员会（Commission on Urban Anthropology）；②影视人类学委员会（Commission on Visual Anthropology）；③妇女人类学委员会（Commission on the Anthropology of Women）；④理论人类学委员会（Commission on Theoretical Anthropology）；⑤人类生态学委员会（Commission on Human Ecology）；⑥旅游人类学委员会（Commission on the Anthropology of Tourism）；⑦艾滋病人类学委员会（Commission on the Anthropology of Aids）；⑧医学与流行病学人类学委员会（Commission on Medical Anthropology and Epidemiology）；⑨全球变迁的人类学委员会（Commission on Anthropological Dimension of Global Change）；⑩食物与食物问题委员会（Commission on Food and Food Problems）；⑪民间法与法律多元主义委员会（Commission on Folk Law and Legal Pluralism）；⑫文献研究委员会（Commission on Documentation）；⑬年龄与老龄化委员会（Commission on Aging and the Aged）；⑭政策与实践的人类学委员会（Commission on Anthropology in Policy and Practice）；⑮和平的人类学与民族学委员会（Commission for Anthropological and Ethnological Study of Peace）；⑯游牧民族委员会（Commission on Nomadic Peoples）；⑰紧急人类学研究委员会（Commission on urgent Anthropological research）；⑱民族关系委员会（Commission on Ethnic Relations）；⑲土著知识与持续发展委员会（Commission on indigenous Knowledge and Sustainable Development）；⑳数学人类学委员会（Commission on Anthropology of Mathematics）；㉑博物馆与文化遗产委员会（Commission on Museums and Cultural Heritage）。

（一）国际人类学和民族学联合会章程

（1978 年 12 月 3 日公布）

第一条：本国际人类学和民族学联合会章程自即日起取代常设理事会以前正式批准的一切章程。

第二条：

①本联合会是为促进学科发展的非营利性国际组织；

②联合会章程业经联合国教科文组织（巴黎）登记，这种注册使它具有教科文组织活动的性质；

③联合会不受联合国教科文组织决定和政治的约束，但可以和它的建议合作。

第三条：联合会的目的如下：

①在人类学和民族学领域以及与其有关学科的地区研究方面，发展与联合国教科文组织相符合的国际性科学的和专业的合作，世界上不同地区对人类学和民族学是理解的；

②加强国际性和区域性学术团体和专业机构的发展；

③促进从事相邻学科研究机构之间的科学的和专业的合作；

④与其他国际组织，特别是与哲学和人道主义研究理事会、国际社会科学理事会、社会科学联合理事会、博物馆国际理事会等合作，但不排斥与其他学科的合作；

⑤确定人类学和民族学在致力于国际性的各学科之间的学术活动中的相称作用；

⑥在常设理事会和最高行政会议批准下，采取适当步骤配合会员在国际性的科学和专业方面的任何其他科学活动，这一点与上述第二条第一款并行不悖。

第四条：联合会在与第二、三条相符的情况下，可以加入其他团体，并为其进一步学术活动而订立合同和建立委员会。

第五条：联合会会员资格分以下几类：

①行政委员会承认的国家人类学团体、地区人类学团体、国家民族学团体、地区民族学团体以及各科学院；

②本条第一款规定以外的与第三条提到的科学研究有关的研究机构、院系和学会；

③个人会员必须是从事第三条第一款举例的学科的教学人员和研究人员；

④本条第一款和第二款没有规定的，经行政委员会推荐而参加联合会实际工作的团体和机构；

⑤名誉会员，由行政委员会建议，常设理事会任命，其人数不超过20人。名誉会员是根据其对学术所作的卓越贡献而遴选出来的，并照顾各地区各学科的平衡，名誉会员系终身职务不交会费。

第六条：入会申请书直接给联合会秘书长。会员资格由行政委员会决定，常设理事会可以否定。行政委员会还可以向常设理事会上诉。行政委员会就本条所规定权限把部分权限交给委员会，该委员会由行政委员会任命。

第七条：联合会的会员资格的终止：

①会员在任何时候都可以退出；

②由于不符合第五条规定，常设理事会经出席代表2/3的多数的表决开除出联合会；

③未经行政委员会的特别批准，没有按照章程的规定缴纳会费者。

第八条：

①联合会主席，同时也是大会主席；

②根据下届大会东道国国家代表团提名，在人类学和民族学世界性大会期间，由常设理事会任命；

③主席在大会期间任命并于常设理事会闭会之际就职；

④主席主持常设理事会，大会和行政委员会，当主席失去工作能力时，必须辞职，并专门召开会议选举主席；

⑤主席在常设理事会或在大会不进行投票，除非另外为他提供权利；

⑥主席在职期间，由于死亡、疾病或行政委员会认为其他理由，主席必须停止行使职权时，行政委员会将从该届的其他副主席中任命一名继任者。

第九条：

①联合会设七名副主席，这些副主席必须尽可能实际代表人类学和民族学的各个学科并达到各地区平衡；

②提名委员会（见第十二条）将提出候选人，至少每一名副主席提出两人供常设理事会挑选；

③常设理事会将为本届选举三名副主席，为下届选举四名副主席，以多数票当选，如果票数相等，主席可以投一票。

第十条：

①联合会设秘书长一人，常设理事会根据行政委员会推荐任命；

②秘书长是联合会的高级行政官员，在常设委员会、主席和行政委员会的授权下，监督联合会全面工作和一切行政活动，以及其他相应的委员会的活动；

③联合会秘书长不担任大会的行政职务；

④秘书长根据行政委员会的决定领取工资；

⑤秘书长保存联合会各项工作记录和大会、常设理事会和行政委员会

备忘录和报告财务情况，还保存会员材料，主管联合会的基金、财产和通知开会；

⑥秘书长任命和管理联合会领工资人员。

第十一条：

①联合会设行政委员会，其成员为主席、上届主席、副主席和六名补充成员；

②补充成员由常设理事会每五年在行政委员会之后立即选举；如果秘书长接到由一名空缺致使常设理事会在一个月之内未能召开的通知，则行政委员会可以推选一名成员补缺；

③行政委员会受常设理事会委托制定决议的政策，任命要员，代表与其相称的权限，核准预算，规定会费，审定国际科学的和专业的活动计划，并在常设理事会授权的情况下代表联合会采取任何必要的措施。

第十二条：

①联合会设提名委员会，由行政委员会随时任命。提名委员会根据第八、九、十、十一条的规定，至少对每一职务人选提出两名候选人；

②根据常设理事会的行政委员会要求，提出其他候选人名单；

③为章程中提到的官员和其他职务提出的补充候选人，常设理事会根据法令随时批准。

第十三条：

①联合会主持人，同时也是常设理事会的主持人；

②常设理事会包括国家代表团和名誉会员；

③每一个国家代表团在理事会的决议中只能投一票，名誉会员的投票不计算在其所属的国家代表团内；

④每一个国家代表团的组成至多不超过六名，另加名誉会员。名誉会员将由国家的人类学和民族学机构代表本国并按照人类学者的一定程序决定选派；

⑤任何一个国家只能有一个代表团，如果对被委派的代表团发生争议，常设理事会将选出由三个代表团组成的立案委员会解决这一争议；

⑥国家代表团必须向秘书长登记其代表团名称和住址，并任命代表团团长；

⑦常设理事会的法定人数为会议开始时向秘书长登记的国家代表团的1/5；

⑧国家级代表团可将特定会议中的投票权委托他国代表团代行，但须于会前至少一个月以书面形式通报秘书长，并得到受委托国家代表团的同意；

⑨常设理事会在国际大会休会期间开会，至少在两次大会之间召开一次会议或在其他时间由主席或行政委员会召开；

⑩常设理事会根据章程处理联合会或大会任何事务。

除非章程或法令有其他规定，常设理事会的所有决议必须由出席会议的多数国家代表团或代表通过。主席可以在投票各占半数时投一票。

第十四条：

①联合会全体大会对常设理事会，主席和行政委员会起咨询作用；

②在每一届大会上，由主席或秘书长倡议召开全体大会；

③联合会所有成员，凡无费用纠葛，不分类别均可参加大会；

④根据这一条款，"无费用纠葛"意为已交纳当年费用，行政委员会根据章程第五条第五款及第十七条减免会费的会员"无费用纠葛"对待；

⑤不管属于哪一类会员都只投一票；

⑥全体大会不采用代表投票办法；

⑦全体大会决议由出席会议的多数票通过后，提交联合会相应组织审议并付诸实施；

⑧全体大会的议程散发各代表团，这种方法能使代表团至少在会议之前一个月收到议程。在大会期间，议程以醒目方式公布；

⑨请求对全体大会议程的补充议案以书面方式至少在会议召开前两天交大会秘书长核存，规定这样的请求至少由10名有名望的会员签名；

⑩全体大会经多数投票可以修改议程。

第十五条：

①人类学和民族学定期性世界大会会址由常设理事会决定，每届更换会址；

②在每一届大会上，常设理事会指定下届大会的会址和开会日期，东道国国家代表团建立组织委员会；

③大会组织委员会由大会秘书长任命，而秘书长是大会的主要行政官员；

④组织委员会对其他名誉的、学术的和行政的委员会的任命相信是必要的，并对论文题目、行政、会议的具体地址、邀请信、通信以及和大会

召开有关的所有其他事项具有最高权威；

⑤组织委员会至少在大会召开之前两年把召开大会的全部计划报送常设理事会讨论和提意见；

⑥会议的邀请必须对任何国家的真诚的人类学家和民族学家公布；

⑦组织委员会负责大会出版物的语言政策。

第十六条：

①根据常设理事会的意见，在两届大会之间可以在那些没有条件和资金召开世界大会的国家中召开两届大会之间的特别会议；

②两届大会之间的特别会议的组织要和大会的组织工作平行进行，东道国代表团的具体条件可在常设委员会允许的情况下不时对会议本身进行调整；

③东道国代表团组织委员会可以限制参加大会之间特别会议的人数，也可以经组织委员会和常设理事会批准以邀请或其他选举途径挑选所有参加者或部分参加者。

第十七条：

①行政委员会不断地规定各类会员的会费，对那些交纳会费有困难或没有能力交纳会费的会员批准延期或削减交纳会费数目；

②除非行政委员会同意延期交纳会费，那些没有交纳会费的会员无权进行投票。

第十八条：

①本章程从此代替了常设理事会以前批准的各种章程，并作了修改；

②本章的程修改须在常设理事会的立法会议上以2/3多数票通过才能进行；

③修改章程的通知必须在常设理事会开会讨论之前几个月送交秘书长，并至少在常设理事会开会之前六个月散发给国家代表团；

④凡本章程未包括的所有问题和程序由行攻委员会处理并报送常设理事会；

⑤常设理事会在章程没有详细规定的范围内，根据法令去管理联合会；

⑥行政委员会任命查账员，并接受他们的报告；

⑦主席、秘书长和财经委员会主席，在他们各自的权限内，根据行政委员会章程和法令规定，可以以联合会名义单独签署说明收入和支出的文

件，他们的每一个人在需要情况下任命一位代表，并代表他们处理事务；

⑧任何两位主席、秘书长、财政委员会主席可以以联合会名义签署与本条第七款不同的合同，规定任何一位主席、秘书长、财政委员会主席和任何一名行政委员会成员也可以签署合同；

⑨本章程最初用英文起草，并将译成法文。为了翻译目的，最初的英文稿将继续使用，使用教科文组织使用的语言是可以的。大会语言将用英语、法语以及任何国家组织者决定使用的其他语言。

（二）历届国际人类学和民族学大会简介

1. 第一届国际人类学和民族学大会

1934 年 7 月 30 日至 8 月 4 日，国际人类学和民族学联合会在英国伦敦召开了首届国际人类学和民族学大会。这个大会是经过 20 多年筹备才实现的。1932 年在伦敦召开的"史前学古代史学国际会议"是这次会议的先驱。有 50 多个国家的 200 多个大学或学术团体派代表参加，与会的正式代表 231 人，列席代表 850 人。会议共分八个小组进行专题讨论。第一组讨论的课题是解剖学与体质人类学、人类学在灵长类中的地位以及人体测量问题。第二组讨论的是社会组织与未开发人心理关系。第三组讨论各殖民地未开发人的人口增减问题。第四组讨论一般民族学，包括文化发展的各种类型；印度民族学、远东民族学、新几内亚民族学等；以及非洲民族学、美洲民族学。第五组讨论工艺学、阿萨姆那加入宗教仪式对生产技术的关系。第六组讨论社会学，主要讨论马林诺夫斯基学派、迪尔凯姆学派中的一些重要课题。第七组讨论宗教巫术、民间信仰以及原始宗教残余。第八组讨论语言问题。会上有很多著名的国际学术界权威人士发表学术报告。如斯坦因博士的《近年来对伊朗、印度边境的地理考察》；霍德森教授的《1931 年印度人口普查情况》；马雷特博士的《人类学民族学研究的成长与趋势》；霍尔丹教授的《人类学与人类生物学》；等等。

2. 第二届国际人类学和民族学大会

其是于 1938 年 7 月 30 日至 8 月 6 日，由国际人类学和民族学联合会主持，在丹麦的哥本哈根大学召开的。有 37 个国家的约 650 名代表参加。亚洲国家中有日本代表 3 人，中国 2 人，泰国 1 人，伊朗 3 人，土耳其 4 人，印度 8 人；欧洲国家中人数最多的是丹麦，其次是英国和德国；美国代表有数十人参加，当时的苏联没有派代表参加。会上共发表学术论文

180 余篇。会议共分七个小组进行专题讨论。第一组是体质人类学方面。讨论解剖与体质人类学，以及体质人类学中的人种问题。第二组是心理学方面。讨论文化因素对性格的影响，主要论文有莫斯教授的《社会现实与性格》等。第三组是人口论问题。讨论从出生、死亡率来看人口变动的问题。第四组是民族学方面。讨论农业以及饲养家畜的起源与发展、栽培植物的起源，主要论文有赫斯科维茨教授的《原始经济中剩余经济及其处理》等。第五组是民族志方面。亚洲民族志及民俗志方面，主要论文有海门道夫的《阿萨姆那加族等及东南亚一些民族的猎头习俗》《阿萨姆的巨石文化及对印尼的关系》；非洲民族志方面，讨论非洲的游牧民族问题；美洲民族志方面，主要讨论北美、中美、南美间的文化关系；大洋洲民族志方面，主要讨论大洋洲与东南亚的文化关系，论文有考夫曼的《那加族文化与美拉尼西亚》、斯派泽的《印度尼西亚与美拉尼西亚文化关系》等；北部地区民族志方面，主要讨论北部地区史前学和有史时代的文化移动，论文有林格伦的《满洲通古斯人的驯鹿文化》、冈正雄的《北千岛文化的几个问题》等；还有欧洲民族志和民俗志方面。第六组是社会学和宗教学方面。论文报告有鲁宾教授的《佛教与萨满教》、马林诺夫斯基教授的《现代文化传播的力学》、林格伦的《因文化接触而发生的社会变迁》。第七组是语言学方面。讨论土著民族欧洲系土语和欧洲语的关系等。会议第二天，丹麦国王亲自到会。丹麦外交部长致欢迎词。大会主席托马斯汤姆森介绍了丹麦的人类学、民族学研究的历史。

　　3. 第三届国际人类学和民族学大会

　　由于第二次世界大战，第三届国际人类学和民族学大会与第二届大会间相隔 10 年之久后，于 1948 年 8 月 15 日至 23 日在比利时的首都布鲁塞尔举行。比利时伊丽莎白女王出席了本届大会，比利时首相、外交部部长、公共教育部部长担任本届大会的荣誉主席。有 450 名代表参加了本次会议。来自荷兰和英国的代表团规模最庞大，西欧（包括德国）、斯堪的纳维亚半岛的国家以及美国都派出了代表团参加，波兰和匈牙利各自只派了 2 名代表。会议收到了许多高水平的学术论文，常务理事会和各个委员会的工作更是精彩，他们为人类学的国际合作带来了新的思想。在本届大会上，常务理事会还同几个国家共同讨论修改了成员资格管理办法。大会举行了三个专题讨论：①人类化石学、体质人类学、基因学和方法论。②史前史、考古学和古人类民族学，欧洲的民族学、技术和民俗，亚洲民族学，非洲民族学，比利时殖民时期的刚果，北极圈新世界的民族学，大洋洲的民族学，闪米特的问题。③民族学的方法、理论，历史、宗教、文化、儒化的社会研究志，社会学和涵化研究，人口和人口问题，心理学，语言学，非洲语言学，原始艺术，民间艺术，技术和物质文化，博物馆学。大会还举行了以下几个主题展览，包括：原始艺术、瓜德罗普岛岩画、巴黎古人类艺术博物馆的文献、比利时殖民时期的刚果艺术、非洲艺术研究中心的肖像物质、非洲史前史、比利时的人类化石、比利时史前史、人类学民族学家感兴趣的印刷品、人类学民族学开发中的古书、当代人类学民族学图书、期刊展。

4. 第四届国际人类学和民族学大会

第四届国际人类学和民族学大会于 1952 年 9 月 1 日至 8 日在奥地利的维也纳举行。会议的筹办过程得到了来自奥地利政府及当地科研院所和学术团体的大力支持。在大会上，学者们讨论的议题除了严格意义上的人类学和民族学问题外，还包括应用人类学、人口学、社会学、心理学、宗教、语言学、民俗、史前史、古人类学、栽培植物的起源与分布以及家畜。本次会议的注册费为 200 奥地利先令，包括了各类学术活动和社交活动的费用，还包括一本论文集的费用。联合会成员还可以携带一位家属参会，家属的注册费是 100 奥地利先令。

5. 第五届国际人类学和民族学大会

第五届国际人类学和民族学大会，于 1956 年 9 月 1 日至 9 日在美国费城举行。出席这次会议的代表有 61 个国家的约 700 名学者。其中大部分是美国学者，著名的人类学家、民族学家克娄伯，赫斯科维茨，特克斯，比尔斯，列依尼等人参加了会议。英国代表有费尔斯、福蒂斯、福特、李特尔及其他一些学者。法国代表很少，阵容也较差，其民族学首要人物李维没有提出报告，结构人类学的代表人物、著名的民族学家列维—斯特劳斯没有出席会议。法属黑非研究所则完全没有派代表参加。德国代表也很少。奥地利只有科佩士、海涅赫尔登等少数几个学者参加。当时的苏联代表也只有波切兴、杰伯茨和奥利捷罗三人。波兰和匈牙利也派有代表参加会议。会议主席，是美国宾夕法尼亚大学博物馆馆长、研究极北方民族考古学和民族学的著名学者列依尼教授。会议分全体会和小组会进行。全体会议，除开幕式和闭幕式之外，一共开了三次，分别阐述了世界民族学、体质人类学和考古学的状况。在关于民族学问题的全体会议上，英国学者费尔斯作了关于英国民族学现况的报告；奥地利学者海涅赫尔登作了关于欧洲现代民族学理论发展的报告；美国学者比尔斯作了关于美国民族学现况的报告。会议的主要部分是小组会。这次会议按专题进行分类，共分了 24 个小组：①民族学；②民族志；③体质人类学；④新大陆考古学；⑤种族和人类进化；⑥史前史；⑦社会组织；⑧教化问题；⑨应用人类学；⑩传播和民族历史；⑪语言学；⑫民族心理学；⑬民族音乐；⑭博物馆学；⑮宗教；⑯政治组织；⑰农业民族；⑱艺术；⑲经济；⑳民间创作类型学；㉑民族语言学；㉒文化类型学；㉓极地民族学；㉔价值问题。小组会一共开了约 60 次，听取了 300 多篇报告。

6. 第六届国际人类学和民族学大会

第六届国际人类学和民族学大会，于 1960 年 7 月至 8 月，在法国巴黎召开的。参加这次会议的各国学者 1000 多人。大会举行了两次全体会议，听取了关于一般性问题的报告。其中，一个是苏联人类学家捷别茨关于《现代人体质结构演变的性质和方向》的报告；另一个是美国"多线进化论学派"的代表人物、民族学家赫斯科维茨关于《人类科学中的人道主义》的报告。另外，会议按照人类学、民族学和博物馆学，分了许多分组和小组。其中关于博物馆学的报告不多，也没有引起足够的注意。在"普遍民族学和方法学"分组会上，"维也纳学派"的领导人科佩士作了关于《国家起源》的报告，认为在尼安德特人中间存在着国家的萌芽。民主德国的青年学者谢利诺沃依在报告中论证了只有历史唯物主义才能正确解决文化发展的共同规律和地方性规律的问题。苏联学者托尔斯托夫在会上批判了科佩士的观点，而支持了谢利诺沃依的观点，并作了关于《民族融合过程的论述》的报告，用具体材料阐述了当时的苏联达格斯坦、帕米尔、极北方等地区各少数民族的融合过程。与此同时，捷克民族学家作了关于《斯洛伐克民族当前的方法论问题》和《捷克斯洛伐克工业区的民族学研究》的两个报告。除了分组会以外，大会还组织了许多工作组，以便组织专家们对个别问题进行讨论，解决各门学科研究相配合的问题。

7. 第七届国际人类学和民族学大会

1964 年 8 月 3 日至 10 日，在苏联的莫斯科举行了第七届国际人类学和民族学大会。出席会议的有 58 个国家的 1000 多位代表和 100 多位贵宾。不仅有人类学家、民族学家和民俗学家，而且有哲学家、社会学家、考古学家、经济学家、地理学家、生物学家、人口学家、医学家、法学家、语言学家、文学家、音乐学家，以及其他学科方面的学者。说明了各门学科间的有效合作。会议根据学科专题共分了 30 个分组会，举行了 17 个专题讨论会。在分组会上共听取了 812 篇论文报告。其间，还放映了反映世界许多民族生活的 80 部影片。在各种会议上作报告或发言的，有非洲学者 6 人、中南美 13 人、澳洲 1 人、亚洲 34 人、西欧 130 人、北美 140 人、东欧 207 人、苏联 397 人。会议的中心主题是关于人类社会和人类本身的发展问题，特别是对世界各民族人民的现代生活，以及人类在民族、经济、社会和文化发展上的需要给予了极大的注意。在理论和方法论分组会上，听取了具有哲学性质的报告。讨论中明显地表现出了现代资产阶级民族学所特有的矛盾。一方面，有大量的民族学家摆脱了相对主义和多元论的历史观点，承认社会的进步思想，对历史哲学有了日益增长的兴趣；另一方面，还有许多资产阶级民族学家保持着唯心主义的哲学立场，并用唯物主义的名词把自己伪装起来。美国学者比德内说：现在离开了马克思主义就不能进行社会研究。因而，有很大一部分资产阶级民族学家转向了历史主义和马克思主义。

在会上，日本学者石田作报告，试图证明历史唯物主义与美国民族学这两门科学之间没有什么深刻的矛盾，二者研究的是同样的问题，作出的是同样的解释，唯一不同的是它们对未来的看法。苏联学者叶菲莫夫对此作了严肃地批判，明确指出它们之间划一个等号是不正确的。荷兰学者洛赫也谈到了西方民族学向历史主义的转变。古代和现代民族的起源问题，是引人注意的政治问题和学术问题之一。会上宣读了许多有关南斯拉夫人，非洲、中国、大洋洲各民族的起源问题的报告，还有关于现代民族的社会结构和民族统一问题的报告，以及苏联学者关于社会主义民族形成过程的报告。考古学家、语言学家参加这一讨论具有积极因素，可以把中石器时代和早期新石器时代人类广泛分布时期各大语系形成的问题提上议事日程。他们根据语言学资料，既谈到了民族起源的一般理论问题，也谈到了各个语系形成的具体问题。关于原始社会史的基本问题，引起了参会者的热烈争论。美国学者怀特和芬顿根据最新研究成果阐述了摩尔根学说的意义，苏联学者谢苗诺夫用现代科学的观点分析了摩尔根的分期。但是，美国学者梅博利和康斯塔提出了否定意见，前者断言摩尔根学说过时了，后者则从"多线进化论"出发，否定摩尔根学说的唯物主义性质。他们的发言受到苏联及其他部分学者的反驳。英国学者福特斯号召对摩尔根的遗产作进一步研究，但他却把摩尔根说成是"功能结构研究法"的创始人。在"应用民族学"分组会上，讨论了如何利用民族学知识为各民族人民利益服务的问题。大多数学者一致认为，应用民族学就是研究各民族文化和生活的，在于给各民族提供援助，或者是为了改变各民族传统文化的某些方面。

各地区的分组会，讨论了与研究世界各民族的起源、历史、命运、文化和语言有关的综合性的问题。在非洲分组会上，讨论了非洲大陆各民族人民社会生活的历史、前殖民地时代所形成的土地关系、奴隶占有制和国家组织的形式等问题。这一分组会上的显著特点是来自非洲国家的学者积极参加了讨论，他们也听取了其他分组会上关于非洲各民族过去和现在发展问题的报告。说明国际学者对"黑色大陆"的各个民族及其历史、文化、生活和今后的发展道路，有着广泛的兴趣。美洲分组会上的报告，内容涉及范围很广。从美洲的发现、最早的居民、土著民族社会生活和精神生活的特点，直到现代民族的形成以及社会经济发展的道路，等等。会上也广泛地简述了西亚、南亚和东南亚各民族过去和现在的情况、文化的发展，以及社会经济生活的形式等问题。欧洲分组会上的报告，涉及到的问题有：欧洲各民族的民族起源、历史文化区、物质文化类型、公社和家庭史、民族传统的继承，等等。在澳洲分组会上，民族起源问题引起了特别的兴趣。许多报告考察了这一地区的居民的社会生活和礼仪风俗。

总之，会谈是在实事求是和友好气氛中进行的。各国学者力图对科学方法进行深入的理论探讨。会议反映出了深刻的人道主义思想在民族学家中得到了进一步传播，承认每个民族都对世界文化宝库做出了自己的贡献。会议期间，没有任何一个发言是有种族主义表现的。而具有明显的反种族主义倾向的报告，得到了全体与会者的极大支持。与此同时，也反应出资本主义国家人类学和民族学界进步倾向的增长，说明了历史唯物主义在不断扩展。

8. 第八届国际人类学和民族学大会

第八届国际人类学和民族学大会，于 1968 年 9 月，分别在日本的东京和京都两地召开。学术报告会在东京举行，座谈讨论会在京都举行。参加会议的代表中，有 46 个国家的 569 名学者在会上发表了论文。在东京举行的学术报告会共 24 个小组。其中人类学 8 个组，民族学 13 个组，考古学、人口学、博物馆各 1 个组。人类学的 8 个组是：①理论与方法；②生态人类学；③体质人类学；④古人类学；⑤种族与人口；⑥人类遗传学；⑦医药人类学；⑧原始人的研究。民族学的 13 个组是：①理论与方法；②文化史；③社会与政治组织；④社会与文化变迁；⑤经济形态；⑥宗教与民俗；⑦艺术；⑧文化心理与教育；⑨语言；⑩物质文化；⑪非洲民族；⑫阿伊努和北极圈；⑬日本民族学。在京都举行的座谈讨论会共分 18 个小组。讨论的问题有：宗教与道德；欧亚大陆游牧民形成类型和文化变迁；北部欧亚大陆同北美北部在史前文化上的关系；非洲社会的民间传说；村落阶段的文化发展；文化变迁与心理适应问题；语言人类学；巨石文化问题；复杂社会的比较研究；日本民族起源问题等。

9. 第九届国际人类学和民族学大会

第九届国际人类学和民族学大会于 1973 年 9 月 1 日至 8 日在美国的芝加哥市举行。根据 1971 年 5 月在丹麦哥本哈根成立的常务委员会的会议精神，本届大会引入了一种新型的科学会议。学者们不再朗读会议论文，而是在会议之前就把论文分发给志同道合的学者。本届大会主要讨论了以下四组问题：

第一组，人类本性与发展，包含：①身体和行为；包括人类与灵长类动物、古人类学、人类差异：基因和环境因素。②思想与文化；包括语言和思维、科学技术与发明、社会创新与发展。③人类的表达；包括艺术：可塑性与形象性，表演艺术：音乐、舞蹈和戏院，民俗：口头和书面文献以及仪式、祭拜和萨满。

第二组，从不同区域看世界，包含：①极地地区；包括普通人类学，人类对新环境和困难环境的适应。②环太平洋地区；包括普通人类学，近海人类学及人与海的关系、沿着山脉的交流。③亚非地区冷、热的沙漠的干草原，包括普通人类学、现代化背景下定居和游牧生活方式的关系。④印度洋区域；包括普通人类学、后殖民"新国家"的比较研究。⑤中国与岛国；包括普通人类学、作为"母"文化的中国与作为"历史接收者"的小岛文化之间的比较。⑥欧洲；包括普通人类学、作为历史演进中心的城市化。⑦大洋洲；包括欧—非海岸、南—中—北美洲海岸、欧洲北部近海地区和国际农场的发展。

第三组，民族学与人类学的专业思考，包含：①理论思考；包括另一种理论视角，复杂社会的人类学研究，当代理论、方法和研究技术。②资料存储和检索；包括文献资源、博物馆学、图表和影音人类学。③人类学的历史和未来；包括克服离心趋势的方法、交流的困难。

第四组，民族学与人类学的社会问题，包含：①特殊问题；包括人口和技术增长，殖民主义、权利泛滥和战争，不公平和歧视。②土著和少数民族问题的命运；包括文化多样性的可能性和前景。③社会生活的各方面；包括精神和身体健康、营养、儿童早期行为、教育、都市生活。④种群的未来。

本届大会还成立了五个新的委员会，分别是：影视人类学委员会，博物馆及其国际博物馆理事会关系的委员会，人口政策委员会，联合会持续发展及其与联合国教科文组织关系委员会，档案、文献和参考工具书委员会。

10. 第十届国际人类学和民族学大会

第十届国际人类学和民族学大会，于 1978 年 12 月 9 日至 16 日在印度的德里举行。主题是"人类学与发展带来的挑战"。参加大会的代表有来自 70 多个国家的 2000 多名学者。其中，印度学者几乎占了一半；美国代表阵容庞大，仅次于东道主印度，有 200 多名学者组成的代表团；英国和日本学者分别达数十人；法国、加拿大、荷兰等发达资本主义国家的代表团分别由 5 人至 20 人组成；亚洲、非洲和拉丁美洲发展中国家代表团人数不算多；苏联学者代表团由 38 人组成；波兰代表 18 人；东德、匈牙利、罗马尼亚、南斯拉夫、捷克等国家的代表团成员不多，亚洲社会主义国家的科学家未参加本届大会。

与以往历届大会不同，这次大会是在一个发展中国家召开的。印度政府对大会的举行非常关注，在开幕式和全体代表会议上，总理 M. 德赛，以及外交部部长、国防部部长和教育部部长分别发表了长篇祝词，印度报刊对大会情况做了详细报道。会议从结构上分为互相很难区别的交流会、讨论会和委员会。交流会和讨论会的参加者是会前根据提交宣读报告的申请确定的。委员会会议就某一些重要课题进行自由讨论，不需预先申请。大会期间组织了 90 余项专题性会议，其中民族学内容的约 60 项；人类学内容的约 20 项；考古学内容的有 7 项；语言学内容的 4 项。此外，还组织了 23 项讨论会和 6 项委员会会议，内容实质上都是民族学方面的。提交大会的报告提要要印成三卷本，到 1978 年 12 月初最后一卷编排就绪时，报告总数已超过 2170 份。

在大会全体会议以及和主题相关的专题会议上讨论和交流的主要内容有：亚洲各国人口迅速增加及其对未来发展的影响；墨西哥的民族社会问题；工业发达国家的农村现代化过程或居民的特殊集团；人类学和民族学在南亚（主要是印度）发展中的作用；民族一体化，包括社会运动与文化运动民族志、社会变化与文化同化、发展与妇女、发展中国家的都市化等；新进化主义与马克思主义；关于人类学和民族学的前途问题；如何培养民族学家和人类学家；妇女在家庭和社会中的地位；山区和半沙漠地区民族志；游牧生活方式；民族定向问题；政治民族学；民族心理学；体质人类学；还有考古学方面；等等。

大会总的来说是成功的，其成果无疑将促进民族学和人类学的进一步发展。由于突出了发展中国家刻不容缓的问题，所以就不能充分地对民族学和人类学的现状进行阐述。但大会仍然反映了人类学、民族学研究的现代水平及其发展的某些共同性倾向，对人的遗传学、民族心理学、营养学、社会人口学、民族过程、民间医学、民族志等学术问题表现了更多的关注，扩大了人类学和民族学的研究领域。还表明了人类学和民族学领域内的国际合作正进一步扩大，越来越多的发展中国家的学者投入了这项合作。①

11. 第十一届国际人类学和民族学大会

1983 年 8 月 14 日至 25 日，国际人类学和民族学联合会在加拿大魁北克和温哥华举行了第十一届大会，主题是"人类学与民众：交流学术思想与人类发展资料"。来自五大洲近五十个国家的 2500 名学者参加了大会。中国派出代表团参加，这是中华人民共和国成立以来的第一次。会议分两个阶段，第一阶段 8 月 14 日至 17 日，在魁北克省魁北克市开会；第二阶段 8 月 20 日至 25 日，在不列颠哥伦比亚省温哥华市开会。本届会议的主席是不列颠哥伦比亚大学人类学和社会学系的教授贝尔肖博士。这次大会提出的总议题是"人类学与公众：学者思想的交流"，"希望会议将能在行动上起到触媒作用，把来自世界各地的同行集中在一起，交流思想，探讨有关我们学科的当代思潮，增强交流和今后长期的研究合作"。②

---

① 参见［俄］勃罗姆列依、科兹罗夫《第十届国际人类学和民族学大会》，《世界民族》1979 年第 4 期。

② 古月：《第十一届国际人类学和民族学大会在加拿大举行》，《民族研究动态》1983 年第 4 期。

　　会议还列举并讨论了特别会议与中间训练议题、人类学理论与应用人类学、世界考古学、美洲考古学、生物人类学、社会与文化人类学、民俗学与民间文化、语言学 8 个项目与问题。大会第一阶段围绕着"人类学的内涵、思想、理论和实践"这个副题进行。专题讨论会则集中讨论人类学在今天加拿大和世界其他地区实践中的批评意见。

　　大会第二阶段围绕着会议的总议题安排了一些活动与特别计划，如科学计划中有关公众的情况、主要全体会议的公众参与、公共教育组成委员会所发起的特殊公共计划、以温哥华民族社会为东道主的特别活动、城市步行旅游、公共艺术与摄影展览等。两个阶段的学术活动主要是分别对近 450 个专题和所提出的 3000 篇论文的讨论会。就世界所有地区各民族生活方式的各种问题——如独立发展起来的劳动传统、不同时代人们精神气质和日常行为的独特性、从原始到当代等问题，都进行了详细热烈的讨论。确定民族科学在解决当代迫切问题中的地位和作用以及民族学家和人类学家与各社会机构和专业团体的联系和协作形式，在实践中宣传和利用科研成果等问题，是会议上争论的主要问题。

　　在专题讨论会上，《民族学中的马克思主义分析方法》一文集中讨论了许多公认的方法论问题，并深入探讨了马克思主义奠基人在研究原始社会方面的遗产以及马克思主义理论在分析早期阶级社会方面的作用。在《民族进程及其集约化》专题会上，与会者一致认为，在当代条件下，民族进程的集约化日益增长。在"民族人类学"专题会上，讨论了一系列有社会意义的问题——如文化的民族特点和民族的整个生活方式的保存与受城市化和技术进步影响的变化，传统文化对现代化生活方式的适应，出现了哪些保存得最稳定的文化因素和易于适应现代生活方式的文化因素，等等。在"人类文化学和人权"专题会上，讨论的是世界一些国家的本地居民争取平等、生活权力和自决权斗争所遇到的历史性抉择问题。此外，重点讨论的专题还有"交往民族学""语言是支配和转换的工具：双语政策、语言划分和社会方言""和平与战争：人类学的前景""古文化生态学"，等等。与会者还对人类学和民族学研究中的大量术语概念十分关注，一致认为：必须对这些概念加以确切说明，才能使研究中减少理解上的分歧。大会期间，各国学者积极热烈地研讨与维护人民利益、文化有关的各种尖锐政治问题，以及移居、适应科技新成就和当代环境的问题。由此可看出，研究工作明显转向具有当代实际意义的课题，尤其是民族学不仅研究落后于自身发展的民族，也研究工业发达国家的民族。其中很多是民族学、历史学、社会学、语言学、心理学交叉研究的课题。在加强科学与实践的联系、广泛使用电子计算机分析科学信息这两方面较之上届大会更为突出。

12. 第十二届国际人类学和民族学大会

第十二届国际人类学和民族学大会，于 1988 年 7 月 24 日至 31 日在克罗地亚萨格勒布市举行。大会主题是"世界人类学：教育、研究与应用"。来自 99 个国家和地区的 2783 名专家和学者参加了会议。会议使用的工作语言是英语，共拟定并讨论了 123 个专题。本届会议的主席是萨格勒布市著名的人类学教授舒伯特·马沃博士。大会的议程主要包括全体会议、国际人类学和民族学联合会各特设委员会会议、专题讨论会、壁报展讲会、展览、电影会以及组织委员会安排的其他活动。而专题讨论会和壁报展讲会是大会的重点内容。本届大会设置了 26 组专题会议：①人类学与考古学；②人类学与发展；③饮食与营养人类学；④人类学与历史；⑤人类学与法律；⑥人类学与和平；⑦女性人类学；⑧生态学；⑨经济人类学、政治经济和政府；⑩人体工学；⑪民族研究；⑫民俗；⑬人类老龄化；⑭人类生物学；⑮信息科学与人类学；⑯语言学；⑰医学人类学；⑱方法论、教育和应用；⑲博物馆学；⑳游牧人口；㉑古生物人类学；㉒人口结构；㉓心理人类学；㉔宗教；㉕都市人类学；㉖影视人类学。全体会议使得关于人类社会中人类学和民族学当前的地位与作用的各种观点得到陈述。在全会期间，每个与会者都有机会参与讨论，制定出 20 世纪剩余时期内该专业的新的发展战略。专题讨论会的各种活动从人类学和民族学领域不同分支学科的角度，针对领域内当时的工作进行了广泛的评论。在大力促进与会者开好所有讨论会的同时，也接收自愿提交的论文。这些论文都按内容分别提交给了有关的专题讨论会。

13. 第十三届国际人类学和民族学大会

第十三届国际人类学和民族学大会，于 1993 年 7 月 25 日至 8 月 5 日在墨西哥首都墨西哥城举行。主题是"全球变迁：文化和生物的维度"。来自 93 个国家和地区的约几千名人类学家和民族学家参会。本届会议的主要内容在于它按学科的发展趋势拟定的专题讨论会。这次会议共拟定了 189 个专题，比第 12 届大会讨论专题的题目总数增加了 54%，也是历届国际人类学和民族学大会中规模最大的一次，说明世界人类学和民族学的学科研究领域在迅速扩大，而且内部的分支更加细化。大会使用的工作语言在原来单纯的英语这一种语言的基础上，又增加了西班牙语、法语和葡萄牙语等三种语言，使得学者们更加方便进行学术思想沟通。在189个讨论专题中，使用英语的有100个，约占总数的53%；使用西班牙语的有82个，约占总数的44%；使用法语的有4个，约占总数的2%；使用葡萄牙语的有3个，约占总数的1%。我们不难看出，在增加的三种语言中，西班牙语占了很大比重，说明世界人类学和民族学的研究趋势是更多地面向第三世界，这对发展中国家学术水平的迅速提高，无疑是一个巨大的促进。大会讨论的189个专题可分为三大类。第一大类是人类学和民族学的综合理论研究，共有72个专题。第二大类是人类学和民族学的学科内部分化出来的分支学科，共有25个专题，如视觉人类学、政治人类学、风俗人类学、建筑人类学、工业人类学等。第三大类是人类学和民族学与应用科学交叉，共有92个专题。第三大类中又分出六个小部分：①与政治、经济学科交叉的专题共31个；②与生态环境学科交叉的专题共7个；③与人口统计学相交叉的专题共11个；④关于妇女问题的专题共有11个；⑤与宗教哲学学科交叉的专题共17个；⑥与其他学科交叉的专题共15个。从中可以看出，当前国际人类学和民族学的研究体系，已趋于综合性、立体性和交叉性，并且向学科的高度现实性和真理性相结合、相统一的方向迈进。

14. 第十四届国际人类学和民族学大会

此次大会，于1998年7月26日至8月1日在美国的威廉斯堡玛丽大学召开。主题是"21世纪：人类学的世纪"。本次大会是20世纪的最后一次会议，大会主题含有总结过去、展望未来的意义。出席此次盛会的有来自各大洲50多个国家的学者1500余人。18位中国学者出席了此次大会，并首次由中国人类学者在世界大会期间主持两个研讨会："中国文化及其对亚洲的影响""21世纪初世界民族关系发展趋势"。大会期间安排了三次中型报告会：①人类学历史；②城市及其未来；③种族和权利。

小型课题圆桌会议有如下专题：①都市人类学；②跨文化交际；③媒体中的人类学；④中国人类学；⑤非洲人类学；⑥未来应用人类学；⑦未来的国际人类学与民族学联合会；⑧变化中的世界医学人类学与流行病；⑨商业与工业人类学；⑩影视人类学；⑪生物人类学；⑫妇女、人类学与不平等；⑬对南斯拉夫和卢旺达的国际冲突的裁决与反映；⑭人类学与公众。联合会下设的 19 个分科委员会也举办了 46 个专题研讨会，各国学者也举办了 100 多个学术研讨会，主要有：①人类学的全球实践；②人类学与应用；③民族分裂主义；④种族与民族；⑤处于传统和现代影响下的南亚部落社区；⑥都市人类学与工业化社会；⑦后现代化社会美国人类学理论；⑧21 世纪人类基因；⑨人类学与教育；⑩人类学、人口控制和少数民族堕胎；⑪人类学与大众媒体；⑫想象中的中国；⑬90 年代的土著居民与环境危机；⑭拉丁美洲土著语言：贡献和人类学应用的失败；⑮全球环境变化中的土著民族智识与科学；⑯东亚和东南亚人类学的本土化；⑰性别与教育；⑱人权与穆斯林世界；⑲关于意大利在 19 世纪与 20 世纪转变的印象；⑳20 世纪下半叶亲属关系与研究方法；㉑亚洲人类学的形成：过去、现在与未来；㉒人类食品的起源与演进；㉓民族多元化与未来国家；㉔多元文化教育；㉕太平洋沿岸的旅游业；㉖世界想象中的影视人类学；㉗未来的艾滋病；㉘21 世纪妇女与儿童发展展望；等等。

15. 第十五届国际人类学和民族学大会

此次大会于 2003 年 7 月 5 日至 12 日在意大利佛罗伦萨举行。主题为"人类、自然的相互作用：过去、现在和未来"。大会设立了 22 个学科性专题会议、120 多场报告会，与之前各届大会相比，本次大会是受世界局势影响最大的一届。在这一年，伊拉克战争爆发，非典肆虐，参会人数尤其是来自美国的学者人数锐减。实际到会的代表约 700 人。本次世界大会让人们意识到，人类正面临着新的挑战，包括前所未有的人口增长、环境恶化、气候变化和日益严重的污染。这种问题呼唤人类学四分支的研究方法。在本次大会上，许多 21 世纪的人类学者都持这种观点。相关的论文包括：《人类对自然的影响》《人类生态学：环境变迁中的人类适应》《语言学和数学：不同民族认知的神经生理基础及其符号表征》《饮食和健康》《医学人类学和流行病学》《旅游及其人类学、民族学后果》《全球生物伦理和生活质量与环境》《森林管理、气候变化与人类未来》等。

本次大会还有一个重要的议题是第十六届大会的申办工作。2003 年 7 月 10 日，联合会举行各国代表参加的工作会议，由中国和澳大利亚分别进行申办 2008 年大会的陈述，然后进行一国一票的投票表决，最终中国以多数票获得了 2008 年在云南昆明举办第十六届国际人类学和民族学大会的主办权。

16. 第十六届国际人类学和民族学大会

2009 年 7 月 27 日至 31 日①，第十六届大会在中国云南昆明举办。全球近一百个国家和地区的 4000 多名学者围绕着"人类、发展与文化多样性"大会主题，热情地参与了各项专题讨论。本届大会共安排 5 场主旨发言、14 场名家讲座、165 场专题学术讲座、22 场影视人类学专题会议。5 位主旨发言人均为国内外知名的专家学者，他们的发言涵盖了当今国际人类学与民族学界最新的研究成果，体现了学界的最高学术水平。其他学术交流也充分展示了国内外参会学者各自最新、最前沿的研究成果。本次大会编辑出版了《中国人类学民族学百年文库》，收集了中国百年来近百名人类学民族学家的精辟论著，展示了中国人类学民族学研究百年来的发展轨迹。还编辑出版了《今日人类学民族学论丛》中的第一本著作，即由国际人类学与民族学联合会秘书长纳斯和中国社会科学院研究员张继焦主编的中、英文版的《当今国际人类学》。该书展示了国际人类学与民族学联合会各个专业委员会及相应研究领域的最新研究成果与发展趋势，以及联合会的组织结构、运作方式、主要发展历程和取得的成就。会后还对几千名学者提交大会的论文进行选优出版。大会还印制了 10 卷本精美的大会论文摘要集，集中展示了世界各国的人类学家与青年学者为本届大会提交的 5000 多篇论文提要，以反映他们最近的研究动态和最新研究成果。此外，大会向所有学者提交了由中国人类学民族学研究会组织众多专家学者参加的《中国的民族事务》《中国的民族文化》和《中国人类学民族学的历史基础和现实发展》等三个重点课题研究成果，并制成光盘无偿提供给全体参会学者分享成果。

会后，发表了著名的《昆明宣言》。

鉴于在全球化的背景下，文化多样性和人类发展所面临的诸多机遇和严峻挑战，我们特做如下声明：

1. 人类是生物进化及社会文化演变的结果。经济发展是人类社会的永恒命题。作为人类生活与生态环境互动卓越成果之一，文化多样性体现着人类独特的创新能力，同时作为群体互动交流的坚实基础及个人幸福感的不尽源泉而存在。

2. 人类共同体虽有人口规模或组织机制之区别，但都有传承发展本

---

① 由于 2008 年 5 月四川汶川大地震，本届会议延期至 2009 年召开。

民族文化的内在动机和天赋权利。国际社会必须尊重发展中国家、少数民族、弱势群体及底边社区参与经济发展的平等权利，同时必须尊重其文化资源、社会尊严及话语权利。

3. 社会文化歧视，包括种族歧视和性别歧视，对人类的道德暨社会的和谐造成严重伤害，因被视为人类的公敌并在世界各地受到谴责。只有在确保文化多样性得以尊重的前提下，弱势群体、少数民族及底边社区方可运用民族或地方知识平等参与国家和地区发展的权益并共享社会经济发展的成果。

4. 文化多样性、人类发展与生态可持续性之间的关系属于一个紧密互为的关系。不同文化群体的相互尊重与公平博弈乃是生态平衡、社会和谐和共同繁荣的保障。

5. 可持续发展的本质即生态和谐、社会和谐与文化和谐为个体追求身心健康所提供的场域，属于是人类在目前和未来满足其需求的必由之路。本学科的道德义务之一即通过知识的积累与共识的寻求，确保文化的多样性、生态的可持续性及少数民族和底边社区权益。最后，我们表示将为文化多样性的保护、共同繁荣的实现暨和谐的世界秩序的构建而努力奋斗。

主要参考文献

杨堃：《民族学概论》，中国社会科学出版社 1984 年版。

吴文藻：《人类学社会学研究文集》，民族出版社 1990 年版。

庄锡昌、孙志民编著：《文化人类学的理论构架》，浙江人民出版社 1988 年版。

杨堃：《民族与民族学》，四川民族出版社 1983 年版。

中央民族学院民族研究论丛编委会：《民族学论文选》（1951—1983）上册，中央民族大学出版社 1986 年版。

施正一：《西方民族学史》，时事出版社 1990 年版。

欧潮泉：《民族学探索》，青海人民出版社 1987 年版。

王恩庆、李一夫编：《国外民族学概况》（上、中、下），中国社会科学院民族研究所 1980 年版。

中国民族学研究会编：《民族学研究》第一至第十辑。

中央民族学院民族研究所编：《民族研究论文集》第一至第六集。

金哲等主编：《世界新科学总览》，重庆人民出版社 1986 年版。

商务印书馆编辑部编：《近代现代外国哲学社会科学人名资料汇编》，商务印书馆 1965 年版。

杨堃：《民族研究文集》，民族出版社 1991 年版。

庄锡昌等编：《多维视野中的文化理论》浙江人民出版社 1987 年版。

李有义主编：《世界民族研究论文集》，四川民族出版社 1981 年版。

李毅夫、阮西湖主编：《世界民族研究》，世界知识出版社 1934 年版。

林耀华：《民族学通论》，民族出版社 1992 年版。

中国社会科学院民族研究所、中央民族学院民族研究所编：《民族学译文集》，中央民族大学出版社 1987 年版。

［俄］托卡列夫著：《外国民族学史》，汤正方译，中国社会科学出版社

1983 年版。

［俄］Ю. В. 勃罗姆列伊、Т. Е. 马尔科夫主编：《民族学基础》，赵俊智
　　译，中国社会科学出版社 1988 年版。

罗开玉：《评西方人类学的几个流派》，《四川师范大学学报》1988 年第
　　2 期。

李富强：《当代英美人类学的发展趋势》，《中国社会科学》1987 年第
　　2 期。

黄育馥：《国外人类学研究的发展趋势》，《国外社会科学》1989 年第
　　1 期。

吴泽霖：《民族学在美国和博厄斯学派》，《中南民族学院学报》1991 年
　　第 4 期。

林曜华：《从拉美之行看到的民族学问题》，《社会科学辑刊》1981 年第
　　5 期。

李玲燕：《现代人类学与民族学的发展趋向》，《民族研究》1993 年第
　　5 期。

乔健：《从西方人类学的演变说到中国学说的发展》，《云南社会科学》
　　1936 年第 1 期。

杨堃：《论民族学的几个问题》，《民族研究》1979 年第 2 期。

李有义：《我国民族学的回顾与展望》，《民族研究》1980 年第 1 期。

焦兴国：《摩尔根—学者—土人之子》，《人文杂志》1980 年第 1 期。

张永国：《关于民族学的几个问题》，《贵州民族研究》1980 年第 1 期。

任天棋：《我国民族学的先驱——蔡元培先生》，《民族研究通讯》1930
　　年第 2 期。

欧潮泉：《民族学概说》，《青海民族学院学报》1980 年第 2 期。

林耀华、金天明：《从历史发展看我国民族学的对象和任务》，《民族研
　　究》1980 年第 2 期。

子华：《澳大利亚人类学发展概况》，《国外社会科学》1983 年第 4 期。

傅朗云：《中国民族学的历史现状》，《延边大学学报》1983 年第 3 期。

任寅虎：《摩尔根的〈古代社会〉》，《外国史知识》1983 年第 9 期。

古月：《第十一届国际人类学和民族学大会在加拿大举行》，《民族研究动
　　态》1983 年第 4 期。

靳薇：《简述日本民族学研究的历史和现状》，《学习与思考》1983 年第

6 期。

秋浦：《民族学在中国的传播和发展》，《民族研究》1984 年第 5 期。

侯哲安：《中国民族学的发展》，《贵州文史丛刊》1984 年第 2 期。

陈国强：《民族学要为现代化服务》，《民族研究动态》1984 年第 3 期。

吕光天：《三十五年来我国马克思主义民族学的发展》，《民族研究动态》
　1984 年第 3 期。

林耀华：《马克思主义民族学的创立》，《社会科学战线》1984 年第 4 期。

林耀华、庄孔韶：《中国民族学的回顾与展望》，《社会科学战线》1985
　年第 1 期。

陈永龄：《论中国民族学在新时期面临的新课题》，《中央民族学院学报》
　1985 年第 1 期。

郱江：《蔡元培最早倡导开展我国民族学的研究》，《内蒙古社会科学》
　1987 年第 1 期。

姜永兴：《民族学研究须引进人类学理论与方法》，《内蒙古社会科学》
　1987 年第 3 期。

宋蜀华、白振声：《民族学理论与方法》，中央民族大学出版社 1998
　年版。

戴裔煊：《西方民族学史》，社会科学文献出版社 2001 年版。

林耀华主编：《民族学通论》，中央民族大学出版社 1990 年版。

《中国社会科学报》，2011 年 7 月 14 日，http：//www. csstoday. net/Item/
　5813. aspx。

罗开玉：《评西方人类学的几个流派》，《西南师范大学学报》1988 年第
　2 期。

《民族学译文集》第 1 集，中央民族大学出版社 1987 年版。

《中央研究院民族学研究所集刊》，第 45 期。

吴文藻：《人类学社会学研究文集》，民族出版社 1990 年版。

吴文藻：《战后西方民族学的变化》，《民族学论文选》上册，中央民族大
　学出版社 1986 年版。

朝天：《民族学的博物馆——印度》，《百科知识》2002 年第 4 期。

高山衫：《图奇与民国佛学界的书信往来》，《东方早报》2010 年 6 月
　6 日。

张紫晨：《中外民俗学词典》，浙江人民出版社 1991 年版。

魏治臻：《摩尔根的简历和著述》，《民族研究通讯》1983 年第 2 期。

林娟娟：《日本民族学研究动态》，《世界民族》2007 年第 3 期。

沈芸：《越南民族学博物馆适应都市化发展的探索及启示》，《思想战线》
  2009 年第 35 卷。

周大鸣、乔晓勤著：《现代人类学》，重庆出版社 1990 年版。

吴汝康：《古人类学》，文物出版社 1989 年版。

达尔文：《人类的由来及性选择》，潘光旦译，科学出版社 1982 年版。

［瑞士］索绪尔：《普通语言学概论》，商务印书馆 1980 年版。

俞伟超：《考古学是什么》，中国社会科学出版社 1996 年版。

中国历史博物馆考古部编：《当代国外考古学理论与方法》，三秦出版社
  1991 年版。

贾春增：《民族社会学概论》，中央民族出版社 1996 年版。

《社会学概论》，天津人民出版社 1984 年版。

司马云杰：《文化社会学》，山东人民出版社 1990 年版。

金以圣主编：《生态学基础》，中国人民大学出版社 1996 年版。

中国社会科学院民族研究所影视人类学研究室编：《影视人类学论文译文
  和资料选编》，1995 年。

吴泽霖总纂：《人类学词典》，上海辞书出版社 1991 年版。

林峰：《柯瓦列夫斯基笔记主题新探》，《人文杂志》2008 年第 1 期。

《从波塔宁考察资料看土族族源》，《民族研究》2006 年第 4 期。

［英］派尔派：《人类学调查法》，剑桥 1978 年版。

［俄］托卡列夫：《外国民族学史》，汤正方译，中国社会科学出版社
  1983 年版。

《马克思恩格斯选集》，人民出版社 1972 年版。

《苏联民族学》杂志，1967 年第 1 期。

［俄］Д. 瓦连捷伊主编：《马克思列宁主义人口理论》，北京经济学学院
  人口研究室译，商务印书馆 1978 年版。

［罗］I. 弗勒杜丘：《民族学在罗马尼亚社会主义共和国》，《世界民族》
  1979 年第 1 期。

［日］中根千秋：《日本文化人类学简况》，《世界民族》1979 年第 1 期。

［美］L. A. 怀特：《摩尔根生平及〈古代社会〉》，《世界民族》1979 年第
  2 期。

［法］列维·斯特劳斯：《民族学者的责任》，《世界民族》1979 年第
 4 期。

［法］M. H. 卡兹：《遗传学与民族学》，《世界民族》1979 年第 3 期。

［意］V. 格罗塔内利：《意大利民族学研究现况》，《世界民族》1979 年
 第 4 期。

［日］有马真喜子：《中根千枝——日本社会人类学家》，《世界民族》
 1980 年第 1 期。

［印度］戈帕拉·沙拉纳：《印度社会文化人类学的状况》，《世界民族》
 1980 年第 3 期。

［意］V. 格罗塔内利：《意大利民族学、文化人类学的传统和发展》，《世
 界民族》1980 年第 5 期。

［美］F. 伊根：《民族学和社会人类学的一百年》，《世界民族》1981 年
 第 2 期。

［日］友枝启泰：《秘鲁人类学的现状》，《世界民族》1982 年第 2 期。

［加］D. 丹东尼斯：《略述现代西方人类学的几种趋向》，《世界民族》
 1982 年第 3 期。

［美］J. 纳什：《八十年代拉美人类学研究》，《世界民族》1983 年第
 1 期。

［俄］Ю. B. 勃罗姆列伊、ВИ 科兹罗夫：《第十届国际人类学和民族学大
 会》，《民族研究》1979 年第 4 期。

［美］P. 博安南：《论摩尔根的〈美洲土著的房屋及宅居生活〉及其他》，
 《世界民族》1982 年第 1 期。

［俄］Ю. Л. 阿维尔基耶娃：《美国民族学中的新马克思主义》，《世界民
 族》1982 年第 4 期。

［美］D. 凯普兰、R. 曼纳斯：《当代进化论》，《世界民族》1983 年第
 3 期。

［美］J. H. 斯图尔德：《文化生态学的概念和方法》，《世界民族》1983
 年第 6 期。

［美］D. G. 蒙德尔勃姆：《文化人类学》，《世界民族》1984 年第 1 期。

［俄］契斯托夫：《二十世纪三十一八十年代苏联民族学史片断：为苏联
 科学院民族学研究所成立五十周年而作》，原文载《苏联民族学》1983
 年第 3 期，贺国安摘译，《世界民族》1984 年第 2 期。

［日］石川紫化：《文化人类学的课题和方法》，《世界民族》1985 年第
1 期。

［美］W. 戈德施米特：《现代社会的人类学研究》，《世界民族》1985 年
第 2 期。

［美］L. 迈尔：《应用人类学》，《世界民族》1985 年第 3 期。

［俄］Ю. B. 勃罗姆列伊：《论民族学对现实的研究》，《世界民族》1985
年第 4 期。

［美］A. 小艾伦德：《经济人类学》，《世界民族》1985 年第 4 期。

［俄］Ю. B. 勃罗姆列伊、C. A. 托卡列夫：《民族学》，《世界民族》1985
年第 6 期。

［美］C. 纳尔逊、M. 廷达：《拉丁美洲人民族性的结构》，《世界民族》
1987 年第 5 期。

［阿根廷］L. 巴托洛梅：《阿根廷的社会人类学》，《国外社会科学》1983
年第 10 期。

［俄］Ю. B. 勃罗姆列伊、B. A. 季什科夫：《关于第十一届国际人类学和
民族学大会》，《世界民族》1984 年第 5 期。

［美］B. S. 康恩：《民族历史学》，《世界民族》1984 年第 6 期。

［俄］Ю. B. 勃罗姆列依：《论民族学研究当代问题的几项迫切任务》，
《世界民族》1984 年第 6 期。

［英］A. 库珀：《英国社会人类学不景气的年代：1972—1982 年》，《世
界民族》1986 年第 6 期。

［美］C. 伯思：《文化的变异》，杜杉杉译，辽宁人民出版社 1988 年版。

［日］祖父江孝男：《此界各国关于"人类学"和"民族学"等词的用
法》，《世界民族》1981 年第 3 期。

［日］丸山孝一著、张海洋译：《日本民族学与民族教育学研究的当前形
势和任务》，《民族教育研究》1998 年第 2 期。

［阿根廷］L. 巴托洛梅：《阿根廷的社会人类学》，《国外社会科学》1983
年第 10 期。

［阿根廷］列奥波尔多·J. 巴托罗姆：《阿根廷召开社会人类学首届代表
大会》，《世界民族》1985 年第 1 期。

后　　记

　　本书作为一部教材，它的主要内容是阐述世界民族学发展的历史脉络，概述各国民族学重大流派、著名代表人物及其基本理论观点和研究方法，全面系统地介绍世界民族学史的基本知识。中国至今还没有一部民族学的世界通史，我们所编的这部著作仅用30余万字恐难概括世界民族学史的全貌。但本书以唯物史观为指导，广泛汲取中外民族学史研究的最新成果，力争有所创新和突破。并在高度概括的基础上，力求做到史论结合，重点突出，脉络清晰，通俗易懂。

　　本书由原有主编贾东海、孙振玉两位教授从1992年开始，参考民族学史的研究课题和教学实践，共同设计出编写提纲，在广泛征求意见后，于1995年出版。除供民族学、人类学、社会学、民俗学、历史学等专业本科和研究生作为教材外，也适用于有关专业的研究人员和广大读者作为研究、学习的参考书。

　　由于出版时间较早，已有20余年的时间，而民族问题研究是一项长期性工作，当下民族问题研究的新成果急需纳入，征得本书主编贾东海教授的同意，由虎有泽教授牵头，带领民族学专业的20余位研究生，重新校订并加入新的研究成果进行再版。

　　参与校订人员，张晋敏：绪论、参考文献；李娜：第一章、第二章；陆先勇：第三章；张云帆，第四章；申蓓：第五章；安春兰：第六章；孙璇：第七章；杨姗姗：第八章；谭健星：第九章；景婕：第十章；丁欣翠：第十一章；阿义娜：第十二章；李旭强：第十三章；赵永珍、买买提江·卡地尔：第十四章；曹兴华：第十五章；徐臻伟：第十六章；马向阳：第十七章；白龙：第十八章；姚如意：附录。

　　统稿由虎有泽和马向阳完成。因为时间仓促，工作繁杂，如果没有20余位研究生的辛勤劳作，很难在短时间内完成。在此，对支持和关心本书出版的各位领导和学生表示真诚的感谢。在本书的修订过程中，曾广泛征引了有关著作和论文的成果、新材料和某些观点，这里不再一一详加说明和列举，谨此致谢。

鉴于我们的水平和资料有限，疏漏或错误之处在所难免，恳请专家、学者及广大同仁和读者批评指正，以便日后进一步修订。

谨以此为记！

虎有泽

2014 年 9 月 20 日